ちくま学芸文庫

資治通鑑

司馬光
田中謙二 編訳

筑摩書房

目次

資治通鑑

才と徳（巻一、周紀より）

——人物鑑識のポイント

この一篇は、歴史に政治の鏡たる任務を賦与せんとする『資治通鑑』の、巻頭を圧する最初の注目すべき事件である。政治をあやつるものは、むろんあくまで人間である。編者司馬光は、この史実を通じて、その人間の選定、人物鑑識のポイントをいずれにおくべきかを、大にしては一国を治める君主、小にしては一家をリードする家長に教えようとする。かれの意図は末尾に添えられた論賛に要約されている。時は東周・威烈王の即位後二十三年め（西紀前四〇三年）、ヨーロッパでいえば、かのアテナイとスパルタの間に戦われた、二十七年に及ぶペロポネソス戦争が終結したばかりのころである。

初。智宣子将㆓以㆑瑶為㆑後。智果曰。不㆑如㆑宵也。瑶之賢㆓於人㆒者五。其不㆑逮者一也。美鬢長大則賢。射・御足㆑力則賢。伎芸畢給則賢。巧文弁恵則賢。強毅果敢則賢。如㆑是而甚不仁。夫以㆓其五賢陵㆑人而以㆓不仁㆒行㆑之。其誰能待㆑之。若果立㆑瑶也。智宗必滅。弗㆑聴。智果別㆓族於太史㆒。為㆓輔氏㆒。

初め、智宣子《ちせんし》、将《まさ》に瑶《よう》を以って後《のち》と為さんとす。智果曰《い》わく、「宵《しょう》に如《し》かざるなり。瑶の人に賢《まさ》る者、五。其の逮《およ》ばざる者、一なり。美鬢《びひん》長大なるは則《すなわ》ち賢《まさ》る。射《しゃ》・御《ぎょ》、力足《た》ろうは則ち賢る。伎芸畢《ぎげいこと》ごとく給《そな》わるは則ち賢る。巧文弁恵《こうぶんべんけい》なるは則ち賢る。強毅《きょうき》果敢《かかん》なるは則ち賢る。是《かく》の如けれど甚だ不仁《ふじん》なり。夫《そ》れ其の五賢の人を陵《しの》ぐを以ってして、而《しか》も不仁を以ってこれを行《おこ》のう。其《そ》れ誰か能《よ》くこれを待《たい》せん。若《も》し果《は》たして瑶を立てば、智宗は必らず滅びん」と。聴《き》かず。智果、族《ぞく》を太史に別《わか》ちて、輔氏《ほし》と為る。

そのむかし、智宣子《ちせんし》すなわち智申がむすこの智瑶をあと嗣ぎにしようとしたとき、智果がいった――

「初」はかつての日・そのかみ、現代中国語でも〝当初〟という。当面主題の事件に対する読者の理解をたすけるために、それの前提ないし原因としてある事件を、さかのぼって語る場合に用いる。作者はすでに視点を智瑶すなわち後の智伯が身を滅ぼす直接の事件に据えている。編年体の歴史をつづる通鑑では、このいわば回想的記事の部分がしばしば現われ、当面の記事にもどる際に、「至是」「於是」などを用いて呼応させる。「宣子」は、晋《しん》王国の六卿《りくけい》すなわち六人の大臣のひとり智申の、死後に贈られた称号、いわゆる諡号《しごう》である。以下に登場する、やはり六卿に属する人物たちも、みな諡号で呼ばれる。晋とは、西紀前十二世紀の末ごろ山西省南部に立てられた、周王朝治下の侯国、その後しだいに強大になって山西省の全域および河南・河北・陝西三省の一部に跨がる大国に成長した。しかし、前六世紀の半ばごろから、晋王国の実権は既述の六卿、すなわち智(もとは荀《じゅん》姓)・趙・韓・魏・中行・范の六家に掌握されて、君主はあっても無きに等しく、かつて文公重耳《ちょうじ》が周王朝支配下の諸侯を統率して、覇《は》——武力的主権の確立——をとなえ、斉の桓《せい》公と並らんで〝斉桓晋文〟とうたわれたのも、いまは遠いむかしの夢と化していた。「智果」は智氏の一族だが、系譜的位置は未詳。その智果の勧告——

「そりゃ智宵どのになすったほうがよろしい。瑶《よう》どのは他人《ひと》よりすぐれた点が五つもあり、他人に劣る点は一つです。」——庶子の智宵を推薦する智果が切り出したことばは、むしろ智瑶をたたえるかのように聞こえる。実は、智瑶のそなえる五つの優点は、たった一つだが、他の五つの優点を相殺《そうさい》してあまりある致命的欠陥のために、一族を滅亡に追いやる可能性を、かれは洞察していたのである。中国語の「賢」は、邦語の「かしこい」よりさらに広汎にわたって優秀さを形容する。「かしこい」はむしろ「聡明」「聡敏」「聡慧」などという。

さて、その智瑶《ちよう》の五つの優点とは、第一が外貌・姿態のりっぱさ、美しい鬢《びん》の毛と大がらの体軀である。「鬢」は頭髪の美しさを代表する部分であろう。第二は力の充実したみごとな武芸のたしなみ。「射・御」は士人——今日のことばでいえば教養人、ただし文武のいずれにもわたるたしなみ一とおりを身につけたもの、その士人の教養たる六芸《りくげい》——礼・楽《がく》・射・御《ぎょ》・書・数——に数えられている、弓道と馬術をいう。「足力」は力のみなぎったこと。このことばは、実は馬や犬について用いられた例があるから、〝足の力〟すなわち走行力をさすかにみえる。ここは、前後の四句を照合すると、どうしても「射・御」の手なみの優秀さを説明する語でなければならない。「足力」には構造の異なる両《ふた》つの用法があるのだろう。この一段が拠った『国語』晋語の原文もまったく同じである。

弓術と馬術に代表される武芸に対して、第三はむしろ文の道におけるたしなみ、それにも智瑶はすばらしい才能をしめした。「伎芸」は技芸に同じ、歌舞音曲から天文暦算（古代の自然科学）などを含む、技能・技術をさす。「給」の訓は「タル（足）」としてもよかろう。第四は文章がたくみで弁舌さわやかなこと。「巧文」の巧は中国語では必らずしもほめことばではない。邦語の〝巧者《こうしゃ》〟とか〝器用〟とかが時としてそうであるように、達者ではあっても、単にそれだけのもの。たとえば、絵画や彫刻などであれば、技術的に優秀だというにとどまり、芸術としての昇華がみとめられぬ場合をいう。『論語』学而篇の著名なことば、「巧言令色、鮮《すくな》し仁」——かざりすぎたことば、つくろった顔つきの人間は、真の愛情が乏しい――の巧言を想起してもらいたい。「弁恵」の恵は慧、さとくするどいこと。弁舌の切れ味がいいとは、やはり内面的なもの、実質の軽薄さを想わせる。最後に第五の優点は、たくましい根性と果敢さである。「強毅」はむしろ精神面のつよさをいい、「果敢」は勇敢であり果断でもあること。すなわち、事の是非善悪を問わず、常人ならばちゅうちょするような場合にも、平気でその事をやってのける剛毅な精神の持ちぬしなのである。

智瑶はかく五つの優点をもつ青年であった。といえば、われわれは容易にかれの、かっこいい男のイメジを結びうるであろう。たしかにかれは、俗人うけのする、惚れぼれする人物だった。五つの優点をのべる表現に用いた「……則賢」の、則は〝その点は〟いかにもと強調する助字である。すぐあとで、〝だがしかし〟と文句をつける下心をにおわせた、抑揚のニュアンスをすでに含んでいる。いわば、「是《かく》の如けれど甚だ不仁なり」――そうではございますが、人間愛に欠けたおかたです――の「而」以下を先取りした表現である。

智果はつづける、

「そもそも、人よりすぐれた五つの長所をもちながら、人間愛に欠けた冷たいこころで行動なさるお方に、誰が期待をかけられましょう。もしも智瑶どのをあと嗣ぎにお立てなさるなら、われら智氏一族の滅亡は必至です。」

「待」は原拠である『国語』の韋昭注に「仮《ゆる》す」とあり、寛容であること。まともに待遇するということであるかもしれない。「若果」は強調の仮定法、〝万が一にも〟という邦語の表現に近い。「智宗」の宗は本家すじをいう。

智果の勧告は、だが、プレイ・ボーイの嫡子に目のない父親には受け容れられなかった。そこで、智果は太史に申請して、智氏の籍から、かれ自身の家系を切り離す法的手続きをとり、輔《ほ》氏を名のることにした。——将来発生の恐れある智氏の禍難に連坐することを避ける用意である。一族の誰かが大罪を犯した場合、当人だけでなく、同姓一族の全員が死刑に問われ、時としては「罪、三族に及ぶ」といって、姻戚関係をも含む三代にわたる一家全滅のうきめを見ることさえあったからだ。「太史」とは、王朝の天文・暦算を掌り、同時に歴史編纂官をもつとめる官だが、その職掌内容は時代や王朝によってかなり異同があったようである。韋昭の注には「太史は氏姓《いえすじ》を掌る」というが、かれは案外この説話から想定したのであるかもしれない。もっとも、国家ないし王朝の歴史を記録する上で、支配階級の家系をあきらかにしておく必要もあったろう。氏姓を掌るといっても、一般人民の戸籍まで扱ったわけではあるまい。

——回想形式の記述は、智氏の相続事件だけでなく、やはり六卿《りくけい》の一つである趙《ちょう》氏の、しかも、同じく後継者選定のいきさつについても語る。そこでは智氏の場合とまったく対照的に、すぐれた父親がすぐれたむすこを後嗣ぎにえらぶ。

趙簡子之子。長曰二伯魯一。幼曰二無恤一。将レ置レ後。不レ知レ所レ立。乃書二訓戒之辞於二簡一。以授二二子一曰。謹識レ之。三年而問レ之。伯魯不レ能レ挙二其辞一。求二其簡一。已失レ之矣。問二無恤一。誦二其辞一甚習。求二其簡一。出二諸袖中一而奏レ之。於レ是簡子以二無恤一為レ賢。立以為レ後。

＊

趙簡子の子、長を伯魯《はくろ》と曰い、幼を無恤《むじゅつ》と曰う。将《まさ》に後《のち》を置かんとして、立つる所を知らず。乃ち訓戒の辞を二簡に書き、以って二子に授けて曰わく、「謹しみてこれを識《し》るせ」と。三年にしてこれを問うに、伯魯は其の辞を挙ぐる能わず。其の簡を求むれば、已《すで》にこれを失えり。無恤に問えば、其の辞を誦《しょう》して甚だ習《な》ろう。其の簡を求むれば、諸《これ》を袖中より出《い》だしてこれに奏《すす》む。是《ここ》に於いて簡子は、無恤を以って賢と為し、立てて以って後《のち》と為す。

趙簡子、「簡子」もやはり諡号《しごう》であって名は鞅《おう》、その趙鞅にふたりのむすこがあり、上を伯魯《はくろ》、下を無恤《むじゅつ》といった。いよいよあと嗣ぎをもうけようというとき、さてどちらを立ててよいか判断がつかない。そこで二まいの竹ふだに教訓的なことばを書いて、ふたりのむすこに与え、「しっかりおぼえておくんだよ」といっておいた。

「簡」はまだ紙の生まれていない当時、紙がわりに使用された竹片（竹簡）または木片

（木簡）をいう。

三年が経過して問うてみると、兄の伯魯は教訓の文句をあげることができない。ふだを出すようにいうと、失くしてしまっている。弟の無恤に問うたところ、かれは教訓の文句をとてもすらすら暗誦するし、ふだを出せというと、袖の中から取り出してささげた。そこで趙鞅は無恤の人物を優秀とにらみ、正式の後継者にしたのである。

「挙」とは一々指摘すること。「奏」は毛晃の注に「進め上《ささ》げる」とある。「諸《しょ》」(zhu) は「之 (zhi)」「於 (yü)」二字の音が密着して単音節化したもの。

対照的な世嗣決定の事件を回想したあと、著者はさらに当面の事件の前提となる、やはり趙氏の側に関連する事件を追加する。

*

簡子使三尹鐸為二晋陽一。請曰。以為二繭糸一乎。抑為二保障一乎。簡子曰。保障哉。尹鐸損二其戸数一。簡子謂二無恤一曰。晋国有レ難。而無下以二尹鐸一為上レ少。無下以二晋陽一為上レ遠。必以為レ帰。

簡子、尹鐸《いんたく》をして晋陽《しんよう》を為《おさ》めしむ。請うて曰わく、「以って繭糸《けんし》と為《な》さんか、抑《そもそ》も保障と為さんか」と。簡子曰わく、「保障にせんか」と。尹鐸、其の戸数を損《へ》らす。簡子、無恤に謂《い》いて曰わく、「晋国に難《なん》あれば、而《なんじ》、尹鐸を以って少と為《な》す無かれ、晋陽を以って遠しと為す無かれ。必らず以って帰《き》と為せ」と。

趙鞅は尹鐸《いんたく》に晋陽を治めさせた——とは、かれ自身は首都にいて、家臣にわが領地の統治権を委任したのである。「尹鐸」は趙氏の重臣であろう。「晋陽」は現在の山西省都である太原市、晋水の北岸（陽は水の場合、北をさす）に沿う重要都市。晋の首都、絳《こう》（山西省新絳県）から汾水を遡行しておよそ三〇〇キロある。

尹鐸がうかがいを立てた、「あそこを繭糸《きいと》にいたしましょうか、それとも衝立《ついたて》にいたしましょうか。」

趙鞅「衝立だろうな。」

尹鐸のことばは、さながら商人が取引の際に交わす特殊な符牒・暗号みたいである。かれは主君から委任された晋陽に対する統治策を問うたのである。「繭糸《けんし》」とは、繭から糸をくり出す場合に一すじも残さないように、人民から徹底的に搾取することを意味する。「保障」のほうを〝衝立〟と訳したのは、〝まゆいと〟につられた訳者のいさみ足であるかもしれないが、この語は防壁をさす。人民の生活をゆたかにする寛大な政治をして、有力なうしろだてにすることを意味しよう。要するに、苛斂誅求《かれんちゆうきゆう》でゆきましょうか、温情主義でゆきましょうかと問うたのである。「抑」は二つのいずれかの選択をせまる助字、まさに邦語の〝それとも〟にあたる。

尹鐸はそこの課税戸数をへらした。「戸数を損《へ》らす」とは、韋昭の注に「其の戸を損らせば、則ち民優《ゆた》かにして税少なし」とある。課税基準をあげて登録戸を少なくしたと考えられる。

趙鞅はあと嗣ぎの無恤にいった、

「この晋の国にたいへんな事がもちあがっても、尹鐸をたよりない男だと思うでないぞ。また、晋陽を遠方だなどと思うでないぞ。ぜひ頼ってゆくんだ。」

「難」とは災難・危難をいうが、暗にクーデターを意味しよう。「少と為す」は「多とす」の反対、胡三省の注に「これを重んずるを多《た》となし、これを軽んずるを少となす」とある。「遠しと為す」は遠方だからといってそこへ行くことをおっくうがる意。二句の表現はきわめて簡潔だが、意味深長ではなはだ気がきいている。最後の句にみえる「帰」は、落着くべき場所。中国語の「帰」はつねに本来あるべき場所・状態にかえる意に限定される。むろん、ここの「帰」は上の二句をうけて、尹鐸と晋陽の双方をさすはずである。

＊

さて、回想的叙述はここで終り、いよいよ主題の事件に入る。時代は一転して、すでに智瑶すなわち智伯の世である。すなわち、周の威烈王の二十三年（前四〇三）であり、晋の烈公の十七年である。

及二智宣子卒一。智襄子為レ政。与二韓康子・魏桓子一宴二於藍台一。智伯戯二康子一而侮二段規一。智国聞レ之。諫曰。主不レ備レ難。難必至矣。智伯曰。難将レ由レ我。我不レ為レ難。誰敢興レ之。対曰。不レ然。夏書有レ之。一人三失。怨豈在レ明。不レ見是図。夫君子能勤二小物一。故無二大患一。今主一宴而恥二人之君相一。又弗レ備。曰レ不二敢興一レ難。無二乃不可一乎。蚋・蟻・蜂・蠆。皆能害レ人。況君相乎。弗レ聴。

智宣子《ちせんし》の卒《しゅつ》するに及び、智襄子《ちじょうし》、政を為《な》す。韓康《かんこう》子《し》・魏桓子《ぎかんし》と藍台《らんたい》に宴す。智伯、康子に戯れ、而うして段規《だんき》を侮《あなど》る。智国、これを聞き、諫《いさ》めて曰わく、「主、難に備えずんば、難、必らず至らん」と。智伯曰わく、「難は将《まさ》に我に由《よ》らんとす。我、難を為さずんば、誰か敢えてこれを興《おこ》さん」と。対《こた》えて曰わく、「然らず。夏書《かしょ》にこれ有り、『一人三失、怨みは豈《あ》に明にのみ在らんや。見《あらわ》れざるを是れ図《はか》れ』と。夫《そ》れ君子は能《よ》く小物を勤《つと》む。故に大患《たいかん》無し。今、主は一たび宴《えん》して人の君相《くんしょう》を恥じしむ。また備えずして、『敢えて難を興《おこ》さず』と曰う。乃ち不可なる無からんや。蚋《ぜい》・蟻《ぎ》・蜂《ほう》・蠆《たい》は、皆、能《よ》く人を害す。況《いわ》んや君相《くんしょう》をや」と。聴かず。

智宣子《ちせんし》、すなわち智申が亡くなると、智襄子《ちじょうし》、やはり死後の諡号で呼ばれる智瑶、いまは跡目を相続した智伯が、晋の国政を行のうことになった。——晋国の実権を掌握した智伯は、危惧されたとおり、たちまち問題をかもす行動に出る。

韓康子《かんこうし》すなわち韓虔《けん》、魏桓子《ぎかんし》すなわち魏駒《く》といっしょに藍台で宴会をやった。「康子」「桓子」もともに諡号、どちらも晋の六卿《りくけい》のひとりである。もっとも、智伯が相続する以前に、六卿のうちの中行・范《はん》の両氏はクーデターを起こして失敗し、国外に亡命したあと、智伯の提唱により他の四氏が二氏の旧領を分割して奪ってしまった。この事実をみてもわかるように、六卿のうちでは智氏が最大の権力を握っていたのである。「藍台」は晋の国都にある台（歌舞遊宴を行のう高いテラス）の名であろう。

その宴会の席上、智伯は韓虔にふざけ、しかも韓氏の家老である段規を侮辱した。智伯のわるふざけと侮辱の具体的な内容は、ここがもとづく『国語』晋語にも語られていない。

このことを聞いたやはり智氏の一員である智国が、主君に勧告した、「ご主君はクーデターに対する備えをしておかれませぬと、危難がかならず見舞いますぞ。」

智伯「クーデターはわが輩次第ってことさ。わしがクーデターをやらなけりゃ、誰に起こすかい。性なんかあるもんか。」

「由」は思いのままになること。「将」は〝近〟なりとみて、「ほとんど……といってよい状況だ」と解した。

才能にめぐまれたプレイ・ボーイの自信過剰は相当なものである。智国は少しもわかっていない主君に「そうじゃありません」と答えて、古典すなわち経書《けいしょ》の文句を引用して、主君の考え違いに警告を発する。「夏書」は『尚書（書経）』の夏王朝に関する部分をいい、三句はその「五子之歌《ごししか》」篇のことばである。いかにも経書のことばらしく、極端に切りつめた表現で真理を語る――「人が過失を三たびくり返すと、かならず怨みを買う。その怨みは顕在化した形をとるとは限らない。顕在化せぬ怨恨に対する策を講じておけ」という戒めである。「不見是図」は強調した表現、「図」の object は「不見」である。

智国はつづける、

「そもそも君子《くんし》――りっぱな人格の持ちぬし――は、小さな事にも慎重を期しうるひと、だから大きな災難がありませぬ。いま、ご主君はちょっと宴会をなすったぐらいでよそさまの君主とご家老を侮辱されました。しかも、危難に対する備えをせず、『クーデターを起こすかい性《かいしょう》などあるもんか』とおっしゃる。これではまずいじゃないのでしょうか。小っぽけな虫けらどもだって、みな人間に危害を加える力をもっております。ましてあいては一国の君主や家老ですぞ。」

「小物」はささいな事、韋昭の注に「物は事なり」とある。「一宴」の一には訳文のようなニュアンスがあろう。たびたび宴席を共にして親睦をかさねた仲ならともかく、という意味がこめられている。「無乃」は〝……ではあるまいか〟という疑問のことば。列挙された四種の昆虫名のうち、見なれぬ文字は「蜹《ぜい》」と「蠆《たい》」であろうが、前者は蚊・ぶよの類、後者はさそり、特にしっぽの長いそれだといわれる。

智国の勧告も聞きいれられなかった。父子二代に用いられた簡潔な表現「弗聴」が印象的である。

智伯請二地於韓康子一。康子欲レ弗レ与。段規曰。智伯好レ利而愎。不レ与。将レ伐レ我。不レ如レ与レ之。彼狃二於得レ地。必請二於他人一。他人不レ与。必嚮レ之以レ兵。然後我得下免二於患一而待中事之変上矣。康子曰。善。使三使者致二万家之邑於智伯一。智伯悦。又求二地於魏桓子一。桓子欲レ弗レ与。任章曰。何故弗レ与。桓子曰。無レ故索レ地。故弗レ与。任章曰。無レ故索レ地。諸大夫必懼。吾与二之地一。智伯必驕。彼驕而軽レ敵。此懼而相親。以二相親之

＊

智伯、地を韓康子に請う。康子、与えざらんと欲す。段規曰わく、「智伯は利を好みて愎《もと》る。与えずんば将《まさ》に我を伐《う》たんとす。これを与うるに如《し》かず。彼、地を得るに狃《な》るれば、必らず他の人に請わん。他の人、与えずんば、必らずこれに嚮《むか》うに兵を以ってせん。然る後《のち》、我、患《わざわ》いを免《まぬ》がれて事の変《へん》を待つを得ん」と。康子曰わく、「善《よ》し」と。使者をして万家の邑《ゆう》を智伯に致さしむ。智伯、悦《よろこ》ぶ。又、地を魏桓子に求む。桓子、与えざらんと欲す。任章《にんしょう》曰わく、「何が故に与えざる」と。桓子曰わく、「故《ゆえ》無くして地を索《もと》む。故に与えず」と。任章曰わく、「故無くして地を索《もと》むれば、諸大夫、必らず懼《おそ》れん。吾《われ》、これに地を与えば、智伯は必らず驕《おご》らん。彼《かれ》は驕りて敵を軽《かろ》んじ、此《これ》は懼れて相親しまん。相親しむの兵

兵㆒待㆓軽㆑敵之人㆒。智氏之命。必不㆑長矣。周書曰。将欲㆑敗㆑之。必姑輔㆑之。将欲㆑取㆑之。必姑与㆑之。主不㆑如㆔与㆑之。以驕㆓智伯㆒。然後可㆔以択㆑交而図㆓智氏㆒矣。奈何独以㆑吾為㆓智氏之質㆒乎。桓子曰。善。復与㆓之万家之邑㆒。

を以って敵を軽んずるの人を待つ、智氏の命《めい》、必らずや長《ひさ》しからざらん。周書《しゅうしょ》に曰わく、『将《まさ》にこれを敗《やぶ》らんと欲せば、必らず姑《しばら》くこれを輔《たす》けよ。将《まさ》にこれを取らんと欲せば、必らず姑くこれに与えよ』と。主、これを与え、以って智伯を驕《おご》らしむるに如かず。然る後、以って交《とも》を択《えら》びて智氏を図《はか》る可《べ》し。奈何《いかん》ぞ、独り吾を以って智氏の質《ち》と為すや」と。桓子曰わく、「善《よ》し」と。復《ま》た、これに万家の邑《ゆう》を与う。

智伯は、韓康子すなわち韓虔《かんけん》に土地をほしいと要請した。韓虔はやりたがらない。すると、家老の段規がいった、

「智伯は欲ばりで、しかも意地っぱりです。おやりにならぬと、わが国に対して攻撃の姿勢をとりましょう。ここは一つおやりになったほうがよろしい。」

段規はそこで土地を与えることの得策である理由を語る――「やつは土地を物にすることに馴れっこになり、するとやつはブレーキがきかず、ほかの人にも請求するに違いありませぬ。ところがどっこい、ほかの人はそう簡単には提供しますまいし、提供しなけりゃ、きっと武力という手段で反応を示しましょう。そうなりゃしめたもの、わが国は危難を免

がれて事態の変化を待つ、という有利な立場に立てるのです。」

「愎《ふく》」は剛愎などと熟して強情《ごうじょう》なこと。「嚮《きょう》」は響、反響・反応の意に解したが、「向」と同じとみて、武力で対抗することであるかもしれない。「事の変」とは、局面が変化して智氏に不利な状況が生まれること。不慮の事態"incident"をさす「変事」を連想されたい。なお、段規といえば、かつて宴会の席で智伯から侮辱された家老その人である。智伯のむり無体な申し入れを聞けば、誰よりもカッと激怒しそうなかれが、ゆっくり究極的な報復を期して冷静な判断をくだした点、これは相当な人物だとおもわれる。

韓虔は段規の勧告をいれて、「そりゃいい」といい、使者を出して智伯に一万戸を擁する領地をおくった。「邑」は領邑、本邦で「むら」と訓むのは、東洋史家によれば誤解であって、この語は「町」(中国の県)ぐらいのイメジをえがくべきだという。もっとも、それは後世の「邑」についてであり、胡三省はここの「邑」について先人のさまざまな訓詁を引いている。いまはわずらわしいので紹介しないが、要するに、聚落を中心とする行政区画なのである。

さて、韓氏に味をしめた智伯は、このたびは魏桓子すなわち魏駒に同じ要求をつきつける。――智伯はごきげんで、こんどは魏駒に土地をくれと要請した。魏駒もやはり与えまいとする。すると、家老の任章《にんしょう》がいった、「なぜおやりになりませぬ。」

魏駒「理由もなしに土地を寄こせというから、やらんのだ。」

ここでも任章は要求をいれてやるよう勧告する――「ほらその理由もなしに土地を要求しますと、大名連中は怖がるにきまってます。わが国が土地をくれてやれば、智伯はきっと増長するでしょう。やつは増長してあい手を見くびる、こちらはおっかないあまり、同じ思いのものが寄って親密な仲になりましょう。この親密ななかまどうしの武力で、あい手をなめたおとこに対処するのですよ。智氏の命運はもう先が知れております。」

そういって任章も、やはり古典の戒めを引用して、説得力を強化するのである。「周書」はやはり『尚書（書経）』の周王朝に関する部分をよぶが、引用の四句は現存テクストに見えない佚文で、四句はやはり「周書」として『韓非子』説林《ぜいりん》篇（上）にもみえている。――「うち敗りたいなら、ひとまず手を貸してやる。召しあげたいなら、ひとまずくれてやる。」なかなか味わうべきことばであるが、『尚書』のようないかめしい経書の句とはおもわれず、むしろ、庶民の智恵が生んだ市井の俗諺のにおいがする。実は、類似のことばは『老子』第三十六章にもみえる。

> 将《まさ》にこれを歙《ちぢ》めんと欲せば、必らず固《しばら》くこれを張る。将にこれを弱めんと欲せば、必らず固くこれを強くす。将にこれを廃せんと欲せば、必らず固くこれを興《おこ》す。将にこれを奪わんと欲せば、必らず固くこれを与う。――あいてを縮めてやろうとおもえば、ひとまず羽をのばさせる。弱めたいなら、ひとまず威張らせておく。ぶっこわしたいなら、ひとまず引き立ててやる。召しあげたいなら、ひとまずくれてやる（将欲歙之、

必固張之。将欲弱之、必固強之。将欲廃之、必固興之。将欲奪之、必固与之）。

そして、なお興味あることに、「将《まさ》に之を取らんと欲せば、必らず固《しばら》く之を与う」（固は姑に同じ）という巧妙な生活の知恵は、宋学のリーダーである程子や朱子によって、黄老《こうろう》の権謀術数主義を代弁するものと決めつけられた（『二程遺書』巻十八および『朱子語類』巻一二五など）。朱子はその手段を用いた典型的政治家として、漢の張良（子房）を挙げる。すなわち、漢の高祖をたすけた張良は、対秦戦の段階では嶢関《ぎょうかん》の戦いで秦将と和議を結びながら、そのあとすぐ敵のゆだんに乗じて攻撃し、また対楚戦の段階では、項羽と鴻溝《こうこう》の約を結びながら、たちまち軍を引き返して殺してしまう。

ともかくも、同じことばが儒・老それぞれの経《けい》典にみえることは、それがまちがいでなければ、やはり皮肉な現象といわねばならない。なお、四句の輔・取・与に押韻が認められる。また、「姑」は「しばらく」と訓むが、中国語では時間的用法に限定せず、猶予するきもちを表わす助字である。〝まあまあ〟〝ひとまず〟といったニュアンスをもつ。

任章はつづける、「ご主君は土地をくれてやられ、智伯が増長するようになさるがよろしい。やつが増長したその時こそ、仲のいいあい手を選んで智氏の打倒をはかる、そのことが可能な事態が来たのです。なぜご自分だけを智氏の矢おもてに立たせようとなさいます。」

「奈何」は「如何」と同じ。「質《ち》」は弓の的《まと》。一説に、いわゆる質《しち》（音はやはり「チ」）、人質と解する。智伯からマークされるものという意に解すれば、それでも通じる。

魏駒も韓虔のように臣下の勧告をいれた。

――韓・魏両国の賢明で冷静な家老たちが予想したとおり、智伯の貪欲は止まるところを知らなかった。かれの魔手は、残る趙氏にむかってさし伸べられる。

*

智伯又求二蔡皐狼之地於趙襄子一。襄子弗レ与。智伯怒。帥二韓・魏之甲一以攻二趙氏一。襄子将レ出曰。吾何走乎。従者曰。長子近。且城厚完。襄子曰。民罷レ力以完レ之。又斃死以守レ之。其誰与レ我。従者曰。邯鄲之倉庫実。襄子曰。浚二民之膏沢一以実レ之。又因而殺レ之。其誰与レ我。其晋陽乎。先主之所レ属也。尹鐸之所レ寛也。民必和矣。乃走二晋

智伯、又、蔡《さい》の皐狼《こうろう》の地を趙襄子《ちょうじょうし》に求む。襄子、与えず。智伯、怒り、韓・魏の甲《こう》を帥《ひき》いて以って趙氏を攻む。

襄子、将《まさ》に出《い》でんとして曰《い》わく、「吾《われ》、何《いず》くに走らんや」と。従者曰わく、「長子は近く、且つ城厚くして完《まった》し」と。襄子曰わく、「民、力を罷《つか》らせて以ってこれを完《まっと》うし、又、斃死《へいし》して以ってこれを守れり。其《そ》れ誰か我に与《くみ》せん」と。従者曰わく、「邯鄲《かんたん》の倉庫は実《み》てり」と。襄子曰わく、「民の膏沢《こうたく》を浚《さら》えて以ってこれを実たし、又、因《よ》りてこれを殺せり。其れ誰か我に与《くみ》せん。其れ晋陽《しんよう》ならんか。先主の属《したが》

えし所なり。尹鐸《いんたく》の寛《ゆる》うせし所なり。民、必らずや和せん」と。乃ち晋陽に走る。

陽」。

智伯はさらに趙襄子《ちょうじょうし》すなわち趙鞅《ちょうおう》に、蔡の旧領である皐狼《こうろう》の地を欲しいと要求した。「皐狼」はいまの山西省離石県の西北。「蔡」は春秋期の小国。ただし、胡三省によると、史実によるかぎり蔡が皐狼を所有したことは考えられず、「蔡」字は「藺《りん》」（陝西省永寧県の西方）のミス・コピーでないかと疑っている。とすれば二つの地名となる。

さて、趙氏には幸か不幸か段規や任章のような冷静炯眼の家老はいなかったし、趙鞅自身がかなり老年の、すなわち智伯の父である智申の在世中からともに晋の国政に参与していた長老だから、智伯などなんの青二才がというきもちがあったのであろう。かれは他のふたりの君主の最初の意見と同じであり、それをばたちまち実行した。はじめて壁にぶつかった智伯は当然腹を立てる。かれはさっそく韓・魏二氏の武装部隊をも指揮下において、趙氏を攻撃した。「韓・魏の甲を帥い」たことの言及は、やはり智氏の勢力の絶大さを示す。「甲」はよろい・かぶとの類、武装した軍隊。

趙氏の劣勢はあきらかで、かれはたちまち遁走をよぎなくされる。「出」とは首都から脱出すること。さて、どこへ逃走するかが問題である。

趙鞅が出奔しようとしていった、「どこへ逃げたものだろ。」

従者「長子が近うございます。それに城壁が厚くて完全です。」
趙鞅「でも民が精力をしぼって完全にしたものだし、それに生命《いのち》を犠牲にして守ってくれたところだ。誰がわしの味方になってくれよう。」
従者「邯鄲《かんたん》の米倉なら、いっぱいつまっておりますが。」
趙鞅「民が汗あぶらをしぼりつくして実《み》たしたものだし、その際に民を殺している。誰がわしの味方などになってくれよう。そうだ、晋陽にしようかな。あすこは先君の持ちものだし、尹鐸《いんたく》が寛大な政治をやったところだ。民はきっと協力体制がとれているだろう。」
というわけで晋陽に逃走した。

「長子」「邯鄲」はみな地名、趙氏の領地。前者は現在の山西省長子県の西方で、晋の首都絳《こう》から直線距離で一六〇キロばかり、後者は河北省南部にあって現在も同名、直線距離で二〇〇余キロ、ただし両地とも太行山脈でへだてられている。「膏沢《こうたく》」はふつう恩恵の意に用いられるが、ここは「膏血」に同じ。「浚《しゅん》」はさらえる・尽くす意。「因りてこれを殺す」とは、食糧倉庫を充実する際に、よほど非道な搾取をやり、人民の生命まで奪ったのであろうが、具体的な事実はわからない。「先主」は、胡三省の注に「諸侯（周王朝の諸侯、すなわち晋）の大夫《たいふ》（趙鞅）の臣下が、亡くなった先君に対する呼称」だという。とすれば、趙鞅は対話のあいてである従者が用いる呼称でわが父を呼んだことになる。

趙鞅は父のかつての戒めをふと想い出して、結局、晋陽の地を拠点として落ちのびて行く。そして、晋陽もかれの期待を裏切りはしなかった。事件は急速に展開して、たちまち結末を迎える。

＊

三家以二国人一囲而灌レ之。城不レ浸者三版。沈竈産レ鼃。民無二叛意一。智伯行レ水。魏桓子御。韓康子驂乗。智伯曰。吾乃今知四水可三以亡二人国一也。桓子肘二康子一。康子履二桓子之跗一。以丁汾水可三以灌二安邑一。絳水可丙以灌乙平陽甲也。

三家、国人を以って、囲みてこれに灌《そそ》ぐ。城、浸《ひた》さざる者《こと》三版《ぱん》。沈める竈《かまど》に鼃《あ》を産するも、民に叛意《はんい》無し。

智伯、水を行《めぐ》る。魏桓子は御《ぎょ》たり、韓康子は驂乗《さんじょう》たり。智伯曰わく、「吾《われ》、乃ち今、水の以って人の国を亡ぼすべきを知れり」と。桓子、康子を肘《ひじ》うち、康子、桓子の跗《ふ》を履《ふ》む。汾水《ふんすい》は以って安邑《あんゆう》に灌《そそ》ぐべく、絳水《こうすい》は以って平陽に灌ぐべきを以ってなり。

智・韓・魏の三氏は、めいめいの国民の部隊をひきい、晋陽城を包囲して水攻めにした。城壁の水に漬からぬ部分はわずかに三版《ぱん》、およそ一・四メートル。水中に沈んだかまどに蛙がわくという窮状に陥りながら、城内の一般民衆に城主を裏切るきもちはなかった。

晋陽はその名のとおり、南に晋水が流れている。その上流の堤防を切って水攻めの戦術に出たのである。「版」は長さの単位で二尺（ほぼ四七センチ）だというが、たぶん城壁や土塀などの建造物にだけ用いる専門語であろう。中国の城壁はただ今のコンクリート建築のように、両側に板を立てならべて、その中間に粘質の土を入れて固める方法を用い、これを〝版築《はんちく》〟という。その際に使用する板の長さや巾《はば》はおそらく一定しており、戦国期の初期におけるその板の巾が二尺だったのであろう。長さの単位としての「版」は、説が分かれて長短の差があるが、それも時代によって築城用の板の巾に差違があったからではなかろうか。「沈竈《ちんそう》」は水中に沈んだかまど、むろん、城壁に囲まれた城内の住民について、かれらの生活の中心――食生活のよりどころが、浸蝕する水に没したこと、しかも、その期間がすでに長期にわたったことを、「鼃を産《あ》す」という表現で示したのである。「鼃」は蛙ないしがま蛙をいう。「沈竈に鼃を産す」は、後世洪水の悲惨さを形容する成句として慣用される。

さて、水攻めの包囲戦の一日――智伯は水浸しの城壁の周辺をめぐって視察した。馬車、というより戦車で巡行したことは、魏駒《ぎく》が馭者の席につき、韓虔《かんけん》が陪乗者の席にあったことでわかる。「御」つまり馭者、主人が戦車の左に位置し、馭者はそのとなり中央に位置する。「驂乗《さんじょう》」はそえ乗りで、馭者の右側に坐る。かれらの座席は、たぶんそのままかれらの勢力順位を物語るのであろう。

智伯がいった、「わしは今はじめて水で他人《ひと》の国が滅ぼせることを知ったよ。」――これは陪乗するふたりの君主にとって容易ならぬ発言である。

そこで、魏駒が韓虔を肘《ひじ》でつついた。韓虔は魏駒の足の甲を踏んだ。ふたりは列《なら》らんでいたから、たがいに合図しえたのである。かれらの合図は、むろん、それぞれがやがて眼前の趙氏と同じ運命に陥ることを予感して、たがいに警告しあうそれである。なぜかといえば、汾《ふん》水の水は魏駒の本拠・安邑《あんゆう》にそそぎうるし、絳水の水は韓虔の本拠・平陽《へいよう》にそそぎうるからである。「安邑」は山西省夏県の北方、「平陽」は同省臨汾県。

魏駒・韓虔のふたりはかくて警戒を怠らず、かれらの胸中にはひそかに叛逆の芽が育ちつつあったと思われる。それがおのずからかれらの顔いろに、そして動作にあらわれたのであろう。ある日のこと——

*

絺疵謂二智伯一曰。韓・魏必反矣。
智伯曰。子何以知レ之。絺疵曰。
以二人事一知レ之。夫従二韓・魏之
兵一以攻レ趙。趙亡。難必及二
韓・魏一矣。今約三勝レ趙而三二分
其地一。城不レ没者三版。人・馬

絺疵《ちし》、智伯に謂《い》いて曰わく、「韓・魏は必らず反《そむ》かん」と。智伯曰わく、「子《し》、何を以ってこれを知る」と。絺疵曰わく、「人の事を以ってこれを知れり。夫《そ》れ韓・魏の兵を従えて以って趙を攻む。趙亡ぶれば、難《なん》、必らず韓・魏に及ばん。今、趙に勝ちて其の地を三分せんと約し、城、没せざる者《こと》三版、人・

相食。城降有レ日。而二子無二喜志一。有二憂色一。是非レ反而何。明日。智伯以二絺疵之言一告二二子一。二子曰。此夫讒レ人欲戊為二趙氏一游説。使丁主疑二於二家一而懈丙於攻乙趙氏甲也。不レ然。夫二家豈不レ利三朝夕分二趙氏之田一。而欲レ為二危難不レ可レ成之事一乎。二子出。絺疵入曰。主何以三臣之言一告二二子一也。智伯曰。子何以知レ之。対曰。臣見三其視レ臣端而趨疾一。知三臣得二其情一故也。智伯不レ悛。絺疵請使二於斉一。

馬相食《あいは》み、城の降《くだ》らんこと日有り。而も二子に喜志なく、憂色あり。是《こ》れ反《そむ》くに非ずして何ぞや」と。明日《めいじつ》、智伯、絺疵《ちし》の言を以って二子に告ぐ。二子曰わく、「此の夫《ふ》は、人を讒《ざん》して、趙氏の為《た》めに游説《ゆうぜい》し、主をして二家を疑いて趙氏を攻むるに懈《おこた》らしめんと欲するなり。然らずんば、夫《か》の二家、豈《あ》に朝夕、趙氏の田《でん》を分かつを利とせずして、危難の成すべからざるの事を為さんと欲せんや」と。二子、出《い》づ。絺疵《ちし》、入りて曰わく、「主、何ぞ臣の言を以って二子に告げしや」と。智伯曰わく、「子、何を以ってこれを知る」と。対《こた》えて曰わく、「臣は其の臣を視《み》ること端《つまび》らかにして趨《はし》ること疾《すみや》かなるを見る。臣が其の情を得たるを知るが故なり」と。智伯、悛《あらた》めず。絺疵《ちし》、請《こ》いて斉《せい》に使いす。

絺疵《ちし》が智伯にいった、「韓・魏の二氏はきっと謀叛しますぜ。」
智伯「そなたにどうしてそれがわかる。」

絺疵「あの人たちの様子でわかります。だいたい韓・魏の軍隊をしたがえて趙を攻撃なすってるんですよ。趙が滅べば、危難はきっと韓・魏にふりかかるというものでしょう。いま、趙にうち勝てばその領地を三分するという約束ができており、しかも当の城が水没までにあとわずかに三版、城内は人と馬が相食《あいは》む窮状におちいり、降伏は時間の問題だといいますのに、おふたりさんにはうれしがる気もちがなく、むしろしんぱいそうなけはいさえみえます。これが謀叛の証拠でなくてなんでしょう。」

「人事」とはふたりの人間におこるもろもろの事象、行動や態度をいうのであろう。このことばは後世、伝統詩などで人間関係・日常的なつきあいを指して使用される。ここの「人」は〝あの人たち〟を意味するだろう。「喜志」はよろこばしげな心、志はその方向への心の傾斜をいう。

翌日、智伯は絺疵がいったことをふたりに話した。〝かっこいいおとこ〟はまことに単純であり、あいての胸中におこる反応を察する気もちなど絶えてなかった。

ふたりはいった、

「そのおとこは他人を中傷して、敵の趙氏のために説得役にまわり、主君《との》にわれわれ両家に対する疑念をいだかせ、趙氏攻撃の手をゆるめさせようつもりですよ。でなくって、だいたいわれわれ両家がですよ、もうすぐ趙氏の土地の分け前にあずかろうっていうのに、それをば棒にふり、成功の見こみもないクーデターをおこそうなんて気になりますかね。」

「此夫」は罵倒の口吻をもつ呼称か。「游説《ゆうぜい》」は説得してまわること。「朝夕」はふつうには〝あけくれ・しょっちゅう〟の意に用いられるが、ここは、以下のことが目前に迫っていることを示す時間的副詞。〝命、旦夕に在り〟などの表現を連想されたい。

魏駒と韓虔のふたりが退出した。絺疵がはいって来ていった、

「ご主君は、それがしが申したことをなぜおふたりに話されました。」

智伯「そなたにどうしてそれがわかる。」

絺疵は答えた、「おふたりが身どもをじろじろながめつつ、小走りで行かれるのを見たのです。身どもがおふたりの胸中をよみ取ったことをごぞんじだからですよ。」

智伯は意を翻えさなかった。絺疵は斉国への使節を買うて出た。

「端」は審の意。宋元期の俗語でまじまじ見ることを〝端詳〟という。「悛」は事の非に気づいてきもちをかえること。「斉」は山東省の半島部分を占める大国。「斉に使いす」とは、やはり難を避けて亡命する意図を示す。

*

趙襄子使下張孟談潜出見二二子一。曰上。臣聞唇亡則歯寒。今智伯帥二韓・魏一以攻レ趙。趙亡則

趙襄子、張孟談《ちょうもうたん》をして潜《ひそ》かに出《い》でて二子に見《まみ》え、曰《い》わしむ、「臣聞く、『唇《くちびる》亡ぶれば則ち歯寒し』と。今、智伯、韓・魏を帥《ひき》いて以って趙を攻む。趙亡ぶ

韓・魏為二之次一矣。二子曰。我心知二其然一也。恐事未レ遂而謀泄。則禍立至矣。張孟談曰。謀出二二主之口一。入二臣之耳一。何傷也。二子乃潜与二張孟談一約。為二之期日一而遣レ之。襄子夜使下人殺二守レ隄之吏一。而決レ水灌中智伯軍上。智伯軍救レ水而乱。韓・魏翼而撃レ之。襄子将レ卒犯二其前一。大敗二智伯之衆一。遂殺二智伯一。尽滅二智氏之族一。唯輔果在。

れば則ち韓・魏、これが次《じ》と為らん」と。二子曰わく、「我ら心に其《そ》の然るを知るなり。恐るるは、事未《いま》だ遂《と》げずして謀《はか》りごと泄《も》るれば、則ち禍《わざわい》、立ちどころに至らんことなり」と。張孟談、曰わく、「謀りごとは二主の口より出《い》でて、臣の耳に入るのみ。何ぞ傷《いた》まんや」と。二子、乃ち潜《ひそ》かに張孟談と約し、これが期日を為して、これを遣《や》らしむ。襄子、夜、人をして隄《つつみ》を守るの吏を殺し、而《しこ》うして水を決して智伯の軍に灌《そそ》がしむ。智伯の軍、水を救いて乱る。韓・魏、翼してこれを撃つ。襄子、卒《そつ》を将《ひき》いて其の前を犯し、大いに智伯の衆を敗り、遂に智伯を殺して、尽《こと》ごとく智氏の族を滅ぼす。唯《た》だ輔果のみ在り。

趙鞅《ちょうおう》の使命をおびた張孟談は、包囲網からしのび出てふたりに会見していった、
「それがしは聞いております、『唇がほろぶと歯寒し』とやら。ただいま智伯は、韓・魏二国を統率下においてわが国を攻撃しておりますが、わが国が滅べばおつぎはあなたがた韓・魏の番ですよ。」

ふたり「われわれも腹の中でそうなることはよくわかっている。事をやり遂げるまえに計画が洩れやしまいか、そうなりゃたちまち災難がふりかかる、それがこわいのでな。」『戦国策』趙策では、かつて趙鞅に晋陽を拠点とするよう勧告したのが、尹鐸でなくてこの張孟談になっている。「唇亡ぶれば則ち歯寒し」はことわざ、障碍が除かれると本体が危ういことの喩えである（『史記』巻三十九・晋世家）。

韓・魏二氏の本心を知った張孟談は、まずふたりを安心させにかかる――「計画は殿おふたりの口から出て、それがしの耳にはいるだけです。なんの心配がありましょう。」そこで、ふたりは内密に張孟談と約束し、決行の日時をとり決めて送りかえした。張孟談の答えの首二句の下文に、『戦国策』では「人、これを知る莫《な》きなり」とあり、かえって「何ぞ傷まん」がない。

趙鞅は夜に人をやって堤防の見張り役人を殺させ、堤防をきって智伯の軍を水攻めにした。智伯の軍勢は水流を防ごうとしてごったがえす。韓・魏の軍は側面攻撃をかける。趙鞅は部隊をひきいて正面攻撃を敢行し、智伯の軍勢をさんざんにうち敗り、かくて智伯を殺して、智氏一族を全滅させた。輔氏だけはぶじに残った。

「水を救う」とは防水工作をいう。火災の際の消火活動を「火を救う」（現代語も同じ）というのに類する。「翼」は助ける意。本隊の両翼をつとめるとみて、側面攻撃と訳出したが、大してかわるまい。「其の前を犯す」とは、正面攻撃はもっとも危険な戦法であり避けるべきであるから、「犯す」といったのである。
――こうして自信過剰の智伯は滅んでしまった。この事件の余話として、復讐未遂のまま凄惨な最期をとげる、かの豫譲《よじょう》の事件がある。智伯から恩顧をうけたかれが、炭を呑んで声をつぶしたり、うるしを塗って妻や友人にも別人とおもわせるほどに容貌を変え、執拗に趙襄子をつけねらうが結局失敗し、仇の衣服にでも斬りつけたいというかれのせめてもの願いを、趙襄子がかなえてやる。詳しくは『史記』巻八十六・刺客列伝をごらん願いたい。

智伯の破滅を語りおわったところで、司馬光は論賛を加える。これはかれの人間類型論として著名である。司馬光にはべつに「才徳論」と題する独立の論文があり、『温国文正司馬光集』巻七十に収められている。清・顧棟高の年譜によれば、かれの二十七歳（一〇四五年）の作であるという。制作期にかなり隔たりはあるが、論旨にさほど変りがあるとは思われない。ただ強調の力点がやや違う。双方よみあわせると理解しやすいので、必要に応じて引用対比しておこう。

*

臣光曰。智伯之亡也。才勝レ徳

臣光曰《い》わく、智《ち》伯《はく》の亡ぶるや、才、徳に勝《まさ》ればなり。

也。夫才与レ徳異。而世俗莫二之能弁一。通謂二之賢一。此其所三以失レ人也。夫聡察強毅之謂レ才。正直中和之謂レ徳。才者徳之資也。徳者才之帥也。雲夢之竹。天下之勁也。然而不二矯揉一。不二羽括一。則不レ能二以入レ堅。棠谿之金。天下之利也。然而不二鎔範一。不二砥礪一。則不レ能二以撃レ強。

夫《そ》れ才は徳と異《こと》なるに、世俗、これを能《よ》く弁ずる莫《な》く、通じてこれを賢と謂《い》う。此《こ》れ、其の人を失う所以《ゆえん》なり。夫れ聡察強毅《そうさつきょうき》、これを才と謂《い》い、正直《せいちょく》中和《ちゅうわ》、これを徳と謂う。才なる者は徳の資《し》なり。徳なる者は才の帥《すい》なり。雲夢《うんぼう》の竹は、天下の勁《けい》なり。然而《しか》れども、矯揉《きょうじゅう》せず、羽括《うかつ》せずんば、則ち以って堅《かた》きに入る能わず。棠谿《とうけい》の金《かね》は、天下の利なり。然《し》而《か》れども鎔範《ようはん》せず、砥礪《しれい》せずんば、則ち以って強きを撃《う》つ能わず。

司馬光《わたくし》の批判——

智伯の破滅は、才すなわち才智ないし才能が、徳すなわち徳性ないし人格に優越したからである。だいたい、才は徳と違ったものであるのに、世間一般は二つの区別がつけられず、おしなべて賢人すなわち立派な人物だという。これが、かれらの人を見損う、いわば人物鑑識を誤る原因なのである。

論者はまず智伯の事実を採りあげ、かれの破滅の理由について結論をのべ、才・徳という異質の人間的特徴がとかく混同されやすい盲点を指摘する。「才徳論」の冒頭にも、「世のいわゆる賢者（りっぱな人物）とは何ぞ、才と徳との謂いに非ずや。二者は殊異《こと》なる。察せざるべからず」という。もっとも、才・徳を〝才智〟と〝徳性〟などと訳してしまえば、その対比はかなり明確化して、いわゆる「世俗」の眼にさえ混同の恐れはなさそうだが、すでに〝才能〟とか〝徳能〟という語が存するように、どちらも人間のもちぶん・はたらきをさし、中国語ではより広い概念を包括するし、現象的にはとかく混同されやすい側面をもつ。だから司馬光はつぎに、いわゆる才・徳とは何であるか、それぞれについてかれなりの定義をくだして、両者の関係に言及する。

だいたい、頭がきれて精神面でたくましいのが才であり、まっすぐで調和を保つのが徳である。才とは徳の資材であり、徳とは才の指揮者である。

「聡察」は聡明敏察、眼から鼻にぬける頭のよさ、「彊（強）毅」は根性がしっかりして逞しいことをいう。ただし、後者のいわゆる根性のきつさは、時として事の是非善悪を問わず強引に突っぱしる可能性を孕んでいる。「正直」はまっすぐな正しさ、それが徳の条件であることは勿論だが、それだけではやはり前後不覚の行き過ぎた行動を犯しかねない。もう一つの条件「中和」、すなわち調和・バランスがとれていること、あるいは調和・バランスを保とうとする能力を付加する。のちに南宋の朱熹（一一三〇―一二〇〇）が『礼記《らいき》』のうちから「大学」とともに抜き出して独立させ、いわゆる朱子学の重要古典の一つにえらんだ『中庸』（第一章）にいう、喜怒哀楽の未だ発せざる、これを中《ちゅう》と謂い、発してみな節に中《あ》たる、これを和と謂う。中なるものは天下の大本なり、和なるものは天下の達道なり。中和を致せば、天地位《くらい》し、万物育つ。

微細にわたる朱熹の解釈（中国古典選『大学・中庸』一七六ページ参照）はともかく、「中和」は心の未発（すなわち性）・已発（すなわち情）のいずれの場合も調和をえた状況をいう。つぎに、才・徳の関係を示す部分の「才は徳の資なり」は、少しく説明を要しよう。まず第一に、古代において才・材の両字は発音・概念ともに通用することが示すように、才は材料であり資材・素質である。やはり『礼記』中庸（『中庸章句』は第十七章）の、「天の物を生ずるや、必らずその材に因りて篤《あつ》くす」の後漢・鄭玄注に、「材とはその資性を謂う」とある。したがって、「才は徳の資なり」とは、才なるすぐれた素材・素質が徳によって磨きをかけられ、かくて才は正常・適切な働きを発揮するし、徳そのものも、才という素材をかりて完璧な作用を遂げることをいう。この句に対して「徳は才の帥なり」のほうはよほど理解しやすい。徳はつねに才をコントロールする役わりを担う。前にも指摘した才の強引な独走を、「正直中和」の徳が抑制するわけである。なお、『孟子』公孫丑上篇に「それ志は気の帥なり」とみえる。また、資・帥を〝とる〟〝ひきいる〟と動詞的に訓んでも、意味するところは変らない。ここに与えられた定義を見ても、司馬光における徳の優位はあきらかだろう。さて、才・徳のそうした関係は、つぎの比喩によってより明らかにされる。

雲夢から産出される竹は、矢がらとして天下に名だたる強さを誇るが、それも屈伸して矯正したり、矢ばねや矢はずの加工を施しておかないと、堅固な装備に射こむことはできない。また、棠谿から産出される金属は、刀剣として天下に名だたる切れ味を誇るが、それも鋳《い》型に入れて鎔解したり、砥石《といし》にかけて研磨しておかないと、強力な対象を撃つことができない。――「雲夢の竹」なり「棠谿の金」なりは、すなわち「徳の資」たる才であり、それらが矢や剣として一〇〇パーセントの効果を挙げるための矯正ないし加工の操作、それが徳だというわけである。

「雲夢」は古代の楚の地、湖北省安陸県の南にある広大な沼沢地として知られる。そこが竹の名産地であることは、三国魏・曹植の「呉季重（呉質）に与える書」に「雲夢の竹は以って笛となす」とあり、また呉質の返書「東阿王に答える書」（ともに『文選』巻四十二収）にも、「竹を雲夢に伐る」とあることでわかる。しかし、雲夢の竹が矢がらに用いられることは、何にもとづくかわからない。最古の字書『爾雅』釈地には、「東南の美《め》でたきものに、会稽（浙江省）の竹箭あり」とある。司馬光はむしろ宋代の現実に拠ったのではあるまいか。「勁」は強いこと。「勁直」という語があるように直線的な強さを意味する。「矯揉」はためたわめる、歪みやくせを矯正してまっ直ぐにする。「羽括」は矢ばねや矢はず（筈）を取りつける。「堅」は「堅甲」、がんじょうなよろい・かぶとを指す。

「棠谿」は河南省西平県の西北の地、棠は堂にもつくる。良質の鉄を産し、鋭利な武器（剣や戟《げき》）の製産地として知られる。『戦国策』韓策に「韓（戦国六国の一）の剣と戟《ほこ》は棠谿より出《い》づ」とあり、また『論衡』率性篇にも、「世に利剣に千金の価《あたい》ありと称するは、堂谿・魚腸の属、竜泉・太阿（以上みな名剣の称）の輩《たぐい》なり。その本鋌《あらがね》は山中の恒《つね》なる鉄なり。冶《や》工（かじ職）鍛錬して、成して銛《せん》（鋭の意）利と為す」とある。今人の通鑑注に「その地銅を産す、甚だ精利なり」とあるのは誤りである。「金」は金属。いわゆるゴールドは黄金、銀は白金、銅は赤金と呼んで区別される。「利」は「利剣」、切れ味のよいのが利、〝快刀乱麻を断つ〟の快もおなじ。「範」は鋳型、「砥礪」は二字とも磨ぐことであり、とい、いしそのものをもいう。この語はまた転じて〝学問修養につとめる〟ことにも使用される。

ここで「才徳論」のほうを見てみよう——

いわゆる才はこれを天に存し、徳はこれを人に存す。

智・愚と勇・怯は才なり。愚は智に強《まさ》るべからず。怯《おくびょう》は勇に強るべからず。四者は常分ありて移すべからず。故にこれを天に存すと曰えり。

善・悪と逆・順は徳なり。人、苟《も》し悪を棄てて善を取り、逆を変えて順《じゅん》に就《つ》かば、孰《たれ》かこれを禦《ふせ》がんや。故にこれを人に存すと曰えり。

これを物に譬《たと》えん——金はもって鍾《しょう》となすべく、もって鼎《かなえ》となすべく、玉《ぎょく》はもって珪《けい》となすべく、璧《へき》となすべし。此れ、これを人に存するものなり。玉はもって鍾・鼎となすべからず、金はもって珪・璧となすべからず。此れ、これを天に存するものなり。
「存」とは依存、すなわち主体性の所在をいう。才は天分であり、素質・資質たる所以でもある。徳は古訓に〝得なり〟(発音も同じ)とあるように、それの得失は人自身の修養の如何にかかっており、〝聖人が教えてこれを成すもの〟である、というのである。

みぎは一般人にとってきわめて理解しやすい説明であるが、かの宋学においては、徳はもちろん重要な論題であるとともに、才も付随的に問題となり、後述のごとくのちに朱熹の門下にあって若干の論議をよぶ。

*

是故才・徳全尽。謂二之聖人一。才・徳兼亡。謂二之愚人一。徳勝レ才。謂二之君子一。才勝レ徳。謂二之小人一。凡取レ人之術。苟不下得二聖人・君子一而与上之。与三其得二小人一。不レ若レ得二愚人一。何則君子挟レ才以為レ善。小人挟レ才以為レ悪。挟レ才以為レ善者。善

是《こ》の故《ゆえ》に才・徳全く尽《つ》くせる、これを聖人《せいじん》と謂い、才・徳兼《か》ね亡《うしな》える、これを愚《ぐ》人と謂う。徳の才に勝《まさ》る、これを君子《くんし》と謂い、才の徳に勝る、これを小人《しょうじん》と謂う。凡そ人を取るの術は、苟《いや》しくも聖人・君子を得てこれと与《とも》にせずんば、其の小人を得ん与《よ》りは、愚人を得るに若《し》かず。何となれば則ち、君子は才を挟《さしはさ》みて以って善を為《な》し、小人は才を挟みて以って悪を為す。才を挟みて以って善を為す者は、善、至

無レ不レ至。挟レ才以為レ悪者。悪亦無レ不レ至矣。愚者雖レ欲レ為二不善一。智不レ能レ周。力不レ可レ勝。譬如二乳狗搏レ人。人得而制レ之。小人智足三以遂二其姦一。勇足三以決二其暴一。是虎而翼者也。其為レ害豈不レ多哉。

らざる無く、才を挟みて以って悪を為す者は、悪も亦た至らざる無し。愚者は不善を為さんと欲すと雖も、智、周《あまね》き能わず、力、勝《た》うべからず。譬《たと》えば乳《にゅう》狗《こう》の人を搏《う》つが如し。人、得てこれを制す。小人は、智、以って其の姦《かん》を遂ぐるに足《た》り、勇、以って其の暴を決するに足る。是《こ》れ虎にして翼《つばさ》ある者なり。其の害を為すこと、豈に多からざらんや。

だから、才・徳ともに完全無欠であるのが聖人、才・徳ともに欠くのが愚人であるし、徳が才に優越するのが君子《くんし》、才が徳に優越するのが小人《しょうじん》である。——才・徳ふたつの要素における満点とゼロの両極端、およびそれのアンバランスのケースふたつを挙げて、人間の型を四つのランクに分かち、いよいよ人物鑑識のポイントに言及する。

一般的にいって、人物を採用する方法としては、もし聖人や君子を獲得して協力させることができぬ場合、小人をつかむよりは愚人をつかむほうがましである。

古来、「聖人」といわれるものは、太古の皇帝堯・舜・禹・湯、周王朝の文・武二王と周公旦、そして孔子をさすのが常識で、かの孟子や孔門の最高弟子である顔淵さえ、聖人に次ぐ亜聖と呼ばれるほどだから、前半は「君子を得る」のでなければというに等しい。

その「君子」が得られれば問題はないが、不幸にして不可能な場合は、「小人」よりもむしろ「愚人」をえらべというのである。「与其……不若（如も同じ）……」は慣用の句法で現代口語にも用いる。文言の句法が現代語に逆輸入された珍らしい例の一つ、〃……するより……したほうがよい〃という表現。したがって、「其」字の指示性を無視するのがむしろ中国語的な読み方であるが、しばらく伝統的訓読に従っておく。

さて、小人より愚人をえらぶべしとする理由は——

なぜかといえば、君子は才をたのんでそれを善き行為の遂行に活用するし、小人はその才を悪しき行為の遂行に活用する。才を善行に活用する君子の場合は、その善き行為が徹底し、才を悪しき行為に活用する小人の場合も、その悪しき行為が徹底するからである。愚人の場合だと、たとえ善からぬ行為を遂行しようとしても、知恵が十分まわりかねるし、能力の点でもかい性不足であって、ちょうど子もちの母犬が人間に抵抗するようなもので、人間は難なく取りおさえることができる。それが小人の場合だと、不正行為を遂行するだけの知恵はあるし、暴虐行為を敢行するだけの勇気もあり、ちょうど虎に翼が生えたようなもの、かれの行為がもたらす被害は甚大なのである。

「挟」は挟持、持続性をおびるもちかたをいい、「倚」は〃恃《たの》む〃のニュアンスを含む。「乳狗」は子犬を哺育する母犬。『淮《え》南子《なんじ》』説《ぜい》林訓に「乳狗の虎を噬《か》み、伏鶏《ふっけい》（卵を抱いている鶏）の狸を搏《う》つは、恩（恩愛）の加わる所、その力を量らず」とあり、『列女伝』巻五・節義篇の魏節乳母の伝にも、「乳狗の人を搏ち、伏鶏の狸を搏つは、恩の中心より出《い》ずればなり」と相似た表現がみえる。いずれも弱者がわが子に対する愛情にかられておのれの能力を忘れ、強者に抵抗する比喩である。司馬光は「力を量らざる」点のみを利用したが、この場合はあまり適切な比喩でないようにおもわれる。「虎にして翼ある」はむろん制しがたい兇暴のたとえ。『逸周書』寤敬《ごけい》解に「虎の翼を傅《つ》くる無かれ、将《まさ》に飛びて宮に入り、人を択《えら》びて食《くら》わんとす」とあり、『後漢書』巻四十八・翟酺伝の上奏文中にも、「虎翼、一たび奮えば、卒《つい》に制すべからず」という。

「才徳論」のほうは、論調がいささか違う。才・徳ふたつの要素の均衡が保たれがたいのが世の常であり、人物任用のポイントは才より徳におけと主張する。

「然りと雖も、上聖に非ざる自《かぎ》り、必らず偏するあり。才に厚き者は、或るいは徳に薄く、徳に豊《めぐ》まれし者は、或るいは才に殺《とぼ》し。これを鈞《ひと》しうして両《ふた》つながらは全き能わざれば、寧ろ才を捨てて徳を取《えら》べ。」

*

夫徳者人之所レ厳。而才者人之所レ愛。愛者易レ親。厳者易レ疎。是以察者多蔽二於才一而遺二於徳一。

夫《そ》れ徳なる者は人の厳《はばか》る所にして、才なる者は人の愛する所なり。愛する者は親しみ易《やす》く、厳る者は疎《うと》んじ易し。是《ここ》を以って察する者は多く才に蔽《おお》われて

自㆓古昔㆒以来。国之乱臣。家之敗子。才有㆑余而徳不㆑足。以至㆓於顚覆㆒者多矣。豈特智伯哉。故為㆑国為㆑家者。苟能審㆓於才・徳之分㆒而知㆑所㆓先後㆒。又何失㆑人之足㆑患哉。

徳を遺《わす》る。古昔《こせき》より以来、国の乱臣、家の敗子は、才、余り有るも、徳、足らず、以って顚覆《てんぷく》するに至る者多し。豈《あ》に特《ひと》り智伯のみならんや。故に国を為《おさ》め家を為むる者は、苟《いや》しくも能《よ》く才・徳の分《ぶん》を審《つまび》らかにして、先後する所を知らば、又、何ぞ人を失うの患《うれ》うるに足ることあらんや。

だいたい、徳ないし有徳の人すなわち人格者には、人は畏敬ないし警戒の念をおぼえるもので、俗にいうけむたい存在であるが、才ないし才能ある人間、すなわち才ばしった人間には、人は愛情をよせるものである。愛情をおぼえるものは親しみやすく、畏敬ないし警戒をおぼえるものは、疎外しやすい。それゆえ、人物を観察するものは、たいていの場合、才能に眩惑されて徳すなわち人格面を見落としがちである。古代から、国を混乱に陥れる不逞の臣、家を破滅にみちびくどらむすこ、かれらはあり余る才能にめぐまれながら、徳性すなわち人格面に欠陥をもち、だからわが身の破滅さえまねくといった人物が多い。智伯もまさにその一人であるが、べつにかれだけに限ったことではない。したがって、一国を統治する君主、一家をとりしきる家長たる父親が、もしも才能と人格の区別をしかとつけて、いずれが優先するべきかを心得ておれば、人物を見損う心配はないのである。

この結論部分の論理はきわめて明晰であり、あらためて付加する必要はあるまい。「敗子」はどらむすこ、〝乱臣賊子〟と並称される賊子に同じ。『礼記』大学にいう、「物に本末あり、事に終始あり。先後する所を知れば、則ち道に近し。」

この論賛ないし独立論文「才徳論」は、南宋・朱熹の門にあって幾たびか問題にされたようである。『朱子語類』巻四・性理篇（第七十七条）および巻一三四・歴代篇（第二十六条以下）の数条がそれを物語る。かれは司馬光の才・徳の弁について、「まちがいではなく、論理に難点があるだけだ」とか、「説きかたは偏しているが、まちがいとみるのはいけない」と念を押しながらも、その論点の誤りを指摘する。

朱熹によれば、司馬光が〝才〟とみる〝聡察強毅〟は徳でもある。その理由をのべてかれはいう、

聖人は仁・智・勇を徳とされる。聡察はつまり智であり、強毅はつまり勇である。

また、朱熹は、才・徳のいずれにもよきものとあしきものがあることを指摘していう、

才がどうしてすべてよからぬものとされようか。人には剛明果決の才があり、それはりっぱによき才なのである。（一方）徳にだって昏徳がある。もしでくの棒みたいに物事をやる能力がなければ、その徳にはなんらの価値をも見いだすわけにゆかぬ。徳とはわが身に獲得されてるもの（諸《これ》を己《おのれ》に得たるもの——徳《とく》は得《とく》なりの古訓による）、才と

は実践しうる能力（能《よ》く為す所）である。もしも才・徳両全のものが聖人であるなら、聖人にはよきものとよからぬものが混ざり合ってることになる。

末句はすなわち、司馬光のように才をよからぬものとするならという前提のもとにおける発言であるが、司馬光とても必らずしも才をよからぬものとばかり決めていたわけではあるまい。なお、『朱子語類』巻一三〇（第三十五条）にはつぎの言及がみえる。

〝其の小人を得んよりは愚人を得るに若《し》かず〟とは、温公（司馬光）の晩年のゆたかな経験がこの説をなさしめたのである。

清流と濁流（巻五十五・五十六、漢紀より）

――後漢における知識人粛清のあらし

いずれの国家、いずれの社会、そしていつの時代にあっても、その規模こそさまざまに異なるが、一刻も絶えない人間のいとなみに、党派の争いがある。それはまた、しばしば凄惨な流血事件にさえ進展する。中国史にあっても、〝党争〟はやはり大きなテーマの一つである。現に通鑑の編者司馬光そのひとも、新法・旧法両派の党争の渦中に身をおいたし、前にしては、唐・穆《ぼく》宗朝における牛僧孺・李徳裕両派の党争が、後にしては、明《みん》末における東林党のそれが、代表的な党争事件として知られる。ここには、みぎと合わせて〝四大党禍〟とよばれる、中国史上最初の大規模な党争事件、いわゆる〝党錮《とうこ》の獄〟を紹介する。時は二世紀の後半、後漢王朝の末ごろ、わが国でいえば、かのまぼろしの王国――邪馬台国が誕生する前夜にあたる（『後漢書』東夷伝）。この事件は党争一般と少しく性格を異にし、君主の背後にあってかれを操つる宦官たち――濁流――の専横に対する、儒学の理念のもとに結集した朝野の知識人たち――清流――の一大レジスタンスである。不幸にして結果は、濁流が清流を呑みつくし、知識人数百の貴い生命を奪い去り、それに数倍するかれらの係累や一般人をも悲運に陥しいれた。それはやがて、王朝自身をも滅亡に追いやったばかりでなく、政治・社会あるいは文化・思想などの各面で、つづく時代――三国・六朝に影響をあたえ、それらの時代の特異な性格を形成するうえにも作用する、歴史的意義をになうものである。

延熹七年春二月丙戌。邧郷忠侯黄瓊薨。将レ葬。四方遠近名士会者六七千人。初瓊之教二授於家一。徐穉従レ之咨二訪大義一。及二瓊貴一。穉絶不二復交一。至レ是穉往弔レ之。進酹。哀哭而去。人莫二知者一。諸名士推二問喪宰一。宰曰。先時有二一書生来一。衣麤薄而哭レ之哀。不レ記二姓字一。衆曰。必徐孺子也。於レ是選二能レ言者陳留茅容一。軽騎追レ之。及二於塗一。容為沽レ酒市レ肉。穉為飲食。容問二国家之事一。穉不レ答。更問二稼穡之事一。穉乃答レ之。

延熹《えんき》七年春二月丙戌《ひのえいぬ》、邧郷《こう》忠侯なる黄瓊《こうけい》、薨《こう》ず。将《まさ》に葬らんとして、四方遠近の名士の会する者、六、七千人。

初め、瓊《けい》の家に教授するや、徐穉《じょち》、これに従いて大《たい》義《ぎ》を咨訪《しほう》す。瓊の貴かるに及び、穉、絶ちて復《ま》た交わらず。是《ここ》に至りて、穉、往きてこれを弔《とむら》い、進みて酹《らい》し、哀哭《あいこく》して去る。人、知る者莫《な》し。諸名士、喪宰《そうさい》に推問《すいもん》す。宰曰わく、「先時、一書生の来たるあり、衣、麤薄《そはく》なるもこれを哭すること哀し。姓字を記《き》せず」と。衆曰わく、「必らず徐孺子《じゅし》ならん」と。是《ここ》に於いて言を能くする者、陳留の茅容《ぼうよう》を選び、軽騎もてこれを追い、塗《みち》にて及ぶ。容、為めに酒を沽《か》い肉を市《か》うに、穉、為めに飲食す。容、国家の事を問うに、穉、答えず。更に稼穡《かしょく》の事を問うに、穉、乃ちこれに答う。

ここにはまず、いわゆる清流士人の一つの典型――徐穉《じょち》のエピソードを紹介する。この一段はあたかも、通鑑・巻五十五の冒頭に位置する。ここに語られるタイプの知識人ないしかれらの人生観がなにゆえこの時代に生まれるに至ったか、それはむろん、史的環境の変遷と密接な関係をもつが、そのことについてはいずれ後にふれる。

時は後漢朝第十一代桓帝の延熹七年（一六四）二月、丙戌《ひのえいぬ》の日——陳垣『二十史朔閏表』によれば、二月は朔日《ついたち》が壬寅《みずのえとら》だから、この月に丙戌の日はめぐって来ない。このデートは『後漢書』桓帝紀および黄瓊・徐穉両伝にみえず、編者がもとづくところは未詳。干支のいずれかが誤るか、二月が正月または三月の誤りか、それとも朔日の擬定に誤りがあるか——に、黄瓊《こうけい》（八九—一六四）が亡くなった。その葬儀に際しては、四方遠近の地から会葬した名士が六、七千人もあった。——「黄瓊」は江夏郡安陸県（湖北省安陸県）の出身。険悪で汚濁にまみれた世にありながら、比較的清潔に身を処し、三公すなわち首相ないし副首相にあたる太尉・司徒・司空を歴任した名公。「邟郷」は河南省臨汝県、かれは生前邟郷侯に封《ほう》ぜられていた。「忠侯」は死後に贈られた諡《し》号。

かつての日、黄瓊が郷里で学生を教えていたころ、徐穉《じょち》（九七—一六八）はかれに師事し、人間として実践すべき大道について問いただしたが、さて黄瓊が高貴の地位につくと、徐穉はばったり交際を絶った。——「徐穉」は豫章郡南昌県（江西省南昌市）の出身。徐穉のこの行動はむろん世間一般と逆であり、名士と関係をもちその推挙にあずかろうとするのが、当時の常識であったろう。徐穉は巻五十四・延熹二年（一五九）八月の条に現われ、すでにそこでかれの清高の生活に言及されている。

徐穉は貧乏で、ひごろ自分で農耕をやり、おのれのかい性でなければ食べない。つつましやかで謙虚な、およそ自己中心主義とは反対の生活態度を持し、土地の人たちはかれの人格に敬服していた。たびたび官庁から起用されようとしたが、就任しなかった。陳蕃《ちんばん》が豫章郡の知事になったとき、鄭重な挨拶をいれて属官に就任するよう要請した。徐穉はことわりきれず、いったん拝謁したうえで身を退いた。陳蕃は四角四面のきびしい性格で、賓客に面接しない――いうまでもなく推薦依頼などを絶つためである――おとこだが、徐穉だけは例外で、かれが来ると特別の榻《とう》（牀、大型の平椅子）を用意して、かれが去るとつりあげた。

陳蕃（?―一六八）は汝南郡平興県（河南省汝南県の南東）の出身、郡吏をスタートに、地方官としては楽安・豫章郡の太守（二千石）、中央入りしては尚書令（千石）・大鴻臚・光禄勲（ともに中二千石）をへて、ついに太尉すなわち首相に就任するが、その間、峻厳な性格から宦官ら権勢の請託を拒み、あらゆる不正を糾弾して容赦しない、清流派官僚の代表。みぎの徐穉に対する優待は、旧中国の寺子屋の教科書『蒙求』に「陳蕃下榻」として、インテリ子弟たちに記憶された。ところで、黄瓊の政界における昇進につれて交渉をさけた徐穉であるが――

かれの葬儀には弔問にでかけ、進み出て酒を地にそそいで祭り、哀哭《あいこく》の礼をつくしてたち去った。――「是に至りて」は「初」に呼応する。江西省南昌から湖北省安陸までは直線距離でも三六〇キロはあり、同じ土地の弔問ではなかった。おそらく水路によったろうが、その一倍半の距離はある。しかも、上に引いた文章の下文にはいう、

徐穉は諸公の招聘には応じなかったが、かれらの逝去を聞くと、いつも笈いわばリュックを背負って弔問にでかけた。

みずからのためにのみする徐穉の誠実の弔問は、ひとり黄瓊に対してだけではなかったのである。

かれが誰だか知るものはなかった。会葬の名士たちが葬儀委員長に問いただした。――「推問」は単なる質問ではない。事情を取調べる場合などに用いるやや重いことばである。委員長はいった、「さきほど一人の書生がまいり、そまつな身なりながら、哀しげに泣いておりましたが、姓名に覚えはありません。」

人びとがいった、「そりゃきっと徐孺子だろうぜ。」――このことは、上記の徐穉の行為が、すでに人びとに知られていたことを示す。「孺子」は徐穉のあざな。

そこで口弁のたつ陳留郡（河南省陳留県）出身の茅容、あざな季偉をえらんで、軽快な馬であとを追わせ、道中で追いついた。茅容はわざわざ酒と肉を買ってごちそうしてやり、徐穉も飲み食いしてくれた。――二つの「為」はいずれもあい手に〝……してやる〟意

（去声に発音）だが、積極性ないし作為のニュアンスをもふくむ。〝みずからのかい性でなければ食べない〟徐穉が、すなおにごちそうになった。茅容の誠実が通じたのであろうが、〝能言者〟の口弁も文字どおり物を言ったかもしれない。

茅容が国家のこと、すなわち政治問題について質問すると、徐穉は答えない。あらためて農業のことをきくと、徐穉ははじめて答えた。――徐穉がみずから農耕して自活していたことは、既述のとおりである。

*

容還。以語二諸人一。或曰。孔子云。可二与言一而不二与言一。失レ人。然則孺子其失レ人乎。太原郭泰曰。不レ然。孺子之為レ人。清潔高廉。飢不レ可レ得レ食。寒不レ可レ得レ衣。而為二季偉一飲レ酒食レ肉。此為下已知二季偉之賢一故上也。所下以不上答二国事一者。是其智可レ及。其愚不レ可レ及也。

容、還り、以って諸人に語《つ》ぐ。或るひと曰わく、「孔子は云えり、『与《とも》に言うべきに与に言わざるは、人を失う』と。然らば則ち孺子はそれ人を失えるか」と。太原の郭泰《かくたい》曰わく、「然らず。孺子の人と為《な》りや、清潔高廉にして、飢うるも食を得べからず、寒《こご》ゆも衣《ころも》を得べからず。而《しか》も季偉《きい》の為めに酒を飲み肉を食らう。此れ已《すで》に季偉の賢を知るが故の為めなり。国事に答えざる所以《ゆえん》の者は、是れその智は及ぶべきも、その愚は及ぶべからざるなり」と。

茅容がもどって来て、人びとに次第を話すと、あるおとこがいった、

「孔子さまのことばに、〝会話をもつべきあい手なのに会話をもたねば、せっかくの良きあい手を見のがすことになる〟とある。だとすると、徐孺子はせっかくのあい手を見のがしたわけですな。」

「孔子」のことばは『論語』衛霊公篇にみえ、その下文には「与《とも》に言うべからずして、これと言えば、言を失う。知者は人を失わず、亦た言を失わず」とある。〝或るひと〟のつもりでは、わざわざ跡を追って来てくれた茅容と、ぞんぶんに国事を議論すればよいのに、そしてあわよくば、仕官出世のチャンスをつかめばよいのに、というのであろう。

太原郡（山西省太原市）出身の郭泰がいった、

「そりゃちがう。徐孺子は清廉潔白な人がらで、ひもじくたって食べ物をもらうことができないし、凍えたって着る物をもらうことができぬおとこさ。そのおとこが季偉にごちそうになったんだ。これは季偉をりっぱな人物とみとめた証拠だぜ。かれがなぜ国事について答えなかったか、ほら〝智者ぶりは他人にまねができても、愚者ぶりはまねができぬ〟っていうあれだよ。」

「郭泰」（一二八―一六九）はあざなが林宗、太原郡界休県（山西省介休県）の貧家の出身。屈伯彦について三年間古典を学び、首都の太学に遊学したとき、河南尹すなわち都知事の

李膺にみとめられて、一躍首都で名が知られた。「その智は及ぶべき云々」は『論語』公冶《や》長篇にみえる、春秋初期の衛国の家老寗武子に対する孔子の評語、「甯（寧に同じ）武子は、邦《くに》に道あれば則ち知（智）、邦に道なければ則ち愚、その知は及ぶべきなり。その愚は及ぶべからざるなり。」国家に真理が行なわれぬときは、他人にまねのできぬ愚直ぶりを発揮するという、乱世における愚に智よりも高い評価をあたえたことばである。

*

泰嘗挙ニ有道一。不レ就。同郡宋沖素服ニ其徳一。以為自ニ漢元一以来。未レ見ニ其匹一。嘗勧ニ之仕一。泰曰。吾夜観ニ乾象一。昼察ニ人事一。天之所レ廃。不レ可レ支也。吾将ニ優游卒レ歳而已。然猶周ニ旋京師一。誨誘不レ息。徐穉以レ書戒レ之曰。大木将レ顛。非ニ一縄所レ維。何為栖栖不レ遑ニ寧処一。泰感寤曰。謹拝ニ斯言一。以為ニ師表一。

泰、嘗て有道に挙げらるるも、就《つ》かず。同郡の宋沖、素《もと》よりその徳に服し、以為《おも》えらく、漢の元《はじ》めより以来、未《いま》だその匹《たぐ》いを見ずと。嘗てこれに仕えんことを勧《すす》む。泰曰わく、「吾、夜は乾象《けんしょう》を観《み》、昼は人事を察す。天の廃する所、支《ささ》うべからざるなり。吾、将《まさ》に優游《ゆうゆう》して歳《とし》を卒《お》えんとするのみ」と。然れども猶お京師《けいし》に周旋し、誨誘《かいゆう》して息《や》まず。徐穉《じょち》、書を以ってこれを戒めて曰わく、「大木の将《まさ》に顛《たお》れんとする、一縄《じょう》の維《つな》ぐ所に非ず。何為《なんす》れぞ栖栖《せいせい》として寧処《ねいしょ》するに遑《いとま》あらざるや」と。泰、感寤《ご》して曰わく、

「謹みて斯《こ》の言を拝し、以って師表と為さん」と。

郭泰はかつて〝有道〟科に推挙されたが、官途につかなかった。――〝有道〟は郡知事（太守）が民間の有能人を官吏に推薦する制度、すなわち選挙のタイトルの一、『後漢書』巻六十一の論賛にいう、

漢初には詔《みこと》のりもて賢良・方正を挙げ、州郡は孝廉・秀才（後漢では光武帝のいみ名を避けて茂才という）を察す。斯《これ》も亦た貢士の方なり。中興以後、復《ま》た敦朴・有道・仁賢・能直言・独行・高節・質直・清白・敦厚の属を増す云々。

〝有道〟は後漢に至って加えられたタイトルで人格者の意。郭泰自身は出仕を拒んだが、『文選《もんぜん》』巻五十八に収める蔡邕《さいよう》（一三三―一九二）が撰したかれの墓誌は、「郭有道碑文」と題されている。

郭泰と同じ太原郡出身の宋沖は、かねて郭泰の人格に敬服して、漢朝はじまって以来匹敵するものなしと考えていた。あるとき郭泰に仕官を勧めると、かれはいった、「わたしは、夜は天象を観測し、昼は人間社会の動きを観察している。天が見すてたもうたものは支えられぬ。わたしはゆったり自適の生活を送って生涯を終えるつもりさ。」

「乾象《けん》」の乾は〝乾坤〟の乾、天象・天文をいう。いうまでもなく、古代の中国にあっては、天界の現象は地上における人間社会の動きを投影するという考え方が行なわれ、後漢

から六朝にかけて特にそれが盛んであった。郭泰はすでに天象・人事を観察することにより、後漢王朝が天から見放されていることを知った。「廃する」は見すてる・衰退させる意。『左伝』襄公二十三年の条に、「天の廃する所、誰かこれを興《おこ》さんや」とみえる。おなじく襄公二十一年の叔向が引く『詩経』の句に「優なる哉《かな》游なる哉、聊か以って年を卒えん」とある（逸詩）。郭泰はかく時代の動きを洞察して宮仕えを拒みながら、しかし、世間とまったく交渉を絶つ逸民にはなりえなかった。――

かれはなお首都の洛陽にあって他人のせわをやき、同志の指導や勧誘をやりつづけた。かれの身を憂慮した徐穉は、手紙で注意した。

「大木が倒れかけているとき、一本の縄ぐらいでつなぎ止められるものではありません。なぜ、落着くひまもなく、ばたばたしていらっしゃるのですか。」

郭泰はめざめる思いでいった、「ありがたくこの言葉をおしいただいて、わが手本と仰ぎましょう。」

「大木云々」は国家が滅亡に瀕したとき、一人の力では支えきれぬ比喩である。類似の表現に「大廈《か》（大きな建物）の将《まさ》に顚れんとする、一木の支うる所に非ず」（『文中子』事君篇）がある。「栖栖」（棲棲）は落着かぬさま。宋・尹焞《いんとん》の注にいう、「なお皇皇（遑遑）というがごとし。」また、『毛詩（詩経）』召南・殷其《いんき》雷《らい》の序に、「遠行して政に従い、寧処するに遑あらず」とみえる。『後漢書』巻五十三・徐穉伝によれば、かれの忠告は、既述の黄瓊の埋葬を弔問したとき、追跡して来た茅容に口伝えにことづてたとされている。

――ここで本篇を読まれる方に予備知識を提供するため、徐穉・郭泰――かれらは一つのタイプにすぎぬ――のような清流人士がなぜ輩出するに至ったか、後漢王朝の後半期における史的環境を紹介しておこう。

それにはまず、中国の王朝政治とつねに密接な関係をもった宦官《かんがん》と外戚について語らねばならない。宦官とは、大奥に仕える官吏すなわち宮内官であり、寺人・閹《えん》人・中官などさまざまの呼称でよばれる。ただ、本邦などのそれとは大いに異なり、かれらはすべて去勢手術をうけた男性である。その起源は遠く春秋戦国期までさかのぼりうるし、実は、かれらの存在は中国のみに止まらず、エジプトそのほか古代の東方諸国における支配者のもとにも指摘される。中国の古代にあっては、宮刑または腐刑とよばれる去勢刑（かの『史記』の著者司馬遷がこの刑を受けた）に遭うたものが宦官に採用されたが、後世では貧窮の子弟が進んで志願し、ほとんど想像を絶する話であるが、一時に何万人という応募者が殺到し、宦官志願者の出身地、いわばかれらの産地までが一部固定していたといわれる。この宦官たちは皇帝ないし皇妃をはじめとする後宮と、あけくれ接触をもつために、しばしば政治の舞台裏にあって君主を自由に操縦し、隠然たる実力をもちがちであった。しかも、漢王朝の場合は後世と異なり、詔勅などの宮廷文書はすべて宦官の所管に委ねられていた。

それにかれらは肉体がそうであるだけでなく、精神的にもすでに一種の奇形児たるものが多かった。

この宦官に劣らず政治に影響力をもつもう一つの存在が、外戚すなわち皇后の実家一族である。ひとりの皇后を入内《じゅだい》させることによって、かの女の親兄弟はもちろん、親属一党までが、政治的能力の有無を問わず政府の要職に坐る。かれらは無能であればあるほど、物質的欲望の充足に狂奔し、国政を私物化して国家を危殆の淵に臨ませる。先行する前漢王朝に徴してみても、かの漢の高祖の正妃の実家呂氏、あるいは、宣帝の皇后の実家霍《かく》氏など、専横のはてに一族全滅の災禍を招いた例を挙げるにこと欠かない。

宦官と外戚の消長をたどるだけでも、興味ある一部の中国史を綴りえよう。想えば、宦官にしろ外戚にしろ、みな君主の後宮——女性が軸となっているから、広い意味においてやはり政治の背後に女性ありともいえる。

われわれが当面の対象とする後漢王朝は、みぎの二者が密接にからみあって歴史の舞台を揺がす特殊な事情が伏在した。さすがに聡明な光武帝は優秀なブレーンをもち、宦官と外戚の擡頭をみごとに抑えて、在位三十余年の間に王朝の基礎を固めた。しかし、第三代章帝（在位七六—八八）以後になると、いずれも幼年の皇帝が即位し、したがって母皇太后が政治をみるという変則の状況が相次いだ。女性である皇太后は大臣閣僚と直接会わず、国事の相談はすべて宦官を介して行なわれる。ここに政治の実権が容易に宦官の手に移る要因がひそんでいた。

さらに、後漢王朝では第四代和帝（在位八九―一〇五）以後になると、皇帝の病弱が原因してしばしば皇統が絶え、新帝を外藩から迎えることが多くなり、そこにも外戚の擡頭を許す要因があった。かくて、章帝・和帝二朝における竇《とう》氏、安帝朝（在位一〇七―一二四）における鄧《とう》氏、そして本篇の開幕直前における順帝（在位一二六―一四四）・桓帝（一四七―）二朝における梁氏、それぞれの専横が相次いだ。

梁氏は安定郡烏氏県（甘粛省涇川県）の出身であり、その中心人物は梁冀《き》（?―一五九）という。妹が順帝の皇后に立てられると、かれは軍の最高指揮官、いわば陸軍大臣たる大将軍（三公と同格）に就任して、政治の大権を掌握する。順帝の没後、二歳の幼帝も死ぬと、かれは梁太后とはかって、章帝の玄孫で八歳になる質帝を即位させ、その質帝から〝跋扈《ばつこ》将軍〟とあだ名されると、怒って毒殺、あらたに章帝の曾孫（すなわち桓帝）を即位させる、というように、わが意のままに皇帝の廃立を行のうばかりか、一族の豪奢と暴虐ぶりは言語に絶し、外戚の専横はついに極点に達する。一五九年、梁太后が死ぬと、かつてかれら兄妹が擁立した桓帝は、単超《ぜん》・唐衡・左琯ら五人の宦官と謀り、梁冀の邸を包囲してかれを自殺に逐いやり、同時に梁氏一門を残らず処刑した。

しかし、桓帝がかく宦官の力を借りて外戚を討滅したことが、このたびは宦官自身の専横を許す結果をまねき、しかもそれがやがて王朝自身の生命を奪うに至るのである。

この梁冀一門の専横を頂点とする外戚勢力の進出に、まず論難の火の手をあげたものがあった。中央地区、わけても陳留・汝南・潁川三郡の出身者を中心とする、儒学の教養に培われた知識人たちである。がんらい仕官を目的として学術と素行をみがいたかれらが、政治の歪曲を見のがすはずはない。かれらの鋭鋒はあらたに外戚に代って擡頭した宦官の横暴に向けられたのである。

以下には、かれら清流士人の宦官に対するレジスタンスのいくつかが紹介される。

*

三月。宛陵大姓羊元群罷二北海郡一。臧汚狼籍。郡舎溷軒有二奇巧一。亦載レ之以帰。河南尹李膺表按二其罪一。元群行二賂宦官一。膺竟反坐。単超弟遷為二山陽太守一。以レ罪繋レ獄。廷尉馮緄考致二其死一。中官相党。共飛章誣レ緄以レ罪。中常侍蘇康・管霸。固二天下良田美業一。州郡不二敢詰一。大

三月、宛《えん》陵の大姓なる羊元群、北海郡を罷《や》む。臧汚《ぞうお》狼籍《ろうぜき》たり。郡舎の溷軒《こんけん》、奇巧あり、亦たこれを載《の》せて以って帰る。河南尹《いん》なる李膺《りよう》、表してその罪を按ず。元群、賂《まいな》いを宦官に行《おく》る。膺、竟《つい》に反《かえ》って坐《つみ》せらる。

単超《ぜんちょう》の弟なる遷、山陽太守たり、罪を以って獄に繋がる。廷尉なる馮緄《ふうこん》、考《し》してその死を致す。中官相《あい》党《とう》し、共に飛章して緄を誣うるに罪を以ってす。

中常侍なる蘇康・管霸、天下の良田美業を固《こ》するに、

司農劉祐移㆓書所在㆒。依㆓科品㆒
没㆓入之㆒。帝大怒。与㆓膺・緄㆒
倶輸㆓作左校㆒。

州郡、敢えて詰《なじ》らず。大司農なる劉祐《りゅうゆう》、書を所在に
移《い》し、科品に依りてこれを没入せしむ。帝、大いに
怒り、膺・緄と倶《とも》に左校に輸作《ゆさく》せしむ。

延熹八年（一六五）三月、宛陵県（河南省宛陵県）の名族である羊元群が北海郡知事をやめた。かれの収賄汚職は乱脈をきわめ、数寄をこらした郡官舎の厠《かわや》まで、車に積んで郷里に帰った。――「臧汚《ぞうお》」の臧は贓に同じ、収賄だけでなく官物公金の使いこみをもいう。「狼籍」はみぐるしいさま。「考」は拷に同じ。

河南尹すなわち都知事の李膺が上表文を提出して、かれの罪情を取調べた。「宛陵」県は首都圏の河南郡下に属するからである。

羊元群は宦官にわいろを使い、李膺はなんと逆に罪に問われた。――誣告《ぶこく》罪に問われたのである。「反坐」は法律用語で『唐律』以下の法律書にみえる。告発者が偽りの申告をしたと逆に処罰されることをいう。「竟」という助字はしばしばかく意外のニュアンスをもつ。予想を許さぬ極端な場合をいう〝ついに〟である。

宦官単超《ぜんちょう》の弟で山陽郡（山東省金郷県西北）知事の単遷が、罪を犯して監獄につながれた。廷尉（中二千石）すなわち法務大臣ないし最高裁長官の馮緄《ふうこん》が、裁判にかけて死刑の判決を下した。宦官たちは結束して、みなで匿名の上奏文を提出して馮緄を中傷し、あらぬ罪

におとしいれた。——胡注に「飛とはその自《よ》りて来たる所を知らざるなり」（巻一七三）という。「章」は奏章、上奏文書。このことばはまた〝飛書〟ともいい、唐・李賢の注にも「今の匿名書の若《ごと》きなり」とみえる。

中常侍（比二千石）すなわち侍従職の宦官である蘇康・管霸は、全国の上等の田地や園宅の類を独占していたが、当該州・郡では詰責することをようしない。——胡注に「固は障固なり」とあるが、この説明自体がよくわからない。専有して他人に売り渡さぬことか。「美業」の業は〝産業〟（現代語も同じ）、がんらいは生計を立てるための不動産、ここは邸宅や庭園をさすだろう。

大司農（中二千石）すなわち大蔵大臣の劉祐は各地に公文を出して、財産等級規定にてらして官に没収させた。桓帝は激怒し、かれを李膺・馮緄とともに、左校に送って強制労働させた。——「所在」は各地、「移」は公文書を伝達すること。「科品」は品等・等級。『後漢書』巻五・安帝紀（元初五年七月の条）にみえる喪祭の華美を戒める詔に、「旧令の制度、各おの科品あり。百姓《たみ》をして務めて節約を崇《たつと》ばしめんと欲す」とあるから、身分に応じた財産規定のごときものをいうのでなかろうか。「左校」は将作大匠（二千石）すなわち建設大臣ないし営造局長、その管下の土木建築課である。右校もあるから、囚人を政府の造営作業に強制労働させる事務のみを扱うか。とにかく、官吏に対する軽い刑罰を「左校に輸作す」とか「左校に輸《おく》る」（九三ページ参照）という。

――李膺（一一〇―一一六九）、あざなは元礼、潁川《えいせん》郡襄城《じょうじょう》県（河南省襄城県）の官僚家庭に生まれた。〝孝廉〟の出身で刺史・太守を歴任、西北辺境の部隊長として矢石の下をもくぐり、異民族をふるえあがらせた歴戦の勇将、しかも免官期には常に千人に及ぶ門生を教育した。清流士人随一の積極分子で、若い人たちのホープでもあった。その李膺が強制労働の罪に問われたことは、だから清流士人にとって大きな痛手である。同じ年の七月、太尉すなわち首相に就任した陳蕃は、二どにわたり李膺・馮緄・劉祐らの無実を桓帝に訴えて復職を請願するが、そのつど許されない。しかし、応奉の上奏があってようやく八か月ぶりに三人の処分が解除された。

*

久之。李膺復拝二司隷校尉一。時小黄門張譲弟朔為二野王令一。貪残無道。畏二膺威厳一。逃還二京師一。匿二於兄家合柱中一。膺知二其状一。率二吏卒一破レ柱取レ朔。付二雒陽獄一。受レ辞畢。即殺レ之。譲訴二冤於帝一。帝召レ膺。詰以下不二

これを久しうして、李膺《りよう》、復《ふた》たび司隷《しれい》校尉を拝す。時に小黄門なる張譲の弟朔《さく》、野王《の》の令たりて、貪残《たんざん》無道なり。膺の威厳を畏《おそ》れ、逃がれて京師に還り、兄の家の合柱中に匿《かく》る。膺、その状を知り、吏卒を率《ひき》い柱を破りて朔を取り、雒陽《らくよう》の獄に付し、辞を受け畢《おわ》りて、即ちこれを殺す。譲、冤《えん》を帝に訴う。帝、膺を召して詰《なじ》るに、先ず請わずして便《すなわ》ち誅を加えた

先請一便加レ誅之意上。対曰。昔仲尼為二魯司寇一。七日而誅二少正卯一。今臣到レ官已積二一旬一。私懼下以二稽留一為上レ愆。不レ意獲二速疾之罪一。誠自知二釁責。死不レ旋レ踵。特乞留五日。剋二殄元悪一。退就二鼎鑊一。始生之願也。帝無二復言一。顧謂レ譲曰。此汝弟之罪。司隷何愆。乃遣出。自レ此諸黄門・常侍。皆鞠躬屏レ気。休沐不三敢出二宮省一。帝怪問二其故一。並叩頭泣曰。畏二李校尉一。時朝廷日乱。綱紀頽陁。而膺独持二風裁一。以二声名一自高。士有下被二其容接一者上。名為二登龍門一云。

る意を以ってす。対《こた》えて曰わく、「昔、仲尼《ちゅうじ》、魯《ろ》の司寇《しこう》と為《な》り、七日にして少正卯《ぼう》を誅す。今、臣、官に到り、已《すで》に一旬を積《へ》たり。私《ひそ》かに稽留するを以って愆《あやま》ちと為《せ》られんことを懼《おそ》れしに、意《おも》わざりき、速疾の罪を獲《え》んとは。誠に自《み》ずから、釁責《きんせき》せられて、死すること踵《くびす》を旋《めぐ》らさざらんことを知るも、特に乞う、留むること五日にして、元悪を剋殄《こくてん》し、退きて鼎鑊《ていかく》に就《つ》かんことを、始生《しせい》の願いなり」と。帝、復《ま》た言う無し。顧りみて譲に謂いて曰わく、「此《こ》は汝の弟の罪なり、司隷、何の愆《あやま》ちあらん」と。乃ち遣《や》りて出《い》でしむ。此《これ》より諸黄門・常侍、皆な鞠躬《きくきゅう》として気を屏《おさ》め、休沐《もく》にも敢えて宮省を出《い》でず。帝、怪しみてその故を問うに、並びに叩《こう》頭し、泣きて曰わく、「李校尉を畏る」と。時に朝廷日ごと乱れ、綱紀頽陁《たいち》す。而うして膺は独り風裁を持《じ》し、声名を以って自《み》ずから高うす。士、その容接を被《こうむ》る者あれば、名づけて〝登龍門〟と為せりと云う。

よほどたって、李膺が司隷校尉としてかえり咲いた。――延熹八年（一六五）十二月のことである。「司隷校尉」（比二千石）は政府直轄七郡（九六ページ参照）を管轄する検察官をいう。

そのころ小黄門（六百石）すなわち君側に侍する宦官張譲の弟で、野王県（河南省沁陽県）知事をしていた張朔《さく》は、貪欲残忍で没義道《もぎどう》なおとこだった。李膺の威厳をおそれて、首都雒陽に逃げかえり、兄の家の囲い柱の中にひそんでいた。――胡三省の注に「合柱とは両柱相直《むか》（値）い、両屋相合する処なり」とあるが、かれも結局よくわからなかったらしく、その上文に「木を合わせて柱と為すは、安《な》んぞ以って人を容るるに足らんや」という。この発言は〝あわせ木の柱〟とする望文生義の説があったことを示す。胡氏の説はもっともらしいが、〝両屋相合する処〟というのも一つなっとくしかねる。北周・庾信「周車騎大将軍賀婁公神道碑」の銘文中にも「剣は合柱に埋められ、書は鑿楹《さくえい》に蔵せらる」とみえ（『文苑英華』巻九〇六収）、下句の〝楹《はしら》を鑿《うが》てるところ〟に対して、「合柱」も人工的にこしらえた秘密のかくし場所をいうに相違ない。

李膺は張朔の罪状を知ると、下吏をひきつれ柱をぶっこわして張朔をひき出し、雒陽の監獄に引き渡して、供述書を取りおわると、即刻殺してしまった。――「辞」は詞状、供述書をいう。

張譲は桓帝に弟の無実を訴えた。桓帝は李膺を呼びよせ、前もって奏請せずに誅罰を加えた意図を詰問すると、かれは答えた、

「むかし魯の司寇になられた孔子さまは、就任七日めに少正卯を誅罰されました。いまそれがしは就任してすでに十日が過ぎております。内心、ぐずついたことで、お咎めを食いはしまいかとびくついておりましたに、これはしたり、速すぎた責任を問われまする。たしかにわれながら、この罪責は即刻死刑に処せらるべきものと心得まするが、特に五日間のご猶予を頂戴して、極悪犯人を絶滅いたしましたうえ、釜ゆでの刑につきとう存じまする、それがこの青二才の願いでございます。」

——桓帝の先手を打って有無をいわさぬ、いともあざやかな応酬である。「仲尼」は孔子のあざな。事は『孔子家語』巻一・始誅篇にみえる。「司寇」は司法を掌る官。ただし正確には、すでに前から司寇であった孔子が、このとき宰相を兼ねて最高の権限を掌握したのである。「少正卯」は乱政を行なった魯の大夫（家老）。「釁《きん》」は欠点・過失。「踵《くびす》を旋《めぐ》らす」はかがとを回転するほどの寸時の動作をいう。『史記』巻六十五・呉起列伝では「その父、戦いて踵を旋らさずして、遂に敵に死す」とあって後退せぬことをいうようにもみえるが、『後漢書』巻六十五・陳蕃伝にも「禍い、踵を旋らさず」とあり、寸刻をおかぬ喩えである。「剋殄《こくてん》」はたいらげる。「鼎鑊《ていかく》」は釜ゆでの刑具。鼎《かなえ》は三足つきの釜、鑊は大鍋。「始生」は生物のごく未熟な段階をいう。『唐書』食貨志に「凡そ民の始めて生ま

るるを黄となし、四歳を小となす」とあるから、訳文の青二才よりむしろあかんぼうのことである。いずれにしても、第一人称の謙称に用いる例はめずらしい。なお、「誠」は〝いかにも……〟と肯定しつつ、下文において〝だがしかし……〟と条件・文句をつける助字。

桓帝はぐうのねもなく、ふりむいて張譲にいった、「これはそちの弟がわるい、司隷に罪はないわ。」

ということで、お許しが出て退出した。――「遣」は放免処置を示すことば、対象は李膺であること申すまでもない。

このことがあってから、黄門や常侍すなわち宦官たちは、みな息をもひそめる低姿勢で、休暇の日にも御所から退出することをようしない。――「休沐」の沐は沐浴、入浴のための宿さがり、すなわち休養・休暇をさす。宦官も宮城外に私邸をもち、多くは豪勢な生活を営んでいたのである。

桓帝がへんに思ってわけをきくと、みな頭を地にすりつける最敬礼をして、泣きながらいった、「李校尉どのがこわいのです。」――「鞠躬《きくきゅう》」は身をかがめる恭敬のさま、双声(gïük-gong)の擬態語。「屏気」は息をこらしておそれる。『論語』郷党篇に「斉《し》(はかまの前すそ)を摂《かか》げて堂に升《のぼ》るに、鞠躬如《じょ》たり。気を屏《おさ》めて息せざる者に似たり」とみえる。

そのころ政府は日ごと乱脈に陥り、正規の体制がくずれていたが、李膺だけはきっとした態度を堅持し、声誉を重んじて身を高潔に処した。士人のだれかがかれに迎えいれられると、〝竜門に登る〟といわれたとか。——さきごろまで本邦で使われた〝登竜門〟の典拠である。「竜門」は山西省河津県の西北方に位置する黄河の難所、落差があって魚類の遡行をはばみ、ここを上りえた魚が竜に化するという伝説がある。「頽阤」は衰え壊れる、阤を弛につくるテクストもあるが、意味はほぼ同じ。「風裁」の裁は型・てほん、世の師表たる態度をいう。

＊

汝南太守宗資以二范滂一為二功曹一。南陽太守成瑨以二岑晊一為二功曹一。皆委レ心聴任。使三之褒レ善糾レ違。粛二清朝府一。滂尤剛勁。疾レ悪如レ讐。滂甥李頌。素無レ行。中常侍唐衡以属レ資。資用為レ吏。滂寝而不レ召。資遷レ怒。捶二書佐朱零一。零仰曰。范滂清裁。今日寧受レ笞而死。滂不レ可レ違。資

汝南《じょなん》太守なる宗資、范滂《はんぼう》を以って功曹と為し、南陽太守なる成瑨《せいしん》、岑晊《しんしつ》を以って功曹と為し、皆な心を委《ゆだ》ねて聴任《ちょうにん》し、これをして善を褒《ほ》め違《たが》えるを糾《ただ》し、朝府を粛清せしむ。滂、尤も剛勁《ごうけい》にして、悪を疾《にく》むこと讐《あだ》の如し。滂の甥なる李頌《りしょう》、素《もと》より行ない無し。中常侍なる唐衡、以って資に属《しょく》し、資、用いて吏と為す。滂、寝《や》めて召さず。資、怒りを遷《うつ》して、書佐なる朱零を捶《むち》うつ。零、仰ぎて曰わく、「范滂は清裁なり。今日《こんにち》、寧《むし》ろ笞を受けて死すとも、滂には違《たが》

乃止。郡中中人以下。莫レ不レ怨レ之。於レ是二郡為レ謡曰。汝南太守范孟博。南陽宗資主二画諾一。南陽太守岑公孝。弘農成瑨但坐嘯。

うべからず」と。資、乃ち止《や》む。郡中、中人以下、これを怨みざる莫《な》し。是《ここ》に於いて二郡、謡を為《つく》りて曰わく、「汝南太守は范孟博、南陽の宗資は画諾《がだく》を主《つかさ》どる。南陽の太守は岑《しん》公孝、弘農の成瑨は但《た》だ坐して嘯《うそぶ》くのみ」と。

汝南郡（河南省汝南県の東南）知事の宗資は范滂《はんぼう》を、また南陽郡（同省南陽市）知事の成瑨《せいしん》は岑晊《しんしつ》を、それぞれ功曹すなわち人事課長に任命し、いずれも心から信頼して仕事をまかせ、善き行為をほめ違背するものを糾弾させて、郡庁内の綱紀一新をはかった。范滂はとくに剛直なおとこで、不正の人間を仇敵のごとく憎んだ。――「聴任」はまかせること。「朝府」は郡役所。胡注にいう、「朝は郡朝なり、公卿・牧守の居る所を、みな府という。」

范滂の甥にあたる李頌《りしょう》は、かねて素行のおさまらぬ男だった。中常侍の唐衡は宗資にかれの就職を依頼し、宗資は郡吏に任用しようとしたが、范滂はこの人事をとりやめて招請しなかった。宗資はその腹だちから書記の朱零にあたり、かれをむち打った。

朱零はふり仰いでいった、「范滂どのは清廉できちょう面なおかた、たとえ本日むちで打たれて死にましょうとも、范滂どのには違背できません。」

そこで宗資はむち打つことを止めた。

郡庁内のつきなみな連中以下は、みなかれを怨んでいた。

――「甥」は異姓（母方ないし姉妹の嫁ぎさきの子）の場合にかぎり、同姓なら姪《てつ》という。「無行」は無頼・ならずもの。「怒りを遷す」は怒りを直接の対象に向けず他人にあたること、『論語』雍也篇にみえる語。「書佐」は『後漢書』百官志に「郡の閤下（知事室）および諸曹（課）に各おの書佐あり、文書を幹主《つかさ》どる」とある。また「清裁」について唐・李賢はいう、「裁は制なり、その清くして制《けじめ》あるをいう。」「中人」はふつうの人・平均的人間、やはり『論語』雍也篇にみえ、『漢書』古今人表の序には「与《とも》に善を為すべく、与に悪を為すべき、是《これ》を中人と謂う」と説明されている。

そこで汝南・南陽の二郡では、つぎの歌謡が行なわれた。

汝南の太守は范孟博
南陽の宗資はいうままサイン
南陽の太守は岑公孝
弘農の成瑨はあぐらかくだけ

「孟博」「公孝」は、それぞれ范滂・岑晊のあざなであり、「南陽」「弘農」は、それぞれ宗資・成瑨の出身郡をさす。「画諾」の画は花押（サイン）をかくこと。諾は胡注に「言に随いて応じ、違《たが》う所なきなり」とある。部下のいうままに承認の署名をする意。「坐嘯」は仕事もせず涼しい顔をしていること、やはり胡注にいう、「嘯は吟ずるなり。但だ坐して吟嘯するのみ、郡事に予《あずか》る所なきをいう。」
――地方官庁に活躍する清流士人と対照的に、いまや原職に復帰した李膺を含む、現役トリオを中心に展開された、中央のレジスタンス体制をのべる。しかもかれらの運動は政府直下にある太学、すなわち国立大学に学ぶおびただしい学生群の、溢れんばかりの若いエネルギーによって支持され、ひととき政府首脳をたじろがせる。

*

太学諸生三万余人。郭泰及潁川賈彪為二其冠一。与二李膺・陳蕃・王暢一更相褒重。学中語曰。天下模楷李元礼。不レ畏二強禦一陳仲挙。天下俊秀王叔茂。於レ是中外承レ風。競以二臧否一相尚。自二公卿一以下。莫レ下下畏二其貶議一。屣履到上門。

太学の諸生三万余人、郭泰《かくたい》及び潁川《えいせん》の賈彪《かひょう》はその冠たりて、李膺・陳蕃・王暢と更《こも》ごも相褒重《ほうちょう》す。学中の語に曰わく、「天下の模楷は李元礼、強禦《きょうぎょ》を畏《おそ》れざるは陳仲挙、天下の俊秀は王叔茂」と。是《ここ》に於いて中外、風《ふう》を承《う》け、競いて臧否《ぞうひ》を以って相尚《あいたっと》ぶ。公卿より以下、その貶議《へんぎ》を畏れて、屣履《しり》して門に到らざる莫《な》し。

太原郡出身の郭泰と潁川郡出身の賈彪《かひょう》をリーダーとする太学生三万人あまりが、李膺《りよう》・

陳蕃《ちんばん》・王暢《おうちょう》らと、たがいにあい手をほめあげて、学内でつぎの標語が行なわれた。

天下の模範は　李元礼

ボスを恐れぬ　陳仲挙

天下の俊秀は　王叔茂

――「元礼」「仲挙」「叔茂」はいずれもあざなである。「模楷」は手本、がんらいは習字のそれをいう。「強禦」は『毛詩（詩経）』大雅・蕩の詩に「曾《かっ》て是《こ》れ彊禦、曾て是れ掊《ほう》克《こく》」とみえ、その毛伝にいう、「彊禦は強梁にして善を禦《ふせ》ぐなり。」すなわち、鼻っぱしらが強くて善にたてつく悪人のこと（掊克は苛斂誅求者）。また、『孔子家語』巻三・弟子行篇に「強禦を畏れず、矜寡《かんか》（やもお・やもめ）を侮らず」とみえている。

――ここで後漢における国立大学の盛衰を略叙しておこう。

光武帝は漢朝復興とともに、建武五年（二九）首都の洛陽に太学を創設、その後しだいに整備されて、明帝の永平年間（五八―七五）には勲功ある臣下の子孫や四姓（外戚の四家）の末属のために別棟の校舎をも建て、貴族はもちろん匈奴《きょうど》の子弟まで入学させるほどに大学教育を重視した。この風潮はつぎの章帝・和帝二朝までつづいたが、和帝のきさき鄧皇后の専制時代から次第に下降線をたどり、学問のない安帝の朝（一〇七―一二四）には、太学にとって最悪の状況さえ訪ずれた。『後漢書』巻七十九・儒林伝の序にいう、安帝が政務をみそなわれてから、学問を軽視し、博士（教授）は席に倚りかかったまま講義せず、学生たちはすきを見て怠けたりエスケープし、校舎はくずれいたんで、はては野菜畑と化し、牧童や柴刈りわらべが、あたりで柴拾いや草刈りをするほどになった。

このように荒廃しはてた太学がふたたび興隆する機にめぐまれたのは、順帝の永建六年（一三一）九月における、将作大匠、建設相の翟酺《てきほ》の進言である。かれは詩経学を伝える家に生まれた学者で、『老子』や讖緯《しんい》の書にも精通し、かつ天文・暦算をも得意とした。おそらく職掌の関係で校舎を検分し、その惨澹たる荒廃ぶりに慨歎したのであろう。順帝はかれの進言をいれ、かくて二四〇むね、一八五〇室の規模をもつ宏大な新校舎が竣成した。それから十五年をへた質帝の本初元年（一四六）には、すでに三万人を超える驚異的学生数を擁するに至った。通鑑・巻五十三（同年四月の条）にいう、

夏、四月二十五日、郡・国に指令して、明経科に選ばれたものを推挙して太学にゆかせた。大将軍以下の官僚はいずれもむすこを太学に送って授業をうけさせ、満一年ののちに試験を課し、差等をつけて任官させた。さらに、千石・六百石のもの・四府（大将軍および三公の府）の属官・三署（五官署および左・右署）の郎・四姓の小侯《わかどの》で、まず経書に精通しているものは、それぞれ（経書中の）専門学に従事させ、試験に上級合格した者は名簿に登録し、順次に官途に進ませた。それ以来、太学に遊学するもの

は増大して、三万人あまりに至った。

この盛況が十年をへた現在、すなわち桓帝の延熹九年(一六六)七月ごろもなおつづいていたのである。

いまや政府の内外にあっては、この風潮をうけ、たがいに競争して人物批評を行のうことが流行した。閣僚以下の要人たちは、いずれも悪評されてはたいへんと、かれらのごきげん取りに大わらわだった。——「屣履《しり》」は胡注に「履《くつ》、跟《かがと》を躡《ふ》まざるなり」という。かがとまでおしこまずくつをひっかけたまま大あわてで出かける(あるいは出迎える)こと。——政治批判に〝人物評論〟の形をかりた、このことはきわめて重要である。官吏の登用に国家試験制度すなわち〝科挙〟がまだ生まれず、それは主として〝選挙〟と称する郡知事による毎年定数の推挙、〝辟召〟とよぶ大将軍府や三公(宰相)府の招聘、あるいは〝徴召〟とよぶ天子の招聘によった。だが、外戚や宦官がのさばり、かつかれらと結託した腐敗官僚がリードする政府のもとにあっては、いわゆる〝選挙〟が、正常に施行されるはずもなく、郷党の輿論はしばしば無視された。このような状況が、民間の士大夫をして、かれら自身の正しい価値基準による人物評論に駆りたて、政治家の理想像を描かせるに至った。そして、いまや、乱脈をきわめる政局が、かれらの人物評論の鋒先を、政治の舞台に躍る人間たちへと向けさせたのである。

桓帝朝に活潑化する〝人物評論〟については、岡村繁氏の「後漢末期の評論的気風について」(『名古屋大学文学部研究論集』二十二号、一九六〇年刊)に詳細な論考がある。ここには多くふれるいとまはないが、この期にあって必然的に現実の政治・社会に関係をもった人物評論は、その後次第に現実から遊離して、談論のための談論という有閑的色彩を濃くしてゆく。しかし、実はそこに、やがて魏・晋の間に花ひらく文学評論やかの〝清談〟に代表される哲学思想の論議の温床が培われていたのである。

当面の事態に関していえば、知識人グループのサロンや太学が人物評論の形を借りた政治批判の場と化すると、これまでの煩瑣な経書を中心とする古典の解釈学は、おのずから衰退をよぎなくされた。前掲の「儒林伝序」にはつづけていう、

しかし、章句の学問は次第に敬遠され、はでな議論がはやって、儒者の風が実は衰退したのである。

*

――さて以下には、いよいよ〝党錮の獄〟をみちびく四人の郡知事の宦官に対するレジスタンスが語られる。

宛有二富賈張汎者一。与二後宮一有

宛《えん》に富《ふ》賈《こ》張汎《ちょうはん》なる者あり、後宮と親《しん》あり、又た雕鏤《ちょうろう》

レ親。又善二雕鏤玩好之物一。頗以賂二遺中官一。以レ此得二顕位一。用レ勢縦横。岑晊与二賊曹史張牧一。勧二成瑨一収二捕汎等一。既而遇レ赦。瑨竟誅レ之。幷収二其宗族・賓客一。殺二二百余人一。後乃奏聞。

小黄門晋陽趙津。貪暴放恣。為二一県巨患一。太原太守平原劉瓆。使二郡吏王允討捕一。亦於二赦後一殺レ之。於レ是中常侍侯覧使二張汎妻上レ書訟レ冤。宦者因縁譖二訴瑨・瓆一。帝大怒。徴二瑨・瓆一。皆下レ獄。有司承レ旨。奏瑨・瓆罪当二棄市一。

玩好の物を善《よ》くし、頗る以って中官に賂遺《ろい》す。此《これ》を以って顕位を得《え》、勢を用いること縦横なり。岑晊《しんしつ》、賊曹史なる張牧と、成瑨に勧めて汎等を収捕せしむ。既にして赦に遇うも、瑨は竟《つい》にこれを誅し、幷びにその宗族・賓客を収《とら》え、二百余人を殺し、後《のち》に乃ち奏聞《そうもん》す。

小黄門なる晋陽の趙津、貪暴放恣《し》にして、一県の巨患たり。太原の太守なる平原の劉瓆、郡吏なる王允《いん》をして討捕せしめ、亦た赦後に於いてこれを殺す。是《ここ》に於いて中常侍なる侯覧、張汎の妻をして書を上《たてま》つりて冤を訟《うった》えしむ。宦者因縁して瑨・瓆を譖訴《しんそ》す。帝、大いに怒り、瑨・瓆を徴《め》して、皆な獄に下《くだ》す。有司、旨を承けて奏すらく、瑨・瓆は罪当《まさ》に棄市《きし》すべしと。

宛《えん》県（河南省南陽市）に張汎という豪商がいた。かれは後宮となじみがあり、しかも彫り物細工や骨董品づくりが得意で、それをかなり宦官へのわいろに使い、そのために貴顕の地位にありつき、勢威に物いわせて横暴をふるっていた。――「後宮と親あり」は、『後漢書』巻六十七・岑晊伝によれば、「桓帝の美人の外親なり」とあって、張汎は後宮のきさき（美人はその一ランク）の母方の親戚なのだ。また『後漢書』では、「顕位を得る」の上に「並」の字があるから、わいろは〝美人〟の地位を高めるにも役だったらしい。

かの南陽郡の功曹岑晊は、防犯課長である張牧とともに知事の成瑨に勧めて、張汎らを逮捕させた。やがて大赦令にめぐりあったが、成瑨は結局処刑してしまい、かれの一族や取りまき連を捕え、二百人あまりをも殺してから、事後に上奏した。

晋陽（山西省太原市）出身の小黄門趙津は、貪欲横暴なおとこで、県中《まち》の大のやっかいものだった。太原郡知事である平原県出身の劉瓆は、郡の役人王允に命じて召捕らせ、やはり大赦令が出たのに殺してしまった。

そこで中常侍の侯覧は、張汎の妻に夫の無実を訴える上表文を提出させ、宦官たちはコネをたよりに、成瑨・劉瓆を中傷して天子に訴えた。激怒した桓帝はふたりを朝廷に呼び出して、刑獄官に引きわたした。関係官は天子の意を迎えて、ふたりを盛り場で処刑すべき判決を奏上した。――「因縁」とはつぎつぎと手づるを求めること。多くの場合、悪事を行のうときに用い、『後漢書』中にも〝因縁、姦を為す〟（巻三十九）、〝因縁、姦を生ず〟（巻三十一）という表現がみえる。胡三省が注解をあたえていないのは、宋元期には誰もが知る吏牘《りとく》語（法律用語）だったからであろう。「棄市」は公衆の面前で見せしめのためにする死刑執行をいう。

山陽太守翟超。以二郡人張倹一為二東部督郵一。侯覧家在二防東一。残二暴百姓一。覧喪レ母還レ家。大起二塋冢一。倹挙二奏覧罪一。而覧伺候遮截。章竟不レ上。倹遂破二覧冢宅一。藉二没資財一。具奏二其状一。復不レ得レ御。徐璜兄子宣為二下邳令一。暴虐尤甚。嘗求二故汝南太守李暠女一不レ能レ得。遂将二吏卒一至二暠家一。載二其女一帰。戯射殺レ之。東海相汝南黄浮聞レ之。収二宣家属一。無二少長一悉考レ之。掾史以下固争。浮曰。徐宣国賊。今日殺レ之。明日坐レ死。足二以

*

山陽太守なる翟超《てきちょう》、郡人張倹を以って東部の督郵と為す。侯覧の家、防東に在りて、百姓を残暴す。覧、母を喪《うしな》いて家に還り、大いに塋冢《えいちょう》を起《きず》く。倹、覧の罪を挙奏せるも、覧、伺候して遮截《しゃせつ》し、章、竟《つい》に上《のぼ》らず。倹、遂に覧の冢《ちょう》宅を破り、資財を藉没して、具さにその状を奏せしも、復《ふた》たび御《すす》むるを得ず。徐璜《じょこう》の兄の子なる宣《せん》、下邳《かひ》の令たりて、暴虐、尤も甚だし。嘗て故《もと》の汝南太守なる李暠《こう》の女《むすめ》を求めて得る能わず、遂に吏卒を将《ひき》いて暠《こう》の家に至り、その女を載《の》せて帰り、戯れに射《い》てこれを殺す。東海の相《しょう》なる汝南の黄浮、これを聞きて、宣の家属を収《とら》え、少長と無く悉《こと》ごとくこれを考《こう》す。掾史《えんし》以下、固く争う。浮曰わく、「徐宣は国賊なり、今日《こんにち》これを殺し、明《めい》日《じつ》死に坐すとも、以って瞑目《めいもく》するに足れり」と。即

瞑目一矣。即案二宣罪一棄市。暴二其尸一。於レ是宦官訴二冤於帝一。帝大怒。超・浮並坐二髡鉗一。輸二作左校一。

ち宣の罪を案じて棄市し、その尸を暴《さら》す。是《ここ》に於《お》いて宦官、冤《えん》を帝に訴う。帝、大いに怒り、超・浮、並《なら》びに髡鉗《こんけん》に坐し、左校に輸作《ゆさく》せしめらる。

山陽郡知事の翟超は、同郡高平県（山東省鄒県付近）出身の張倹を、東部地区の属県監察官に就任させた。宦官の侯覧は実家が防東県（金郷県の西南方）にあり、一般人に対して暴虐行為をふるっていた。――『後漢書』巻七十八・宦者列伝によれば、他人から奪った住宅類が三八一件、田地が一一八頃《けい》（五四〇ヘクタール）、高楼や園池があり、かつ絵画その他の装飾をこらして宮廷にもまがう豪華な邸宅を一六か所もきずき、婦女・児童・傭人の掠奪、墓地の発掘など、あらゆる悪行をかさねていたといわれる。

侯覧は母が死んだので実家に帰り、豪壮な墓所をきずいた。張倹は侯覧の罪を摘発して上奏したが、侯覧がすきをねらってじゃまし、かれの上奏文はついに上提されなかった。張倹はかくて侯覧の墓地・家屋をぶっこわし、財産・物資を官に没収して、罪状をことこまかに上奏したところ、またしても天子のもとにとどけてもらえなかった。――「藉没」は品目を登録して官に没収すること。藉は籍にもつくる。「御」は胡注に「進なり」とある。なお、一、二の別の資料には、張倹が侯覧の母を殺したとみえるが、司馬光はそれらの記録の信憑性を疑い、『後漢書』宦者列伝の記述のほうを採用した。

徐璜——下邳《かひ》国良城県出身の宦官——の兄の子徐宣は、同国下邳県（江蘇省邳県）の知事だったが、暴虐行為が特にひどかった。かつて元の汝南郡知事李暠《りこう》のむすめに求婚したがききいれられず、そこで下役人をひきいて李暠の家にゆき、むすめを車にのせて帰り、ふざけ半分に弓で射て殺してしまった。これを聞いた汝南郡出身の東海郡知事黄浮は、徐宣の家属を逮捕し、年齢の如何を問わず拷問にかけた。——『後漢書』巻七十八・宦者列伝の本文には「時に下邳県は東海に属す」とある（同書・郡国志の「下邳」のもとにも〝本と東海に属す〟と注する）。「東海の相」とあるから、あるいはそのころ東海国であったかもしれぬ（郡国志は東海郡）。

郡の属官である掾史《えんし》以下、部下たちが宦官の報復をおそれたのであろう、強く反対すると、黄浮はいった、

「徐宣は国賊だ。きょうやつを殺して、あしたさっそく死刑に問われたって、もって瞑すべしだよ。」

ただちに徐宣の犯罪を裁判して盛り場で処刑し、その死体をさらしものにした。

そこで宦官たちは桓帝に無実を訴えた。桓帝は激怒して、翟超・黄浮はともに、髪を剃りおとして首に鉄かせをはめる刑に処せられ、左校に送られて強制労働させられた。

――太尉の陳蕃・司空の劉茂は、ただちに成瑨ほか三郡守の免罪を請うたが、桓帝はごきげんななめであり、当該官司は二人の弾劾を叫んだため、劉茂はたちまち沈黙する。しかし、陳蕃は少しもひるまず再たび上疏して、非は宦官にあることを力説するが、桓帝はやはり耳を傾けない。宦官はいよいよ陳蕃を憎悪するが、名臣であるかれには手を出しかね、関係郡庁の属官を大量処分に付する。

清流士人の攻勢はなお衰えをみせず、平原郡の襄楷《じょうかい》は宮城にでかけ、再度にわたり上表して、春以来の天文異変ないし自然現象の異常は政局の然らしむるものであることを指摘して、宦官の害に説き及ぶ。かれの言辞はあまりに激越なので、いよいよ桓帝の怒りをかきたてたが、事は〝天文恒象の数〟にかかるゆえに、さすがに誅罰を躊躇する。つづいて符節令（少府に属し、使命の証を扱う官、六百石）の蔡衍《さいえん》、議郎（参議官）の劉瑜《ゆ》も成瑨・劉瓆の救援に立ちあがったが、かえってみずからの罷免をまねき、成・劉のふたりは結局獄中にあって死ぬ。

さて、みぎの四つの事件において宦官を擁護する桓帝の一貫した姿勢は、おそらく宦官たちにあらたな自信をあたえたに相違ない。そのような段階において、かの積極的な活動家李膺が直接タッチする事件が発生した。

＊

河南張成善ニ風角一。推占当レ赦。教ニ子殺レ人。司隷李膺督促収捕。既而逢レ宥獲レ免。膺愈懐ニ憤疾一。竟按殺レ之。成素以ニ方伎一交ニ通宦官一。帝亦頗訊ニ其占一。宦官教ニ成弟子牢脩上レ書。告膺等養ニ太学游士一。交ニ結諸郡生徒一。更相駆馳。共為ニ部党一。誹ニ訕朝廷一。疑ニ乱風俗一。於レ是天子震怒。班ニ下郡国一。逮ニ捕党人一。布ニ告天下一。使レ同ニ忿疾一。案経ニ三府一。太尉陳蕃却レ之曰。今所レ按者。皆海内人誉。憂国忠公之臣。此等猶将ニ十世宥一也。豈有下罪名不レ章而致ニ収掠一者上乎。不レ肯ニ平署一。帝愈怒。遂下ニ膺等於黄門北寺獄一。其辞所ニ連及一。太僕

河南の張成、風角に善《たく》みなり。推占《すいせん》するに当《まさ》に赦《しゃ》せらるべければ、子をして人を殺さしむ。司隷《しれい》なる李《り》膺《よう》、督促して収捕せしむ。既にして宥《ゆる》さるるに逢いて免がるを獲たり。膺、愈《いよ》いよ憤疾《ふんしつ》を懐《いだ》き、竟《つい》に按じてこれを殺す。成、素《もと》より方伎を以って宦官《かんがん》に交通し、帝も亦た頗るその占いを訊《と》う。宦官、成の弟子《し》なる牢脩《ろうしゅう》をして書を上《たてま》つらしめて、告ぐらく、「膺等、太学の游士を養い、諸郡の生徒に交結し、更《こも》ごも相駆馳《くち》して、共に部党を為し、朝廷を誹訕《ひせん》し、風俗を疑乱せしむ」と。

是《ここ》に於いて天子震怒《しんど》し、郡国に班下《はんか》して、党人を逮捕せしめ、天下に布告して、忿疾《ふんしつ》を同《とも》にせしめんとす。案、三府を経《ふ》るに、太尉なる陳蕃、これを却《しりぞ》けて曰わく、「今、按ずる所の者は皆な海内《かいだい》の人誉《じんよ》、憂国忠公の臣なり。此等は猶《な》お将《まさ》に十世に宥《ゆる》さんとするものなり。豈《あ》に罪名章《あきら》かならざるに収掠《りょう》を致す者あらんや」と。平署するを肯《がえ》んぜず。帝、愈《いよ》いよ

潁川杜密・御史中丞陳翔。及陳寔・范滂之徒二百余人。或逃遁不レ獲。皆懸レ金購募。使者四出相望。

怒り、遂に膺等を黄門北寺の獄に下《くだ》す。その辞の連及する所、太僕なる潁川《えいせん》の杜密《とみつ》・御史中丞なる陳翔《ちんしょう》及び陳寔《ちんしょく》・范滂《はんぼう》の徒二百余人。或《も》し逃遁《とうとん》して獲《え》ざれば、皆な金《かね》を懸《か》けて購募し、使者、四出して相望む。

河南郡の張成は風占いが得意である。占いでかならず大赦があると予知したので、むすこに人殺しをさせた。――ひどいやつもあったもので、赦免を計算して私怨を晴らしたのである。「風角」とは唐・李賢の注に「四方四隅の風を候《うかが》いて、以って吉凶を占う」とあり、自然現象を観測して行のう占いをいう。『隋書経籍志』巻三・五行の項には、『風角集要占』十二巻ほか二十種にのぼる風占いに関する典籍が著録され、このころから六朝期にかけて盛行したことが知られる（原書はすべて散佚）。

司隷校尉の李膺は河南郡にやかましく申しつけて逮捕させたが、やがて張成のむすこは恩赦に浴して免罪になった。李膺はいよいよ憤怒し、裁判にかけて死刑に処した。――「督促」という語には、郡当局の生ぬるさに対する李膺の怒りが投影されており、だから下文で〝愈《いよ》いよ〟憤疾するといったのである。「交結」はぐるになること。「疑乱」の疑は迷に同じ。

張成はかねて風占いという方術によって宦官と交渉をもち、天子もかれの占いに相当やっかいになっていた。

宦官たちは張成の弟子牢脩に上表文を提出させ、李膺らが太学に遊学する士人を子分にして、各地の郡の学生たちと結託し、たがいに往来奔走してみなで徒党をくみ、政府を誹謗して風俗を攪乱している、と訴えさせた。――「方伎」は特殊技術。『漢書』芸文志では、医術・房中術・神仙術をさしていうが、占卜をも含むのであろう。

そこで天子は激怒し、郡・国に命令を下して、徒党をくむものを逮捕させ、みながひとしく党人に対して憤慨するようにと、全国に布令を出した。――「班」は頒、わかつ・ふれる意。

党人粛清の案件が三公の庁を経由した。三公のひとり太尉の陳蕃はそれを却下していった、

「ここに裁判にかけられる連中は、天下の人びとのホープであり、国を憂いおかみに忠誠をつくす臣下ばかりだ。この連中こそ、十世の子孫にわたり罪を犯した場合も赦免する保証が与えられるべきもの。罪名も明確でないのに逮捕訊問の沙汰に及ぶものがあるものか。」

かれはそういって連署しなかった。

――『左伝』襄公二十一年、晋の范宣子が叔向をとらえたとき、祁奚《きけい》は叔向をたたえて諫めた、「社稷《くに》の固めなり、猶お将《まさ》に十世にこれを宥し、以って能者を勧《すす》めんとす云々。」

「収掠」の掠は鞭うつ・訊問する意。胡三省があたえた音注（音亮）は、掠奪する意の用法と区別するためであろう。李賢の注に「平署は連署なり」とある。案件の決定には三公の批准サインが必要なのである。

天子はますます怒り、かくて李膺の身柄を黄門北寺すなわち宦官所管の監獄に送った。胡注にいう、「時に宦官、権を専らにし、黄門北寺の獄を置く。武帝より以来、中都官（中央政府の官）の詔獄に未だ有らざる所なり。」宦官自身の手でさばく法廷ないし監獄が設けられていたのである。

この告訴状によっていもづる式に関連告発されたものは、太僕（中二千石）すなわち天子の車馬を掌る最高責任者である、潁川郡出身の杜密、御史中丞すなわち最高検次官の陳翔、および陳寔・范滂のなかま二百人あまりである。もし逃亡して捕まらぬ場合は、すべて賞金をかけて、四方八方へ追いうちに使者を派遣した。——「相望」は前後つぎつぎと派遣された使者がたがいに望見しうる距離にあること、いささかオーバーな発想が生んだ慣用語である（四八三ページ参照）。

——これが〝党錮の獄〟と呼ばれる、知識人に対する粛清の第一次発動である。以下には、この粛清事件における中心人物たちの対応が叙べられる。

＊

陳寔曰。吾不レ就レ獄。衆無レ所レ恃。乃自往請レ囚。范滂至レ獄。獄吏謂曰。凡坐繫者。皆祭二皐陶一。滂曰。皐陶古之直臣。知二滂無レ罪。将レ理二之於帝一。如其有レ罪。祭レ之何益。衆人由レ此亦止。陳蕃復上レ書極諫。帝諱二其言切一。託以三蕃辟召非二其人一。策免レ之。

陳寔《ちんしょく》曰わく、「吾、獄に就かずんば、衆、恃《たの》む所なからん」と。乃ち自《み》ずから往《おもむ》きて囚《とら》われんことを請う。范滂《はんぼう》、獄に至る。獄吏、謂いて曰わく、「凡そ坐して繫《つな》がるる者、皆な皐陶《こうよう》を祭る」と。滂曰わく、「皐陶《こうよう》は古《いにしえ》の直臣なり、滂の罪なきを知らば、将《まさ》にこれを帝に理《ことわ》けせんとす。如《も》し其《そ》れ罪あらば、これを祭るも何ぞ益あらん」と。衆人も此《これ》に由りて亦た止《や》む。陳蕃、復《ま》た書を上《たてま》つりて極諫《きょくかん》す。帝、その言の切なるを諱《い》み、託するに蕃の辟召《へきしょう》、その人に非ざるを以ってし、策もてこれを免《めん》ず。

陳寔はいった、「わたしが法廷に出向しなければ、みなのたのみの綱がなくなるだろう。」そういうと自分から出頭して就縛を願い出た。――陳寔（一〇四―一八七）は潁川郡許県（河南省許昌市の南西）の貧家出身、県吏からスタートし、好学がみとめられて太学に学び、その公正な生き方が天下の信望を集めた。ある飢饉の年の一夜、泥棒が入って梁《はり》の上に隠れていた。これを知った陳寔は孫・子をよび集め色を正していった、「それ人は自ずから勉めざるべからず。不善の人も未だ必らずしも本より悪ならず、習いて性をもって成し、遂に此《ここ》に至る。梁上の君子なるものも是《しか》り。」泥棒はおどろいて姿を現わし平伏した。――後世、泥棒を〝梁上の君子〟とよぶ。

范滂が法廷にゆくと、獄吏はかれにいった、「罪に問われて入獄するものはみな皋陶《こうよう》さまのお祭りをやります。」――「皋陶」は太古の舜帝の臣下で、法理に通じ、刑法を制定して監獄を造ったといわれる。

范滂はいった、「皋陶《こうよう》はいにしえの忠直の臣だ。滂《わし》の無罪を知ったなら、天帝のところで釈明してくれることだろ。もしもわしが有罪なら、祭ったってしょうがないわ。」

それでみなのものも祭りをとりやめた。

陳蕃はふたたび上奏して、徹底的にいさめた。桓帝はかれの諫言が痛いところをつくのが気にさわり、陳蕃が招聘した人物が適切を欠いたという理由をつけ、辞令を出して罷免した。――「辟召」とは、既述のように大将軍または三公（太尉・司徒・司空）の府が招聘する場合をいう。

＊

時党人獄所二染逮一者。皆天下名賢。度遼将軍皇甫規自以二西州豪桀一。恥レ不レ得レ与。乃自上レ言。

時に党人の獄の染逮《せんたい》する所の者は、みな天下の名賢なり。度遼《どりょう》将軍なる皇甫規《こうほき》、自《み》ずから西州の豪桀を以ってして、与《あずか》るを得ざるを恥《は》じ、乃ち自《み》ずから言

臣前薦二故大司農張奐一。是附レ党也。又臣昔論輸二左校一時。太学生張鳳等上レ書訟レ臣。是為二党人所レ附也。臣宜レ坐レ之。朝廷知而不レ問。

を上《たてま》つる、「臣が前《さき》ごろ故《もと》の大司農張奐《ちょうかん》を薦めしは、是れ党に附するなり。又、臣が昔、論じて左校に輸《おく》られし時、太学生張鳳等が書を上つりて臣のことを訟《うった》えしは、是れ党人に附せらるるなり。臣、宜《よろ》しくこれに坐すべし」と。朝廷は知れども問わず。

——これはまことに奇特な、というよりむしろおめでたい名士のエピソードである。

当時、党人粛清事件において関連告発されたものは、いずれも天下の名節の士ばかりであった。度遼将軍の皇甫規《こうほき》は、みずから西州の大物《おおもの》をもって任じていたから、党人の仲間入りしていないことを恥ずかしくおもい、そこでみずから上表文を提出した。

「それがしが先般、元《もと》の大司農張奐《ちょうかん》を推挙いたしましたのは、党人に味方したことになります。また、それがしがむかし左校送りの判決をうけました際、太学生の張鳳らが上書いたし、それがしの無実を訴えましたのは、党人に味方されたことであります。さればそれがしは、罪に問われるべきと存じまする。」

朝廷ではわかっていたが不問に付した。

——皇甫規は安定郡朝那県（甘粛省平涼県）出身の軍人である。「度遼将軍」（二千石）は塞外民族を制圧する部隊の将軍。前漢・昭帝朝のころ、遼東の烏桓《うかん》族を征討させたときにはじめて設けた称号で、語源は〝遼水を度《わた》る〟意。ただし後漢に至ると、まったく方角ちがいの西河郡に駐屯して、西北辺の防衛にあたらせていた。「染逮」について胡三省はいう、「染とは獄辞（告発状）の染汙する所をいう。逮は連及するをいう。」「西州」は安定郡の属する涼州（『後漢書』郡国志による）の異名であろう。あるいは一時期、この名で呼ばれたかもしれない。「大司農」（中二千石）は銭穀・金帛・貨幣を掌る、すなわち大蔵大臣。

皇甫規の上表文にみえる二つの事実のうち、前者は、延熹六年（一六三）十一月、度遼将軍に就任したかれが、かつて梁冀に招聘されたために禁錮処分をうけていた張奐を推挙して、みずからのポストに代らせたことをさす。張奐は敦煌郡淵泉県（甘粛省安西県付近）の出身で、皇甫規の知友。かれの大司農就任は延熹九年（一六六）春のことで、同年夏には護匈奴中郎将に転じている（一二二ページ参照）。

また後者は、その前年十一月、皇甫規が宦官の再三にわたる贈賄要求に応じなかったことで憤激をかい、あらぬ事実を誣告されて獄吏に下され、ついに太学生らの決起に至った事件をさす。通鑑・巻五十四にいう、

部下の官僚たちは人民から金をあつめて宦官に詫びを入れるようにいったが、皇甫規はあくまできかず、そこで〝羌族の侵攻が絶えぬ〟という理由をつけられて、左校送りの処分をうけた。名士たちや太学生張鳳ら三百名あまりが宮城におしかけて訴えた。おりから赦免に際会して帰郷した。

杜密素与二李膺一名行相次。時人謂二之李・杜一。故同レ時被レ繋。密嘗為二北海相一。行レ春到二高密一。見三鄭玄為二郷嗇夫一。知二其異器一。即召署二郡職一。遂遣就レ学。卒成二大儒一。後密去レ官還レ家。毎レ謁二守・令一。多レ所二陳託一。同郡劉勝。亦自二蜀郡一告帰二郷里一。閉レ門掃レ軌。無レ所二干及一。太守王昱謂レ密曰。劉季陵清高士。公卿多二挙レ之者一。密知二昱以激一レ己。対曰。劉勝位為二大夫一。見レ礼二上賓一。而知レ善不レ薦。聞レ悪無レ言。隠レ情惜レ己。自同二寒蝉一。此罪人也。今志レ義力レ行

＊

杜密、素《もと》より李膺《りよう》と名行相次ぎ、時人、これを李・杜と謂う。故に時を同じうして繋《つな》がる。密、嘗て北海の相《しょう》と為《な》り、春を行《めぐ》りて高密に到り、鄭玄《じょうげん》が郷の嗇夫《しょくふ》と為《な》れるに見《あ》い、その異器なるを知り、即ち召して郡職に署《しょ》せしめ、遂に遣《や》りて学に就《おもむ》かしめ、卒《つい》に大儒と成る。後に、密、官を去りて家に還る。守・令に謁する毎《ごと》に、陳託する所多し。同郡の劉勝も亦た蜀郡より告《いとま》とりて郷里に帰り、門を閉ざして軌を掃《はら》い、干《かん》及する所なし。太守なる王昱《いく》、密に謂いて曰わく、「劉季陵は清高の士にして、公卿《けい》、これを挙ぐる者多し」と。密、昱の以って己《おのれ》を激するを知り、対《こた》えて曰わく、「劉勝は、位、大夫と為り、上賓に礼せらるるも、善を知りて薦《すす》めず、悪を聞くも言うなく、情を隠し己を惜《お》しみて、自《み》ずから寒蝉《かんせん》に同じうせん。此《こ》は罪人なり。今、義を志《こころざ》

之賢而密達レ之。違レ道失レ節之
士而密糾レ之。使二明府賞刑得
レ中。令問休揚一。不二亦万分之
一一乎。昱慚服。待レ之弥厚。

ざし行ないを力《つと》むるの賢にして、密、これを達し、道に違《たが》い節を失うの士にして、密、これを糾《ただ》し、明府をして賞刑、中を得、令問を休揚せしむ、亦た万分の一ならずや」と。昱、慚《は》じて服し、これを待つこと弥《いよ》いよ厚し。

杜密はかねがね李膺と名節の行為が匹敵し、当時の人たちから李・杜と並称されていた。だからふたりは同時に監獄につながれた。「李杜」は周知のように、後世、唐詩の代表的詩人李白と杜甫を並称する場合にも用いられる。

杜密はかつて北海国の知事をつとめていたころ、春季の管下巡察で高密県にゆき、そこで郷の嗇夫《しょくふ》、すなわち収税・賦役や訴訟を扱う小吏をやっている鄭玄《じょうげん》に会い、かれがすばらしい素質をもつことを知ったので、さっそく北海郡庁の職につかせ、かくて鄭玄は派遣されて首都の太学にまなび、ついに偉大な学者になった。

ここで遅ればせながら、後漢における行政区画の概況を紹介しておく。全国は「司隷」とよぶ政府直轄地区と豫州以下の十二「州」より構成される。前者は首都洛陽（河南省洛陽）を中心とする河南・河内・河東（いわゆる三河）および前漢の旧都長安（陝西省西安市）

を中心とする京兆・馮翊・扶風（いわゆる三輔）と弘農の七郡を含み、他の十二州もそれぞれ幾つかの郡・国に分かれる。さらに各郡・国は多数の県・侯国を管轄する。国・侯国は諸侯王の封邑にあてる地区で、実質的にはそれぞれ郡・県と変りない。また「州」はいちおう形式上の区画であって、最も重要なのは郡・国である。それらのことは、各長官の禄高に如実に投影され、州知事（いわば現今の省主席）を刺史ないし牧（六百石）、郡・国は郡の場合は太守、国の場合は相（封王または封侯があるのでたてまえ上かく呼ぶ。ともに二千石）、県は大県の場合が令（千石）、次県・小県は長（四百石・三百石）と称する。なお、県以下の行政区画は郷・亭・里より構成される（『後漢書』郡国志に拠る）。

さて、ここにみえる「北海国」は青州に属する、いまの山東省の中央地区。下文に「郡」とあるのは一時期の呼称か、あるいは誤りであろう。「高密」県は現在も同名、実は当時侯国であった。「行春」については胡注にいう、「凡そ郡・国の守・相は、常に春を以って主《つかさ》どる所の県を行《めぐ》り、民に農桑を勧め、乏絶を振救《すく》う。」「鄭玄《じょうげん》」（一二七―二〇〇）あざなは康成、いうまでもなく儒学経典の、ほとんど全般にわたる〝百余万言（字）〟といわれる尨大な注釈を書いた大儒である。杜密はこの異才の最初の発見者であり、かつ、鄭玄が学問に専念しうる道を開いたパトロンでもあるが、『後漢書』巻三十五・鄭玄伝には、鄭玄は若くして郷の嗇夫《しょくふ》となり、休暇で帰郷することができると、いつも郡の学校にゆき、役人になることをのぞまなかった。父はたびたび腹を立てたが、止めることができず、かくて太学に行って学業をうけた。

とのみあり、杜密のことにはまったく言及していない。

その後、杜密は官を辞任して帰郷した。郡・県の知事——かれの郷里である潁川郡守や陽城県令をさす——に謁見するごとに、いろいろ陳情や依頼を行なった。「陳託」は陳情請託、すなわち窮状の報告とか改革の申請、あるいは人材の推挙依頼などをさすだろう。同じ潁川郡出身の劉勝も、蜀郡（四川省成都市）の官を辞任して郷里に帰り、門を閉ざして交際を絶ち、世間の事に関係しなかった。「軌」は胡注に「車跡なり、人事《つきあい》を絶つをいう」とある。

潁川郡知事の王昱《いく》が杜密にいった、「劉季陵どのは清高の士です。閣僚たちにも推挙するものがたくさんおりますよ。」——「季陵」は劉勝のあざな。

王昱がけしかけているいると知った杜密は答えた、

「劉勝は大夫の位にあろうが、上賓待遇の礼遇をうけようが、やつは善行を知っても推薦しなければ、悪事を知ってもことあげせず、事実を隠してわが身を可愛がり、まるで寒蟬《あきぜみ》みたいに黙りこむおとこ、これは罪人です。ただいま、正義をめざして善を行なおうとけんめいに努力する人物であってこそ、わたしはその意志を遂げさせたいし、道にそむき節操を失った男ならわたしは糾弾します、かくて知事どのは適切正当な刑賞がやれますし、よきほまれが賞揚され、万分の一のお役に立つのじゃないでしょうか。」

王昱は恥じて感じいり、前にもまして杜密を優遇した。

胡注にいう、「位、大夫たりとは、朝列に在るを謂うなり。上賓に礼せ見《ら》るとは、郡主これを接《むか》え遇するを謂う。」中央の重職に就任するのと地方官の属僚（あるいはブレーン）になる両つのケースをさす。『楚辞』九弁にいう、「悲しい哉秋の気たるや、蟬は寂寞として声なし。」「明府」は郡守（郡知事）、後条にみえる「明廷」が県令（県知事）をさすのに対する。ただし、二語は後世混同して用いられる。「令問」は令名・よき評判。「休揚」の休は善美の意。「不亦……乎」は『論語』学而篇の冒頭の三句に用いられた有名な慣用句法、「亦」は強調の助字である。なお、杜密のせりふに〝劉勝〟と諱《いみな》で呼んだことが、すでに軽蔑の意をふくむことに注意されたい。

――さて、第一次粛清後における言論界の状況については、実はあまり報告がなく、われわれは想像を逞しくするほかない。通鑑では事件後ほぼ十か月を経た翌永康元年（一六七）五月の条に至ってようやくそれにふれる。

陳蕃、既に免ぜられて、朝臣震栗《おのの》き、敢えて復《ま》た党人の為めに言う者なし。

そのころ、かつて郭泰とともに太学生三万人をリードした潁川郡の賈彪《かひょう》は、帰郷していたのであろう、「吾、西に行かずんば、大禍、解かれじ」といって上京し、城門校尉の竇《とう》武《ぶ》と尚書の霍諝《かくしょ》を説得して、かれらふたりに党禁の解除を訴えさせた。

ここにあらたに登場する竇武は、光武帝の中興に協力した名臣竇融《とうゆう》（前一六―六二）の玄孫にあたる名族の出身であるが、教養ゆたかな清潔の知識人であった。通鑑・巻五十五（延熹九年十二月の条）にいう、

武、位に在りて、多く名士を辟《め》し、身を清くして悪を疾《にく》み、礼賂《おくりもの》通ぜず、妻子の衣食も裁《わず》かに充足するのみ。両宮（天子と皇后）の賞賜を得れば、悉《こと》ごとく太学の諸生に散与し、及《ま》た貧民に匄施《ほどこ》す。是《これ》に由りて衆誉これに帰す。

竇武はさっそく宦官の非をならして党議の不当を訴える上奏文を上呈、かつ病気を理由とする辞職手続きをもとり、霍諝もまた同様の訴えを上呈した。おそらく、篤実で信用あるふたりの訴えがなにほどか功を奏したのであろうか――

*

帝意稍解。使三中常侍王甫就レ獄訊二党人范滂等一。皆三木囊頭。暴二於階下一。甫以レ次弁詰曰。卿等更相抜挙。迭為二唇歯一。其意

帝の意、稍《ようや》く解く。中常侍なる王甫《おうほ》をして、獄に就《つ》きて党人なる范滂《はんぼう》等を訊《たず》ねしむるに、皆な三木囊頭《のうとう》し、階下に暴《さら》さる。甫、次《じ》を以って弁詰《べんきつ》して曰わく、「卿等、更《こも》ごも相抜挙し、迭《たが》いに唇歯《しんし》たり、その意、

如何。滂曰。仲尼之言。見レ善如レ不レ及。見レ悪如レ探レ湯。滂欲レ使下善レ善同二其清一。悪レ悪同中其汙上。謂二王政之所一レ願レ聞。不レ悟更以為レ党。古之修レ善。自求二多福一。今之修レ善。身陥二大戮一。身死之日。願埋二滂於首陽山側一。上不レ負二皇天一。下不レ愧二夷・斉一。甫愍然為レ之改レ容。乃得三並解二桎梏一。李膺等又多引二宦官子弟一。宦官懼。請レ帝以二天時宜一レ赦。六月庚申。赦二天下一。改レ元。党人二百余人皆帰二田里一。書二名三府一。禁錮終レ身。

如何」と。滂曰わく、「仲尼《じ》の言あり、『善を見ては及ばざるが如くし、悪を見ては湯を探るが如くす』と。滂《われ》、善を善としてその清を同じくし、悪を悪としてその汙《お》を同じくせしめんと欲す。王政の聞かんと願う所と謂《おも》いしに、悟《さと》らざりき、更に以って党と為すとは。古《いにしえ》の善を修むるものは、自《おの》ずから多福を求めしに、今の善を修むるものは、身、大戮《たいりく》に陥《おちい》る。身死するの日、願わくは滂を首陽山の側《ほとり》に埋めんことを。上《かみ》、皇天に負《そむ》かず、下《しも》、夷・斉に愧《は》じず」と。甫、愍《びん》然としてこれが為めに容を改め、乃ち並びに桎梏《しっこく》を解くを得しむ。李膺等、又た多く宦官の子弟を引《いざな》えば、宦官は懼《おそ》れ、帝に請うに天時の宜《よろ》しく赦《しゃ》すべきを以ってす。六月庚申《かのえさる》、天下に赦《しゃ》して、元《げん》を改む。党人二百余人、皆な田里に帰る。名を三府に書き、禁錮もて身を終えしむ。

桓帝のきもちは少しずつほぐれ、中常侍の王甫に申しつけ、じきじき獄舎に出むいて范滂らの党人一味を訊問させた。かれらはみな手足と首にかせをはめられ、頭に物をかむせられて、階《きざはし》の下にさらしものになっている。——胡三省の注にいう、「頭及び手・足みな械《かせ》あり、更に物を以ってその頭を蒙覆《おお》うなり。」

王甫は順次に詰問していった、

「そなたらはみなで推挙抜擢して、相互に唇と歯のような関係を結んでいるが、どういうつもりじゃな。」——「唇歯」は相互に依存する密接な関係にたとえる。〝唇亡びて歯寒し〟(三五ページ参照)は相依存する両国についていわれることわざ。なお、「卿」はていねいな二人称。

范滂はいった、

「孔子さまのことばに、『善き行為を見れば、おくれてなるまいと追求し、善からぬ行為を見れば、湯かげんをみてさっと手を引っこめるように、大急ぎで遠ざかる』とある。滂《わたし》のつもりでは、善き人間は善き人間として清潔なグループをくませ、悪しき人間は悪しき人間として汚濁のグループをくませたい、それこそ王道政治の望むところだと思うたに、これはしたり、おまけに徒党呼ばわり。むかしは善行をみがけば、しぜん幸せにどっさり恵まれたものを、いまはその身が極刑にあう。この身が果てたあかつきは、どうかあの首陽山のほとりに埋めてもらいたい。上《かみ》なる天帝にそむかず、下なる伯夷・叔斉に恥じぬために。」

――「仲尼」は孔子のあざな、二句は『論語』季子篇にみえる。「多福」は『尚書（書経）』にみえることば。「大戮」は死刑。「首陽山」は周の武王が殷王朝を亡ぼしたとき、周の粟《こめ》を食わぬと宣言して伯夷・叔斉兄弟が隠棲し、薇《わらび》を食べつつついに餓死したところ、その所在は諸説紛々として一定せぬが、山西省永済県南方の山とするのが有力である。

王甫はしゅんとしてかれに対する態度をあらため、そこで一同は枷をはずしてもらえることになった。――『周礼《しゅらい》』秋官・掌囚の鄭玄注によれば、足かせが桎《しつ》、手かせが梏《こく》だが、むろん首かせも外されたのであろう。

李膺らはまた、宦官の子弟をも多数なかまに引き入れていたので、おそれた宦官たちは桓帝に申請して、いまや天の運行からみて大赦を行のうべき時機であるとのべた。――宦官たちを憂慮させたもっとも現実的な原因が、かれらの子弟たち（多くの場合、養子である）まで清流士人の主張に共鳴していたとはおもしろい。いつの世も変らぬ若者の、打算をこえて汚濁を嫌悪するひたむきの情熱がみられる。

六月八日、全国に大赦令が施行されて、永康と改元され、党人二百余名をすべて郷里に帰らせた。かれらの姓名を三公の庁すなわち総理府に登録して、終身禁錮の刑に処した。――官吏に就任する資格を剝奪する、後世でいえば〝永く叙用せず〟、それが「禁錮」刑である。

初。詔書下挙二鉤党一。郡・国所二奏相連及一者。多至二百数一。唯平原相史弼独無レ所レ上。詔書前後迫切。州・郡髡二笞掾史一。従事坐二伝舎一責曰。詔書疾二悪党人一。旨意懇惻。青州六郡。其五有レ党。平原何治而得二独無一。弼曰。先王疆二理天下一。画レ界分レ境。水土異レ斉。風俗不レ同。他郡自有。平原自無。胡可二相比一。若承二望上司一。誣二陥良善一。淫刑濫罰。以逞二非理一。則平原之人。戸可レ為レ党。相有レ死而已。所レ不レ能也。従事大怒。即収二郡僚職一送レ獄。遂挙二奏弼一。会党

*

初め、詔書下《くだ》りて鉤党《こうとう》を挙げしむるに、郡・国が奏して相連及する所の者、多きは百数に至る。唯だ平原の相《しょう》なる史弼《しひつ》のみ、独り上《たてま》つる所なし。詔書、前後迫切して、州・郡、掾史《えんし》を髡笞《こんち》す。従事、伝舎に坐し責めて曰わく、「詔書、党人を疾悪《しつお》して、旨意懇惻《こんそく》なり。青州の六郡、その五に党あり。平原、何ぞ治して而も独り無きを得んや」と。弼曰わく、「先王、天下を疆理《きょうり》し、界を画《かぎ》り境を分かち、水土、斉《ひと》しきを異にし、風俗、同じからず。他郡、自《おの》ずから有り、平原自《おの》ずから無し。胡《なん》ぞ相比すべけんや。若《も》し上司を承望して、良善を誣陥《ふかん》し、淫刑濫罰して、以って非理を逞《たくま》しうせば、則ち平原の人、戸ごとに党と為すべし。相《しょう》、死あるのみ、能《よ》くせざる所なり」と。従事、大いに怒り、即ち郡の僚職を収《とら》えて獄に送り、遂に弼を挙奏す。会《たま》たま党禁中《なか》ごろに解

禁中解。弼以レ俸贖レ罪。所レ脱者甚衆。

く。弼、俸を以って罪を贖《あがな》い、脱《まぬ》がれし所の者、甚だ衆《おお》し。

――ここには第一次粛清に際しての、ひとりの毅然たる知事のエピソードが回想される。かつて結党一味を検挙せよとの詔勅が下ったとき、郡・国からの上奏で連累した党人は、何百人という多数にのぼったが、平原郡（山東省済南市の西方）の知事史弼《しひつ》だけは、上申しなかった。――「鉤党《こうとう》」の鉤は李賢注に「相連なるを謂う」とある。なお「平原の相」とあるから、平原は当時「国」であったかもしれない。

詔勅による督促は実に厳しく、各州・郡では部下に髪剃りの刑や笞刑を加えて責めた。青州の従事すなわち総務部長は、平原郡の陣屋にがんばって知事を責めたてた、

「党人を責めたもう詔書のご主旨は、実に念入りのきびしいものだ。青州六郡のうち五郡まで党人が出ているのに、平原郡だけが調査結果ゼロというわけに参ろうか。」

「青州」は現在の山東省全域にあたり、済南国・平原郡・楽安国・北海国・東莱郡・斉国の六つを管轄している（『後漢書』郡国志）。「従事」は刺史すなわち州知事のもとに設けた総務部長。「懇惻」は懇切に同じ。「治」は治理、すなわちさばく・吟味する意。

史弼は答えた、

「いにしえのめでたき天子さまが、全国の境域を整理し、境界をきめてそれぞれの領域を

分かちたもうたのは、自然条件が斉一でなく、風俗がそれぞれ異なるからです。ほかの郡はほかの郡、平原は平原です、党人があろうがなかろうが、なんで比較がなりましょう。もしも上司の意向を迎えて善良の民をあらぬ罪に陥しいれ、刑罰を濫用して没義道《もぎどう》のかぎりを尽くそう気なら、この平原郡の民を軒なみ党人にしたてることだって可能です。わたしにはただ死あるのみ、さようなことはやれませぬ。」

従事はたいそう立腹して、即刻平原郡の属僚を逮捕して監獄に送り、かくて史弼を弾劾上奏した。おりしも党錮の禁が中途で解除されて、史弼はみずからの俸禄によって罪を贖い、おかげで多数のものが免罪になった。

——「水土、斉しきを異にし云々」は『礼記』王制篇の「凡そ居民の財は必らず天地に因る。寒暖・燥湿、広谷・大川、制を異にし、民のその間に生くる者、俗を異にし、剛柔・軽重・遅速、斉しきを異にす」にもとづく。「淫」「濫」はともに度の過ぎたこと。「郡の僚職」は胡注に「郡の諸曹（部局）の掾史《えんし》を謂うなり」とある。

——かくて、知識人に対する、いわゆる〝党錮の獄〟の第一次粛清は、ほとんど流血の惨事をみることなく、事件発生後十か月あまりで解除された。清流士人たちには、この第一次粛清の意外に早い解除を甘くみる認識があったかもしれないが、解除されたからといって宦官たちの専横が自粛されたわけでないし、かれらの政治への介入が後退したわけでもない。それどころか、環境・条件は宦官たちにより有利な方向へと展開していた。〝党錮の獄〟の解除から半年をへた十二月二十八日、桓帝が突如三十六歳の若さで亡くなった。正妃である竇武《とうぶ》のむすめ竇皇后はただちに皇太后を名のって政務を代行し、まもなく河間孝王劉開の曾孫・劉宏が迎えられて第十二代帝位につく。死後に霊帝をおくられる天子だが、当時はまだ数え年十歳の少年である。一国の名目上の主権はいまや婦人と少年の手に帰したのである。あけて建寧元年（一六八）正月、皇太后の父竇武は軍事の最高主権者・大将軍に、さきの太尉・陳蕃は三公の上に臨時におく宰相・太傅《たいふ》に、それぞれ就任する。

*

初竇太后之立也。陳蕃有レ力焉。及レ臨レ朝。政無二大小一皆委二於蕃一。蕃与二竇武一同心戮力。以奨二王室一。徴二天下名賢一。李膺・杜密・尹勲・劉瑜等。皆列二於朝廷一。与共参二政事一。於レ是天下之士莫レ不三延レ頸想二望太平一。而帝乳母趙嬈及諸女尚書。旦夕

初め竇《とう》太后の立つや、陳蕃、力ありき。朝《ちょう》に臨むに及び、政、大小と無く、皆な蕃に委《ゆだ》ぬ。蕃、竇武と同心戮力《りくりょく》し、以って王室に奨《すす》めて、天下の名賢を徴《め》さしめ、李膺《りよう》・杜密《とみつ》・尹勲《いんくん》・劉瑜《りゅうゆ》等、皆な朝廷に列らなりて与《とも》に共に政事に参ず。是《ここ》に於いて天下の士、頸《くび》を延《の》べて太平を想望せざる莫《な》し。而うして帝の乳《う》母《ば》なる趙嬈《ちょうじょう》及び諸《もろ》もろの女尚書は、旦夕《たんせき》太后の側《かたわら》に在り。中常侍なる曹節・王甫等は、共に相朋

在㆓太后側㆒。中常侍曹節・王甫等。共相朋結。諂事㆓太后㆒。太后信㆑之。数出㆓詔命㆒。有㆑所㆓封拝㆒。蕃・武疾㆑之。嘗共会㆓朝堂㆒。蕃私謂㆑武曰。曹節・王甫等。自㆓先帝時㆒操㆓弄国権㆒。濁㆓乱海内㆒。今不㆑誅㆑之。後必難㆑図。武深然㆑之。蕃大喜。以㆑手推㆑席而起。武於㆑是引㆓同㆑志尚書令尹勲等㆒。共定㆓計策㆒。

結し、諂《へつら》いて太后に事《つか》う。太后、これを信じて、数《しば》しば詔命を出《い》だし、封《ほう》拝する所あり。蕃・武これを疾《にく》む。嘗て共に朝堂に会す。蕃、私《ひそ》かに武に謂いて曰わく、「曹節・王甫等は先帝の時より国権を操弄《そうろう》し、海内《かいだい》を濁乱《だくらん》す。今、これを誅せずんば、後《のち》、必ず図《はか》り難《がた》からん」と。武、深くこれを然りとす。蕃、大いに喜び、手を以って席を推して起《た》つ。武、是《ここ》に於いて志を同じうせる尚書令なる尹勲《いんくん》等を引《いざな》いて、共に計策を定む。

かつて竇太后が皇后に立てられたとき、といえば延熹八年（一六五）十月のことだが、陳蕃の力が物をいった。——桓帝のさきのきさき鄧《とう》皇后は、驕慢で嫉妬心がつよく、帝が寵愛する郭貴人とたがいに中傷するので、それに耐えかねた帝のはからいで、ついにこの年の正月に廃せられ、まもなく憂悶が昂じて死ぬ。その後、桓帝の愛は采女（宮女のランク）の田聖に集中し、桓帝はかの女を皇后にすえたいのだが、司隷校尉の応奉が卑賤の女性を妻にすることの非を説き、陳蕃も同じ意見から、すでに後宮に上がっていた竇武のむすめを強引に推薦する。竇氏は既述のとおりの名族で、過去に何人かの皇后をも送り出している。桓帝はやむなく陳蕃の意見に従った。

さて竇太后は政事をみるようになると、大小にかかわらず、政務のすべては太傅の陳蕃にまかせ、陳蕃は大将軍の竇武と心を合わせて協力し、かくて王室にすすめて、天下の名士を民間から招聘させ、李膺・杜密・尹勲・劉瑜らが中央の要職につらなり、ふたりといっしょに政治に参与した。

いまや全国の知識人たちは、みな首をさしのべる想いで、太平の世の到来を期待した。だが、霊帝の乳母趙嬈《ちょうじょう》や女官頭《がしら》たちは、あけくれ竇太后の側近にあり、中常侍の曹節・王甫らの宦官は、かれらとぐるになって、竇太后のきげんを取り結ぶものだから、竇太后はかれらを信用し、たびたび詔書が出て封爵・叙任の沙汰にあずかった。――「女尚書」は李賢の注に「宮内官」とあるが大奥の女官長(女性)であろう。

陳蕃と竇武はこれをにがにがしく思っていた。あるときふたりは政庁でいっしょになった。陳蕃がそっと竇武に話しかけた、

「曹節・王甫らは先帝時代から政権をろう断して、天下をかき乱しおる。いま誅罰を加えておかぬと、後じゃきっとやっつけにくい。」

竇武も大いに同感である。陳蕃はたいそう喜び、手でたたみを突っぱねて立ちあがった。――「手で席を推して起つ」とは、決意を固めて勢いよく身を起こすことであろう。当時

の中国はまだ椅子生活でなかった。

そこで竇武は、同じ意向をもつ尚書令の尹勲らを呼びよせて、みなで計画をきめた。――「初」ではじまる回想記事は、ここには省略するが、なお続く。上記の事件は少なくとも霊帝の建寧元年（一六八）四月以前のことに属する。なぜなら、この一段につづく省略部分にみえる五月の日食は、『後漢書』五行志によって五月朔日に発生したとわかるからである。

ところで、陳蕃は、日食というこの天文異変を機会に、宦官の排除を実現するよう、竇武を通じて竇太后に進言させるが、太后は難色をしめし、ただ、政治に干渉した中常侍管覇の独断行為が目にあまるという竇武の進言をいれて、中常侍蘇康らとともに処刑する。陳蕃・竇武はその後も執拗に宦官の排除を要請するが、竇太后はなかなか承知しない。そうしたやさきに、ふたたび天象異変が起こる。

*

是月。太白犯㆓房之上将㆒。入㆓太微㆒。侍中劉瑜素善㆓天官㆒。悪㆑之。上㆓書皇太后㆒曰。案㆓占書㆒。宮門当㆑閉。将相不㆑利。姦人在㆓

是の月、太白、房の上将を犯し、太微に入る。侍中なる劉瑜《りゅうゆ》、素《もと》より天官に善《たく》みなり。これを悪《にく》み、書を皇太后に上《たてま》つりて曰わく、「占書を案ずるに、宮門、当《まさ》に閉ずべく、将相、利あらず、姦人、主の傍《かたわ》

主傍一。願急防レ之。又与二武・蕃書一。以四星辰錯繆不レ利。大臣宜三速断二大計一。於レ是武・蕃以二朱寓一為二司隷校尉一。劉祐為二河南尹一。虞祁為二雒陽令一。武奏免二黄門令魏彪一。以二所レ親小黄門山冰一代レ之。使下冰奏収二長楽尚書鄭颯一。送中北寺獄上。蕃謂レ武曰。此曹子便当二収殺一。何復考為。武不レ従。令下冰与二尹勲・侍御史祝瑨一雑考上。颯辞連三及曹節・王甫一。勲・冰即奏レ収二節等一。使二劉瑜内奏一。

らに在りという。願わくは急ぎこれを防げ」と。又た武・蕃に書を与え、星辰錯繆《さくびゅう》して利あらず、大臣、宜しく速やかに大計を断ずべしと以《い》う。是《ここ》に於いて武・蕃、朱《しゅう》寓を以って司隷校尉と為し、劉祐を河南尹と為し、虞祁《ぐき》を雒陽令と為す。武、奏して黄門令なる魏彪《ぎひょう》を免じ、親しむ所の小黄門なる山冰《さんぴょう》を以ってこれに代え、冰をして奏して長楽の尚書鄭颯《ていりゅう》を収《とら》えて、北寺の獄に送らしむ。蕃、武に謂いて曰わく、「此の曹《ともがら》の子は便《すなわ》ち当に収《とら》え殺すべし。何ぞ復《ま》た考《こう》するを為さん」と。武、従わず、冰をして尹勲・侍御史なる祝瑨《しん》と雑《まじ》え考《こう》せしむるに、颯の辞、曹節・王甫に連及す。勲・冰、即ち節等を収《とら》えんことを奏し、劉瑜《りゅうゆ》をして内奏せしむ。

この月、――「初」ではじまる前条の上文には「八月、司空なる王暢免ぜられ、宗正なる劉寵、司空と為る」とあるから、「是月」は同じ建寧元年（一六八）八月をさし、実は、この二字が「初」に呼応して、回想から現時点にもどるのである。

太白星すなわち金星が、房宿すなわちそいぼしの第一星を侵し、太微すなわち獅子座（正しくは西端の十星）に入りこんだ。「上将」は大将軍に呼応する第一星。

この天象異変もむろん天文志にみえているが、そこでは「六月」のこととしていう、

孝霊帝の建寧元年六月、太白、西方に在りて、太微に入り、西蕃南頭の星を犯す。太微は天庭なり。

その下文には「其の八月、太傅なる陳蕃云々」とあるから、天文志の「六月」はあきらかに誤写ではない。とすれば、通鑑が「八月」のこととしたのは、陳蕃らの決起の直前とする、編者のさかしらであろうか。

かねて天文に精通する侍中（比二千石）すなわち侍従・顧問官である劉瑜は、この天象異変をにくみ、皇太后に上表文を提出した、

「占卜《せんぼく》書を調べますると、宮門は閉ざされることになり、将・相《しょう》に不吉のことが起こり、奸悪のものが君側にある、とあります。どうか至急に防止していただきとう存じます。」

——既述のように古代にあっては、人間社会の事象が天象に投影すると考えられ、ここでも宮廷に対応する「太微」の星宿に太白金星が入ることによって、奸悪の臣が宮廷を侵すことを予知したのである。すでに引用した天文志のすぐ下文には、「将相、利あらず」という予言が、より具体的に説かれている。

太白、その中を行けば、宮門、当に閉ざさるべく、大将、甲兵（武器）を被《こうむ》り、大臣、

誅に伏せん。

劉瑜はさらに竇武・陳蕃に手紙をおくり、「星座が異常コースをとり不吉です。閣下は速やかに計画を断行されるがよろしい」といった。

そこでふたりは、朱寓《しゅう》を司隷校尉、劉祐を都知事、虞祁《ぐき》を雒陽県知事にそれぞれ任命した。竇武は上奏して黄門令（六百石）すなわち宮内庁事務長の宦官魏彪《ぎひょう》を罷免し、なじみの小黄門（六百石）すなわち侍従職の宦官山冰《さんぴょう》に交替させ、その山冰に上奏させて、長楽宮の尚書（六百石）、すなわち詔勅がかりの宦官である鄭颯《ていりゅう》の身柄を拘引して、宦官専用の監獄に送らせた。「長楽」宮は皇太后の御所である。

陳蕃が竇武にいった、「あの連中はすぐに捕えて殺すべきだ、いまさら訊問することなんかありはせん。」

竇武はいうことをきかず、山冰に命じて尹勳と侍御史（六百石）すなわち最高検検事の祝瑨を立ちあわせて、鄭颯を訊問したところ、かれの供述は曹節・王甫にも関連した。尹勳と山冰はさっそく、曹節らを逮捕するよう上奏し、劉瑜にも参内して奏上させた。

*

九月辛亥。武出宿帰レ府。典ニ中書一者。先以告ニ長楽五官史朱

九月辛亥《かのとい》、武、出《い》でて宿し府に帰る。中書を典《つかさ》どる者、先に以って長楽の五官史なる朱瑀《しゅう》に告ぐ。瑀《う》、

瑀一。瑀盗二発武奏一。罵曰。中官放縦者。自可レ誅耳。我曹何罪。陳而当三尽見二族滅一。因大呼曰。陳蕃・竇武奏二白太后一廃レ帝。為二大逆一。乃夜召二素所レ親壮健者長楽従官史共普・張亮等十七人一。喢レ血共盟。謀レ誅二武等一。曹節白レ帝曰。外間切切。請出二御徳陽前殿一。令二帝抜レ剣踊躍一。使三乳母趙嬈等擁二衛左右一。取二棨信一。閉二諸禁門一。召二尚書官属一。脅以二白刃一。使レ作二詔板一。拝二王甫一為二黄門令一。持レ節至二北寺獄一。収二尹勲・山冰一。冰疑不レ受レ詔。甫格殺レ之。幷殺レ勲。出二鄭颯一。還兵劫二太后一。奪二璽綬一。令下中謁者守二南宮一。閉レ門絶中複

武の奏を盗み発《あば》き、罵って曰わく、「中官の放縦《ほうしょう》なる者は、自《み》ずから誅すべきのみ。我曹《われら》、何の罪ありて当《まさ》に尽《こと》ごとく族滅せらるべき」と。因《よ》りて大いに呼ばわりて曰わく、「陳蕃・竇武、太后に奏白して帝を廃し、大逆を為さんとす」と。乃ち夜、素《も》と親しむ所の壮健なる者、長楽の従官史共普・張亮等十七人を召し、血を喢《すす》りて共に盟《ちか》い、武等を誅せんと謀る。

曹節、帝に白《もう》して曰わく、「外間切切たり、請う、徳陽前殿に出御せられんことを」と。帝をして剣を抜きて踊躍《ようやく》せしめ、乳母《うば》なる趙嬈《じょう》等をして左右を擁衛せしめ、棨《けい》信を取り、諸禁門を閉ざし、尚書の官属を召し、脅かすに白刃を以ってして、詔板を作らしめ、王甫を拝して黄門令と為し、節を持《じ》して北寺の獄に至り、尹勲・山冰を収《とら》えしむ。冰、疑いて詔を受けず。甫《ほ》、格《う》ちてこれを殺し、幷《あわ》せて勲を殺す。鄭颯《ていりゅう》を出《い》だし、還りて兵もて太后を劫《おびや》かし、璽《じ》

道上。使下鄭颯等持レ節及二侍御史・謁者一捕中収武等上。武不レ受レ詔。馳入二歩兵営一。与二其兄子歩兵校尉紹一共射殺二使者一。召二会北軍五校士数千人一屯二都亭一。下二令軍士一曰。黄門・常侍反。尽レ力者封レ侯重賞。

綬《じゅ》を奪う。中謁者をして南宮を守り、門を閉ざして複道を絶たしむ。鄭颯等をして節を持《じ》し、侍御史・謁者と及《とも》に、武等を捕収せしむ。武、詔を受けず、馳せて歩兵の営に入り、その兄の子なる歩兵校尉の紹と共に射て使者を殺し、北軍五校の士数千人を召し会して都亭に屯す。令を軍士に下して曰わく、「黄門・常侍、反せり。力を尽くす者は侯に封《ほう》じ重く賞せん」と。

九月七日、竇武は宮廷から出て、体をやすめに大将軍府に帰った。「出宿」は『毛詩（詩経）』小雅・小明の、乱世における大夫（家老）の不安をうたう句「興《お》きて言《ここ》に出《い》でて宿す」にもとづく。

その隙をぬすんで詔勅を扱う宦官が、竇太后にさし出す前に長楽宮の事務長である宦官朱瑀《しゅう》にしらせた。朱瑀は竇武の上奏文を盗んで秘密を知ると、口汚くののしった、

「大奥の官ではめをはずすものは、こちらでちゃんと制裁できるんだ。いったいわれわれに何の罪があって、一族皆殺しにされなきゃならんのだっ。」

かれはすかさず大声をあげた、「陳蕃・竇武めが皇太后さまにみかどの廃立を進言して、

謀叛を企ておったぞ。」

「中書」は宮廷文書、詔勅の類、それを「典どる者」とは中宮尚書（六百石）をいう。ままた胡注にいう、「長楽は太后の宮なり。太后の宮に女尚書五人あり、五官史これを主《つかさ》どる。」

そこで、夜、かねてなじみの長楽宮の従官頭《がしら》で、屈強の男、共普・張亮ら十七人を呼びよせ、血をすすって誓いを固め、竇武らに誅罰を加える計画をたてた。

曹節は霊帝にいった、「そとは緊迫しております。どうか徳陽殿の前殿にお出まし願います。」そして、霊帝に剣を抜きはなって奮いたつ格好をさせ、乳母の趙嬈らに帝の左右をおっとり囲んで護衛するよう申しつけた。

――「外間」は外部、大奥の外をいうか。「切切」は胡注に「なお迫急というがごとし」とある。「徳陽前殿」は北宮にある宮殿（『後漢書』巻四十一、李賢注）。「踊躍」はいさみたち威勢よく進む。『毛詩（詩経）』邶風《はいふう》・撃鼓の詩の「鼓を撃ちて其《そ》れ鏜《どう》たり、踊躍して兵を用う」を用いたもの。あい手が十三歳の少年皇帝とあれば、緊迫事態もお祭り騒ぎに映じたかもしれぬことを想わせる。さて曹節ら宦官たちは、さらに緊急処置を講ずる――

通行証明のふだをめしあげて、各宮門を閉ざし、宮廷文書を扱う尚書部門の官吏を呼集、白刃で脅迫して詔勅をしたためる板を作らせる。王甫を黄門令に就任させると、勅使の旗じるしを持たせて、宦官専用の監獄にやり、尹勲・山冰の身柄を拘引しようとした。疑念をもった山冰は詔書を受けとらないので、王甫はかれを殴り殺し、同時に尹勳をも殺してしまった。かくて鄭颯《ていりゅう》を監獄から救い出し、引きかえして、武器によって竇太后を脅迫し、皇帝の御印を奪いとった。また、中謁者すなわち大奥の案内役に南宮を守らせ、入口を閉ざして北宮との渡り廊下を遮断させ、鄭颯らに勅使の旗じるしを持たせて、侍御史および案内役とともに、竇武らの逮捕にさしむけた。

竇武は詔書を受けとらずに、馬を走らせて北軍五校の一つである歩兵営に入り、兄の子で歩兵校尉すなわち歩兵営指揮官の竇紹といっしょに使者を射《い》殺し、北軍五校の士卒数千人を呼集して、都下の駅亭に駐屯し、兵士たちに命令した、

「黄門署の常侍が謀叛いたしした。十分な働きをしたものは大名にとりたて、手あついほうびをとらせるぞ。」

——宮城は南北二宮より成り、明帝（五八—七五在位）朝の建造にかかる。「南宮」は政治機関のあるところ、北宮は皇后御所など大奥のあるところ。「複（復）道」は二層の渡り廊下で、胡注（巻四十）が引く蔡質『漢官典職儀』（『後漢書』李賢注にもとづく）にいう、南宮から北宮までの距離は七里（およそ三キロ弱）、中央に大きな建物をつくる。復道は三列、天子は中央を臨御し、従官が左右をはさみ、十歩ごとに一人ずつ警備兵を立てる。

「北軍五校」は首都警備隊、屯騎・越騎・歩兵・長水・射声の五営に分かれ、各七百人の

士卒を擁する（通鑑・巻四十六、胡注）。「校尉」はその隊長（比二千石）。「都亭」について、李賢は「凡そ都亭と言えるは、並びに城内の亭なり」といい、胡三省は「秦の法、十里に一亭、郡・県の治所には則ち都亭を置く」という。都は〝すべる〟意で〝みやこ〟ではない。雒陽城内の警察署といったところか。

＊

陳蕃聞レ難。将二官属・諸生八十余人一。並抜レ刃突二入承明門一。到二尚書門一。攘レ臂呼曰。大将軍忠以衛レ国。黄門反逆。何云二竇氏不道一邪。王甫時出与レ蕃相遇。適聞二其言一。而譲レ蕃曰。先帝新棄二天下一。山陵未レ成。武有二何功一。兄弟・父子並封二三侯一。又設レ楽飲讌。多取二掖庭宮人一。旬日之間。貲財巨万。大臣若レ此。為是道邪。公為二宰輔一。苟相阿

陳蕃、難《なん》を聞き、官属・諸生八十余人を将《ひき》い、並びに刃《やいば》を抜きて承明門に突入し、尚書の門に到り、臂《ひじ》を攘《かか》げ呼ばわりて曰わく、「大将軍、忠以って国を衛《まも》るに、黄門反逆し、何ぞ竇氏不道なりと云うや」と。王甫、時に出でて蕃と相遇う。適《たま》たまその言を聞き、蕃を譲《せ》めて曰《い》わく、「先帝、新《ちか》ごろ天下を棄てたまい、山陵、未だ成らず。武、何の功ありて、兄弟・父子、並《なら》びに三侯に封《ほう》ぜらるるや。又、楽を設けて飲讌《いんえん》し、多く掖《えき》庭の宮人を取り、旬日の間に、貲財《しざい》巨万なるや。大臣、此《かく》の若《ごと》し、為《は》た是れ道なりや。公、宰輔《さいほ》たりて、苟《かりそ》めに相阿《あいあ》党《とう》す、復《ま》た何《いず》くに

党。復何求㆑賊。使㆓剣士収㆒㆑蕃。蕃抜㆑剣叱㆑甫。辞色逾厲。遂執㆑蕃。送㆓北寺獄㆒。黄門従官騶蹋㆓蹴蕃㆒曰。死老魅。復能損㆓我曹員数㆒。奪㆓我曹稟仮㆒不。即日殺㆑之。

賊を求めん」と。剣士をして蕃を収《とら》えしむ。蕃、剣を抜きて甫を叱《しっ》し、辞色逾《いよ》いよ厲《はげ》し。遂に蕃を執《と》らえて、北寺の獄に送る。黄門の従官の騶《すう》、蕃を蹋《とう》蹴《しゅく》して曰わく、「死せる老魅《び》、復《ま》た能《よ》く我曹《われら》が員数を損《へ》らし、我曹が稟仮《りんか》を奪うや不《いな》や」と。即日、これを殺す。

宦官のクーデターと聞いた陳蕃は、部下の官吏や学生たち八十余名を指揮して、いずれも抜身の刀を手に承明門を突入、尚書の門にやって来ると、袖をたくしあげて呼ばわった、「大将軍どのは忠誠をささげて国家を守護されているに、黄門は叛逆いたし、竇氏を不道呼ばわりするとはなにごとじゃ。」——「大将軍」はいうまでもなく竇武をさす。

王甫はおりしも外に出て来て陳蕃にめぐり会い、いましそのことばを聞いたので陳蕃を責めた、

「先帝はつい先ごろ他界あそばされ、御陵《みささぎ》もまだ出来あがらぬうちに、竇武はいかなる功績あって兄弟父子そろって三侯に封ぜられたのじゃ。それに、音楽を設けて飲めや歌えのさわぎ、宮廷の美人をあまた奪いとり、わずか旬日の間に巨万の財をきずきおってさ。重臣にしてこのていたらく、これが道ならずして何じゃ。宰相たる貴殿も貴殿、かりそめに

べったりくっつきおる。賊さがしは方角ちがいじゃろが。」
剣の使えるものに命じて陳蕃を捕えさせようとした。

――「新」はごく近い時期をいう時間的副詞、後世では俗語で〝新来〟という。「三侯云々」はこの年六月十七日、新帝選定の功績により、竇武はもちろん、その子竇機および兄の子竇紹・竇靖の三人が侯に封ぜられたことをさす。「阿党」は阿諛（へつらう）附党（徒党をくむ）。末句は竇武らに対してこそ悪人追及を行のうべきだという意。なお、この条がもとづく『後漢書』巻六十六・陳蕃伝では、「為是」二字が顚倒し、末句の「何」を「焉」につくる。

陳蕃は剣をぬいて王甫を叱りつけ、ことば・顔つきはいっそうきびしさを加えた。かくて陳蕃を逮捕して宦官所管の監獄に送った。

宦官配下の騎兵が陳蕃を足げにしていった、「死にぞこないのばけ物め、これでもわしらの定員をへらしたり、わしらのボーナスを召しあげられるかい。」

その日のうちに殺してしまった。

「踢踧《とうしゅく》」の踢はふむ、踧はつく・ける、蹙（蹴に同じ）にもつくる。「死老魅」は罵倒語、胡注に「物老いて能く精怪となる」とある。「員数を損らす」について、李宗侗・夏徳儀両氏の今注は、既述の管覇・蘇康らを誅したり、魏彪を罷免したことをさすというがそうではあるまい。もっと一般的に、陳・竇らが宦官の定員削減を申請していたのであろう。

「稟仮」は臨時の給与ないし貸与をいう。胡注に「稟は給なり、仮は借なり」とある。非常事態のおり人民たちに対する臨時貸付けないし給付を「稟貸」というのも、一類の語であろう。

——清流士人の実力者陳蕃はあえなく最期を遂げた。いま一人のたてやく竇武も同じ運命をたどる。

*

時護匈奴中郎将張奐徴還二京師一。曹節等以下奐新至。不上知二本謀一。矯レ制以二少府周靖一行二車騎将軍一加レ節。与レ奐率二五営士一討レ武。夜漏尽。王甫将二虎賁・羽林等合千余人一。出屯二朱雀掖門一。与二奐等一合。已而悉軍二闕下一。与レ武対陣。甫兵漸盛。使三其士大呼二武軍一曰。竇武反。汝皆禁

時に護匈奴《ごきょうど》中郎将なる張奐《かん》、徴《め》されて京師に還る。曹節等、奐が新たに至りて、本《そ》の謀りごとを知らざるを以って、制を矯《た》め、少府なる周靖を以って車騎将軍を行《こう》せしめて節を加え、奐と与《とも》に五営の士を率《ひき》いて武を討たしむ。夜漏、尽く。王甫、虎賁《こほん》・羽林等合わせて千余人を将《ひき》い、出《い》でて朱雀掖門《すざくえきもん》に屯し、奐等と合す。已《すで》にして悉《こと》ごとく闕下《けつか》に軍し、武と対陣《じん》す。甫の兵、漸く盛んにして、その士をして大いに武の軍に呼ばしめ

兵。当レ宿二衛宮省一。何故随二反者一乎。先降有レ賞。営府兵素畏二服中官一。於レ是武軍稍稍帰レ甫。自レ旦至二食事一。兵降略尽。武・紹走。諸軍追囲レ之。皆自殺。梟二首雒陽都亭一。収二捕宗親・賓客・姻属一。悉誅レ之。及二侍中劉瑜・屯騎校尉馮述一。皆夷二其族一。宦官又譖二虎賁中郎将河間劉淑・故尚書会稽魏朗一。云下与二武等一通謀上。皆自殺。遷二皇太后於南宮一。徙二武家属於日南一。自二公卿一以下。嘗為二蕃・武所レ挙者。及門生・故吏。皆免レ官禁錮。

て曰わく、「竇武、反《そむ》けり。汝らは皆な禁兵なり。当《まさ》に宮省に宿衛すべきに、何が故に反《そむ》ける者に随うや。先に降《くだ》らば賞あらん」と。営府の兵、素《もと》より中官を畏服す。是《ここ》に於いて武の軍、稍稍《しょうしょう》に甫《ほ》に帰《き》し、旦《たん》より食時に至り、兵降《くだ》りて略《ほ》ぼ尽く。武・紹、走《に》ぐ。諸軍、追いてこれを囲む。皆、自殺す。首を雒《らく》陽《よう》の都亭に梟《さら》す。宗親・賓客・姻属を収捕して、悉《こと》ごとくこれを誅す。侍中なる劉瑜・屯騎校尉なる馮《ふう》述《じゅつ》と及《とも》に、皆その族を夷《たいら》ぐ。宦官、又た虎賁《こほん》中郎将なる河間の劉淑《しゅく》・故《もと》の尚書なる会稽の魏朗を譖《そし》りて、武等と通謀せりと云う。皆、自殺す。皇太后を南宮に遷し、武の家属を日南に徙《うつ》す。公卿より以下、嘗て蕃・武に挙げられし者、及び門生・故吏、皆、官を免ぜられて禁錮せらる。

そのころ、護匈奴中郎将（比二千石）すなわち南匈奴族を保護する国境守備隊長の張奐《ちようかん》が、天子の徴召命令をうけて都に帰って来た。——張奐といえば、かつて禁錮処分中のところを皇甫規の推挙でカムバックできた軍人であり、その後かれは、皇甫規に代って標記の軍職について西北辺境にあった。

曹節らは、かれが到着したばかりで、陳蕃らの計画を知らないからというので、偽の詔勅をつくり、少府（中二千石）すなわち宮内大臣の周靖《せい》に車騎将軍を兼任させて、勅使の旗をあたえ、張奐とともに五校部隊の士卒をひきいさせて、竇武征討にさしむけた。——「行」は兼任する意。のちの唐・宋期に至ると、官品の上級のものが、下級の職に就任する場合にのみ用いる術語と化す（逆の場合は「守」という）。

夜の水時計が尽きる刻限に、王甫は虎賁・羽林二軍の兵、あわせて千人あまりを統率して北宮から出て、南の宮門である朱雀《すざく》門に駐屯し、張奐らの部隊と合体する。それがすむと、全員が宮門のところに布陣して、竇武軍と向かいあった。——「夜漏尽く」とは夜明けの直前をいう。「漏」は水時計、一日を百刻にわかち昼夜の区別がある。昼漏と夜漏の配分は季節によって調整され、たとえば夏至は、昼が六十刻で夜が四十刻、冬至はその逆になる（『周礼』天官・閽人の正義）。なお、『周礼』春官・鶏人の鄭玄注にいう、「夜漏未だ尽きずとは、鶏鳴の時なり。」

王甫の部隊はしだいに勢力を増し、士卒に命じて大声で竇武軍に呼びかけさせた、「竇武は謀叛したんだぞ。おまえたちはみな近衛兵だろ、御所の宿衛が任務なのに、なぜ裏切りものにくっついとる。攻撃以前に降参すればごほうびが出るぞ。」

北軍五営の兵隊たちは、かねがね宦官が苦手の存在だった。いまや竇武の部隊のものは少しずつ王甫側に投降し、朝から昼食時までに、ほとんど兵の全員が投降して、竇武・竇紹ら父子は逃走した。諸部隊は追撃して包囲し、ふたりはともに自殺した。その首級を都亭にさらしものにした。

竇氏の一族・賓客《とりまき》・姻戚関係のものを逮捕して、いずれも死刑に処し、侍中の劉瑜や屯騎（五校の一）校尉の馮述《ふうじゅつ》までが、一族皆殺しのめに遭った。

宦官たちはさらに虎賁《こほん》軍の中郎将で河間国（河北省河間県）出身の劉淑、元尚書をつとめた会稽郡（浙江省紹興県）出身の魏朗を中傷して、竇武らと通謀したといい、ふたりはともに自殺した。――かれらは、竇武らの陰謀に直接参加しなかったが、宦官たちはこの機会を借りてひごろの怨みを晴らしたのである。「劉淑」はもともと五経に精通した学者で、郷里に退居して私塾をひらき、〝諸生、常に数百人〟（『後漢書』巻六十七）といわれる民間の指導者。たびたびの推挙・招聘にも応じなかったが、かつて桓帝の招請にやむなく上京、議郎すなわち参議官をスタートに累進して、虎賁軍の指揮官、中郎将に昇任した。その間、時政の得失について進言し、ことに宦官の排除を強力に主張したのが、かれらの憎悪をまねいたのである。「魏朗」は県吏の出身で太学に学び、のち桓帝に召されてやはり議郎から尚書に昇任、一時河内郡知事に転出していたが、時の尚書令陳蕃の信任をえてふたたびその配下の尚書に返りざいた。かれは第一次党錮の禁にかかったが、まもなく許されて郷里に帰っていたから、当然このたびの事件に関係しなかったはずである。
竇太后を長楽宮から南宮に移し、竇武の家族を日南郡すなわちベトナムへの流刑に処し、閹僚以下でかつて陳蕃・竇武に推挙されたものや、門下生およびかつての部下は、すべて罷免のうえ禁錮処分をうけた。

*

議郎勃海巴粛。始与㆓武等㆒同謀。曹節等不㆑知。但坐㆓禁錮㆒。後乃知而収㆑之。粛自載詣㆑県。県令見㆑粛。入㆑閤。解㆓印綬㆒。欲㆓与倶去㆒。粛曰。為㆓人臣㆒者。有㆑謀不㆓敢隠㆒。有㆑罪不㆑逃㆑刑。既不㆑隠㆓其謀㆒矣。又敢逃㆓其刑㆒乎。遂被㆑誅。

議郎なる勃海の巴粛、始め武等と同《とも》に謀る。曹節等、知らず、但《た》だ禁錮に坐せしのみ。後《のち》乃ち知りてこれを収《とら》う。粛、自《み》ずから載《さい》して県に詣《いた》る。県令、粛に見《あ》い、閤《こう》に入りて印綬を解き、与《とも》に倶《とも》に去らんと欲す。粛曰わく、「人臣たる者、謀りごとあれば敢えて隠さず、罪あれば刑を逃《のが》れず。既にその謀るを隠さざれば、又た敢えてその刑を逃《のが》れんや」と。遂に誅せらる。

勃海郡（河北省東部の沿海地区）出身の参議官巴粛は、初期段階における竇武らの共謀者だったが、曹節らが知らず、単に禁錮処分の罪に問われただけだった。後ほどそのことがわかり、逮捕することにした。巴粛はわがほうから車に乗って郷里の高城県（河北省塩山県東方）庁に出頭した。巴粛に会った県知事は、知事室に入ると県知事の印をはずして辞任の意を示し、いっしょに逃げようといった。巴粛はいった、

「臣下たるものは、計謀あればけっして隠さず、罪あれば刑《しおき》を回避せぬもの。計謀を隠さぬからには、刑を回避するわけにまいろうか。」

かくてかれは処刑された。

――巴粛のことば「罪あれば刑を逃がれず」は、『左伝』襄公三年の条にみえる羊舌赤《ようぜつせき》の「君に事《つか》えては難を辟《さ》けず、罪あれば刑を逃《のが》れず」にもとづく。上句の「謀りごとあれば敢えて隠さず」も必らず典拠があるだろうが、尋常の調査では見つからない。なお「閤」は官庁の正庁をいうし、また私宅の寝室をもいう。ここは前者であろう。「印綬」の綬は印のひも、くびから吊るしてつねに携帯する。

＊

曹節遷二長楽衛尉一。封二育陽侯一。

王甫遷二中常侍一。黄門令如レ故。

朱瑀・共普・張亮等六人。皆

曹節、長楽の衛尉に遷り、育陽侯に封ぜらる。王甫、中常侍に遷り、黄門令は故《もと》の如し。朱瑀《しゅう》・共普・張亮等六人、皆な列侯と為り、十一人は関内侯と為る。

為二列侯一。十一人為二関内侯一。於レ是群小得レ志。士大夫皆喪レ気。

是《ここ》に於いて群小、志を得、士大夫《したいふ》、皆な気を喪《おと》す。

――ここには事件後における宦官たちのお手盛り人事と、それにともなう宦官の威権確立、士人勢力の決定的な後退をのべる。「衛尉」は宮門警衛の衛士を掌る、中二千石。「中常侍」は宦官職の侍従、比二千石。「列侯」は大名、封土をもらい侯国（県クラス）を食邑とするのに対し、「関内侯」には封地なく、各地の県に寄食する形をとる、前漢以来の制度。

*

蕃友人陳留朱震収二葬蕃尸一。匿二其子逸一。事覚繫レ獄。合門桎梏。震受二考掠一。誓レ死不レ言。逸由レ是得レ免。武府掾桂陽胡騰殯二斂武尸一。行レ喪。坐以二禁錮一。武孫輔。年二歳。騰詐以為二己子一。与二令史南陽張敞一。共匿二之於零

蕃の友人なる陳留の朱震、蕃の尸を収《おさ》め葬り、その子なる逸を匿《かく》まう。事覚《あら》われて、獄に繫《つな》がれ、合門桎梏《しつこく》さる。震、考掠《りよう》を受くるも、死を誓って言わず。逸、是《これ》に由りて免《まぬ》がるを得たり。武の府掾《えん》なる桂陽《けいよう》の胡《こ》騰《とう》、武の尸を殯斂《ひんれん》して喪《そう》を行のう。坐せしむるに禁錮を以ってす。武の孫なる輔《ほ》、年二歳、騰、詐《いつわ》りて以って己《おのれ》の子と為し、令史なる

南陽の張敞《しょう》と、共にこれを零陵《れいりょう》の界中に匿《かく》し、亦た免がるを得たり。

陵界中。亦得レ免。

陳蕃の友人で陳留郡（河南省陳留県）出身の朱震は、陳蕃の遺骸を引きとって埋葬し、陳蕃のむすこ陳逸をかくまってやった。その一件が発覚して獄舎につながれ、一門の全員がかせをはめられた。――「桎梏」は既出（一〇三ページ）。朱震は拷問にかけられたが、命をかけてあくまで白状しなかったので、陳逸はおかげで助かった。

竇武の大将軍府の属官だった桂陽郡（広東省連県）出身の胡騰は、竇武の遺骸をかりもがりして埋葬したかどで、禁錮処分をうけた。竇武には輔という二歳の孫があったのを、わが子といつわり、南陽郡（河南省南陽市）出身の令史、すなわち大将軍府の下級職員だった張敞とともに、零陵郡（湖南省零陵県）の境界付近にかくまい、やはり難を免がれた。

――竇輔はのちに桂陽郡から孝廉（科目名）に選挙されて、建安年間（一九六―二一九）に荊州知事の劉表に招聘されて仕え、旧姓に帰る。後に馬超討伐に従軍して流れ矢に当たり、戦死する。

――陳蕃らによる宦官誅滅の計画はかくてむなしく挫折し、逆にかれら自身の破局をまねいた。それから半年あまり経た建寧二年（一六九）四月二十一日、玉座に青い蛇が現われ、つづいて翌二十二日には、雷鳴と降雹をともなう暴風のために都下の百本あまりの大木が倒れた。そこで天子は、この変異について臣下の意見を徴した。

そのときかの張奐――かれは事件後大司農すなわち大蔵大臣を拝命、叛乱鎮圧の功によって封侯の沙汰にも浴したが、まんまと曹節に売られたことにいたみを覚え、封侯のほうはうけることを固辞した――は、この災異こそ忠貞の臣を殺害した天の祟りだとして、かれらの遺骸を鄭重に葬り、流刑中の家族を召還するほか、禁錮処分にあっているものの解除などを進言したが、宦官の妨碍にあって採択されなかった。かれはなおも執拗に、尚書の劉猛とともに、王暢・李膺を三公に就任させるよう推薦するが、むろん曹節らの憎悪をかい、勅命による叱責をうけて、みずから進んで獄舎に入る。また、郎中の謝弼《しゃひつ》も同様の意見書を提出して、王・李の抜擢を勧告するが、同じくみずからの左遷を結果し、いたずらに宦官権威の不動を確認したにすぎなかった。いまや、宦官を中心とする濁りに濁った激流は、おそろしい響きをとどろかせて渦まき波だち、中華全土をつつもうとしている。知識人に対する第二次の、しかも第一次の経験に懲りた徹底的な弾圧粛清の断行は、もはや時間の問題であった。

*

宦官疾二悪膺等一。毎レ下二詔書一。

宦官《かんがん》、膺《よう》等を疾悪《しつお》し、詔書を下す毎《ごと》に、輒《すなわ》ち党人の

輙申ニ党人之禁一。侯覧怨ニ張倹一尤甚。覧郷人朱並素佞邪。為ニ倹所レ棄。承ニ覧意指一。上レ書告倹与ニ同郷二十四人一別相署号。共為ニ部党一。図レ危ニ社稷一。而倹為ニ之魁一。詔刊章捕ニ倹等一。

禁を申《かさ》ぬ。侯覧《こうらん》、張倹を怨むこと尤《もっと》も甚だし。覧の郷人なる朱並《しゅへい》、素《もと》より佞邪《ねいじゃ》にして、倹に棄てらる。覧の意指を承《う》け、書を上《たてま》つりて告ぐ、「倹、同郷二十四人と別に相署号し、共に部党を為して、社稷《しゃしょく》を危うくせんと図《はか》り、而うして倹はこれが魁《かしら》たり」と。詔《みこと》のりし、刊章して倹等を捕らえしむ。

宦官たちは李膺らを憎悪し、詔書が下されるたびに、党人活動の禁止をくりかえしのべた。

中常侍の侯覧は、張倹に対して特に深い怨みをいだいていた（八二ページ参照）。侯覧の同郷人、防東県（山東省金郷県の西南）出身の朱並《しゅへい》は、もともと口さきが巧く奸悪で、張倹に見かぎられた男だが、侯覧の意向を迎えて上表文を提出して訴えた、

「張倹は同郷人二十四名と、特別の称号を使って署名し、みなでグループを結成して、国家を危機に陥しいれる計画をたてており、張倹はかれらの首魁であります。」

――「署号」は署名か。「別に相署号する」とは、かれら二十四人を三つのグループに分け、「八俊」「八顧」「八及」とよんで、それを石に刻し、壇上に立てた（『後漢書』巻六十七・張倹伝）ことをさすだろう。これらの呼称は、その当時、天下の清流士人をつぎに掲

げるいくつかの呼称でよびならわしていたのを、模倣したものである。
三君……竇武・陳蕃・劉淑（君とは一世の宗とする所を意味する）
八俊……李膺・荀翌・杜密・王暢・劉祐・魏朗・趙典・朱寓（人の英）
八顧……郭泰・范滂・尹勲・巴粛・宗慈・夏馥・蔡衍・羊陟（能く徳行を以って人を引《みちび》くもの）
八及……張倹・翟超・岑晊・苑康・劉表・陳翔・孔昱・檀敷（能く人を導き宗を追うもの）
八廚……度尚・張邈・王孝・劉儒・胡母班・秦周・蕃嚮・王章（能く財を以って人を救うもの）

詔勅が出て、告発者の名を削って朱並の上奏文をまわし、張倹らを逮捕させることになった。――「刊章」という語はいささか難解である。胡注には「並の姓名を刊《けず》り去りてその章を下すなり」とある。これは『後漢書』張倹伝の李賢注にみえる「刊は削、並の名を宣露するを欲せず、故にこれを削除して、直ちに倹等を捕う」にもとづく。『後漢書』巻七十・孔融伝には同じ事実をのべていう。

山陽の張倹は中常侍なる侯覧に怨まる。覧、刊章を為りて州郡に下し、以って名ざして（?）倹を捕えんとす（覧為刊章下州郡、以名捕倹）。

――無頼の徒・朱並の進言は、導火線に点火するマッチの一すりに過ぎなかった。大量のダイナマイトは宦官によって先刻装填が完了していたのである。政府部内における強力な清流派領袖を始末したあとに残るのは、傀儡にひとしい数え年十四歳の少年皇帝があるのみ。ここに知識人に対する大弾圧——第二次〝党錮の獄〟が爆発する。

*

冬十月。大長秋曹節等因レ此諷ニ有司ニ奏。諸鉤党者。故司空虞放及李膺・杜密・朱寓・荀翌・翟超・劉儒・范滂等。請下下ニ州郡一考治上。是時上年十四。問ニ節等一曰。何以為ニ鉤党一。対曰。鉤党者。即党人也。上曰。党人何用為レ悪而欲レ誅レ之邪。対曰。皆相ニ挙群輩一。欲レ為ニ不軌一。上曰。不軌欲ニ如何一。対曰。欲レ図ニ社稷一。上乃可ニ其奏一。

冬十月、大長秋なる曹節《そうせつ》等、此《これ》に因《よ》りて有司に諷《ふう》して奏せしむ、「諸《もろ》もろの鉤《こう》党する者、故《もと》の司空なる虞《ぐ》放《ほう》、及び李《り》膺《よう》・杜密・朱寓《う》・荀翌《じゅんよく》・翟超《てきちょう》・劉儒・范滂《はんぼう》等、州郡に下《くだ》して考治せんことを請う」と。是《こ》の時、上《しょう》、年十四、節等に問うて曰わく、「何を以って鉤党《こうとう》と為すや」と。対《こた》えて曰わく、「鉤党なる者は、即ち党人なり」と。上曰わく、「党人は何を用《も》って悪と為してこれを誅《ちゅう》せんと欲するや」と。対《こた》えて曰わく、「皆、群輩を相《あい》挙《あ》げて、不軌《ふき》を為さんと欲す」と。上曰わく、「不軌とは如何《いかん》せんと欲するや」と。対えて曰わく、「社稷《しゃしょく》を図《はか》らんと欲す」と。上、乃ちその奏を可《か》とす。

――通鑑の編者はここでわざわざ、大長秋曹節と少年皇帝の間にとりかわされた、たわいもない問答を逐一紹介して、〝赤子の手をねじる〟ことの易さを示す。「大長秋」（二千石）は宦官の総元じめ、その最高権威者である。「群輩」は群小に同じ、つまらぬやから。「不軌」は道ならぬ不逞行為。胡注に「逆を謀らんと欲するの、軌道に由らざるを言う」とある（巻五十四）。「社稷」は国家が祀る土地神と穀物神で、国家の象徴。「社稷を図る」とは国家を破壊する、または奪う意。

以下には第二次〝党錮の獄〟に際しての、清流士人それぞれの対応が語られる。清流士人といっても、現今のいわゆる〝進歩的〟知識人がそうであるように、さまざまなタイプがある。太平の世にあって進歩的言辞を弄することはいと易いが、ここに語られる人たちは、すでに暗雲が重苦しくたれこめるもとで正論を吐き続けて来たのだから、いちおういずれもにせものではないはずだが、いま、みずからの紛うかたなき死という極限の場に立たされたとき、かれらの人生観のニュアンスの差違がくっきりと読みとれる。第一次の〝党錮の獄〟や、陳蕃・竇武のクーデター失敗の際にも、それがいくつか紹介されたが、ここにはより丹念にかれらのさまざまな姿が紹介される。

或謂㆓李膺㆒曰。可㆑去矣。対曰。事不㆑辞㆑難。罪不㆑逃㆑刑。臣之節也。吾年已六十。死生有㆑命。去将安之。乃詣㆓詔獄㆒。考死。門生・故吏。並被㆓禁錮㆒。

＊

或るひと、李膺《りよう》に謂いて曰わく、「去るべし」と。対《こた》えて曰わく、「事《つか》えては難を辞せず、罪ありて刑を逃《のが》れざるは、臣の節なり。吾、年已《すで》に六十、死生、命《めい》あり。去りて将《は》た安《いず》くに之《ゆ》かん」と。乃ち詔獄に詣《いた》り、考せられて死す。門生・故吏、並びに禁錮を被《こうむ》る。

――〝八俊〟のひとり李膺の場合。

ある人が李膺に「逃げなさるがいい」というと、かれは答えた、

「君に仕えては危難を回避せぬ、罪があれば刑《しおき》を免がれぬ、それが臣下の操というもの。わしはもう六十じゃ。人の生死にはさだめがある。逃げろたってどこへゆくのだ。」

そういうと勅命による公判に出頭し、拷問をうけて死んだ。李膺の門生やかつての配下はみな禁錮処分をうけた。

――李膺の答えの首二句は、既述のとおり『左伝』にみえる羊舌赤のことばにもとづく（一二六ページ参照）。「詔獄」とは勅命による特別法廷ないし監獄、胡注に「凡そ詔《みこと》のりも

て繋ぎ治《さば》く所」（巻三十二、綏和元年十月の条）とある。

*

侍御史蜀郡景毅子顧為二膺門徒一。未レ有二録牒一。不レ及二於譴一。毅慨然曰。本謂二膺賢一。遣レ子師レ之。豈可下以三漏二脱名籍一。苟安而已上。遂自表免帰。

侍御史なる蜀郡の景毅《けいき》の子顧《こ》は、膺の門徒なるも、未だ録牒《ちょう》あらざれば、譴《けん》せらるるに及ばず。毅、慨然として曰わく、「本《も》と膺を賢なりと謂《おも》い、子を遣《や》りてこれを師とせしむ。豈《あ》に名籍を漏脱するを以って苟《いや》しくも安んじて已《や》むべけんや」と。遂に自《み》ずから表し免ぜられて帰る。

――李膺の門生のある父の場合。

侍御史すなわち最高検検事をつとめる蜀郡（四川省成都市）出身の景毅のむすこ景顧は、李膺の門生であったが、門生名簿に登録されておらず、処分に至らずにすんだ。――胡三省はいう、「時に徒を聚《あつ》めて教授し、多き者は千を以って計《かぞ》え、各おのその姓名を諜牒に録記せり。」門生があまり多すぎて、登録洩れしていたというのである。「譴」は譴責、法の制裁をうけること。

父の景毅は慨歎にたえぬようすでいった、

「もともと李膺どのの人物を見こんで、せがれに師事させたのじゃ。名簿に洩れていたからといって、のほほんといい気ですませるわけにはゆかぬ。」

かくてみずから上奏手続きをとり、罷免されて郷里に帰った。

＊

汝南督郵呉導受㆑詔捕㆓范滂㆒。至㆓征羌㆒。抱㆓詔書㆒閉㆓伝舎㆒。伏㆑牀而泣。一県不㆑知㆓所為㆒。滂聞㆑之曰。必為㆑我也。即自詣㆑獄。県令郭揖大驚。出。解㆓印綬㆒。引与倶亡。曰。天下大矣。子何為在㆑此。滂曰。滂死則禍塞。何敢以㆑罪累㆑君。又令㆓老母流離㆒乎。其母就与㆑之訣。滂白㆑母曰。仲博孝敬。足㆓以供養㆒。滂従㆓龍舒君㆒帰㆓黄泉㆒。存亡各得㆓其所㆒。惟大人割㆓不㆑可

汝南《じょなん》の督郵《とくゆう》なる呉導、詔を受けて范滂を捕らう。征《せい》羌《きょう》に至るに、詔書を抱《かか》えて伝舎を閉ざし、牀に伏して泣く。一県、所為《ゆえん》を知らず。滂、これを聞きて曰わく、「必らず我が為めならん」と。即ち自《み》ずから獄に詣《いた》らんとす。県令なる郭揖《かくゆう》、大いに驚き、出《い》でて印綬《いんじゅ》を解き、引《いざな》いて与《とも》に倶《とも》に亡《の》がれんとして曰わく、「天下大なり。子《し》、何為《なんす》れぞ此《ここ》に在るや」と。滂曰わく、「滂《われ》死せば則ち禍《わざわ》い塞《ふさ》がれん。何ぞ敢えて罪を以って君を累《わずら》わし、又た老母をして流離せしめんや」と。その母、就《すなわ》ちこれと訣《わか》る。滂、母に白《つ》げて曰わく、「仲博は孝敬にして、以って供養《きょうよう》するに足る。滂《われ》は

レ忍之恩一。勿レ増二感戚一。仲博者。滂弟也。龍舒君者。滂父龍舒侯相顕也。母曰。汝今得下与二李・杜一斉上名。死亦何恨。既有二令名一。復求二寿考一。可二兼得一乎。滂跪受レ教。再拝而辞。顧二其子一曰。吾欲レ使二汝為一レ悪。悪不レ可レ為。使二汝為一レ善。則我不レ為レ悪。行路聞レ之。莫レ不二流涕一。

龍舒《りゅうじょ》君に従いて黄泉に帰《き》せん。存亡、各おのその所を得ん。惟《た》だ大人、忍ぶべからざるの恩を割《さ》き、感戚《せき》を増す勿《な》かれ」と。仲博なる者は滂の弟なり。龍舒君なる者は滂の父なる龍舒侯の相《しょう》、顕《けん》なり。母曰わく、「汝、今、李・杜と名を斉《ひと》しうするを得たれば、死するも亦た何ぞ恨《うら》みん。既に令名ありて、復《ま》た寿考を求むる、兼ねて得べけんや」と。滂、跪《ひざま》ずきて教えを受け、再拝して辞す。その子を顧《かえ》りみて曰わく、「吾、汝をして悪を為さしめんと欲するも、悪は為すべからず。汝をして善を為さしめんとせば、則ち我は悪を為さじ」と。行路《こうろ》これを聞きて、流涕《てい》せざるは莫《な》し。

――〝八顧〟のひとり范滂の場合。

汝南郡の督郵、すなわち属県監察官である呉導は、范滂逮捕の勅命をうけた。范滂の郷里征羌《せいきょう》県（河南省郾城県付近）に来たものの、この良心的なおとこは、逮捕令の詔書を両手でかかえたまま、宿場の陣屋に閉じこもり、牀《ソファ》にうつ伏せて泣いている。県庁中のものはどうしたのかわけが分らない。

このことを聞いた范滂は、「きっとわたしのせいだ」といって、ただちに自分から法廷に出頭しようとした。知事の郭揖はたいそう驚き、県庁から出て来ると、県知事の印を解いて辞意を示し、かれを案内していっしょに逃亡しようとした、

「天下は広大です、どうしてこんなところにまごまごしておられる。」

范滂はいった、「わたしが死ねば災禍はくいとめられる。わたしの罪であなたにまで迷惑をかけたり、それに、年老いた母にさすらいの憂きめをみせるわけにまいりません。」

かれの母はさっそく今生の訣れを告げた。――むすこの決意を知った母の、未練を絶ちきる覚悟が、「就」という助字に投影されているように思われる。

范滂は母にいった、

「仲博は敬愛の心にとむ孝行もの、母うえのめんどうを十分みてくれましょう。わたしは龍舒君《ちちうえ》のお供をしてよみの国にまいります。生きながらえるもの、死にゆくもの、それぞれに然るべき持ち場ができたわけです。ただ母うえさま、どうかわたくしへの忍びがたいお情けをお絶ちくださり、このうえ悲歎にくれられることのないよう。」

仲博とは范滂の弟であり、龍舒君とはもと龍舒県知事の亡き父范顕のことである。――「大人」がさす対象は広汎で、清・趙翼『陔餘叢考』巻三十七に詳細にわたる考証がある。ここのように父・母に対する尊称は、その一つにすぎぬ。「龍舒」は県クラスの侯国、だ

から令といわずに相という。

　母はいった、

「そちはいま、李・杜さまと名声をともにするのじゃもの、死んでも恨みはあるまい。めでたき評判を博したうえ、さらに長命をのぞむ、その両方がかなうのはむりというものだろ。」——めめしい様子などみじんも見せぬ気じょうの母である。

　范滂はひざまずいて母のいいきかせを聞き、再拝の礼をしていとま乞いをすませると、わが子のほうをふりむいていった、

「わしはそちに悪いことをやらせたい、……いやいや悪いことはやっちゃならん。そちに善いことをしてほしいと思えば、やはりわしは悪いことをやるまい。」

　ゆきずりの人たちはこの話を聞いてみな涙した。——時に范滂は三十三歳の男ざかりだった。むしろ異常にさえみえる老母の気じょうさは、三十歳をわずかに過ぎたわが子が、天下の名士とならぶ不朽の名声を博することの誇りに支えられていたのである。それはともかく、范滂のわが子に対するせりふは、かならず読者に首をかしげさせるはずである。このことばの背後にある范滂の心理は、たしかに複雑微妙であり、だからかく難解をきわめる。訳者はいちおうかく理解する——范滂はいま、天地神明に誓って身に咎められるべき悪事の覚えはない。にもかかわらず、かれは死刑に遭わねばならない。かれとても本心は刑を逃がれて亡命したい。もしも亡命することが悪であるなら、いっそわが子にもこの

父同様に悪の道を歩ませたい。かれはおもわずそのような衝動に駆られた。だが、かれの前にはたちまち、悪はなすべきでないという信念が立ちはだかる。やはり、わが子には善き行為をなす人間を期待しよう。とすれば、かりにも逃亡という悪は犯すまい、わたしは殺されるために出頭してゆく。

范滂のせりふには、あるいは別の理解も可能であるかもしれない。たとえば――悪しき行為の覚えもないのに極刑に遭うのなら、いっそわが子に悪の道を歩ませたい、いや悪はやはりなすべきでない、といって、自分はわが子に善を行なえと勧められるか、悪をなさなかったがためにこそいま命を失う実例があるじゃないか。このような矛盾の心情の訴えともとれぬことはあるまい。いずれにしても、このせりふの難解さの一因は、その時に語られたかれのことばを、かなり忠実に文言に写しとったからでないか。もしも第三者が冷静に整理を加えて書いたなら、おそらくもっと理解しやすい、そのかわりはるかにつまらないせりふに堕していたであろう。

*

凡党人死者百余人。妻子皆徙ㇾ辺。天下豪桀及儒学有二行義一者。宦官一切指為二党人一。有二怨

凡そ党人の死する者、百余人、妻子は皆な辺に徙《うつ》さる。天下の豪桀、及び儒学の行義ある者は、宦官、一切《いっせつ》に指して党人と為し、怨隙《えんげき》ある者は、因《よ》りて相

隙㆒者。因相陥害。睚眦之忿。濫入㆓党中㆒。州郡承㆑旨。或有㆘未㆓嘗交関㆒。亦離㆗禍毒㆖。其死・徙・廃禁者。又六七百人。

陥害《かんがい》し、睚眦《がいさい》の忿《いか》りもて、濫《みだ》りに党中に入る。州郡、旨《むね》を承《う》け、或るいは未だ嘗て交関せざるも、亦た禍毒に離《かか》るあり。その死・徙《し》・廃禁の者は、又た六、七百人なり。

——政府によるかような大規模の粛清には、これに便乗する私憤の報復が伴ない、意外な巻きぞえの被害者が出がちである。この場合もまさに然り、当面の党議すなわちグループ行動による宦官誹謗に参加しなかったものまでが、この恐るべき現実の犠牲に供せられなければならなかった。

党人として殺されたものは百人を超え、かれらの妻子はみな辺境に流された。天下の傑物、あるいはすじの通った行動で知られる儒学者は、宦官からともかく党人のレッテルをおされたし、怨恨をふくみ、まずい関係にあるものは、この時とばかり痛めつけられた。ごくささいな怒りの対象まで、でたらめに党人なかまに入れられた。——「豪傑」は英傑・えらもの、ときには邦語の英雄豪傑にも類し、ときには一方の顔役を意味するボス的存在をもいうが、この期ではよき意味の郷紳をさし、むろん顔役的性格も拭いがたい。「一切」はいちおうの意、漢代に多い特殊な用法で、清・劉淇『助字弁略』にくわしい。「睚眦《がいさい》」はもとまなじりのさけるほどの激怒をいうが、怨・忿などに冠して、いつしか反対のささいな怒りの意に用いられる、ふしぎなことばの一つ。
州郡の官庁では、宦官の趣旨を体し、党人とついぞ交渉のないものまで、災禍の毒牙にかかり、死刑や流刑・禁錮刑に処せられたものが、また六、七百人も出た。――胡注に「廃禁とは廃棄して禁錮するをいう」とある。〃廃棄〃も法律用語か、官吏に登用せずに放置することらしく、かの黄瓊の孫にあたる黄琬がやはり党錮の禁にあったが、『後漢書』巻六十一の伝記に「琬、廃棄せらるること幾《ほと》ど二十年」とある。

＊

郭泰聞二党人之死一。私為レ之慟曰。詩云。人之云亡。邦国殄瘁。漢室滅矣。但未レ知下瞻二烏爰止一。于中誰之屋上耳。泰雖三好臧二否人倫一。而不レ為二危言覈論一。故能処二濁世一而怨禍不レ及焉。

郭泰《かくたい》、党人の死を聞き、私《ひそ》かにこれが為《た》めに慟して曰わく、「詩に云う、『人の云《ここ》に亡ぶる、邦国殄瘁《てんすい》す』と。漢室は滅びん。但《た》だ未《いま》だ、『烏の爰《ここ》に止《とど》まるを瞻《み》るに、誰《た》が屋に于《お》いてするや』を知らざるのみ」と。泰、好みて人倫を臧否《ぞうひ》すと雖も、而《しか》も危言《きげん》覈論《かくろん》を為さず。故に能《よ》く濁世《だくせ》に処《お》りて怨禍《えんか》及ばざりき。

――おなじく〃八顧〃のひとり郭泰《かくたい》の場合。

郭泰は党人の死を聞くと、人知れずかれらのために慟哭していった、

「『詩経』のうたに〝人はかくて亡び去り、国は衰え滅びゆかん〟とある。わが漢の王室は滅亡するだろう。だが〝さても烏の飛びゆきて、誰《た》が屋のむねに止まる〟のかなあ。」

――後の二句も『毛詩（詩経）』の句を用いた。前者は大雅・瞻卬《せんぎょう》（第四章の末二句）、後者は小雅・正月《せいげつ》（第二章の末二句）にみえ、二詩はいずれも周の幽王の暴政を諷刺した歌である。「瞻卬」詩の毛伝に「殄《てん》は尽くす、瘁《すい》は病む」とあり、「正月」詩の鄭箋に「烏を視《み》るに富人の屋のむねに集まる、という表現を借りて、いま民も明君を求めて身を寄せるべきことをいう」とある。烏は人民の比喩、人民はいずれの君主に身を寄せればいいのか、と民のゆくえを憂いたのである。このように経書のことばは、庶民のことわざにおけると同様に、知識人の金科玉条としてかれらの日常生活のうちに深く入りこんでいたのである。

郭泰はこのんで人物を批判したが、激越な言辞や峻烈な議論を吐かなかったので、汚濁の世にありながら、怨みの災禍もかれまで見舞いはしなかった。――ここの「人倫」は人物に同じ。「臧否《ぞうひ》」は善悪・是非、またそれを批判すること。篇末の論賛には「人物を臧否す」とあり、『晋書』などでもその表現が常用される。ただ、この条がもとづく『後漢書』巻六十七・郭泰伝では、この句を「泰雖善人倫」に作っている。この文章に誤りなければ、「人倫」二字は、ただちに人物品評の意に解せざるをえない。「危言」は『論語』憲問篇の「邦に道あれば言を危《たか》くす、邦に道なければ行ないを危《たか》くし言は孫《ゆず》る」にもとづく。

古注に「危は厲《はげ》しきなり」と訓ずる。「覈《かく》」はたしかめる意、実情を究明することから、また峻烈のニュアンスがうまれる。

*

張倹亡命困迫。望レ門投止。莫レ不下重二其名行一。破レ家相容上。後流二転東萊一。止二李篤家一。外黄令毛欽操レ兵到レ門。篤引レ欽就レ席曰。張倹負レ罪亡命。篤豈得レ蔵レ之。若審在レ此。此人名士。明廷寧宜レ執レ之乎。欽因起撫レ篤曰。蘧伯玉恥三独為二君子一。足下如何専取二仁義一。篤曰。今欲レ分レ之。明廷載レ半去矣。欽歎息而去。篤導レ倹経二北海戯子然家一。遂入二漁陽一出レ塞。其所二経歴一。伏二重誅一者以レ十数。連引収考

張倹、亡命困迫《こんぱく》し、門を望みて投止するに、その名行を重《おも》んじ、家を破りて相容《あいい》れざるは莫《な》し。後、東《とう》萊《らい》に流転《りゅうてん》して、李篤《りとく》の家に止《とど》まる。外黄の令なる毛《もう》欽《きん》、兵を操《と》りて門に到る。篤、欽を引《いざな》い席に就《つ》かしめて曰わく、「張倹、罪を負《お》いて亡命す、篤、豈《あ》にこれを蔵《かくま》うを得んや。若《も》し審《はた》して此《ここ》に在るも、此の人は名士なり、明廷、寧《なん》ぞ宜《よろ》しくこれを執《とら》うべけんや」と。欽、因《よ》りて起《た》ち、篤を撫《ぶ》して曰わく、「蘧《きょ》伯玉は独《ひと》り君子と為《な》るを恥じぬ。足下、如何ぞ専ら仁義を取る」と。篤曰わく、「今、これを分かたんと欲す。明廷、半ばを載せて去れ」と。欽、歎息して去る。篤、倹を導きて北海の戯子《ぎし》然《ぜん》の家を経しめ、遂に漁陽に入りて塞《さい》より出《い》ず。その経歴する所、重《じゅう》

者。布遍二天下一。宗親並皆殄滅。
郡・県為レ之残破。

誅《ちゅう》に伏する者、十を以って数え、連引して収考せらるる者、布《し》きて天下に遍《あまね》く、宗《そう》親、並びに皆な殄滅《てんめつ》せられ、郡・県、これが為めに残破せらる。

――〝八及〟のひとり張倹の場合。

張倹は逃亡してせっぱつまると、行き当たりばったりに眼のまえの家に宿を借りたが、かれの評判の行為はいずこにあっても尊重されており、一家破滅の犠牲をはらってまで受け容れられた。――「困」は困苦・疲労、「投止」は投宿。「名行」は既出（九五ページ参照）。「破家」は一家がめちゃめちゃになること、破産の意をもふくむ。『淮《え》南子』人間訓に「身を殺し家を破り、以ってその国を存する者を聞く」とある。また、「家を破りて国の為めにす」は、『後漢書』（李通伝）・『魏志』（衛覬《がい》伝）などでほとんど成句化している。「相容《あいい》る」の相は邦語におけるように〝たがいに〟の用法のみに限らない。中国語では主格が複数の場合にしばしば用い、そのほか目的格に対して相対関係を示し、文気をととのえるためにも用いる。いずれにしても、かたわら二音節化の目的をもつ。ここはおそらく前者のケースで、かれが投宿した家が複数であることを示すだろう。さて、張倹はかく人びとの好意に迎えられて亡命の旅をつづけ――

その後流浪して東萊《とうらい》郡（山東省黄県）にやって来て、李《り》篤《とく》の家に泊まった。――張倹は

山陽郡高平侯国（山東省鄒県西南方）の人。

外黄県（河南省杞県東方）知事の毛欽が、武器を持ってかど口にやって来た。李篤はかれを案内して席に就かせるといった、

「張倹どのは罪ある身で逃走中のもの、わたくしなんで匿まうわけにまいりましょう。よしんばほんとにここにおられるにしても、あのかたは名節の士、殿は逮捕なすっちゃまずいんじゃないですかな。」

「外黄」は陳留郡下の県、管轄外まで追跡して来たことによって、党人追及のきびしさが理解されよう。もっとも、「外黄」の外を衍入とみる説もある（黄県なら東萊郡の属県）。「若審」は若果に同じ。本篇において通鑑は概して『後漢書』の文章をそのまま襲うが、この李篤のせりふはめずらしく違っている。

「張倹は名を天下に知られ、而も亡《に》ぐるはその罪に非ず。縦《たと》い倹の得べけんも、寧《なん》ぞこれを執《と》らうるに忍びんや。」

双方を対照するとき、李篤のしらじらしさが、にじみ出た通鑑のほうが、はるかにおもしろいと思うが如何であろうか。

毛欽はそこで腰をあげ、李篤をいたわっていった、「蘧伯玉は自分だけ君子《いいこ》になるのを恥じたとか。そなたはなぜ仁義をひとり占めなさる。」

李篤はいった、「いやいや、ただ今お分けしようってんですよ。殿は半分だけ車にのせ

てお帰んなさい。」

毛欽はほほうとため息をついてひきあげた。

――李賢の注にいう、「明廷はなお明府のごとし。倹を執らえざるは、義の半ばを得るをいうなり。」ふたりの応酬にはおもわず微笑をさそわれる。『後漢書』では、李篤のせりふを「篤は義を好むと雖も、明廷、今日《こんにち》その半ばを載せん」につくる。ここでもやはり通鑑のほうが生動感にとむのでないか。蘧伯玉は春秋衛国の家老、蘧瑗《えん》。孔子からもっとも尊敬された人物である。ただし、ここがもとづく故事は、かなりくまなく探ねたつもりだが、遺憾ながらなお発見できない。『佩文韻府』に引く戴暠とやらの詩句に「言を寄す蘧伯玉、独恥を嗟《なげ》くを為す無かれ（寄言蘧伯玉、無為嗟独恥）」とあるのも、同じ典故を用いたものに相違ないが、この原詩もつきとめえないでいる。

李篤は張倹を案内して、北海郡（山東省昌楽県付近）の戯子然の家のせわで、漁陽郡（河北省密雲県西南）に入り、国境外へ亡命した。かれが経過したさきざきでは、犯人隠匿のかどで重刑に遭うたものが何十人と出たし、いもづる式に逮捕されて拷問に遭うたものは、天下にみちみち、かれの同姓一族はのこらず殺されて全滅し、おかげで関係の郡県はむざんな被害をうけた。

＊

倹与二魯国孔褒一有レ旧。亡抵レ褒不レ遇。褒弟融。年十六。匿レ之。後事泄。倹得二亡走一。国相収二褒・融一送レ獄。未レ知レ所レ坐。融曰。保納舎蔵者融也。当レ坐。褒曰。彼来求レ我。非二弟之過一。吏問二其母一。母曰。家事任レ長。妾当二其辜一。一門争レ死。郡・県疑不レ能レ決。乃上二讞之一。詔書竟坐レ褒。及二党禁解一。倹乃還二郷里一。後為二衛尉一。卒。年八十四。

倹、魯《ろ》国の孔褒《こうほう》と旧あり、亡《の》がれて褒に抵《いた》るも遇《あ》わず。褒の弟なる融《ゆう》、年十六、これを匿《かく》まう。後、事《こと》泄《も》る。倹は亡《の》走《が》るるを得。国相《しょう》、褒・融を収《とら》えて獄に送る。未だ坐する所を知らず。融曰わく、「保納して舎蔵せし者は融なり。当《まさ》に坐すべし」と。褒曰わく、「彼、来たりて我に求む。弟の過《とが》に非ざるなり」と。吏、その母に問う。母曰わく、「家事は長に任ず。妾《われ》、その辜《つみ》に当たる」と。一門、死を争い、郡・県、疑いて決する能わず、乃ちこれを上讞《げつ》す。詔書もて竟《つい》に褒を坐せしむ。党禁の解かるるに及び、倹、乃ち郷里に還《かえ》る。後、衛尉と為りて、卒す。年八十四。

——ここには張倹の亡命行における、エピソードの一こまが紹介される。張倹は魯《ろ》国（山東省曲阜県）の孔褒と旧知の仲なので、かれのもとに逃げて行ったが、ちょうど不在でめぐりあわなかった。孔褒の弟でかぞえ年十六歳の孔融が匿まってやった。

——孔褒兄弟は孔子の二十世の子孫にあたる。『後漢書』巻七十・孔融伝のほうは、やや詳しくのべる。

張倹は孔融がまだ年端もゆかぬとみて、事実を告げなかった。融はかれの困った顔つきを見ていった、「兄さんは外出しておりますが、ぼくの一存でだってはからってあげられますよ。」

そこでひきとめて泊まらせた。

後刻、隠匿の一件が洩れて、張倹は逃走することができたが、魯国の知事は孔褒兄弟を召し捕って獄舎に送った。だが、ふたりのいずれを罪に問うてよいかわからない。

孔融がいった、「身柄を引きうけて匿まったのはこの融《ぼく》ですから、犯人はぼくです。」

孔褒がいった、「あの人はわたくし目当てに頼って来たのです。弟の罪ではありません。」

役人はかれらの母にたずねた、母はいった、「一家の事は長者の責任、あたしが罪に問われるべきです。」

家中のものはみな自分が死のうといいはり、所轄の郡・県では迷って決定しかねたので、中央に判定うかがいをたてた。勅命が出て、結局、兄の孔褒が罪に問われた。

――「保納」はうけ合って引き取る意、「舎蔵」はかくまい泊める。「讞《げつ》」は李賢の注に「請うなり」とあるが、法の裁きを申請するときにのみ用いる法律用語である。なお、孔融（一五三―二〇八）はあざなが文挙、のちに北海郡知事に就任して学校を興こし、かの鄭玄などの人材を招いて、大いに文教方面に尽力したので、〝孔北海〟の名でも知られる。ことに、かれ自身が文学の才にめぐまれ、曹操父子を中心とした文学集団を代表する〝建安七子〟のひとりでもある。ただし、その傲慢不遜の性格が曹操の忌諱にふれてついに処刑される。旧中国の寺子屋の教科書『蒙求』に「孔融坐満」「孔融譲果」の二条が挙げられ、前者は後進の指導に熱心だったこと、後者は幼児のころ兄弟で果物を食べた際に最小のものをえらんだエピソードをさす。さて、逃亡した張倹のその後は——

光和七年（一八四）、およそ十五年ぶりに党錮の禁が解かれると、張倹は塞外の地から帰郷した。その後、衛尉すなわち宮門守備の総帥（中二千石）になり、八十四歳の長寿を全うして死んだ。

『後漢書』巻六十七・張倹伝によれば、帰郷後、中央の大将軍や三公たちからたびたび招聘されたが、ついに仕官を拒み、郷里にあって民生面のせわをやいた。「衛尉」についたのは後漢の末期、建安初年（一九六）のことであり、本伝にはいう、「倹、曹氏（操）の世徳すでに萌《きざ》せるを見て、乃ち門を闔《と》ざし車を懸《つる》して、政事に予《あずか》らず、歳余にして許昌（河南省許昌市）に卒す。」ここの通鑑にかれのみわざわざ長寿を全うした卒年を付記するのは、多くの人を犠牲にして生きのびた張倹への諷刺がこめられているだろう。

＊

夏馥聞二張倹亡命一。歎曰。孽自レ己作。空汙二良善一。一人逃レ死。禍及二万家一。何以レ生為。乃自翦レ須変レ形。入二林慮山中一。隠二姓名一。為二冶家傭一。親突二煙炭一。形貌毀瘁。積二二三年一。人無二知者一。馥弟静載二縑帛一。追求餉レ之。馥不レ受曰。弟奈何載レ禍相餉乎。党禁未レ解而卒。

夏馥《かふく》、張倹の亡命せるを聞き、歎いて曰わく、「孽《つみ》、己《おのれ》より作《な》して、空《むな》しく良善を汚《けが》し、一人《いちにん》、死を逃《の》がれて、禍、万家に及ぶ。何ぞ生を以って為《な》さんや」と。乃ち自《み》ずから須《ひげ》を翦《き》り形を変えて、林慮《りんりよ》の山中に入り、姓名を隠して、冶《や》家の傭《よう》と為り、親《み》ずから煙炭を突《おか》し、形貌毀瘁《きすい》す。二、三年を積《へ》て、人、知る者なし。馥《ふく》の弟なる静、縑帛《けんぱく》を載《の》せ、追求してこれに餉《おく》らんとす。馥、受けずして曰わく、「弟、奈何《いかん》ぞ禍いを載せて相餉《あいおく》るや」と。党禁未だ解けずして卒す。

——郭泰・范滂とともに〝八顧〟のひとりに数えられた夏馥《かふく》の場合——

張倹が亡命したことを聞いた夏馥は、歎いていった、

「おのがまいたわざわいの種《たね》から、あたら罪とがない人たちを汚《けが》し、一人だけ死をまぬがれて、よろずの家が災難にまきこまれる。そんなやり方で生きのびるなんてまっぴらだ。」

——これは張倹の生きかたに対する辛辣な批判である。「孽《げつ》」はつみ・わざわい。夏馥の語はおそらく背後に『尚書（書経）』商書・太甲篇の「天の作《な》せる孽《わざわ》いは猶お違《さ》くべき

も、自《み》ずから作せる孽いは逭《のが》るべからず」(『孟子』公孫丑・離婁両篇にも引く)をふまえているだろう。また、末句は強調した表現である。張倹の生き方を強く非難したかれは、だから他人を傷つけない道をえらんだ。

そこでみずから鬚《ひげ》をはさみで切り、すがたを変えて林慮(河南省林県)の山中に入り、姓名を秘めて、鍛冶《かじ》屋の雇い人になり、みずから煙と炭をおかしてはたらき、顔かたちはやつれ果てて、二、三年が経過すると、誰にも見わけがつかなくなった。——「煙炭を突《おか》す」の突は、文字どおり炭火を突つくことであるかもしれず、実はよくわからぬ。あるいは〝煙突〟の突と関係するかもしれぬ。

夏馥の弟である夏静は、絹織物を車に積んで、兄の行くえを探し出し、生活のしろとして贈ろうとした。夏馥は受けとらないでいった、

「なあお前、なにも災難を積んで仕送りしてくれることはなかろう。」

党錮の禁が解除されぬうちに死んだ。

——この部分、原拠の『後漢書』巻六十七・党錮伝のほうはさらに詳しい。

その後、馥の弟の夏静が車馬に乗り、縑帛を積んで、涅陽《でつよう》の盛り場で兄の行くえを探した。馥に遇うても兄とわからず、声を聞いてはじめて気がつき、あいさつの拝礼を行なった。馥は弟を避けて話しかけない。夏静はあとについて宿舎にゆき、いっしょに泊った。夏馥は弟を避けて話しかけない。夏静はあとについて宿舎にゆき、いっしょに泊った。夜なかにこっそり夏静を呼んでいった、「わしは正道を守り悪を憎んだ

ために、権官に陥しいれられる身となった。今はとにかくかりそめに身の保全をはかって生命を守ることを考えているのに、おまえはなぜ貨物を車に積むような大そうなことをして探すのだ。これじゃ災難をさげて追っかけてくれてるみたいだぜ。」翌朝、別れてたち去った。

いま夏馥のせりふを比較するとき、「禍いを載せて相餉《おく》る」という、通鑑の簡潔にしてウィットにとむ表現がはるかにすぐれ、このエピソードに活力をあたえているように思われる。「縑帛《けんぱく》」はいずれも絹、金銭の代替をつとめる。「餉」はがんらい食物を贈るときに用いる。ここは生活費としておくる意。「相」は下の動詞を二音節化するとともに、それの他動詞たる性格を明確にしたにすぎない。

*

初。中常侍張讓父死。帰葬二潁川一。雖二一郡畢至一。而名士無二往者一。讓甚恥レ之。陳寔独弔焉。及レ誅二党人一。讓以二寔故一。多レ所二全宥一。

初め、中常侍なる張讓の父死し、帰りて潁川《えいせん》に葬る。一郡畢《こと》ごとく至ると雖も、名士は往く者なく、讓、甚だこれを恥ず。陳寔《ちんしょく》のみ独り弔う。党人を誅するに及び、讓は寔の故を以って全宥《ぜんゆう》する所多し。

――これは粛清を施行した宦官側のささやかな報恩に、多数の党人の生命が救われた、一種の人生における運命のいたずらを語る。

かつて中常侍の張譲の父が亡くなり、郷里の潁川郡に帰って埋葬したとき、郡下のものは総出で会葬したにもかかわらず、名士には出かけるものがなく、張譲はひどく恥ずかしい思いをした。そのとき、潁川郡許県のひと陳寔《ちんしょく》だけが弔問にでかけた。

さて、党人が誅罰に遭うたとき、張譲が陳寔のこの時の弔問を恩にきたことで、全面的な赦免をうけたものがずいぶんいた。――むろん、陳寔に関係をもつ連中である。第一次党錮の禁に際して、他の連中は逃げ隠れしたのに、陳寔が「吾、獄に就《おもむ》かざれば、衆、恃《たの》む所なし」といって、みずから繋囚を願い出たことは、読者の記憶になお新しいところであろう（九一ページ参照）。

＊

南陽何顒。素与㆓陳蕃・李膺㆒善。亦被㆓収捕㆒。乃変㆓名姓㆒。匿㆓汝南間㆒。与㆓袁紹㆒為㆓奔走之交㆒。常私入㆓雒陽㆒。従㆑紹計議。為㆘諸名士罹㆓党事㆒者㆖求㆓救援㆒。

南陽の何顒《かぎょう》、素《もと》と陳蕃《ちんぱん》・李膺《りよう》と善《した》しく、亦た収捕せられんとす。乃ち、名姓を変えて汝南《じょなん》の間《かん》に匿《かく》れ、袁紹と奔走の交わりを為し、常に私《ひそ》かに雒《らく》陽に入り、紹に従いて計議し、諸名士の党事に罹《かか》る者の為めに救援を求め、権計を設けて、逃隠するを得しめ、全

設二権計一。使レ得二逃隠一。所二全　免せらるる所、甚だ衆《おお》し。
免一甚衆。

――ここには、党人自身が身の危険を忘れて、同志救援のために積極的な活動をつづけ、かくて多数の党人の生命が救われたことを語る。

南陽郡（河南省南陽市）出身の何顒《かぎょ》も、ひごろ陳蕃・李膺と親密な関係にあったため、逮捕されようとした。そこでかれは偽名を使って汝南郡（同省汝南県）のあたりに身をひそめ、袁紹と連絡してたがいに尽力する交友関係を結び、しょっちゅう首都に潜入して、袁紹のもとで相談し、党人粛清事件の被害者である名士たちの救援をたのみ、権謀術数を用いて、かれらが逃げ隠れることができるようにし、おかげで大ぜいが全面的に難を免がれた。

「袁紹」は汝南郡汝陽県の出身。袁氏は父祖四代にわたり宰相クラスの要職をつとめた名族で、父の死後かれは洛陽に住まい、おびただしい賓客・門生たちのせわをした。のちに仕官してクーデターを起こし、宦官二千人をみな殺しにするが、董卓《とうたく》と対立してかれを長安に追いやり、やがてみずからは曹操に討たれて敗滅する。三国志の初期における英雄のひとりである。「奔走の交わり」とは相互に周旋めんどうを見あう交友をいう。

初太尉袁湯三子。成・逢・隗。成生レ紹。逢生レ術。逢・隗皆有二名称一。少歴二顕官一。時中常侍袁赦。以二逢・隗宰相家一。与レ之同レ姓。推崇以為二外援一。故袁氏貴二寵於世一。富奢甚。不下与二他公族一同上。紹壮健有二威容一。愛レ士養レ名。賓客輻湊帰レ之。輜軿・柴轂。填二接街陌一。術亦以二俠気一聞。逢従兄子閎。少有二操行一。以二耕学一為レ業。逢・隗数饋レ之。無レ所レ受。閎見二時方険乱。而家門富盛一。常対二兄弟一歎曰。吾先公福祚。後世不レ能二以レ徳守一レ之。而競為二驕奢一。与二乱

*

初め、太尉なる袁湯《えんとう》の三子、成・逢・隗《かい》あり。成、紹を生み、逢、術を生む。逢・隗は皆な名称あり、少《わか》くして顕官を歴《へ》たり。時に中常侍なる袁赦《えんしゃ》、逢・隗が宰相の家にして、これと姓を同じうするを以って、推崇《すいすう》して以って外援と為《な》す。故に袁氏は世に貴寵せられ、富奢甚だしく、他の公族と同じからず。紹、壮健にして威容あり、士を愛し名を養い、賓客、輻湊《ふくそう》してこれに帰《き》し、輜軿《しへい》・柴轂《さいこく》、街陌《がいはく》に填接《てんせつ》す。術も亦た俠気を以って聞こゆ。

逢の従兄の子なる閎《こう》、少《わか》くして操行あり。耕学を以って業と為《な》す。逢・隗、数《しば》しばこれに饋《おく》るも、受くる所なし。閎《こう》、時方《まさ》に険乱せるに家門の富盛なるを見、常《かつ》て兄弟に対して歎じて曰わく、「吾が先公の福祚《そ》、後世、徳を以ってこれを守ること能わずして、競《きそ》いて驕奢《きょうしゃ》を為し、乱世と権を争う。此《こ》は即ち晋の

世㆒争㆑権。此即晋之三郤矣。
及㆓党事起㆒。閎欲㆑投㆓迹深林㆒。
以㆓母老㆒。不㆑宜㆓遠遁㆒。乃築㆓土
室㆒四㆒㆓周於庭㆒。不㆑為㆑戸。自
㆑牖納㆓飲食㆒。母思㆑閎。時往就
視。母去。便自掩閉。兄弟・妻
子莫㆑得㆑見也。潜㆑身十八年。
卒㆓於土室㆒。

三郤《げき》なり」と。
党事の起こるに及び閎、迹を深林に投《とう》ぜんと欲せしも、母の老いたるを以って、宜しく遠く遁《のが》るべからず。乃ち土室を築《つく》きて庭に四周し、戸を為らず、牖《まど》より飲食を納《い》れしむ。母、閎を思い、時に往き就きて視《み》る。母去れば便《すなわ》ち自ずから掩閉《えんぺい》し、兄弟・妻子も見るを得る莫《な》し。身を潜《ひそ》むること十八年、土室に卒す。

そのかみ、太尉の袁湯《えんとう》（六八―一五三）には成・逢・隗という三人のむすこがあり、成は紹を生み、逢は術を生んだ。逢・隗はともに名声高く、若くして要職を歴任した。――「名称」はたぶん地位を伴のう名誉・評判をいうのだろう。『後漢書』巻四十五によれば、袁逢は霊帝（在位一六八―一八九）の朝に三公のひとり司空となり、袁隗はその逢に先んじて三公になったという。

そのころ――回想部分を示す「初」の時点、すなわち党錮の獄をさかのぼる数年のころ、中常侍の袁赦《えんしゃ》は、逢・隗が宰相の家がらであり、かつ自分と同姓でもあるので、ふたりに敬意をはらって、政界のパトロンにたのんだ。だから袁氏は当時の世にもてはやされ、他の貴族とは違って豪奢な生活を送っていた。

袁紹は体ががっしりして人を威圧する風格をそなえ、人材を愛して名声を博することにつとめ、かれのもとには方々から賓客が集まり、ほろつきの高級馬車やそまつな馬車が大通りに列をなして埋めつくした。――「輜軿《しへい》」は衣車ともいい、ともに前後のいずれかの部分をほろで遮蔽した車。一説に婦人の乗る車というが、ここはそれではあるまい。「柴轂」は唐・李賢の注に「賤者の車なり」とあるから、前者の輜軿は上等の車をさすに違いない。

袁術もおとこ気があって評判だった。

袁逢の従兄《いとこ》にあたる袁賀のむすこ袁閎は、若いころから行動がすじ金いりで、農耕と学問をしごとにしていた。袁逢・袁隗はたびたび食物の仕送りをするが、受けつけなかった。おりから険悪ただならぬ時世であるのに、一門が富み栄えているのを見た袁閎は、かつて兄弟たちにむかって歎いていった、

「われわれの先祖の幸《さち》を、子孫のものは人格を磨くことによって維持することができず、ぜいたくを競いあって、乱脈の世俗と権力《ちから》くらべをやっている。これは晋の三郤《げき》だ。」

「先公」とは曾祖袁安（?―九二）をさす。和帝朝の司徒をつとめ、外戚竇憲《とうけん》の専横にははげしく抵抗した清廉の政治家。まだ微賤のころ洛陽に大雪が降った朝、県知事が巡視すると、かれの門前は雪かきもせず門はぴたりと閉ざしたままである。雪かきわけて中に入る

と、かれは仰臥してぐっすりねこんでおり、起き出していった、「大雪でみなが腹をすかせているとき、なにも人をわずらわすことはない」という。知事は感心して、これが出世のいとぐちとなった。「袁安高臥」の故事として著名なエピソードのもち主である。「福祚」は光栄ある地位をいう。「晋の三郤」とは春秋・晋の大夫（家老）である郤錡《き》・郤犨《しゅう》・郤至をいう。かれらは家柄を恃んで驕慢豪奢をきわめ、ついに厲公に殺害された。ことは『左伝』成公十七年の条および『史記』晋世家にみえる。

さて党錮の事件が起こると、袁閎は奥深い森に身を隠そうとおもったが、年老いた母がいるので、遠方に逃がれるのはまずいと思い、そこで庭の周辺に地下室をつくり、入口を設けないで、窓から飲食物を差し入れさせた。母は袁閎のことが想われると、時おり出かけていって親しく見舞い、母が帰るとすぐなかから窓を閉め、兄弟や妻子は会うわけにゆかなかった。かくて身を潜めること十八年、かれは地下室で死んだ。

『後漢書』巻四十五・袁閎伝には、さらに付加していう、

母が亡くなっても喪服を作ったり祭壇を設けたりせず、当時の人たちには得体の知れぬ人とみられ、なかには狂生《きちがい》よばわりするものさえあった。かくて身を潜めること十八年、黄巾の賊が起こり、かれの郡県は攻撃をうけて陥落し、人民たちは驚いて逃げ散ったが、袁閎は経書《けいしょ》を口ずさんでその場を動かない。賊たちはたがいに誓って、かれの部落に侵入しなかったので、村人たちは袁閎のもとに避難し、全員が命びろいを

した。年五十七、地下室で死んだ。

なお、『汝南先賢伝』には、かれの臨終に際しての遺言を伝えている――「殯棺を設くる勿かれ、ただ褌《ももひき》・衫《うわぎ》の疏《あら》き布《あさ》の単衣《ひとえ》なると、幅巾（隠者の用いる素朴なずきん）を著《き》せ、尸《かばね》を板牀の上に親《じか》におき、五百まいの墼（焼かぬ煉瓦）をもってあな蔵を為《つく》れ。」

＊

初。范滂等非二訐朝政一。自二公卿一以下。皆折レ節下レ之。太学生争慕二其風一。以為文学将レ興。処士復用。申屠蟠独歎曰。昔戦国之世。処士横議。列国之王。至二為擁レ篲先駆一。卒有二坑レ儒焼レ書之禍一。今之謂矣。乃絶二迹於梁・碭之間一。因レ樹為レ屋。自同二傭人一。居二年。滂等果罹二党錮之禍一。唯蟠超然免二於評論一。

初め、范滂等、朝政を非訐《ひけつ》し、公卿《こうけい》より以下、皆な節を折《ま》げてこれに下《くだ》る。太学生、争ってその風《ふう》を慕い、以為《おも》えらく、文学将《まさ》に興《おこ》らんとし、処士復《ま》た用いられんと。申屠蟠《しんとはん》、独《ひと》り歎じて曰わく、「昔、戦国の世、処士横議し、列国の王、為めに篲《ほうき》を擁《かか》えて先駆するに至り、卒《つい》に儒を坑《こう》し書を焼くの禍いあり。今の謂《い》いなり」と。乃ち迹《あと》を梁《りょう》・碭《とう》の間に絶ち、樹に因《よ》りて屋を為《つく》り、自《み》ずから傭人と同じうす。居ること二年、滂等、果たして党錮の禍いに罹《かか》り、唯だ蟠のみ超然として評論を免がる。

——かの清流士人が太学の学生三万人あまりと連携して政府誹謗の火の手を挙げ、体制がわが一時ひるんだかにみえたとき、将来の悲惨な結末を察知して、独自の身の処し方をつらぬいたある知識人の場合。

そのかみ、范滂らが中央政治を非難したとき、閣僚以下の要人たちは、みな主張をまげてしたでに出る態度をとった。太学の学生たちはわれもわれもと范滂らの風潮にあこがれ、いよいよこれから学術が盛んになり、民間の知識人の登用が復活するものと考えた。——「非訐」の訐《けつ》は李賢の注に「横《ほ》しいままに是非を議するなり」とある。「文学」は学問。

そのとき、申屠《しんと》蟠《はん》だけは歎いていった、

「むかし戦国の世に、民間の知識人たちはかってほうだいに政治を批判し、列国の君主が箒をかかえて先ばらいをつとめて歓迎するほどだったが、とうとう焚書坑儒の災禍が起こった。これは今のことだ。」

「箒を擁して先駆する」は斉の騶（鄒）衍の故事、『史記』巻七十四・孟子荀卿列伝にいう、

燕に如《ゆ》く。昭王、彗《ほうき》を擁えて先駆し、弟子の座を列ねて業を受けんと請い、碣《けつ》石宮を築き、身《み》親《み》ずから往きてこれを師とす。

「儒を坑《あな》うめし書を焼く」はいうまでもなく秦の始皇帝の故事、その即位後三十四、五年のことである。

そこでかれは、世間と交渉を絶って梁・碭《とう》（江蘇省碭県付近）のあたりに隠れ、樹木に小屋がけして、みずから日雇い労務者のなかま入りをした。かくて二年が過ぎ、范滂らは果たして党錮の災難に遭うたが、申屠蟠のみは、はるかな存在として批判の対象にならずにすんだ。

以下は編者の批評である。

*

臣光曰。天下有レ道。君子揚二於王庭一。以正二小人之罪一。而莫二敢不一レ服。天下無レ道。君子嚢括不レ言。以避二小人之禍一。而猶或不レ免。党人生二昏乱之世一。不レ在二其位一。四海横流。而欲下以二口舌一救上レ之。臧二否人物一。激レ濁揚レ清。撩二虺蛇之頭一。践二虎狼之尾一。以至下身被二淫刑一。禍及二朋

臣光曰わく、「天下に道あれば、君子、王庭に揚《あ》げて、以って小人の罪を正し、而《しか》も敢えて服せざる莫《な》し。天下に道なければ、君子、嚢括《のうかつ》して言わず、以って小人の禍いを避け、而も猶お或るいは免がれず。党人、昏乱の世に生まれて、其の位に在らず、四海横流するに、口舌《こうぜつ》を以ってこれを救わんと欲し、人物を臧否《ぞうひ》し、濁を激し清を揚げ、虺蛇《きだ》の頭に撩《いど》み、虎狼《ころう》の尾を蹺《ふ》み、以って身、淫刑を被《こうむ》り、禍い朋友に及び、士類殲滅《せんめつ》して、国、随いて以って亡ぶに至

友㆒。士類殲滅。而国随以亡㆖。
不㆓亦悲㆒乎。夫唯郭泰既明且哲。
以保㆓其身㆒。申屠蟠見㆑幾而作。
不㆑俟㆑終㆑日。卓乎其不㆑可㆑及
已。

る、亦た悲しからずや。
夫《そ》れ唯だ、郭泰《かくたい》は、既に明にして且つ哲、以ってそ
の身を保ち、申屠《しんと》蟠《はん》は幾《き》を見て作《な》し、日を終うるを
俟《ま》たず、卓乎《たくこ》として其《そ》れ及ぶべからざるのみ」と。

司馬光《わたくし》の批評——

天下に真理が行なわれているときは、良識ある人は朝廷にあって道徳を宣揚し、かくてつまらぬやからの罪を糾弾する、しかもかれらはみな承服せぬわけにゆかぬ。天下に真理が行なわれないときは、良識ある人はふくろの口をしめくくるように黙してもの言わず、かくてつまらぬやからによる災禍を避けるが、それでも免がれぬことがある。

——「王庭に揚ぐ」は『周易』夬《かい》の卦《か》のことば。「嚢括」も同じく坤《こん》の卦《か》に「嚢を括《くく》る、咎《とが》なく、誉れもなし」というのを用いた。知恵をかくして発言せぬように慎しめば、名声もえられぬかわりに、咎めもうけない意。

党人たちは、混濁した世の中に生まれ、しかるべき官位につかず、濁流うずまく天下を口弁によって救済しようとおもい、人物の是非を論じて、汚濁のやからを激発し、清潔の士を賞揚して、まむしや青大将のかま首をつついたり、虎や狼のしっぽを踏んづけたため

に、わが身は無法な刑戮にあうし、禍難は友人まで巻きこんで、知識階層は全滅し、それにともない国家も滅亡するに至った。まことに悲しいことではある。

さてもそのなかで、郭泰は先見の明をそなえてわが身を保全し、申屠蟠はきざしを見るなりためらうことなく行動にうつった。このふたりこそ、常人の追随を許さぬ卓越した人物である。

「四海横流す」は天下が乱れていること、『孟子』滕文公上篇にいう、「堯の時に当たりて、天下猶お未だ平げず、洪水横流して天下に氾濫す。」「既に明にして且つ哲、以って其の身を保つ」は『毛詩（詩経）』大雅・烝民の二句、周の尹《いん》吉甫が宣王の臣樊《はん》侯（仲山甫）をたたえたことば。南宋・朱熹の注に「明とは理に明るきを謂い、哲とは事に察するを謂う」とあり、要するに先見の明があること。「幾《きざし》を見て作《な》し、日を終うるを俟《ま》たず」は、『周易』繋辞下伝にみえ、「君子」の行動としてのべる。その上文に「幾なる者は動の微、吉凶の先ず見《あら》わるる者なり」とある。なお、豫の卦にも「石に介たり、日を終えず、貞にして吉たり」といい、屹立する石のごとく孤高独立し、思慮聡明で幾を見てただちに行動に移ることの、貞《ただ》しく吉なるをいう。

なお、この論賛における〝明哲保身〟の礼讃は、王安石の新法強行による党争の激化に際しての、司馬光自身の退陣と密接に関係することに注意されたい。

――じゃまものを一掃した宦官たちによる、その後の政治の腐敗は、もはや想像に余り、それに拍車を加えたのがあい次ぐ天災・飢饉の発生である。いまや人民たちの疲弊は極点に達し、到るところ流亡者が続出して、世情の不安は果てしなく深まっていった。このような不安に乗じたのが、鉅鹿郡（河北省寧晋県の西南）出身の張角を教主とする、新興宗教〝太平道〟の集団である。かれらは十年あまりの間に、東中国だけでも数十万に及ぶ信徒を獲得した。かれらの活動はしだいに革命的色彩を帯びてゆき、ついに甲子の年、すなわち霊帝の光和七年（一八四）二月、後漢王朝打倒の旗幟をかかげて一斉に蜂起する。体制がわからは〝黄巾の賊〟と呼ばれる、漢朝における最大の農民起義である。巾の黄いろは漢室の火徳に代るべき土徳を象徴する。

いまさらのごとく驚倒した宦官たちは、皇甫嵩《すう》の進言を容れて三月七日、ここに十五年ぶりに〝党錮の禁〟が解除される。鬱憤の堆積した清流士人たちが、〝黄巾の賊〟と結ぶことを怖れたからである。

しかし、後漢政権にとって、いまやいかなる処置もすでに手遅れであった。張角の病死やその他リーダー級の戦死で〝黄巾の賊〟の主力こそ衰えはしたが、かれらに呼応して決起した叛乱軍や、もともとかれらの討伐に向かった大部隊などが地方に割拠し、中央政府はもはや完全に見放されるに至り、しかもふたたび擡頭した宦官勢力の専横がかれら軍閥や地方官たちによって一掃されるとともに、王朝自身の滅亡も決定的段階を迎える。そして、中国史は三国鼎立のかの〝三国志〟の時代に突入するのである。

蒼天　空しく心を照らす（巻一五九〜一六四、梁紀より）

――南朝天子と成りあがりもの

関羽や張飛、あるいは諸葛孔明らの英雄豪傑が活躍する〝三国志〟は、小説によってわが国にもおなじみだが、六朝期の末すなわち六世紀中葉の前後から、中国史が第二の〝三国志〟時代に突入したことは、ほとんど知られているまい。第二の〝三国志〟では、南朝の梁、のちには陳に対して、北朝の東・西両魏、のちには二国をそれぞれ継承した北斉・北周、これらの国による三つ巴の抗争がくりのべられ、やがて隋王朝がこの複雑な国際紛争に終止符をうち、中国に三世紀半ぶりに統一国家が復活される。この第二の〝三国志〟の初期の舞台に躍り出て、一ときは三国を手玉にとって翻弄し、ついに梁王朝を乗っ取るに至る、朔北出身の素性もあいまいなひとりの荒武者、それが本篇の主人公侯景《こうけい》である。史家はかれが巻きおこした旋風をよんで〝侯景の乱〟という。この泥くさい成りあがりものはまもなく自滅の急坂を一挙にかけくだるが、豪華絢爛たる南朝文化の大殿堂——梁王朝も、この旋風の吹き荒れたあと、たちまち気息奄々たる重態に陥り、ついに第二の〝三国志〟の終焉をみちびくに至る。この一篇ではとりわけ、文明と野蛮の対決がいろいろの形で興味をよぶはずである。なお、同じ主人公を中心に、豊富な史料を駆使しつつ、新鮮しかも密度の高い筆致であざやかにこの時代を再現した作品に、中国史家吉川忠夫氏の〝南風競わず〟(中央公論社刊〝歴史と人物〟一九七二年七月号所載、中公新書『侯景の乱始末記』収、一九七四年刊)がある。

東魏司徒・河南大将軍・大行台侯景。右足偏短。弓馬非二其長一。而多二謀算一。諸将高敖曹・彭楽等。皆勇冠二一時一。景常軽レ之。曰。此属皆如二豕突一。勢何所レ至。景嘗言二於丞相歓一。願得二兵三万一。横二行天下一。要須済レ江縛二取蕭衍老公一。以為二太平寺主一。歓使下将二兵十万一。専制中河南上。杖任若二己之半体一。

東魏《ぎ》の司徒・河南大将軍・大行台なる侯景《こうけい》、右足偏《ひと》えに短く、弓馬はその長ずるに非ざれど、謀算多し。諸将高敖曹《こうごうそう》・彭楽《ほうらく》等、皆な勇、一時に冠《かん》たり。景、常にこれを軽《かろ》んじて曰わく、「此の属、皆な豕《いのしし》の突くが如し。勢い何の至る所ぞ」と。景、嘗て丞相《じょうしょう》歓に言えらく、「願わくは、兵三万を得て、天下に横行せん、要須《かな》らず江を済《わた》り、蕭衍《しょうえん》老公を縛《ばく》取して、以って太平寺の主と為《な》さん」と。歓、兵十万を将《ひき》いて、専ら河南を制せしめ、杖任すること、己《おのれ》の半体の若《ごと》し。

——これは、侯景があらためて中国史の舞台に登場し、やがてその一時期をはげしく波だたせる主人公として、はじめて脚光を浴びる一段である。あらためてといったとおり、通鑑ではすでに巻一五二・梁の武帝の大通二年（五二八）八月の条に、魏の皇太后胡氏を弑した爾朱栄《じしゅえい》が、鄴《ぎょう》（河北省磁県）を包囲する逆賊葛栄《かつえい》を討つとき、かれはその先駆たる使命をうけて現われる。その後もかれは、爾朱氏一族の専横を誅する高歓、すなわち後の北斉高祖・神武帝の協力者としてたまさかに顔を見せ、よほど注意せぬかぎり、やがて南朝文化圏を暗黒にとざす妖雲の胎動に気づかぬことであろう。だが、東魏における高歓の権勢が伸張するにつれて、かれの登場もようやく頻度を加え、ここに至ってはじめて、その人物の一端が紹介される。通鑑の編者はあきらかに、中国史の舞台における主役の交替を意識して叙述している。

——ここでまず、当時の中国北朝における局面の推移を略叙しておこう。

がんらい中国の東北辺にたむろしていた鮮卑族——モンゴル系遊牧民族——の拓跋《たくばつ》部は、西晋の滅亡(三一六年)とともに、山西省北辺に与えられた領土に拠って独立国家を宣言し、国号を魏と称した。中国史家は既往の同名国家と区別するため、北魏・後魏・拓跋魏・元魏などさまざまな異称で呼ぶ。この国家ははじめ首都を平城(山西省大同県)におきつつ、しだいに中原進出の機をねらい、明元帝のときには南朝宋をおびやかして河南の地を奪い、四三九年にはついに江北一帯を支配下におさめるに至った。がんらい異民族の建てた国家でありながら、中国内地の経営を意図した当初から、中国伝統の国家体制の整備につとめ、漢人の名族を国政に参与させ、鮮卑族その他の部族制を解散して、中国人との同化をはかった。この同化政策は孝文帝に至っていよいよ推進され、四九四年に首都を洛陽に遷すとともに、胡服・胡語の使用を禁止して、王室の拓跋姓も中国式の元姓に改め、さらに中国人との通婚を奨励した。かくて魏の文化は急速に発達を見たかわり、本来の質実の気風が失われ、奢侈に流れる弊害をも生じた。この中国同化政策に反撥したのは、建国以前から中国攻略に貢献した鮮卑族である。いまや賤民と化して、中央の搾取に苦しむかれらの間には、ひそかな不平が鬱積しつつあった。かれらは山西省の西北部から黄河の彎曲部、いわゆるオルドス地域にかけての六鎮《りくちん》に分散し、北辺の守りという重要任務を負わされていたのが、いまや中央から完全に取り残された存在と化していた。あたかも胡太后が、仏教にふけって財政の危機をまねいた時、かれら六鎮の鮮卑族は一せいに蜂起した。いわゆる〝六鎮の乱《じ》〟である。孝明帝を毒殺して幼帝を立てた胡太后は、やがて六鎮出身者を傘下に収めた爾朱栄に殺害され、六鎮の乱そのものもかれによって平定される。つづいて爾朱氏の専横は、かれの配下である高歓によって制圧された。高歓は洛陽に入って、五三二年爾朱氏が擁立した節閔帝を廃してあらたに孝武帝を立てる。だが孝武帝は、魏の政権を専断する高歓を憎み、洛陽を脱出して長安（陝西省西安市）の宇文泰《うぶんたい》のもとに投ずる。かくて高歓はあらたに孝静帝を擁立して、五三四年には首都を鄴《ぎょう》に遷し、一方、宇文泰は孝武帝を暗殺して文帝を擁立し、ここに事実上、魏は東西に分裂する。以後、この異民族による両国は絶えざる抗争をくりかえしつつ、長江すなわち揚子江を隔てて南朝の漢人国家——梁朝と対立する。

時は梁の武帝、中大同元年（五四六）、東魏でいえば孝静帝の武定四年、西魏でいえば文帝の大統十二年、その十一月のころである。侯景の肩書きのうち、「司徒」は三公の一に数えられる政府の枢要職だが、すでに最高の位階を示す称号にすぎない。「河南大将軍」は現在の河南省の、文字どおり黄河以南の広大な地域における方面軍司令官。「大行台」の行台は尚書行台というように、中央政府の支庁ないしその長官をいう。唐・杜《と》佑《ゆう》『通《つ》典《てん》』巻二十二（行台省）にいう、「後魏に及びこれ（行台）を尚書大行台と謂い、別に官属を置く。」中央政府に準ずる官属をおいていた重要支庁なのだろう。なお、「行台」二字は後世、行御史台の略称として、最高検察庁に対する地方検察庁をさす。「行」が代行ないし出先機関を意味する点にはかわりがない。侯景はこの年六月、のちの二つの肩書きをえたばかりであった。

侯景は右の足が短く、弓道・馬術は得意でないが、計謀にたけていた。――『梁書』巻五十六・侯景伝には、「長ずるに及び、驍勇《ぎょうゆう》（がむしゃらの勇敢さ）にして膂《りょ》力（腕力）あり、騎射に善《たく》みなり」という。司馬光は『南史』巻八十・侯景伝の記事のほうをえらんだ。肉体的条件から、そのほうが合理的だとみたのだろう。

軍の指揮官である高敖曹《こうごうそう》や彭楽《ほうらく》らは、いずれも当時随一の勇者といわれていた。侯景はかれらを軽蔑していった、「この連中はみな猪武者だ。どこまでやれるか知れたものさ。」

「高敖曹」は東魏の司徒高昂、敖曹はあざな。かつて西魏の洛州知事泉企《けん》と交戦した時、流れ矢が三本も命中して気絶しながら、しばしあって馬に乗り、かぶともかむらず城中をめぐったという（巻一五七、大同三年正月の条）。当時、鮮卑族に漢人蔑視の風潮があり、高歓は将兵に命令を下す場合、いつも鮮卑語を用いたが、高昂が列中に在るときだけは中国語を用いたといわれ（同上、九月の条）、高歓もかれには一目《もく》おいていた。「彭楽」は馬術・弓道を得意とする軍人、早くから出世の野望をいだき、高歓に仕えるまでに再三叛逆をくり返して、主君を転々とした。魏の天平四年（五三七）閏九月、渭曲《いきょく》（陝西省大茘県の東南）において西魏の黒獺《だつ》すなわち宇文泰の軍と対峙したとき、葦の繁茂する泥濘地ゆえに持久戦が提唱されたが、かれは進撃を主張して高歓の許諾をえた。ところがかれは、酒に酔っぱらって敵陣ふかくふみ入り、腹を刺されてはみ出た腸をおしこんで奮戦したという（巻一五七）。このエピソードなど、侯景が〝豕《いのしし》の突くが如し〟という所以であろう。侯景もそのころ同時に従軍していた。

「豕突」は猪突、まっしぐらに盲進すること。ただし、戦法の一としてあるらしく、漢・桓譚『新論』兵術篇にいう、「舒車（?）・豕突は尹子の術、雲梯《ながばしご》・浮烟《えんまく》は魯生の巧なり。」なお、中国では猪と豚の区別があいまいで、野生と家畜の違いにすぎない。現代語でも〝猪〟がぶた、いのししのほうは〝野猪〟という。

侯景はあるとき丞相（宰相）の高歓にいった、

「ひとつ三万の兵隊を頂戴して、天下をぞんぶんに駆けめぐりたいもの。きっと長江を越え、蕭衍《しょうえん》じじいをふん縛って、太平寺のあるじにしてみせますぜ。」

――この侯景の大言壮語は記憶されるべきである。「蕭衍」こそは梁の武帝（四六四―五四九）その人である。蘭陵（江蘇省武進県の西方）の出身で、南斉王室の一門につらなる。永元二年（五〇〇）、想像を絶する乱行で知られる青年天子東昏侯（廃帝）に長兄が殺された機会に、クーデターを起こして南斉を滅ぼし、南朝の名族王氏などの貴族や官僚に支持されて梁朝を樹立した。文武両面の才にめぐまれた稀にみる教養人であり、ことに文学をこよなく愛して、南斉武帝の次男である竟陵王蕭子良（四五九―四九三）のサロンにあって、謝朓《ちょう》・王融・沈《しん》約らと交游し、梁朝樹立後は沈約ら文人宰相の協力のもとに善政をしき、南朝文化の黄金期を現出した。

かれの前半生はその教養とも相俟って、たしかに充実したものであり、通鑑の編者司馬光も略叙していう、

上、人と為《な》り孝慈恭倹、博学能文、陰陽・卜筮《うらない》・騎射・声律・草隷（書法）・囲碁、精妙ならざるはなし。政務に勤《いそ》しみ、冬月も四更の竟《つ》きるや、即ち起きてまつり事を視《み》、筆を執りて寒さに触るれば、手、ために皴裂《あかぎ》れす。

かれは早くから仏教に帰依し、それもはなはだ徹底していた。司馬光はつづけていう、

天監（五〇二―五一九）中より釈氏の法を用い、長《つね》に斎《ものい》みして魚・肉を断ち、日に一食に止《かぎ》り、惟《た》だ菜羹・糲《れい》飯（半つき米）のみ。或《も》しまつり事の繁きに遇い、日、中《まひる》を移《こ》

ゆれば、漱口《うがい》して以って過ごす。身、布衣《もめんぎ》を衣《まと》い、木緜の皁《くろ》き帳《とばり》して、一の冠もて三載、一の衾《ふすま》もて二年す。後宮の貴妃以下も、衣《ころも》、地に曳《た》れず。性、酒を飲まず、宗廟の祭祀・大饗宴《うたげ》および諸法事に非ざれば、未だ嘗て楽《がく》を作《な》さず。

かれの仏教崇拝はその後半生においていよいよ狂熱化し、かたわら政務の倦怠も助長して加速度的にたかまり、朝廷の行事中にも仏教のそれが多分に加味されたばかりでなく、仏塔の建立や僧尼の優遇などに対する公費の流出も莫大にのぼった。かの晩唐の詩人杜牧《とぼく》(八〇三―八五二)の著名な詩句に、

南朝　四百八十寺《しん》
多少の楼台　烟雨の中

とあるのも、いわゆる中国人的誇張でなく、首都建康(江蘇省南京市)治下の仏寺だけで五百余もあり、僧尼の数は十万を超えた。武帝のこのような仏教への傾倒、おりふしに詩歌のつどいを楽しむ優雅な生活は、侯景のように、あけくれ戦塵にまみれ血のにおいを嗅いで生きて来た荒武者にとっては、あまりに現実から浮游した太平無事の人間にみえたに相違ない。

「太平寺の主と為さん」という侯景の発言は、あきらかにみぎと関係する。胡三省は「蓋し鄴都に在らん」というが、この寺は必らずしも東魏の首都に在ることを要しまい。吉川忠夫氏(「南風競わず」)は架空の寺を想定し、それもたしかにおもしろいが、実在の寺であ

ってもよかろう。現に、簡文帝の「為諸寺檀越願疏」（『広弘明集』巻二十八・上収）中に、武当山太平寺（湖北省）がみえるし、『大清一統志』巻三十九によれば、晋・咸和年間の創建にかかる潜山県太平山（安徽省）の太平寺も存在した。それに所在がいずれであろうと差しつかえない。要するに侯景は、仏教ぐるいの武帝なんかどこかの太平寺の住職にでもおさまるのが性に合ってるんだ、といいたいのである。胡三省はあまりにも正直すぎた。

「老公」は俗語、老人に対する親称〝じいさん〟、したがって容易に罵称に転化する。「縛取」は捕縛してとらまえる意か。「縛取」は後に単なる語助として動詞に付加され、ここも会話部分だから、その疑いが残る。さて、高歓はかれの豪語の一端を実現させてやった。

高歓はかれに十万の兵を指揮させて、河南地区の軍事権を専断させ、自分の半身のように信任した。――「杖任」の杖はたよる意。「己の半体の若《ごと》し」とは、腹心以上の信頼である。だがこれは高歓のミスであった。このころは、かれも侯景に対して、子飼いの猛獣のごとく、やがて手に負えぬ存在になりゆく危惧を、すでにかすかながら感じていた。

なおこの機会に、武帝の狂熱的仏教信仰や、それとも関連する寛大な政治がもたらした、当時における梁朝治下の現実を、やはり司馬光の叙述を借りて紹介しておこう。

然れども士人を優仮すること太《はなは》だ過ぎ、牧守《くにつかさ》、多くは百姓《たみぐさ》を侵漁《おか》し、使いする者、郡県を干擾《みだ》す。又、好みて小人を親任し、頗る苛察（きびしい監督）に傷《か》く。多く塔廟を造り、公私ともに費《つい》え損《おお》し。江南、久しく安らぎ、風俗奢り靡《みだ》る。上、文雅を敦尚《たっと》び、刑法を疏簡《なおざり》にす。公卿・大臣より、咸《み》な鞫獄《さばき》を以って意と為さず、奸吏、権を招《むさぼ》り法を弄《もてあそ》び、貨賂《わいろ》、市を成し、枉濫《みだ》る者多し。時に王侯の子弟、多くは驕《おご》り淫《みだ》りて不法なり。上、年老いて万機《まつりごと》に厭《あ》き、又、専ら仏戒に精《こ》り、毎《つね》に重罪を断ずれば、則ち終日懌《よろこ》ばず。或《たと》え反逆を謀りて、事覚《あら》わるるも、亦た泣きてこれを宥《ゆる》す。是《これ》に由りて王侯は益すます横《のさば》り、或るいは白昼に人を都街《みやこおおじ》に殺し、或るいは暮夜に公けに剽《かす》め劫《おびや》かす。罪ありて亡命する者、王家に匿《かく》まわるれば、有司、敢えて捜捕せず。上、深くその弊を知るも、慈愛に溺れ、禁ずること能わざるなり。

*

景素軽㆓高澄㆒。嘗謂㆓司馬子如㆒曰。高王在。吾不㆓敢有㆒㆑異。王没。吾不㆑能㆘与㆓鮮卑小児㆒共㆖㆑事。子如掩㆓其口㆒。及㆓歓疾篤㆒。澄詐為㆓歓書㆒以召㆑景。先㆑是景与㆑歓約曰。今握㆑兵在㆑遠。人

景、素《もと》より高澄を軽《かろ》んず。嘗て司馬子如《しじょ》に謂いて曰わく、「高王在れば、吾、敢えて異あらず。王没せば、吾、鮮卑《せんぴ》の小児と事を共にする能わず」と。子如、その口を掩《おお》う。

歓の疾《やま》い篤《あつ》きに及び、澄、詐《いつわ》りて歓の書を為《つく》りて以って景を召す。是《これ》より先、景、歓と約して曰わく、

易レ為レ詐。所レ賜書皆請加二微点一。歓従レ之。景得レ書無レ点。辞不レ至。又聞二歓疾篤一。用二其行台郎潁川王偉計一。遂擁レ兵自固。

「今、兵を握りて遠きに在れば、人、詐《さ》を為《な》し易し。賜う所の書は、皆な請う、微点を加えられんことを」と。歓、これに従う。景、書を得るに点なし。辞して至らず。又、歓の疾《やま》い篤しと聞き、その行台の郎なる潁川《えいせん》の王偉の計を用い、遂に兵を擁して自《み》ずから固《かた》む。


侯景はかねてから歓の長男高澄をばかにしていた。――高澄は北斉朝に至って世宗・文襄帝とおくり名される。

あるとき、司馬子如にいった、「高王の在世中は、わしもかわったことをやるわけにはゆかん。高王がなくなれば、鮮卑《せんぴ》族の小せがれといっしょにやるのはまっぴらだ。」

司馬子如があわててかれの口をふさいだ。

――司馬子如は高歓の旧友で、かれから信任されて尚書左僕射、すなわち尚書省長官に就任していた。「高王」はむろん高歓、かれは東魏で勃海王に封ぜられていたからかくいう。高氏はもともとかの六鎮の一つ、懐朔鎮にひさしく住んで、ほとんど鮮卑族に同化していた。「鮮卑の小児」はむろん高澄をさす。高澄は父の権力獲得に並行して、つぎつぎと要職につき、二年前（五四四）には大将軍となり中書監を兼任した。その年の七月、政刑の弛緩による官僚の腐敗を歎いた高歓が、行政検察の強化を意図して司州中従事宋遊道を用いたとき、二十八歳の高澄は吏部郎の崔暹《さいせん》をも推挙して、ふたりに天下を粛然たらしめるよう激励した。その結果、高歓の信任も厚く収賄をほしいままにしていた司馬子如をはじめ、太師の咸陽王蕭坦、幷州刺史の可朱渾道元、司徒の高隆之、尚書の元羨《せん》、そしてこの侯景など、いわば大臣級の大物が軒なみふたりによって弾劾された。侯景が高澄を憎悪したこと、あるいは大胆不敵の発言が司馬子如にむかって吐かれたことの理由は、上記の人間関係を知ることによって、はじめてなっとくされよう。

なお、このころ高歓はすでに瀕死の病床に横たわっていた。西魏との紛争が間断なくつづく中で、去る十月には根拠地晋陽（山西省太原市）から玉壁（同、稷山県）に進撃した高歓軍は、難攻五十日のはてに士卒の戦・病死者七万にのぼる損害をうけ、かれ自身も智力ともにつきはてて発病する。そこでやむなく翌十一月、包囲を解いて晋陽に帰還した。既述の、中国史の舞台における主役交替には、実はそうした事情が背後にあった。

高歓が重態におちいると、高澄は父の偽手紙をつくって、侯景を呼びよせようとした。——むろん殺害するつもりだったのだ。ところが、侯景は以前に高歓と約束して、「いまどき軍隊を掌握して遠方にありますと、人はだまし易いものです。頂戴するお手紙にはみなかすかな点をつけておいていただきたい」といい、高歓はかれの注文に応じて実行していた。

侯景がいま受けとった書面にはその点がないので、ことわって行かなかった。

さらに、かれは高歓が重態だと聞くと、かれの行台の郎すなわち事務官、穎川（河南省長葛県）出身である王偉の計画を採用し、そのまま部隊を擁して自衛体制を強化した。——王偉は以後かれの随一のブレーン・トラストとして機会あるごとに登場する。『梁書』侯景伝の末尾に付加された略伝によれば、「少《わか》くして才学あり、景の表・啓・書・檄（上奏文・手紙など一切の文書）、みなその製る所なり」という。

*

歓謂レ澄曰。我雖レ病。汝面更有二余憂一。何也。澄未レ及レ対。歓曰。豈非レ憂二侯景叛一邪。対曰。然。歓曰。景専制二河南一。十四年矣。常有二飛揚跋扈之志一。顧我能畜養。非三汝所二能駕御一也。今四方未レ定。勿二遽発一レ哀。庫狄干鮮卑老公。斛律金勅勒老公。並性遒直。終不レ負レ汝。可

歓、澄に謂いて曰わく、「我、病《や》むと雖も、汝の面《おもて》に更に余憂あるは、何ぞや」と。澄、未だ対《こた》うるに及ばざるに、歓曰わく、「豈《あ》に侯景の叛かんことを憂うるに非ずや」と。対えて曰わく、「然り」と。歓曰わく、「景、専ら河南を制すること十四年なり。常に飛揚跋扈《ひようばつこ》の志あり。顧《た》だ我のみ能《よ》く畜養するも、汝の能く駕御《がぎよ》する所に非ざるなり。今、四方未だ定まらず、遽《にわ》かに哀を発する勿れ。庫狄干鮮卑《しやてきかんせんぴ》の老公・斛律金勅勒《こくりつきんちよくろく》の老公は、並びに性遒直《しゆうちよく》にして、

朱渾道元・劉豊生。遠来投レ我。必無二異心一。潘相楽本作二道人一。心和厚。汝兄弟当レ得二其力一。韓軌少戇。宜レ寛二借之一。彭楽心腹難レ得。宜レ防二護之一。堪レ敵二侯景一者。唯有二慕容紹宗一。我故不レ貴レ之。留以遺レ汝。又曰。段孝先忠亮仁厚。智勇兼備。親戚之中。唯有二此子一。軍旅大事。宜二共籌レ之。又曰。邙山之戦。吾不レ用二陳元康之言一。留レ患遺レ汝。死不二瞑目一。相楽。広寧人也。

終に汝に負《そむ》かじ。可《か》朱渾《しゅこん》道元・劉豊生は、遠く来たりて我に投ず。必らず異心なからん。潘相楽《はんそうらく》は本《もと》と道人作《た》りて、心、和厚なり。汝ら兄弟、当《まさ》にその力を得《う》べけん。韓軌《かんき》は少しく戇《おろか》なり、宜しくこれを寛《かん》借《しゃ》すべし。彭楽《ほうらく》は心腹、得《と》え難し。宜しくこれを防護すべし。侯景に敵《かな》うに堪《た》うる者は、唯だ慕容紹宗《ぼようしょうそう》あるのみ。我、故《こと》さらにこれを貴ばず、留めて以って汝に遺《のこ》せしなり」と。又曰わく、「段孝先は忠亮仁厚にして、智勇兼ね備う。親戚の中、唯だ此の子《し》あるのみ。軍旅の大事は、宜しく共にこれを籌《はか》るべし」と。又曰わく、「邙《ぼう》山の戦いに、吾、陳元康の言を用いず、患《うれ》いを留めて汝に遺《のこ》せしは、死するも瞑目《めいもく》せじ」と。相楽は広寧の人なり。

高歓がむすこの高澄にいった、「わしはいかにも病気だが、そちの顔にはなにかほかの心配の色がみえるのはなぜだ。」――病気の危篤そのものを心配するのと違った、別の危惧をばむすこの面上に読みとった、これは実の父親の鋭いカンともいうべきものであろうか。

高澄が答えぬうちに、高歓がいった、「侯景の謀叛が心配なんじゃないかね。」

高澄は答える、「そうなんです。」

高歓はいった、「侯景は河南地区を専断して十四年になり、いつも羽をのばしてのさばりたい意図がみえる。やつを飼い馴らしておけるのはこのわしぐらいだ。そちにやつを制御する力はない。国際関係が安定しておらぬ現在、わしが死んでもすぐに公表してはならんぞ。」――「畜養」は家畜についていうことばだろう。「哀を発す」は〝喪を発す〟に同じで、死亡通告を正式に行のうこと。なお、「顧」は〝おもうに〟とも訓読されるが、清・劉淇『助字弁略』にいう「但也」の訓詁にしたがう。〝只管〟（ひたすら）と同じい〝只顧〟とも関連し、〝光（只に同じ）我……〟という現代語も連想するべきであろう（顧 gu・管 guan・光 guang は一声の転）。――高歓の遺言はつづき、むすこが死後に頼るべき人たちを一々指摘する――

鮮卑の庫狄干《しやてきかん》じいさん――高歓の妹婿、高澄にとっては叔父にあたる。勅勒の斛律金《こくりつきん》じいさん――「勅勒」はトルコ族、鉄勒ともいう。このおふたりはどちらもまっすぐでもの固い性格だ、あくまでそちを裏切りはしまい。姚薇元『北朝胡姓考』によれば庫は厙（音舎）が誤まったもの。「適直」は勁直に類する語。

可《か》朱渾《しゆこん》道元と劉豊生は遠方からわしを頼って来た男だ。きっとふた心をもつことはあるまい。——道元・豊生はいずれもあざなで、名は元・豊。「可朱渾道元」は自称遼東の人、曾祖以来、北魏の懐朔鎮（西北辺区オルドス地帯）に住み、かの爾朱栄の別将をへて、孝武帝即位ののちに渭州（甘粛省隴西県）刺史となり、東西両魏分裂後、宇文泰のちの北周文帝に疑惑の眼でみられたため、部隊をつれて脱出、若いころの知遇にこたえてはるばる西北辺を迂回しつつ、高歓のもとに投じた（『北史』巻五十三）。「劉豊生」は普楽（河北省雞沢県）の人、北魏に仕えて霊州（寧夏省霊武）鎮城大都督就任のころ、刺史曹涅《でい》と賀抜岳の不和に巻きこまれて岳の攻撃をうけ、やはり高歓のもとに投じて来た（同上）。

潘相楽《はんそうらく》はもともと道教の修験者で、おだやかでまじめな男だ。そちたち兄弟——高洋（のちの北斉顕祖）・高演（のちの粛宗）・高湛《たん》（のちの世祖）らをさす——が力になってもらえるはず。「得力」は頼りになる、おかげをこうむる意。文末にみえるようにかれは広寧郡（山西省寿陽県の東方）の出身である。

韓軌《かんき》はちょいと鈍《どん》くさいが、——ということの裏には、実直だという評価がひそみ、やはり頼りうる一人だから、——愚鈍の点は大目にみてやるんだな。「韓軌」は早くから高歓の推挙をうけ、かれの爾朱兆からの独立運動に賛同した腹心、〝性、深沈にして喜怒色に形《あらわ》さず〟とあり（『北斉書』巻十五、『北史』巻五十四）、ばか正直という評価と合わせると、特異な風貌のイメジが結ばれよう。なお、ここに戇（愚鈍）だとしながら韓軌を推薦するのは、漢の高祖の遺言における王陵のケースを想起させる（『史記』高祖本紀第八）。

彭楽は腹のなかがつかみにくい男だから、用心して身をまもるがいい。――かれは高歓から勇猛果敢さをたたえられた武将である。すでにふれたように、高歓に仕えるまでにかれは幾たびも叛逆をくり返した、反覆常ならぬ男である。東魏の大同九年（五四三）、宇文泰が西魏に寝返った高仲密を援けて、邙山に高歓軍を攻撃したとき、彭楽は数千騎を率いて西魏軍の陣営ふかく突入した。他の部下たちは、前科のある彭楽のことだから、てっきり西魏に寝返ったと思いこみ、そのよしを高歓に告げた。いまし高歓がカンカンに怒っている最中、突如、西北のかたに砂塵が巻きおこり、西魏の皇族ら四十八人の首に縄をかけ、うしろ手に縛って、彭楽の使いが凱旋して来た（『南史』巻五十三）。この一件により高歓もある程度の信頼感をいだいたようであるが、彭楽はなお最後まで気の許せぬ人間とにらんでいたのである。

さて、高歓はまずむすこのために信頼しうる人物六人を列挙した。だが、真に侯景に対抗しうるものとして考えるとき、かれはそのいずれをも推挙するに躊躇した。かれはつづける――

だけど、侯景をあい手にまわせるものは、慕容紹宗《ぼようしょうそう》だけだ。わしはわざとこの男を登用しないで、そのままにしてそちに残しておいたのだ。――いうまでもなく、高澄に登用されることにより、その恩義に感じた慕容が、かれのために挺身することを計算した、驚くべく深遠な父親の配慮なのである。

「慕容紹宗」も鮮卑族の出身で、曾祖以来、中国北辺の代州（山西省大同県）に定住し、はじめは爾朱栄・爾朱兆に仕え、爾朱氏が討伐されたあと高歓に帰属した。口かずの少ない沈着の人といわれる（『北史』巻五十三、『北斉書』巻二十）。

高歓はまたいった、「段孝先は誠実で愛情にとみ、智勇かねそなえた人で、親戚中ではこのかただけだ。軍事の重大事はこのかたと一しょに計画するがいい。」

「段孝先」は段韶、孝先はそのあざな、騎射にすぐれて統率力のある武人、高歓が苦労を共にした妻、後に武明皇后を贈られるひとの姉の子である。「親戚」は邦語のそれと異なり、妻や母の実家、したがって異姓の親戚のみをいう。「親戚の中」といったのは、すでに同姓のものは信頼しうるという前提があるだろう。

さらにいった、「邙山の戦闘でわしは陳元康の忠告を聞かないで、そちに心配ごとを残した、それを思うと死んでも目をつむれんわい。」

――「邙山の戦い」とは梁・武帝の大同九年（五四三）三月、西魏・宇文泰の率いる軍隊との戦闘をさす。「邙山」は河南省瀍水付近の山。この戦闘で高歓の率いる東魏軍は優勢を占め、宇文泰軍を函谷関の西に追いつめながら、指揮官たちは人馬ともに疲れきっているから追撃するべきでないと決議した。そのとき陳元康が、天が授けたこの好機を失うべきでないと、追撃を強硬に主張したにもかかわらず、高歓は軍を引き揚げた。東西に分裂した西魏をふたたび統一する唯一の機会を逸し、両国間の紛争がいつまでも継続する悔いを残したわけである。

——年があけて中大同二年（五四七）、実は四月以降太清元年と改まるが、その一月八日、高歓は数え年五十二歳で波瀾多い生涯を閉じる。高澄は遺言どおり父の死の公表を行なわず、配下のものも、かの陳元康を除けば、誰ひとり知らなかったといわれる。

*

侯景自念下己与二高氏一有上隙。内不二自安一。辛亥。拠二河南一叛。帰二于魏一。潁州刺史司馬世雲以ㇾ城応ㇾ之。

侯景、自《み》ずから、己《おの》れ高氏と隙《げき》あるを念《おも》いて、内、自ずから安んぜず。辛亥《かのとい》、河南に拠《よ》りて叛《そむ》き、魏に帰す。潁《えい》州刺史なる司馬世雲、城を以ってこれに応ず。

侯景は自分と高氏の間にみぞが出来たことが気がかりで、内心不安にかられ、一月三十日、河南を地盤として叛逆し、西魏に帰順した。潁州知事の司馬世雲は所轄の潁州城とともに、かれに呼応した。

——これは侯景の最初の叛逆である。かれはただちに、豫州（河南省汝南県）・襄州（同、葉県）・広州（同、魯山県）の知事たちを誘い出して逮捕することに成功したが、西兗《えん》州

（山東省定陶県）に夜襲をかけさせたのが、知事の邢《けい》子才に感づかれて全滅する。しかも邢子才は東方の諸州に檄をとばしたので、諸州とも厳重な防備体制をしき、かれの東方進出は阻まれる。西魏は三月に至り、帰順した侯景に太傅《たいふ》すなわち天子の補佐官（といっても名目だけだが）、河南道行台に任命、上谷公の爵位をあたえた。

東魏の実権をにぎる高氏との不和がよぎなくした叛逆であるが、みぎのごとく侯景の立場は前途の多難をおもわせた。このあらたな不安が、かれをしてたちまち梁朝への帰順を打診させる。

*

庚辰。景又遣二其行台郎中丁和来一。上レ表言。臣与二高澄一有レ隙。請挙二函谷以東。瑕丘以西。豫・広・郢・荊・襄・兗・南兗・済・東豫・洛・揚・北荊・北揚等十三州一内附。惟青・徐数州。僅須レ折レ箠。且黄河以南。皆臣所レ職。易同レ反レ掌。若

庚辰《かのえたつ》、景、又、その行台の郎中《ろうじゆう》なる丁和を来たらしめ、表を上《たてま》つりて言う、「臣、高澄と隙あり。請う、函谷《かんこく》以東・瑕丘以西、豫・広・郢《えい》・荊《けい》・襄・兗《えん》・南兗・済・東豫・洛・揚・北荊・北揚等の十三州を挙げて内附せん。惟《た》だ青・徐数州は、僅かに須《すべか》らく箠を折すべきのみ。且つ、黄河以南は皆な臣の職《つかさ》どる所にして、易《やす》きこと掌《たなごころ》を反えすに同《ひと》し。若《も》し斉・宋一たび平らぐれば、徐《おもむ》ろに燕・趙を事とせん」と。

斉・宋一平。徐事㆓燕・趙㆒。上召㆓群臣㆒廷議。尚書僕射謝挙等皆曰。頃歳与㆑魏通㆑和。辺境無事。今納㆓其叛臣㆒。竊謂非㆑宜。上曰。雖㆑然。得㆑景則塞北可㆑清。機会難㆑得。豈宜㆑膠㆑柱。

上、群臣を召して廷議せしむ。尚書僕射《ぼくや》なる謝挙等《ら》、皆曰わく、「頃歳《けいさい》、魏と和を通じ、辺境無事なり。今、その叛臣を納《い》るるは、竊《ひそ》かに謂《おも》うに宜しきに非ず」と。上曰わく、「然りと雖も、景を得ば則ち塞北、清《しず》むべし。機会は得難し、豈に宜しく柱《ことじ》に膠《にかわ》すべけんや」と。

最初の叛逆から一か月半をへた三月十三日、侯景はさらにかれの行台の郎中丁和を派遣して、上表文を奉呈した。——通鑑のこの部分は梁朝を主体として記述するから、上表の対象はいうまでもなく梁・武帝である。「函谷関《かんこく》」は河南省霊宝県の西北にある軍事要衝。「瑕丘」は山東省滋陽県の西方。この両地点の中間にある十三州をあげて帰順したいという。

ただ青州・徐州などの数州だけは、ちょいとした手続きの呼びかけが必要です。——「折簡」の簡はもと紙代りに用いた木片・竹片、ここでは紙ないし書面を意味し、それを「折す」とは、略式の書面をかくこと。『後漢書』儒林伝「折札の命に狼狽す」の唐・李賢の注に「札とは簡なり、簡を折して召すとは、重命を労《わず》らわさざるを言う」とあるし、清・翟灝《てきこう》『通俗編』巻七（文学）にはこの語に注して、「礼の軽きを言う」とある。

それに黄河以南は、みな身どもの管轄地であり、これは手のひらをかえすように簡単にかたづきます。もし斉・宋の地が平定されますなら、ゆるゆる燕・趙の地の攻略にかかりましょう。——「斉・宋」は上記の青・徐などの数州の地（胡注による）を、「燕・趙」は河北省から山西省東北部にかけての地を、戦国期の古名を用いていったもの。ここには奇しくも侯景の勢力圏が具体的に示されているが、一々今の地名との考証は省略させてもらいたい。猫の眼のごとく変るこの期の州治の検討は容易なわざでないから。ただ、青・徐数州といったのは、徐州（治は彭城）のほかに、東徐州（治は下邳）・北徐州（治は瑯邪）があるのをさすだろう（巻一五四）。

天子、すなわち梁・武帝は臣下を召集して、御前会議をひらいた。尚書僕射すなわち尚書省長官の謝挙らはみないった、「近年、西魏とは和平状態にあり、国境のあたりも無事平穏です。いまその国の叛逆の臣をうけ入れますのは、妥当でないと考えまするが。」

天子がいった、「いかにもそうだが、侯景を味方につければ、国境以北の地が静穏無事になる。機会はめったにないものだ、琴柱《ことじ》を膠《にかわ》でくっつけていいかな。」——そんな柔軟性のないことではいけないというのである。〝柱《ことじ》に膠して瑟《しつ》（琴の一種）を鼓《か》きならす〟は『史記』廉頗藺相如伝に出る著名な成句。

——ところで、武帝が侯景うけ入れに傾いたのには、むろん領土の拡張による北方東魏の脅威の除去という目的もあったであろうが、実は、もう一つ別の理由がひそんでいた。

＊

是歳。正月乙卯。上夢㆘中原牧守皆以㆓其地㆒来降。挙㆑朝称㆖㆑慶。且旦見㆓中書舎人朱异㆒告㆑之。且曰。吾為㆑人少㆑夢。若有㆑夢必実。异曰。此乃宇宙混壱之兆也。及㆓丁和至㆒。称景定㆑計以㆓正月乙卯㆒。上愈神㆑之。然意猶未㆑決。嘗独言。我国家如㆓金甌㆒。無㆓一傷欠㆒。今忽受㆓景地㆒。詎是事宜。脱致㆓紛紜㆒。悔㆑之何及。朱异揣知㆓上意㆒。対曰。聖明御㆑宇。南北帰仰。正以㆔事無㆓機会㆒。未㆑達㆓其心㆒。今侯景分㆓魏土之半㆒以来。自㆑非㆘天誘㆓其衷㆒。人賛㆗

是の歳、正月乙卯《きのとう》、上、中原の牧守、皆なその地を以って来たり降《くだ》り、朝《ちょう》を挙げて慶《よろこ》びを称するを夢みる。旦《あした》に中書舎人なる朱异《しゅい》に見《あ》いてこれを告げ、且つ曰わく、「吾、人と為《な》り夢みること少《まれ》なり。若《も》し夢あれば必らず実あり」と。异曰わく、「此《こ》は乃ち宇宙混壱の兆なり」と。丁和の至るに及び、称すらく景が計を定めしは正月乙卯を以ってすと。上、愈《いよ》いよこれを神《しん》とす。然れども意猶《な》お未だ決せず。嘗て独り言う、「我が国家は金甌《おう》の如くして、一の傷欠なし。今、忽ち景の地を受くる、詎《なん》ぞ是《こ》れ事宜《ぎ》ならんや。脱《も》し紛紜《ふんうん》を致さば、これを悔ゆとも何ぞ及ばん」と。朱异、揣《はか》りて上の意を知り、対《こた》えて曰わく、「聖明、宇《あめつち》に御《ぎょ》し、南北帰仰《ぎょう》す。正に事に機会なきを以って、未だその心を達したまわず。今、侯

其謀上。何以至レ此。若拒而不レ内。恐絶二後来之望一。此誠易レ見。願陛下無レ疑。上乃定レ議納レ景。壬午。以レ景為二大将軍一。封二河南王一。都督河南・北諸軍事。大行台。承レ制如二鄧禹故事一。平西諮議参軍周弘正。善二占候一。前レ此謂レ人曰。国家数年後当レ有二兵起一。及レ聞レ納レ景。曰。乱階在レ此矣。

景、魏土の半ばを分かちて以って来たらんとす。天、その衷《ちゅう》を誘《いざな》い、人、その謀を賛《たす》くるに非ざるよりは、何を以って此《ここ》に至らん。若し拒《こば》みて内《い》れずんば、恐らくは後に来たるものの望みを絶たん。此《こ》れ誠に見易《やす》し。願わくは陛下、疑《ため》う無《な》かれ」と。上、乃ち議を定めて景を納《い》る。壬午《みずのえうま》、景を以って大将軍と為し、河南王に封《ほう》じ、都督河南・北諸軍事、大行台とす。制を承《う》くること鄧禹《とうう》の故事の如し。平西諮議《しぎ》参軍なる周弘正、占候《せんこう》に善《たく》みなり。此《これ》を前《まさ》にして人に謂いて曰わく、「国家、数年の後、当に兵の起こるあるべし」と。景を納《い》ると聞くに及び、曰わく、「乱階、此《ここ》に在り」と。

この年の正月十七日、天子は中原の地すなわち河南地区の州知事らがみな管轄地とともに投降して来て、朝廷をあげて慶祝している夢をみた。――「牧」は刺史、「守」は太守。その朝、中書舎人すなわち詔勅起草官の朱异《しゅい》に会うて夢のことを話し、かついった、「わしはめったに夢をみない性《たち》だが、夢をみるとかならずまさ夢だ。」

朱异がいった、「これこそ天下統一の前兆ですよ。」——朱异という男は天子の意向を読みとるのが上手である。国家の動乱をまねくのは、いつの世もこのタイプの人間が君側にはばをきかせているからである。

さて丁和が来たときに、侯景の計画が決まったのは正月十七日だったというので、天子はますますふしぎにおもった。しかし、それでも腹がきまらず、あるとき独り言をした、「わが国は黄金《こがね》の甌《かめ》のように、きず一つない。いま、とつぜん侯景の領地をうけるのは、適当な処置じゃあるまい。もしもこのことでもめるようなことになれば、後悔したってあとの祭りだしな。」——国体の完璧をいう〝金甌《きんおう》無欠〟という慣用句は、どうやらここが典拠であるらしい。

天子のきもちをよみ取った朱异は答える、

「聖明のきみが天《あめ》が下《した》に君臨し給い、南も北も大君に心を寄せながら、ご事業がチャンスにめぐまれ給わぬばかりに、なお天下統一のご意図を遂げ給わぬのです。いま、侯景は魏の旧領土の半ばをさげて参ろうというのです。天が人のまごころを誘発させ、人がその謀りごとを助けるのでないかぎり、どうしてかような事態に至りましょうか。もしもかれの要請をことわって受け入れませぬ場合、このの ち帰順したい連中の期待まで絶ちきることになりはいたしますまいか、これは火を見るより明白、なにとぞ陛下、躊躇なさいませぬよう。」——「天、その衷を誘う」は『左伝』の成公十三年ほか三条に見える成句で、天が人のまごころを引き出す意。下句のほうは朱异の創作か、あるいはもとづくところがあるかもしれない。

そこで天子は、侯景をうけいれることに話を決めた。そして三月十五日、侯景にいくつかの重要なポストないし肩書きがあたえられる。ここに羅列された肩書きは、要するに河南地区における行政・軍事の全権を委任したにも等しい。だから——

天子の発令するべき制詔の代行権を、後漢の鄧禹《とうう》の慣例にならってあたえた。

「鄧禹《とうう》」(二―五八)は光武帝に随って漢朝中興の偉業に協力した最高殊勲者。かれは後漢王朝の成立後、二十四歳の若年で大司徒に就任する。通鑑・巻四十、光武帝の建武元年(二五)十二月の条には、「是《ここ》に於いて禹《う》、制を承け、使いをして節を持《じ》して(隗《かい》)囂《ごう》に命じて西州大将軍たらしめ、専ら涼州・朔方の事を制せしむ」とあり、胡三省の注にいう、「鄧禹西征し、任、方面を専らにすれば、権、宜しく囂に命ずべく、故に承制と曰う。制詔を承けてこれを命ずるなり。後の承制、此《ここ》に始まる。」要するに、一地方の全支配権を委任されることであろう。

平西諮議参軍、すなわち四平将軍(東西南北の地区を管轄する)の一つ平西将軍配下の顧問官である周弘正は、占いの名人である。かれは以前から人に「わが国は数年後に戦乱がおこるはずだ」といっていた。侯景をうけ納れたと聞くとかれはいった、「国が乱れる第一歩はこれだ。」

周弘正（四九六―五七四）は学者、十歳で『老子』『周易』に通じたといわれる秀才、国子監博士として周易の講義にあたり、のち平西将軍・邵陵王蕭綸《りん》の顧問官となる。はじめの予言は弟周弘譲にむかっていい、その末尾に「吾は汝と、知らず、何れの所にかこれを逃れん」という表白を伴のう。のちに侯景の乱に際して、そのブレーン王偉にへつらい、また侯景の祖父の名を諱んで姫姓に改めるなどして、偽政権にも重用され、さらに梁朝滅亡後は、陳に仕えて高位につき、なかなか処世に巧みな人物であったらしい（『南史』巻三十四）。「占候」は主として自然現象などによる占いをいう。『後漢書』巻六十・郎顗《がい》伝に「父の宗は能《よ》く気を望み、吉凶を占候す」とある。「乱階」は騒乱の端緒、『毛詩（詩経）』小雅・巧言の詩に出る語。

――このようにして、ふたたび西魏をも裏切って梁朝に寝返った侯景だが、かれ自身は河南に在りながら、なお西魏・梁二国のふた股をかけているつもりであったらしい。おさまらぬのは東魏の高澄である。西魏とはなるべく和平状態の維持につとめつつ、かつて父から戇《おろか》ながら信頼しうる人物として推薦された韓軌に命じて、侯景征討の軍を送る。これを潁川の北方で迎え撃つ侯景は、梁の救援が間にあわず、韓軌軍の包囲の下に窮地に陥る。するとたちまち、領土の一部を割譲する約束のもとに、西魏に対して救援を求める。わいろに眼くらんだ西魏は、裏切り者の救援に一万の軍を派遣するとともに、侯景に大将軍兼尚書令の称号を与える。西魏が西魏なら梁朝も梁朝である。さすがに両天秤にかけたことが良心にとがめる侯景が、救援の遅れたことを理由に釈明の使者を出し、今後は国境付近に有力部隊を配置されたいと要望すると、侯景をいとも簡単に許してしまう。侯景が擁する河南地区が両国にとっていかに垂涎の的であったかが理解されよう。だが侯景は、これで完全に梁朝くみし易しと信じこむに至ったであろう。

さて、戦線に眼を転ずると、西魏が救援軍を派遣したと知った東魏の韓軌は、さっさと軍を引き揚げる。すると侯景は、別の理由をつけてさらに西魏に出兵を要求する。実は、その軍隊を奪う魂胆なのである。丞相宇文泰は韋法保と賀蘭願徳に命じ又しても救援軍を送るが、侯景に疑念をもつ大行台の王悦という智者が勧告して、西魏は侯景がともかくいちど首都長安に来るよう招請することにする。

＊

景陰謀レ叛レ魏。事計未レ成。厚撫二韋法保等一。冀レ為二己用一。外示三親密無二猜間一。毎往二来諸軍間一。侍従至少。魏軍中名将。皆身自造詣。同軌防長史裴寬謂二

景、陰《ひそ》かに魏に叛かんことを謀るも、事、計《はか》りて未だ成らず、厚く韋法保等を撫《ぶ》して、己《おの》が用を為さしめんと冀《ねが》い、外、親密にして猜間《さいかん》なきを示す。毎《つね》に諸軍の間を往来するに、侍従、至って少なく、魏軍中の名将には、皆な身自《みみ》ずから造詣《ぞうけい》す。同軌防の長

法保一曰。侯景狡詐。必不レ肯レ入レ関。欲レ託二款於公一。恐未レ可レ信。若伏レ兵斬レ之。此亦一時之功也。如其不レ爾。即応三深為二之防一。不レ得下信二其誑誘一。自貽中後悔上。法保深然レ之。不二敢図レ景。但自為レ備而已。尋辞還レ所レ鎮。……景果辞不二入朝一。遺二丞相泰書一曰。吾恥下与二高澄一鴈行上。安能比二肩大弟一。泰乃遣三行台郎中趙士憲悉召二前後所レ遣諸軍援レ景者一。景遂決レ意来降。

史裴寛《はいかん》、法保に謂いて曰わく、「侯景は狡詐《こうさ》にして、必らず関に入るを肯《がえ》んぜじ。款《かん》を公に託さんと欲するも、恐らくは未だ信ずべからじ。若し兵を伏せてこれを斬らば、此れ亦た一時の功なり。如《も》し其《そ》れ爾《しか》らずんば、即ち応《まさ》に深くこれが防を為すべし。その誑誘《きょうゆう》を信じて、自《み》ずから後悔を貽《のこ》すを得ざれ」と。法保、深くこれを然りとするも、敢えて景を図《はか》らず、但《た》だ自《み》ずから備えを為すのみ。尋《つ》いで辞して鎮する所に還る。……景、果たして辞して入朝せず。丞相泰に書を遺《おく》りて曰わく、「吾、高澄と鴈行するを恥ず、安《いず》くんぞ能く大弟と比肩せん」と。泰、乃ち行台の郎中なる趙士憲をして悉《こと》ごとく前後遣わす所の諸軍の景を援くる者を召さしむ。景、遂に意を決して来たり降《くだ》る。

侯景はひそかに西魏に叛く計画を立てていたが、計画した事がうまくゆかぬので、韋法保らの救援軍を大事に手なずけて、自分の役に立てようと考え、外見上、西魏と親密な関係をたもち疑惑をもっていないことを示した。部隊間を往来するときはいつも随員をごく少なくし、西魏軍の上級指揮官のところには、すべて自分のほうから訪ねて行った。——「猜間」は疑惑をもって疎外すること。間はへだてる意。「造詣」は二字とも〝イタル〟と訓読されるように訪問の意。このことばは邦語にも入っているように、学問を究める意にも用いる。

同軌防の長史である裴寛《はいかん》が韋法保にいった、——同軌防はいまの河南省洛寧県の東方に設けた前衛基地、長史はその軍団の参謀長、実は韋法保がその防主なのである。

「侯景はずるくていんちきな男です。きっと関内に参ることをこばみましょう。閣下に好意を寄せようとしておりますが、たぶん信用はなりますまい。もしも兵士をしのばせてやつを斬ったら、それも一時の功績でしょう。でなければ、警戒するべきですね。やつのいつわりの誘いを真《ま》にうけて、われから悔いを残しちゃなりませんよ。」——「関内」は函谷関のうち、西魏の首都長安の地をさす。「一時の功」はある一時期は評判される功績。

韋法保はいかにもそうだと思ったが、侯景を殺す手段をとることもしかね、ただ自己防衛のみを心がけた。まもなく侯景のもとを辞去して、じぶんの治所すなわち同軌防に帰った。

侯景は果たして西魏の招請をことわって長安に行かず、丞相宇文泰に書面を送っていった、「高澄と同列にあることを恥じとしたわたしが、どうして大弟と肩をならべることができよう。」――これはもはや完全な絶縁状であり、挑戦状でさえある。「鴈行」は兄弟が空とぶ雁の列のように年齢順に列ぶこと。『礼記』王制篇にいう、「父の歯《よわい》には随行（うしろにつき）し、兄の歯には鴈行す。」

――高澄（五二一―五四九）は既述のように北斉建国ののち世宗を贈られるし、宇文泰（五〇四―五五六）も北周の始祖にされるから、ともに生卒年が判明しているが、侯景に至っては、後述のとおり素性も確かでなく、生年も未詳。しかし、当時かぞえ年五十歳の宇文泰より年長であったことだけは、この書面によって判明する。

そこで宇文泰は、行台の郎中趙士憲を使者に立て、前後二次にわたって侯景救援に派遣した部隊をぜんぶ引き揚げさせる。かくて侯景は、いまやひとり東魏の脅威にさらされ、そこで意を決して梁朝に帰順する。

*

かれの帰属は、梁朝にあらたな重荷を負わせる。この新たに支配権をえた河南の地を東魏から守らねばならず、東魏征討軍をくり出すのだが、そうしたさなか、裏切ったはずの侯景に関するふしぎなうわさが東魏に伝わる。

或告㆓東魏大将軍澄㆒云。侯景　　或るひと、東魏の大将軍なる澄に告げて云う、「侯

有㆓北帰之志㆒。会景将蔡道遵北帰。言㆓景頗知㆑悔㆑過。景母及妻子皆在㆑鄴。澄乃以㆑書諭㆑之。語以㆘闔門無㆑恙。若還。許以㆓豫州刺史㆒終㆓其身㆒。還㆓其寵妻・愛子㆒。所㆑部文武。更不㆗追摂㆖。景使㆓王偉復書㆒曰。今已引㆓二邦㆒。揚㆑旌北討。熊豹斉奮。克㆓復中原㆒。幸自取㆑之。何労㆓恩賜㆒。昔王陵附㆑漢。母在不㆑帰。太上囚㆑楚。乞㆑羹自若。矧伊妻子而可㆑介㆑意。脱謂㆓誅㆑之有㆒㆑益。欲㆑止不㆑能。殺㆑之無㆑損。徒復阬戮。家累在㆑君。何関㆑僕也。

景、北に帰るの志あり」と。会《たま》たま景の将蔡道遵《さいどうじゅん》、北に帰り、「景、頗る過《あやま》ちを悔ゆるを知る」と言う。景の母及び妻子は皆な鄴《ぎょう》に在り。澄、乃ち書を以ってこれを諭《さと》し、語《つ》ぐるに闔《こう》門恙《つつが》なく、若し還らば、許すに豫州刺史を以ってその身を終えしめ、その寵《ちょう》妻・愛子を還し、部する所の文武は更に追摂《ついしょう》せざるを以ってす。

景、王偉をして復書せしめて曰わく、「今、已《すで》に二邦を引き、旌《せい》を揚げて北に討たんとし、熊豹《ゆうひょう》斉《ひと》しく奮い、中原を克復せんとす。幸《ねが》わくは自《み》ずからこれを取らん、何ぞ恩賜を労《わずら》わさんや。昔、王陵は漢に附き、母在《いま》すも帰らず。太上は楚《そ》に囚《とら》わるるも、羹《あつもの》を乞いて自若たり。矧《いわ》んや伊《こ》れ妻子にして、意に介すべけんや。脱《も》しこれを誅して益ありと謂《おも》わば、止《とど》めんと欲するも能わじ、これを殺して損するなくば、徒《いたず》らに復《ま》た阬戮《こうりく》するのみ。家累《るい》は君に在り、何ぞ僕に関せんや」と。

ある人が東魏の大将軍高澄に告げた、「侯景は北へ帰りたい意向をもってますよ。」――侯景が梁に帰順して二か月にもならぬ八月末のことである。「北帰」とは東魏に帰ること。ちょうどそのころ、侯景の部隊長だった蔡道遵が東魏に帰って来て、「侯景はかなり過失を後悔しております」といった。――「頗」はかなり・相当といったところ、いわゆる〝スコブル〟ではない。

侯景の母や妻・子はみな東魏の首都鄴《ぎょう》にいた。――ふたりの口ぐるまが合うのだから、ひょっとしたらと信ずる気もちが、高澄ならずともわくのは当然である。『南史』には前者の「或るひと」の報告はみえないし、『梁書』には二人の報告とも欠いており、侯景に西南（すなわち西魏・梁）と同盟されることを恐れた高澄が、いきなり説得の書面を送る。その長文の手紙と侯景のこれも長文の返書を収録しているけれども。

そこで高澄はかれにいいふくめる手紙を送り、一門の全員は無事で、もし帰還する場合、生涯にわたって豫州刺史に任命し、かれの愛妻やいとし子を返し、部下の文武官たちもけっして召しあげない旨を告げた。

侯景は王偉に返書をしたためさせた。

「いまやすでに二国をいざない、旗をかかげて北伐せんとし、熊・豹のごとき勇士がひとしく奮いたって、中原の地を克復せんとしている。みずからの力で奪い取るつもりであり、ありがたき沙汰のめんどうはかけませぬ。むかし、漢に帰属した王陵は、母を郷里に残しながら帰らず、漢の高祖は、父の太上君が楚の陣中に幽閉され、項羽から脅迫されたが、平然としてどうぞ羹《あつもの》にしてもらいたいといった。父母にして然り、ましてや妻子のことなど気にかけておれようか。もしも殺しがいがあると思われるなら、こちらが止めようたって止められまい。もし殺されても損失がないとなら、穴埋め・殺戮の刑も無意味であろう。厄介ものは貴殿にお任かせ申した。拙者には関係ござらぬ。」

「二国」とは梁と西魏をさす。二国を引きつれてとは、あきらかに侯景のはったりである。「王陵」はもと楚の項羽の臣、項羽は王陵の母を捕えて陣中におき、漢に帰属した王陵を呼びよせようとするが、かれの母は王陵の使者が来たとき、決然としてむすこを励ますことばをのべたあと、剣にうつぶせて自殺する。ことは『史記』巻五十六・陳丞相世家にみえる。「太上」は高祖が即位後父に送った称号、話は同書の「項羽本紀」にみえる。なお、「矧伊」は二字で常用され、「伊」の指示性は退縮して、音節調和に奉仕する助字と化している。

――この後しばらく、梁と東魏の攻防戦がつづく。武帝は貞陵侯蕭淵明に命じて東魏の徐州刺史王則が守る彭城（江蘇省銅山県）を攻撃し、泗水を決潰させて水攻めにする。高澄はただちに彭城救援のため、大都督の高岳を総司令官、金門郡公の潘楽を副司令として派遣しようとするが、陳元康の勧告があって、ここに高歓がかつての遺言で、侯景の対抗者として推薦した慕容紹宗がはじめて起用され、予定されたふたりも同行する。同じ年（五四七）の十一月のことである。

初。景聞二韓軌来一曰。噉二猪腸一児何能為。聞二高岳来一曰。兵精人凡。諸将無二不レ為レ所レ軽者一。及レ聞二紹宗来一。叩レ鞍有二懼色一。曰。誰教二鮮卑児一解レ遣二紹宗来一。若然。高王定未レ死邪。

初め景、韓軌の来たるを聞き、曰わく、「猪《ちょ》腸を噉《くろ》うの児、何ぞ能《よ》く為さん」と。高岳の来たるを聞き、曰わく、「兵は精なれど人は凡なり」と。諸将、軽んぜられざる者なし。紹宗の来たるを聞くに及び、鞍を叩きて懼るる色あり、曰わく、「誰か鮮卑の児に教えて紹宗を来たらしむるを解せしめたる。若《も》し然らば、高王、定《さて》は未だ死せざるや」と。

*

そのかみ――ここでしばし回想に入る――侯景は韓軌がやって来ると聞いたときには、といえば去る五月のことであるが、かれはいった、「豚の腸食らいに何がやれる。」高岳が来ると聞いたときにもいった、「兵隊は優秀だが、人間がぼんくらだ。」というぐあいに、東魏の指揮官たちは誰もかれもかれから軽蔑された。――回想はこのあたりまで。ところが――

慕容紹宗が来ると聞いたときには、鞍をこづきぎくっとした様子をみせていった、「誰が鮮卑野郎に紹宗を派遣させるかい性をもたせたのだろう。これがほんとなら、高王はなんとまだ死んじゃおらんな。」――高歓の死が未公表のため、その生存説が流布されていたのだろう。さらに三年をへた大宝元年（五五〇）十一月のころでさえ、西魏の丞相宇文泰が、北斉の軍容の〝厳盛なる〟を聞いて「高歓、死せじ」といっている。なお「定」は、六朝期に特有の助字で、予想外の事態をいうときに用いる（吉川幸次郎「六朝助字小記」、吉川幸次郎全集・第七巻、四七三ページ以下参照）。「噉豬腸児」は実感のにじむ罵倒語、豚の腸は旧中国のごみごみした街頭の露店で煮ていた、ごく下等の食べものである。「兵精人凡」は〝武器は上等だが使い手はぼんくら〟の意にも解しうるが、ここは指揮官を誹謗するのだから、訳文のように解した。「解」は現代語の〝会〟に類する助字、こころえる。ここの「解遣」を一語とみる説もあるが、むりだろう。「解遣」は罪人を解放する法的処置をいうことばである。

ところで、侯景は慕容紹宗が来ると聞いてなぜ恐怖におそわれたのであろうか。『南史』侯景伝の冒頭の短い記事が、あるいはそれの解答となりうるかもしれない。――「初め兵法を（爾朱）栄の部将なる慕容超宗に学ぶ。未だ幾ばくもなく、超宗、毎《つね》に詢問す。」ここにみえる超宗がもしも紹宗と同一人であるならば（超・紹は字形・発音とも近似する）、侯景にとって慕容は戦術の師であり、侯景の手のうちはこの師にぜんぶ知りつくされていたわけである。もっとも、一族のおなじゼネレーション（排行）のものが一字を違えたり、偏旁のいずれかをかえるだけの命名慣習はあるが、超宗のほうは他に現われぬようだから、ふたりが同一人である可能性は多い。

——慕容紹宗は十万の大軍を率いて来襲した。戦闘にさきだち、慕容は部下にいつわりの退却を指令し、侯景は梁軍に深追いを厳に戒しめておいた。しかし、図にのった梁軍は追撃して大敗を喫し、皇族の貞陽侯蕭淵明ほか二、三の将帥が東魏の捕虜となり、同時に数万の将兵を失った。十一月十三日のことである。かくて慕容紹宗は潼州（安徽省泗県）に進攻し、ふたりの対決はあらためて渦陽（安徽省蒙城県）で行なわれる。詭計にとむ侯景は軽武装の兵士に短い刀をもたせて東魏陣営に潜入させ、人の脛《すね》と馬の足を斬らせる戦法をもちい、紹宗も落馬、劉豊生も負傷するという一時的勝利を収める。だが、対峙数か月のはてに軍糧の欠乏を告げて、かれの最初の叛逆に呼応した司馬世雲が東魏に降る。年あけて太清二年（五四八）正月七日には、戦死者の死体で〝渦水もこれが為めに流れず〟という決定的な敗北を喫する。

いまや落着くべき場所を失った侯景は、劉神茂の勧告により、計略を用いて寿陽（安徽省寿県）城を乗っ取る。寿陽は南朝では豫州ともよばれた要衝である。

しかし、この年の二月ごろから東魏の梁への友好呼びかけが開始され、武帝ははじめ拒絶する。すると、高澄は抑留中の蕭淵明をそそのかして、武帝への手紙を使者に託させ、国交復活の要求を許諾するよう説得させる。もちろん、梁朝にも、これを高澄の欺瞞策と見破り、反って侯景を叛逆に追いやる危険をはらむと主張するものがいたが、がんらい平和を愛する武帝は、朱异に視聴をとざされて重大局面を認識せぬということもあって、隣国どうしの友好復活を願う意向を、蕭淵明への返書中にもらす。ところが、東魏の使者が寿陽を通過する際に侯景側の査問に引っかかり、返書の内容が侯景に洩れてしまう。さあ、穏かでないのは侯景である。かれは二次にわたって武帝あてに、東魏の友好復活は自分を死地に追いやる欺瞞策だと進言し、武帝のほうからもかれを裏切ることはないむねの返答が来る。

だが、不安でならぬ侯景は一法を案じて、武帝の真意をテストした。

*

景乃詐為二鄴中書一。求下以二貞陽侯一易上景。上将ㇾ許ㇾ之。舎人傅岐曰。侯景以ㇾ窮帰ㇾ義。棄ㇾ之不祥。且百戦之余。寧肯二束ㇾ手就ㇾ縶。謝挙・朱异曰。景奔敗之将。一使之力耳。上従ㇾ之。

景、乃ち詐《いつわ》りて鄴《ぎょう》中の書を為《つく》り、貞陽侯を以って景に易《か》えんことを求む。上、将《まさ》にこれを許さんとす。舎人なる傅岐《ふき》曰わく、「侯景は窮するを以って義に帰す、これを棄つるは不祥なり。且つ百戦の余、寧《な》んぞ手を束《つか》ねて縶《ちゅう》に就《つ》くを肯《がえ》んぜんや」と。謝挙・朱异《しゅい》曰わく、「景は奔敗《ほんぱい》の将、一使の力なるのみ」

復書曰。貞陽旦至。侯景夕返。景謂二左右一曰。我固知二呉老公薄心腸一。王偉説レ景曰。今坐聴亦死。挙二大事一亦死。唯王図レ之。於レ是始為二反計一。属城居民。悉召募為二軍士一。輒停レ責二市估及田租一。百姓子女。悉以配二将士一。

と。上、これに従い、復書して曰わく、「貞陽、旦《あした》に至らば、侯景、夕べに返らん」と。景、左右に謂いて曰わく、「我固《もと》より呉の老公の薄心腸を知れり」と。王偉、景に説きて曰わく、「今、坐して聴《まか》すも亦た死せん。大事を挙ぐるも亦た死せん。唯だ王、これを図らんのみ」と。是《ここ》に於いて始めて反計を為す。属城の居民は、悉《こと》ごとく召募して軍士と為し、輒《すなわ》ち市估《しこ》及び田租《でんそ》を責むるを停《や》め、百姓《せい》の子女は、悉ごとく以って将士に配す。

侯景はそこで東魏の首都鄴からの偽手紙をつくり、抑留中の貞陽侯蕭淵明を侯景と交換したいと申し入れた。――侯景のテストは成功し、武帝は偽手紙にみごとひっかかる。

天子が承諾しようとすると、中書舎人の傅岐《ふき》がいった、

「侯景はせっぱつまって帰順して来たのです。それを見棄てるのはよくありません。それに百戦錬磨のヴェテランが、そうやすやすと縄めにつくことをうんといいましょうか。」

――「帰義」は正義ないし正統の政府に投ずる意、帰順・投降をより体裁よくいったことば。

謝挙と朱异がいった、「侯景は敗走の将ですし、せいぜい一人の使者をやるだけで手に負えますよ。」

天子は後のふたりの意見に従い、返書をしたためた、

「貞陽侯が朝《あさ》到着すれば、侯景は夕刻に返らせよう。」

侯景は側近にいった、「わしには呉のじじいの薄情がちゃんとわかっていたのさ。」

王偉が侯景にくどいた、「いまじっとしてなりゆきにまかせていても命はなし、大事を決行しても命はありません。このうえは王の計画に待つばかりです。」

――「坐聴」とは胡三省の注に、「坐して梁朝の為す所に聴《まか》すも、亦た必らず死に至らんことを言う」とある。この発言は、秦末の混乱期にいち早く叛旗をひるがえした陳渉のそれを想わせる。秦政府の命ずる北辺守備の公務をおびて、部隊九百人を統率して旅する陳渉が、大雨による交通杜絶で期日に間に合わないと知ったときにいった、「今、亡《に》ぐるも亦た死せん、大計を挙ぐるも亦た死せん。等しく死せんには、国に死するが可《か》ならんか。」（『史記』巻四十八、陳渉世家）

ここで始めてかれは梁朝に叛逆するたくらみをもった。所領城内の住民は、のこらず徴募して兵隊にとり、商業税・年貢《ねんぐ》の取りたてをあっさり停止し、人民の子女は残らず将兵にあてがった。――「輒」はこともなげに物事をやるニュアンスをもつ助字。「市估」については胡注に、「応《あら》ゆる商旅の物の市《いち》に入る者は、その直《あた》いを估《はか》りて税を収む」という。

つまり取引税である。
――梁の武帝の東魏への接近は加速度的に進行する。同じ年（五四八）の五月には建康の令謝挺・散騎常侍の徐陵らが東魏へ友好使節として立った。侯景のほうも着々と叛逆の準備を進めていた。

*

侯景自レ至二寿陽一。徴求無レ已。
朝廷未二嘗拒絶一。景請レ娶二於
王・謝一。上曰。王・謝門高非
レ偶。可下於二朱・張以下一訪上レ之。
景恚曰。会将二呉児女一配レ奴。
又啓求二錦万匹一為二軍人一作レ袍。
中領軍朱异議以二青布一給レ之。
又以二台所レ給仗多不一レ能レ精。啓
請二東治鍛工一。欲二更営造一。

侯景、寿陽に至りしより、徴求、已《や》むなきも、朝廷、未だ嘗て拒絶せず。景、王・謝より娶《めと》らんことを請う。上曰わく、「王・謝は門高くして偶に非ず。朱・張以下に於いてこれを訪《と》うべし」と。景、恚《いか》りて曰わく、「会《かな》らず呉児の女を将《も》って奴《ど》に配せん」と。
又、啓して錦万匹を求めて軍人の為めに袍を作らんとす。中領軍なる朱异、議して青布を以ってこれに給す。又、台の給する所の仗、多く精なる能わざるを以って、啓して東冶《や》の鍛工《たんこう》を請い、更めて営造せんと欲す。

侯景は寿陽に来てから、ひっきりなしに中央へ物資その他の要求をつきつけ、朝廷では拒絶したことがなかった。——だからかれは、調子にのった。同じ年の六月のことである。侯景は王・謝両家あたりから妻をめとりたいと、天子に要請した。——「王・謝」は南朝貴族に冠たる名門、いわゆる瑯邪《ろうや》(山東省臨沂県)の王氏と陳郡陽夏(河南省太康県)の謝氏である。両家からは晋朝以来、宰相や大臣が輩出し、その代表的人物は王導(二七六—三三九)・謝安(三二〇—三八五)である。武帝の建国が王氏一門を筆頭とする貴族に支持されたことは、すでにふれた。

天子はいった、「王・謝の両家は格が高うてつりあわぬ。朱・張以下の家から物色するがよかろう。」

「朱・張」とは胡注によれば、朱异《い》・張綰《わん》の一族をさすというが、誤りであろう。朱・張は呉姓(土着の姓)のそれである。朱异は銭塘(浙江省杭州市)、張綰は方城(湖北省江陵県の東方)のそれぞれ出身である。今人李宗侗・夏徳儀両氏が指摘する『新唐書』巻一九九・柳沖伝に、東晋以来の門閥についていう、

江を過《こ》えては則ち僑姓(よそもの)にして、王・謝・袁・蕭を大と為す。東南は則ち呉姓にして、朱・張・顧・陸を大と為す。

すなわち、江南地区の大姓は朱・張などの土着の氏族より、王・謝のような他国出身の氏族のほうが巾《はば》をきかせていたのである。それにしても、貴族制の壁は意外に厚いことに驚かされる。東晋はなやかなころから、すでに二世紀をへて、王・謝二姓の門閥はなお第一級たる地位を譲らないのであるから。

侯景は怒りに燃えていった、「きっと呉児《くれつこ》のむすめを奴隷にめあわせてくれるぞ。」――〝呉児〟〝呉児〟といって、半ば軽蔑の口吻をもって南朝の漢族を呼ぶ侯景だが、王・謝両家から妻を迎えたいという要求は、はからずもかれの本心を暴露したものである。〝呉児〟呼ばわりの軽蔑は、いわゆる朔北六鎮出身の成り上がり者のコンプレックスによる、憧憬ないし羨望の裏返しであったのだ。かの六鎮出身の高歓らの軍人にもいわゆる〝華人〟を蔑視する風潮があることに言及したが、かれらの蔑視の反面にある憧憬も、やはり否定することはできないだろう。

侯景はさらに上奏して、軍人の戦袍、陣羽織ともいうべき筒っ袖の軍服を作るために、一万匹(疋)の錦地を要求した。「一匹」は二端、一〇メートル弱。〝錦の戦袍〟というのも、成り上がり者の発想である。

中領軍、すなわち中央政府直属軍団の将軍である朱异が相談して、青布を支給することに決めた。――「青布」とは黒色に近い濃青の綿布である。中国語における〝青〟はしばしば〝黒色〟をいう。たとえば、石碑などに用いる黒みをおびた石を〝青石〟、黒い牛を

〝青牛〟、現代語でも黒い中国くつを〝青鞋《チンシエ》〟という。錦どころか、青布はもっともポピュラーな黒の布地である。侯景はむろん不満だったに相違ない。この時の〝青布の支給〟が将来かれの軍隊の旗や装備の色を特徴づける（二二六ページ参照）とは、いったい誰が予想したであろうか。

侯景はさらに、中央から支給される武器がたいてい性能の点でおちるので、上奏して東冶《や》の鍛冶《かじ》工を要請し、製造しなおそうと考えた。――「東冶」とは西冶と並んで首都建康に在る国営製鉄所である（巻一四八、胡三省注）。

――着々充実する侯景の軍備はかなり露骨である。ことに徐陵らが東魏へ和平使節に立ったことを知ると、侯景の叛逆計画はいよいよエスカレートし、かれのもとにあった北魏の皇族元貞は、脱走して建康に帰り、武帝に注進する。しかも武帝は、勧告を無視してなおなんらの防衛手段をも講じようとしない。同じ年（五四八）八月ごろのことである。

侯景とてもかかる大事に軽挙妄動はできなかった。そのときかれは恰好の協力者を見いだす。

＊

臨賀王正徳。所レ至貪暴不法。　臨賀王正徳、至る所、貪暴《たんぼう》不法にして、屢《しば》しば罪を

屢得二罪於上一。由レ是憤恨。陰養二死士一。儲レ米積レ貨。幸二国家有一レ変。景知レ之。正徳在レ北与二徐思玉一相知。景遣三思玉致二牋於正徳一曰。今天子年尊。姦臣乱レ国。以レ景観レ之。計レ日禍敗。大王属当二儲弐一。中被二廃黜一。四海業業。帰二心大王一。景雖二不敏一。実思二自効一。願王允副二蒼生一。鑑二斯誠款一。正徳大喜曰。侯公之意。闇与レ吾同。天授レ我也。報レ之曰。朝廷之事。如二公所一レ言。僕之有レ心。為レ日久矣。今僕為二其内一。公為二其外一。何有レ不レ済。機事在レ速。今其時矣。

上《しよう》に得《う》。是《これ》に由《よ》りて憤恨《ふんこん》し、陰《ひそ》かに死士を養い、米を儲《たくわ》え貨を積み、国家に変あらんことを幸《ねご》う。景、これを知る。正徳、北に在りしとき徐思玉と相知る。景、思玉をして牋《せん》を正徳に致さしめて曰わく、「今、天子年尊《たか》く、姦臣国を乱す。景を以ってこれを観れば、日を計りて禍敗《かはい》せん。大王、属《たま》たま儲弐《ちよじ》に当たるも、中ごろ廃黜《はいちゆつ》せらる。四海業業として、心を大王に帰《き》す。景、不敏なりと雖も、実に自《み》ずから効《いた》さんことを思う。願わくは王、允《まこと》に蒼生《たみぐさ》に副《そ》い、斯《こ》の誠款《せいかん》を鑑《かんが》みたまわんことを」と。正徳、大いに喜びて曰わく、「侯公の意、闇《あん》に吾《われ》と同じ。天、我に授くるなり」と。これに報じて曰わく、「朝廷の事は、公の言う所の如し。僕の心ある、日を為す久し。今、僕、その内を為し、公、その外を為さば、何ぞ済《な》さざるあらん。機事は速かなるに在り。今、その時なり」と。

臨賀王の蕭正徳《しょうせいとく》は、ゆくさきざきで貪欲で無軌道な乱暴行為をはたらき、天子からたびたびお咎めをうけた。そのことで激怒したかれは天子を恨み、人知れず決死の士をかこったり、食糧・物資を備蓄したりして、国家に騒乱がもちあがることを期待していた。

——「蕭正徳」は武帝の異母弟にあたる蕭宏の三男。武帝は最初男児がなかったので、この甥を養子にして可愛がったが、のちに生まれた蕭統(昭明太子)の方を皇太子に立て、かくて夢やぶれた蕭正徳は、そのことですでに武帝に怨みを含んでいた。それがもともと粗野なうまれに輪をかけたのか、かれには無頼の行動が多く、一時は魏に逃亡し、そこでも問題をおこして数年後に舞いもどった。武帝は泣いて喜び、別にとがめもせず王位を復活してやった。かれの素行はその後も改まらず、子分をかこって追剝ぎ・辻斬り・婦女誘拐などあらゆる悪事をはたらいた。当時、同じ皇族すじや素封家のどらむすこ三人ととも に四兇とよばれて民衆から毛虫のごとく嫌われ、しかも、官憲も手を出しかねていた。普通六年(五二五)、武帝の次男である豫章王蕭綜は、おのが出生に疑惑をもたれたことに反撥して梁を裏切り、あたかも魏を討つ機会に軍を統率して敵に寝返った。そのとき蕭正徳も軽車将軍として従軍しながら、軍を棄てて逃げ帰ったため、逮捕投獄され、官位剝奪のうえ流刑に処せられた。しかし、運よく途中で大赦に遭い、まもなく王位も復活した(以上は『南史』巻五十一による)。「至る所」とか「罪を上に得」といったのは、上記によって理解しうるだろう。

侯景は蕭正徳の野望を知った。かれの部下徐思玉は、蕭正徳が北魏に逃亡していたときの旧知の仲であり、侯景は徐思玉に蕭正徳あての書面をとどけさせた。

「ただいま天子は年を召され、奸臣どもが国を乱しております。景《わたくし》の察しまするところ、遠からず破綻の災難が見舞いそうです。大王さまは儲《もう》けの君たるべき位置にありながら、中途で廃せられるめに遭われました。あめが下のものは不安におののきつつ、大王さまに期待をかけております。景《わたくし》は不敏の才ながら、この身をささげたいと衷心より願うものです。どうか王さま、くにたみの期待にこたえられ、われらが真ごころにご配慮くださいまするよう。」――「牋」は上呈文の名、主として皇后・皇太子にさし出す形式をいうが、ひろく手紙をさすこともある。「儲弐」は皇太子、「業業」は危惧するさま。『毛詩（詩経）』や『尚書（書経）』に出る重々しい用語である。「誠款」は誠実をいう。

蕭正徳は大よろこびで、「侯公の意向はわたしとまさに暗合する。こりゃ天からの授かりものだ」といって、返書をしたためた。

「朝廷の事態は貴殿の指摘のとおりで、わたしも久しい以前からその気もちをもっていた。いま、わたしと貴殿が朝廷の内と外で呼応すれば、成功は疑いなし。機密の事は手速く行なうにかぎる。いまこそその時である。」

――鄱陽《はよう》王の蕭範（武帝の異母弟である蕭恢の長男）はしきりに侯景が叛逆を企んでいると

忠告して来るが、武帝は「侯景は孤立無援で命をあずけて来たおとこ、あかん坊が人のお乳を欲しがるようなものだよ。こんなざまで叛逆などできるものか」というし、朱异も「鄱陽王は朝廷に客人が一人いてもいけないとおっしゃるのか」といって、以後の勧告は握りつぶして取りつがない。

――時は熟した、侯景はついに叛逆を宣言する。太清二年（五四八）秋の半ばである。

*

戊戌。景反二於寿陽一。以レ誅二中領軍朱异・少府卿徐驎・太子右衛率陸験・制局監周石珍一為レ名。异等皆以三姦佞驕貪。蔽レ主弄レ権。為二時人所一レ疾。故景託以レ興レ兵。驎・験呉郡人。石珍丹楊人。驎・験迭為二少府丞一。以二苛刻一為レ務。百賈怨レ之。异尤与レ之暱。世人謂二之三蠹一。

戊戌《つちのえいぬ》、景、寿陽に反《そむ》く。中領軍なる朱异《い》・少府卿なる徐驎《りん》・太子右衛率《そつ》なる陸験・制局監なる周石珍を誅するを以って名と為す。异等みな姦佞《かんねい》驕貪にして、主を蔽《おお》い権を弄び、時人に疾《にく》まるるを以って、故に景、託して以って兵を興《おこ》す。驎・験は呉郡の人、石珍は丹楊の人なり。驎・験は迭《こも》ごも少府の丞と為り、苛刻を以って務めと為し、百賈《こ》これを怨む。异、尤もこれと暱《なじ》む。世人、これを三蠹《と》と謂う。

八月十日、侯景は寿陽で叛逆した。――叛逆者の常として、君側の奸を除くという美名を看板に掲げる。唐朝を震駭させた安禄山もそうであった（四七八ページ参照）。「少府卿」の少府は宮内省、卿はその長官。「太子右衛率」は皇太子の護衛軍の指揮官、「制局監」は国立の器物製造工場長。

朱异ら四人はみな奸悪貪欲で、君主を脇へおいやり、政権を壟断《ろうだん》して、当時の人々から憎悪されていたので、侯景はかれらを挙兵の口実にしたのである。「以……故」の呼応に注意されたい。

徐驎・陸験のふたりは呉郡（江蘇省蘇州市）の、周石珍は丹楊郡（同省南京市）のそれぞれ出身である。徐驎・陸験の二人は少府の次官を交替でつとめ、あくどい収賄に専念したので、御用商人のすべてが怨んでおり、朱异はかれらと昵懇《じっこん》の仲であった。世間のひとはこの三人を〝三蠹《と》〟、三びきの木食い虫と呼んでいた。

――侯景の叛逆を知った武帝は、なおせせら笑っていった、「是れ何ぞ能く為さん。吾、箠《むち》を折《せっ》してこれを笞《う》たん――やつに何がやれる、手加減してこらしめてやるさ。」そして、侯景の首を斬ったものに三千戸の公爵・州知事を授ける懸賞を発表、八月十六日、鄱陽王蕭範・封山侯蕭正表・司州刺史柳仲礼・散騎常侍裴《はい》之高にそれぞれ四平将軍すなわち東西南北四方面軍の司令官を命じ、邵陵王蕭綸を総司令官として討伐軍をくり出した。

侯景自身は九月二十五日に狩猟というふれこみで寿陽を出発、合肥（安徽省合肥県）を襲うと見せて譙《しょう》州（同省全椒県）を攻略、さらに歴陽（同省和県）を攻撃してたちまち長江（揚子江）岸に到達し、十月二十一日、平北将軍として丹楊郡に駐屯中の臨賀王蕭正徳が斡旋する大船数十隻によって、渡江に成功し、翌日には慈湖（同省当塗県の北方）に迫る。

いまや朝廷ははじめて愕然として、皇太子蕭綱は軍装のままかけこみ、武帝に方策をたずねる。武帝の返事が冷たくはね返った、

「此は自《おの》ずから汝の事なり、何ぞ更に問うを為さん。内外の軍事は、悉《こと》ごとく以って汝に付《あず》けん――これはもうそちの責任じゃ、いまさらなにをきく。内外すべての軍事はそちにまかせよう。」

＊

首都建康の市中は大混乱に陥り、掠奪が横行する。皇太子はとりあえず首都防衛の手配に奔走するが、蕭正徳の裏切りをまったく知らないため、かれに朱雀門の守備を命ずる。「朱雀門」とは宮城南正面の宣陽門からまっすぐ南下する朱雀街の、秦淮河にのぞむすぐ手前にある、もっとも外郭の門である。

庚戌。侯景至二板橋一。遣二徐思玉来求レ見レ上。実欲レ観二城中虚実一。上召問レ之。思玉詐称レ叛レ景。請レ間陳レ事。上将レ屏二左右一。舎人高善宝曰。思玉従二賊中一来。情偽難レ測。安可レ使三独在二殿上一。朱异侍レ坐曰。徐思玉豈刺客邪。思玉出二景啓一。言异等弄レ権。乞三帯レ甲入朝。除二君側之悪一。异甚慚悚。景又請レ遣二了レ事舎人出相領解一。上遣下中書舎人賀季・主書郭宝亮。随二思玉一。労中景于板橋上。景北面受レ勅。季曰。今者之挙何名。景曰。欲レ為レ帝也。王偉進曰。朱异等乱レ政。除二姦臣一耳。景既出二悪言一。遂留レ季。独遣二宝亮還一レ宮。

庚戌《かのえいぬ》、侯景、板橋《はんきよう》に至る。徐思玉をして来たりて上に見《まみ》えんことを求めしむ。実は城中の虚実を観《み》んと欲するなり。上、召してこれに問う。思玉、詐《いつわ》りて景に叛けりと称し、間《かん》を請いて事を陳《の》べんとす。上、将《まさ》に左右を屏《しりぞ》けんとす。舎人高善宝曰わく、「思玉は賊中より来たる。情偽、測り難し。安《いずく》んぞ独り殿上に在らしむべけんや」と。朱异、坐に侍《はべ》りて曰わく、「徐思玉は豈《あ》に刺客《しかく》ならんや」と。思玉、景の啓を出だして、言えらく「异等《ら》、権を弄すれば、甲を帯して入朝し、君側の悪を除かんことを乞う」と。异、甚だ慚悚《ざんしよう》す。景、又た事を了する舎人をして出《い》でて相領解せしめんことを請う。上、中書舎人なる賀季・主書なる郭宝亮をして、思玉に随いて、景を板橋に労《ねぎら》わしむ。景、北面して勅《みこと》のりを受く。季曰わく、「今者《こたび》の挙は何をか名とする」と。景曰わく、「帝たらんと欲するなり」と。王偉、進みて曰わく、「朱异等《ら》、政を乱す。姦臣を除かんのみ」と。景、既に悪言を出《い》だしたれば、遂に季を留め、独り宝亮をして宮に還らしめしのみ。

九月二十三日、侯景は板橋にやって来た。——「板橋」は建康の南を流れる秦淮《わい》河を西南に遡行し、東岸ぞいに八キロばかりの隘路をすぎた地点にある板橋店をいう。かれは徐思玉を派遣して、天子に謁見を申し入れさせた。実は城内の状況を偵察したいのである。——侯景やその部下は梁に帰順したとはいえ、かつて一度も首都の宮城に参内したことがなかった。「虚実」は機構・状況をいう。〝動静虚実〟などといい(『鬼谷子』反応篇)、情況偵察のときに用いることば。

天子が召してたずねると、思玉は侯景に叛逆したといつわり、申し上げたいことがありますから人払いを願いたいという。天子が側近のものに座を避けさせようとすると、中書舎人の高善宝がいった、

「徐思玉は賊のところから参りましたもの、申すことの真偽ははかりかねます。ひとりだけで殿上におらせていいものでしょうか。」——「情偽」は真情と虚偽。

その場に控えていた朱异がいった、「まさか徐思玉は刺客じゃあるまいに。」——皮肉なことに、弁護してやったその人が、実は人払いを必要とする当の人間であったのだ。朱异の弁護はあったが、結局、人払いせぬまま、徐思玉は侯景の上奏文を提出したのであろう。

それには、朱异らが政権を壟断しているから、失礼ながら武装のまま参内し、君側の奸人を除かせていただきたいと書かれている。朱异はふるえあがった。「慚悚」は恥じて恐れること。

侯景はさらに、当方の言い分を理解してもらうために、わかりのいい有能な中書舎人を寄こしていただきたいと要請している。胡注に「了事はなお暁事と言うがごとし」とある。また「領解」については「景の言わんと欲する所の事を総録して、是非を分判《ふんべつ》するなり」とある。領解はすなわち諒解。

天子は中書舎人の賀季《がき》、主書すなわち書記の郭宝亮を、徐思玉について派遣し、板橋の侯景を慰労させた。侯景は北向きに坐って詔勅をうけた。——「北面」は臣下の座の方向を示す。このように勅使を天子として扱ったまではよかったのだが——

賀季がいった、「このたびの軍事行動は、どういう名目でござる。」

侯景がいった、「皇帝になるつもりじゃ。」

——侯景はおもわず口が滑って本音を吐いたのであろう。わざわざ「北面」したという編者の指摘も、実はこのせりふとの抵触を強調するためであったろう。あわてたのは王偉である。進み出ていった、

「朱异どもが政治をかき乱しております、ただ奸臣を除こうそれだけです。」

侯景はひどい口をきいてしまったので、賀季を引きとめ、宝亮だけを宮城に帰らせた。

「悪言」は悪口と少しばかりニュアンスが違うことに注意されたい（二八一ページ参照）。

百姓聞二景至一。競入レ城。公私混乱。無二復次第一。羊侃区分防擬。皆以二宗室一間レ之。軍人争入二武庫一。自取二器甲一。所司不レ能レ禁。侃命斬二数人一。方止。是時。梁興四十七年。境内無事。公卿在レ位及閭里士大夫。罕レ見二兵甲一。賊至猝迫。公私駭震。宿将已尽。後進少年並出在レ外。軍旅指撝。一決二於侃一。侃胆力倶壮。太子深仗レ之。

＊

百姓《ひやくせい》、景の至るを聞き、競《きそ》いて城に入る。公私混乱して、復《ま》た次第なし。羊侃《ようかん》、区分防擬《ぼうぎ》し、皆、宗室を以ってこれに間《まじ》う。軍人、争って武庫に入り、自《み》ずから器甲を取り、所司も禁ずる能わず。侃、命じて数人を斬らしめ、方《はじ》めて止《や》む。是《こ》の時、梁興《はじ》まりて四十七年、境内《けいだい》無事にして、公卿の位に在るもの及び閭里《りより》の士《し》大夫《たいふ》、兵甲を見ること罕《まれ》なり。賊の至る猝迫《そつぱく》なれば、公私駭震《がいしん》す。宿将、已《すで》に尽き、後進の少年、並びに出《い》でて外に在り。軍旅の指撝《しき》、一《いつ》に侃に決せらる。侃は胆力倶《とも》に壮なれば、太子、深くこれに仗《たよ》る。

人民たちは侯景軍が来たと聞くと、先を争って城内に入りこみ、公私の区別がつかず、無秩序状態に陥った。羊侃《ようかん》（四九五―五四八）は配置をきめて防備体制をととのえ、どの部署にも梁の皇室のものを組みあわせた。――後条に拠れば、このときの一般市民は一〇万人をこえ、戦闘員は二万人あまりだったという。「防擬」は胡三省の注に「防は禦《ふせ》ぐなり、備うなり。擬は準なり。準擬揣度《こころづもり》して以ってこれを待つなり」（巻一八〇・隋紀）とある。要するに防備体制を立てることであろう。

　軍人たちはわれがちに兵器庫に入り、かってに武器・甲冑《かっちゅう》をもち出し、関係官すなわち武庫令にもおさえがきかない。羊侃の命令で数人が斬り殺され、やっとおさまった。

　このころは梁朝の創始から四十七年、その間、領内は無事太平がつづき、現在の閣僚たちや民間の士大夫たちは、ほとんど戦争の経験をもたない。賊軍の到着が急激だったので、宮仕えのものも一般人も驚きおののいた。経歴ゆたかな武将はすでにいなくなっており、年齢の若い後輩たちはすべて地方に出ていたので、軍事面の指揮はすべて羊侃によって決定された。羊侃は度胸と腕力ともにみなぎり、皇太子はかれに全面的に倚りかかっていた。

「撝」は麾・揮に通用される。

*

辛亥。景至二朱雀桁南一。太子以二臨賀王正徳一守二宣陽門一。東宮学士新野庾信守二朱雀門一。帥二宮中

辛亥《かのとい》、景、朱雀桁《すざくこう》の南に至る。太子、臨賀王正徳を以って宣陽門を守らしめ、東宮の学士、新野の庾信《ゆしん》をして、朱雀門を守らしめ、宮中の文武三千余人を

文武三千余人一営二桁北一。太子命レ信開二大桁一以挫二其鋒一。正徳曰。百姓見レ開レ桁。必大驚駭。可三且安二物情一。太子従レ之。俄而景至。信帥レ衆開レ桁。始除二一舶一。見三景軍皆著二鉄面一。退隠二于門一。信方食二甘蔗一。有二飛箭一中二門柱一。信手甘蔗。応レ弦而落。遂棄レ軍走。南塘遊軍沈子睦。臨賀王正徳之党也。復閉レ桁渡レ景。

太子使下王質将二精兵三千一援上レ信。至二領軍府一遇レ賊。未レ陳而走。正徳帥レ衆於二張侯橋一迎レ景。馬上交揖。既入二宣陽門一。望レ闕而拝。歔欷流涕。随レ景渡レ淮。景軍皆著二青袍一。正徳軍並著二絳袍碧裏一。既与レ景合。悉反二其袍一。


帥《ひき》いて桁北に営す。太子、信に命じて大桁を開き、以ってその鋒を挫《くじ》かしめんとす。正徳曰わく、「百姓《せい》、桁を開くを見れば、必らず大いに驚駭せん。且《しば》らく物情を安んずべし」と。太子、これに従う。俄かにして景至る。信、衆を帥いて桁を開き、始めて一舶《ぱく》を除くや、景の軍の皆な鉄面を著くるを見、退きて門に隠《かく》る。信、方《いま》し甘蔗を食《く》ろう。飛箭あり門柱に中《あ》つ。信の手なる甘蔗、弦に応じて落つ。遂に軍を棄てて走《に》ぐ。南塘の遊軍なる沈子睦《しんしぼく》は臨賀王正徳の党なり。復《ま》た桁を閉ざして景を渡す。

太子、王質をして精兵三千を将《ひき》いて信を援けしめしも、領軍府に至りて賊に遇い、未だ陳《じん》せずして走《に》ぐ。正徳、衆を帥《ひき》いて張侯橋に於いて景を迎え、馬上に交《こも》ごも揖《ゆう》す。既に宣陽門を入れば、闕を望みて拝し、歔欷《きょき》流涕し、景に随いて淮《わい》を渡る。景の軍は皆な青袍を著《まと》い、正徳の軍は並びに絳袍《こうほう》の碧裏《へきり》なるを著《まと》うも、既に景と合すれば、悉《こと》ごとくその袍を反《かえ》す。

十月二十四日、侯景は朱雀桁《すざくふなばし》の南に進撃して来た。――「桁《こう》」は航にもつくる。船をつらねて橋板を置いたもの。「朱雀桁」は朱雀《すざく》門に直面する秦淮河《しんわい》にかけられていたから、その名がある。

皇太子は臨賀王蕭正徳に宣陽門の守備を命じ、新野（河南省新野県）のひと庾信を朱雀門の守備にあたらせ、宮中の文武官三千人あまりを指揮して、朱雀桁の北に布陣していた。

――「宣陽門」は宮城正面の南門、朱雀門と南北相対する。

皇太子が庾信に申しつけ、この大桁《ふなばし》を撤去させて、敵の鋒先をくじこうとすると、蕭正徳がいった、

「民衆どもは桁が撤去されたのを見れば、きっとびっくり仰天することだろう。まあ、人心を騒がせぬがいいですな。」

皇太子はかれの意見をいれたが、突然、侯景軍がやって来たので、庾信は部隊を指揮して桁を撤去することにした。やっと大船を一隻取り除いたところで、みな鉄面をかむっている侯景軍が見えると、朱雀門に退却してかくれた。庾信が甘蔗《とうきび》を食べている最中、矢が飛来して門柱に命中し、庾信が手にする甘蔗が、弦音とともに落ちた。かれはそのまま軍を見すてて逃げた。蕭正徳の一味である南塘《つつみ》のゲリラ隊の沈子睦《しんしぼく》が、取り除かれた船をつないで桁《ふなばし》を通し、侯景軍を渡してやった。皇太子は王質に三千の精兵部隊を指揮して庾信

救援にむかわせていたが、領軍府すなわち中領軍の官庁に来たところで賊軍に遭遇し、応戦の態勢もとらずに逃走した。

――ここにいささかふがいない文人の姿を露呈した庾信（五一三―五八一）こそ、徐陵とともに、〝徐庾体〟または〝宮体〟とよばれる綺艶の詩風で一世を風靡し、六朝文学史の最後を飾った詩人である。かれは父庾肩吾（四八七―五五〇）や徐摛《じょち》・徐陵父子とともに、皇太子蕭綱、のちの簡文帝のサロンにおいて、重要な役わりをもった。このあと、かれは湘東王蕭繹《えき》のいる江陵（湖北省江陵県）にのがれ、元帝即位のあと、西魏を奪った北周の首都長安に使いするうち、祖国の滅亡にあう。その望郷の想いを託した自伝的ながうた「哀江南賦」はかれの代表作とされている。だが、かれの数ある作品のうちにも、このときの敗走の体験についてかれは、まったく黙してふれない。この一段は『周書』『北史』の庾信伝には、いずれも〝景の至るに及び、信、衆を以《ひき》いて先に退く〟とだけある。甘蔗云々のことはすでに佚した『三国典略』（『太平御覧』巻九七四・果部・甘蔗の項に引く）に本づく。原拠の筆者にはあきらかに南朝文人に対する嘲笑のポーズがみとめられる。それにしても、庾信の恐怖をよぶ三句の描写は巧みである。物理的にいえば、まず弦音がきこえるなり、矢が庾信の手の甘蔗をかすめて門柱に命中したか、たまげた庾信がおもわず甘蔗を落としたか、そのいずれかであろうし、すべては一瞬の出来ごとであるけれど、もしも物理的順序のとおり叙述すれば、かえって瞬間の出来事の恐怖感はうすらいだであろう。パシッと柱に矢が突き刺さる、同時にポトリと甘蔗が手から落ちる、もしも体のどこかに命中していたら、庾信の脳裡における反射的な恐怖のひらめき、物理的には倒錯したこの叙述は、それをも感じさせるように思う。

蕭正徳は部隊を統率して張侯橋で侯景を迎え、たがいに馬上で会釈を交わした。——実は、これが叛逆者どうしの初対面なのである。「揖」とは両手を組みあわせて上下させる、略式の礼をいう。

宣陽門をはいると、宮城のほうに向かって拝礼を行ない、すすりあげて涙を流し、侯景のあとから秦淮河を渡った。——この「淮」も、たぶん秦淮河の支流であろう。

侯景の軍はみな青袍、すなわち黒に近い濃青色の軍服を着ている。——かつて侯景が軍袍を作るため中央に錦地を要求したのに、朱异の差しがねで〝青布〟を支給されたことを想起されたい。ここには軍旗に関する言及はないが、実は旗のぼりの類も黒色であった（二一一ページ参照）。

蕭正徳軍は碧色《あおみどり》の裏地のついた絳《あか》の軍服を着ていたが、侯景軍と合体すると、みなが裏返しに着た。

——翌十月二十五日、台城すなわち宮城を完全に包囲した侯景軍は、いよいよ攻撃を開始する。だが、侯景が当初に予想したごとくには必らずしも進捗しない。

景攻既不レ克。士卒死傷多。乃築二長囲一以絶二内外一。又啓求レ誅二朱异等一。城中亦射二賞格一出レ外曰。有下能送二景首一者上。授以二景位一。并二銭一億万・布・絹各万匹一。朱异・張綰議二出レ兵撃レ之。問二羊侃一。侃曰。不可。今出レ人若少。不レ足レ破レ賊。徒挫二鋭気一。若多。則一旦失レ利。門隘橋小。必大致二失亡一。异等不レ従。使二千余人出戦一。鋒未レ及レ交。退走。争レ橋赴レ水。死者大半。侃子鷟為二景所一レ獲。執至二城下一以示レ侃。侃曰。我傾レ宗報レ主。猶恨レ不レ足。豈計二

*

景攻めて既に克《か》たず、士卒の死傷多ければ、乃ち長囲を築きて以って内外を絶つ。又、啓して朱异等《ら》を誅せんことを求む。城中も亦た賞格を射《い》て外に出《い》だして曰わく、「能《よ》く景の首を送る者あらば、授くるに景の位を以ってし、銭一億万、布・絹各《おの》おの万匹を并《とも》わしめん」と。朱异・張綰《わん》、兵を出だしてこれを撃たんと議し、羊侃に問う。侃曰わく、「不可なり。今、人を出《い》だして若《も》し少なければ、賊を破るに足らず、徒《いたず》らに鋭気を挫《くじ》かんのみ。若し多ければ、即ち一旦《たん》利を失えば、門隘《せま》く橋小なれば、必らず大いに失亡を致さん」と。异等、従わず、千余人をして出《い》でて戦わしむ。鋒、未だ交うるに及ばずして、退き走げ、橋を争い水に赴《に》きて、死する者大半なり。侃の子なる鷟《ぞく》、景に獲《え》らる。執《と》らえて城下に至り、以って侃に示す。侃曰わく、「我、宗《そう》を傾けて主に

一子一。幸早殺レ之。数日復持来。
侃謂レ鷟曰。久以レ汝為レ死矣。
猶在邪。引レ弓射レ之。景以二其
忠義一。亦不二之殺一。

報《むく》いるも、猶お足らざるを恨む。豈《あ》に一子を計らんや。幸《ねが》わくば早くこれを殺さんことを」と。数日にして、復《ま》た持《じ》し来たる。侃、鷟《ぞく》に謂いて曰わく、「久しく汝を以って死せりと為《おも》いしに、猶お在《なが》らえるや」と。弓を引きてこれを射る。景も、その忠義なるを以って、亦たこれを殺さず。


侯景は攻撃が成功せず、多数の死傷者が出たので、長距離に及ぶ包囲陣をしいて内外の連絡を絶ち、さらに書面を送って朱异らの誅罰を申し入れた。城内からも、つぎの懸賞規定の矢ぶみが城外へ放たれた。

「侯景の首をとどけたものには、侯景の官位および一億銭、綿布・絹布それぞれ一万匹を授ける。」

朱异と張綰は軍に出撃させようと相談して、羊侃《ようかん》にたずねた。——羊侃はもと魏に仕えた孫・呉の兵法にも詳しい豪胆のひと。宮城内の混乱をおさめた実力者として既出（二二一ページ参照）。

かれはいった、「いけない。いま、出撃兵員が小勢だと、とても賊を撃破できないで、いらぬことに鋭気をくじくだけだ。といって多ければ、敗戦したが最後、城門は狭いし橋は小さいから、大損害をまねくことは必定だ。」

朱异らはいうことをきかず、千人あまりに出撃させた。白兵戦に至らぬうちに退却し、われがちに橋を渡ろうとして堀に落ち、大半のものが死んだ。

この戦闘で羊侃のむすこ羊鷟《ぞく》が侯景側に捕虜になった。侯景はかれを捕縛して城壁の下につれてゆき、羊侃に示した。羊侃はいった、「わしは一門総出で君恩に報いんとしているが、それでも十分でないのが残念じゃ。せがれ一人ぐらい物の数じゃない、さっさと殺してもらいたいわ。」

数日ののち、ふたたびつれて来ると、羊侃はむすこにいった、「きさまはとっくに死んだと思うていたに、まだ生きながらえているのか。」弓をひき寄せてむすこを射た。侯景もかれの忠誠に免じて羊鷟を殺しはしなかった。

——さて、台城攻防戦は双方智力をつくして、およそ二か月あまり続く。ここにその一々を紹介することはもはや避けたくおもうが、ただ、侯景はこの間の攻城戦に、いわば新兵器ともいうべきものをつぎつぎと登場させ、城内側もそれに負けずさまざまの対策を講ずる。その点あるいは読者の関心をよぶとも考えるので、以下に攻防日記めかせて、新兵器の登場する部分のみを抜粋して紹介しよう。全文の翻訳は省き、代りにややゆるやかな訓読体を用い、のちにいわゆる新兵器についての若干の解説を加える。

壬子。景列レ兵繞二台城一。旛旗皆黒。景繞レ城既帀。百道倶攻。鳴レ鼓吹レ唇。喧声震レ地。縦レ火焼二大司馬・東西華諸門一。羊侃使下鑿二門上一為レ竅。下レ水沃上火。太子自捧二銀鞍一往賞二戦士一。直閤将軍朱思帥二戦士数人一。踰レ城出レ外灑レ水。久レ之方滅。賊又以二長柯斧一斫二東掖門一。門将レ開。羊侃鑿レ扇為レ孔。以レ槊刺二殺二人一。斫者乃退。

癸丑。景作二木驢数百一攻レ城。城上投レ石砕レ之。景更作二尖項木驢一。石不レ能レ破。羊侃使下作二雉尾炬一。灌以二膏蠟一。叢擲焚上之。

*

壬子《みずのえね》（九月二十五日）、景、兵を列《つら》ねて台城に繞《めぐ》らす。旛旗《はたさし》ものはみな黒し。景、城に繞《めぐ》らして既に帀《あまね》ければ、百《あら》ゆる道より倶《とも》に攻め、鼓を鳴らし唇《くち》ぶえ吹きて、喧《かしま》しき声、地を震《ゆる》がす。火を縦《はな》ちて大司馬・東（華）・西華諸門を焼く。羊侃《かん》、門上に鑿《うが》ちて竅《あな》を為《あ》け、水を下《ふ》らせて火に沃《そそ》がしむ。太子、自《み》ずから銀の鞍を捧げ、往きて戦士を賞《め》ず。直閤《こう》将軍なる朱思、戦士数人を帥《ひき》いて、城へきを踰《こ》え、外に出《い》でて水を灑《そそ》ぎ、これを久しうして方《はじ》めて滅《き》ゆ。賊、又た長き柯《つか》の斧を以って東掖《えき》門を斫《き》り、門、将《まさ》に開かれんとす。羊侃、扇《とびら》に鑿《うが》ちて孔《あな》を為《あ》け、槊《ほこ》を以って二人を刺し殺す。斫《き》る者、乃ち退く。

癸丑《みずのとうし》（二十六日）、景、木驢《もくろ》数百を作りて城を攻む。城上、石を投げてこれを砕《くだ》く。景、更に尖項《せんこう》の木驢を作る。石、破る能わず。羊侃《かん》、

俄尽。景又作二登城楼一。高十余丈。欲三臨射二城中一。侃曰。車高塹虚。彼来必倒。可二臥而観一レ之。及二車動一。果倒。

乙丑。景於二城東西一起二土山一。駆三迫士民一。不レ限二貴賤一。乱加二殴捶一。疲羸者因殺以塡レ山。号哭動レ地。民不二敢竄匿一。並出従レ之。旬日間。衆至二数万一。城中亦築二土山一以応レ之。太子・宣城王已下。皆親負レ土。執二畚鍤一。於二山上一起二芙蓉層楼一。高四丈。飾以二錦罽一。募二敢レ死士二千人一。厚衣袍鎧。謂二之僧騰客一。分三配二山一。昼夜交戦不レ息。会大雨。城内土山崩。賊乗レ之垂レ入。苦戦不レ能レ禁。羊侃令

雉尾炬《ちびきょ》を作りて、灌《そそ》ぐに膏《あぶら》と蠟《ろう》を以ってし、叢《むれ》なし擲《な》げてこれを焚《や》かしめ、俄《たちま》ち尽《つ》くす。

景、又た登城楼を作る、高さ十余丈、臨みて城中に射んと欲す。侃曰わく、「車高く塹虚《ほりむな》し。彼れ来たらば必らず倒れん、臥してこれを観るべし」と。車動くに及び、果たして倒る。

乙丑《きのとうし》（十一月八日）、景、城の東西に於いて土山を起《きず》き、士民を駆迫《かりた》て、貴賤に限《かか》らず、乱《みだ》りに殴《こぶし》と捶《むち》を加う。疲れ羸《よわ》りし者は、因りて殺して以って山に塡《う》め、号《な》き哭《さけ》ぶこえ地を動《どよも》す。民、敢えて竄《のが》れ匿《かく》れず、並びに出《い》でてこれに従う。旬日の間、衆、数万に至る。城中も亦た土山を築きて以ってこれに応ず。太子・宣《せん》城王已《い》下、皆な親《み》ずから土を負《せお》い、畚《もっこ》と鍤《すき》を執《と》る。山上に於いて芙蓉層楼を起《きず》く、高さ四丈、飾るに錦と罽《もうせん》を以ってす。死を敢《おか》す士《おのこ》二千人を募り、厚衣袍鎧《がい》せしめ、これを「僧騰客《そうとうかく》」と謂いて、二山に分かち配し、昼夜交戦して息《や》まず。会《たま》たま大いに

多擲レ火為二火城一以断二其路一。徐於レ内築レ城。賊不レ能レ進。

癸巳。侍中・都官尚書羊侃卒。城中益懼。侯景大造二攻具一。陳二於闕前一。大車高数丈。一車二十輪。

丁酉。復進攻レ城。以二蝦蟇車一運レ土塡レ塹。

壬寅。侯景以二火車一焚二台城東南楼一。材官呉景有二巧思一。於二城内一構レ地為レ楼。火纔滅。新楼即立。賊以為レ神。景因二火起一。潜遣下人於二其下一穿上レ城。城将レ崩。乃覚レ之。呉景於二城内一更築二迂城一。状如二却月一以擬レ之。兼擲レ火。焚二其攻具一。賊乃退走。

己酉。景土山稍逼二城楼一。柳津

雨ふり、城内の土山、崩《くず》る。賊、これに乗じて入るに垂《な》んなんとす。苦《はげ》しく戦えど禁《とど》むる能わず。羊侃《かん》、令して多く火を擲《な》げ、火城と為して以ってその路を断つ。徐《おもむ》ろに内に於いて城へきを築く。賊、進む能わず。

癸巳《みずのとみ》(十二月七日)、侍中・都官尚書なる羊侃、卒《みまか》り、城中、益《ま》すます懼《おそ》る。侯景、大いに攻具を造り、闕の前に陳《つら》ぬ。大車、高さ数丈、一車に二十輪あり。

丁酉《ひのととり》(十一日)、復《ま》た進みて城を攻む。蝦蟇《がま》車を以って土を運び塹《ほり》を塡《うず》む。

壬寅《みずのえとら》(十六日)、侯景、火車を以って台城の東南楼《やぐら》を焚《や》く。材官なる呉景、巧みなる思《アイデア》あり。城内に於いて地に構《かま》えて楼を為《つく》り、火、纔《いま》し滅《き》ゆるや、新楼、即《たちま》ち立てり。賊、以って神《しん》と為す。景、火の起こるに因りて、潜《ひそ》かに人をしてその下に於いて城を穿《うが》たしむ。城、将《まさ》に崩《くず》れんとして、乃ちこれを覚《さと》

命作二地道一以取二其土一。外山崩。圧レ賊且レ尽。又於二城内一作二飛橋一。懸罩二二土山一。景衆見二飛橋迥出一。崩騰而走。城内擲二雉尾炬一。焚二其東山一。楼・柵蕩尽。賊積死二於城下一。乃棄二土山一不二復修一。自焚二其攻具一。材官将軍宋嶷降二於景一。教レ之引二玄武湖水一以灌二台城一。闕前皆為二洪流一。

る。呉景、城内に於いて更に迂《くね》れる城へきを築く。状、却月《はんげつ》の如くにして以ってこれに擬し、兼ねて火を擲《な》げて、その攻具を焚《や》く。賊、乃ち退き走《に》ぐ。己酉《つちのととり》（二十三日）、景の土山、稍《ようや》く城楼《やぐら》に逼《せま》る。柳津、命じて地道《トンネル》を作りて以ってその土を取らしむ。又、外山崩《くず》れ、賊を圧《お》しころして且《まさ》に尽《つ》きなんとす。又、城内に於いて飛橋を作りて、懸《はる》かに二土山を罩《おお》う。景の衆、飛橋の迥《はる》かに出《い》ずるを見て、崩騰《ほうとう》して走《に》ぐ。城内、雉尾炬《ちびきょ》を擲《な》げ、その東山を焚《や》く。楼・柵《さん》、蕩《や》け尽くし、賊、積《かさ》なりて城へきの下に死す。乃ち土山を棄てて、復た修《つくろ》わず、自《みずか》らその攻具を焚《や》く。材官将軍なる宋嶷《そうぎょく》、景に降《くだ》る。これに教えて玄武湖の水を引きて以って台城に灌《そそ》がしむ。闕の前はみな洪流と為る。

ここに相次いで登場する攻防兵器は、中国戦史上かならずしもすべてが新顔といえないどころか、むしろ大半が既有のものである。しかし、そのバラエティーの豊富さ、あるいは既有のものにおける新使途の開発などの点から、この数条はめずらしい記録だといえる。以下、個々のものについて若干の説明を加えておこう。

木驢……長さ約三メートル、直径四〇センチ、総高一・五メートルの六脚つき木製骨組みに、湿らせた牛皮をおおい、なかに六人の兵士がはいってかつぎ、城壁の下に接近して攻撃する。頂部が尖り下部をひろくして安定感をもたせるとともに、投石の被害を少なくする工夫がこらしてある。胡三省の注が引く唐・杜佑の解説（『通典』巻一六〇、攻城戦具）の原文では小頭木驢という。ここにみえる「尖項」はこの小頭に対していうか。類似の構造をもつ四輪車もすでに古代にある。

雉尾炬……「炬」はたいまつ。雉のしっぽ型の葦をつかねて矢じりをつけたたいまつ。胡注には鷰（燕）尾炬とよぶ類似の火矢に関する杜佑の解説を引く。

登城楼……城壁登攻用の車輪つき屋台であろう。

芙蓉層楼……「芙蓉」は蓮、蓮華状の幾層にもなったものだろうが実体は未詳。錦や毛氈でおおうとあるから、単に示威を目的とした飾り物に過ぎなかろう。

蝦蟇車……がま蛙の形をした車、ブルドーザーを想わせる。『南史』殷琰伝に「大いなる蝦蟇車を作り土を載せ、牛皮もてこれを蒙《おお》い、推して以って塹《ほり》を塞《ふさ》ぐ」とみえ、すでに劉宋朝に出現している。

火車……火攻めに用いる車。

飛橋……『六韜《りくとう》』巻四・軍用にみえる。がんらいはロープで橋げたの枠ぐみをつないだ渡河用のものであるらしい。それを城壁外に伸ばして攻撃に用いた。消防用の梯子車を想像すればよかろう。

土山……『通典』(前掲巻)杜佑の解説にいう、「城外に土を起《も》りて山と為し、城へきに乗りて上る。古、これを土山と謂い、今、これを塁道と謂う。生牛皮を用いて小屋を作り、四面に并《およ》びてこれを蒙《おお》い、屋中に土を運ぶ人を置きて以って攻撃を防ぐ者なり。」

迂城……迂は曲の意、曲線状の城壁。「却月」は半月、『水経注』に却月城(湖北省漢陽)がみえるし、陣形にも早くから却月陣がある(通鑑・巻一一八、晋紀)。

僧騰客……語源は未詳。ただ、僧(seng)騰(teng)二字は韻尾を同じくする畳韻語だから、擬態語を想わせ、文字に意味があるのではなかろう。

この間、包囲戦のごく初期に属する十一月一日、侯景側は太極殿の前で、白馬を血まつりにして戦争の神蚩《し》尤《ゆう》を祭り、南闕の前にある儀賢堂で臨賀王蕭正徳が皇帝の位につき、侯景は丞相に就任、正平と改元して、ここに偽政権が誕生した。

一方、台城包囲の報はやがて地方に在る王族たちに達する。武帝の七男で江陵にあり聡明英発の評判高い荆州刺史・湘東王蕭繹《えき》(のちの元帝)は、湘州刺史・河東王の蕭誉(昭明太子の次男）、雍州刺史・岳陽王の蕭詧《さつ》（同じく三男）らに檄を飛ばして、救援軍を送るよう呼びかける。しかし、その蕭繹は嗣子と部将を派遣するだけで、みずからは直ちに国家の危急にかけつけようとせず、年末に至ってようやく江陵を出発する。各地の救援軍も同様にみな消極的である。建康付近まで接近しながら、たがいに牽制しつつ、一致協力して包囲を救う態勢がとれない。だが、時は人びとの意志にかかわりなく絶えまなく流れ、年あけて太清三年（五四九）早くも二月を迎える。

＊

初台城之閉也。公卿以レ食為レ念。男女貴賤。並出負レ米。得二四十万斛一。収二諸府蔵銭帛五十万億一。並聚二徳陽堂一。而不レ備二薪芻・魚塩一。至レ是。壊二尚書省一為レ薪。撤レ薦。剉以飼レ馬。薦尽。又食以レ飯。軍士無レ餱。或煮レ鎧。熏レ鼠。捕レ雀而食レ之。御甘露厨有二乾苔一。味酸鹹。分給二戦

初め台城の閉《と》ざさるるや、公卿《けい》、食を以って念と為《な》す。男女貴賤、並びに出《い》でて米を負《せお》い、四十万斛《こく》を得、諸府蔵の銭帛《ぱく》五十万億を収め、並びに徳陽堂に聚《あつ》めたるも、薪芻《しんすう》・魚塩を備えず。是《ここ》に至りて、尚書省を壊《こわ》して薪と為し、薦《むしろ》を撤し剉《きざ》みて馬を飼い、薦尽くれば、又た食《く》らわすに飯を以ってす。軍士、餱《かい》なければ、或るいは鎧《よろい》を煮、鼠を熏《くん》じ、雀を捕《と》りてこれを食ろう。御《おおぎみ》の甘露厨《かんろちゅう》に乾苔《たい》あり、味、酸っぱく鹹《から》し。分かちて戦士に給す。軍人、馬を殿省の

士㆒。軍人屠㆓馬於殿省間㆒。雑以㆓人肉㆒。食者必病。侯景衆亦飢。抄掠無㆑所㆑獲。東城有㆑米。可㆑支㆓一年㆒。援軍断㆓其路㆒。又聞㆓荊州兵将㆑至。景甚患㆑之。王偉曰。今台城不㆑可㆓猝抜㆒。援兵日盛。吾軍乏㆑食。若偽求㆑和以緩㆓其勢㆒。東城之米。足㆑支㆓一年㆒。因㆓求㆑和之際㆒。運㆑米入㆓石頭㆒。援軍必不㆑得㆑動。然後休㆑士息㆑馬。繕㆓修器械㆒。伺㆓其懈怠㆒撃㆑之。一挙可㆑取也。景従㆑之。遣㆓其将任約・于子悦㆒至㆓城下㆒。拝表求㆑和。乞㆑復㆓先鎮㆒。太子以㆓城中窮困㆒。白㆑上。請㆑許㆑之。上怒曰。和不㆑如㆑死。太子固請曰。侯景囲逼已久。援

間に屠《ほふ》り、雑《まじ》うるに人肉を以ってし、食ろう者必らず病《や》む。侯景の衆も亦た飢え、抄掠《しょうりゃく》、獲《う》る所なし。東城に米あり、一年を支《ささ》うべし。援軍、その路を断つ。又、荊《けい》州の兵の将《まさ》に至らんとするを聞き、景、甚だこれを患《うれ》う。王偉曰わく、「今、台城、猝《にわ》かに抜くべからず、援兵、日に盛んにして、吾が軍、食に乏《とぼ》し。若《も》し偽《いつわ》りて和を求めて以ってその勢いを緩《ゆる》うせば、東城の米は一年を支《ささ》うるに足れば、和を求むるの際に因《よ》り、米を運びて石頭に入れ、援軍も必らず動くを得ざれば、然る後、士を休め馬を息《いこ》わせ、器械を繕修し、その懈怠《かいたい》するを伺《うかが》いてこれを撃たば、一挙に取るべからん」と。景、これに従う。その将なる任約・于子悦《うしえつ》を遣《や》りて城下に至って、拝表して和を求め、先の鎮に復《かえ》らんことを乞わしむ。太子、城中窮困せるを以って、上《しょう》に白《もう》してこれを許さんことを請う。上、怒りて曰わく、「和せんより

軍相仗不レ戦。宜下且許二其和一。
更為中後図上。上遅回久レ之。乃曰。
汝自図レ之。勿レ令レ取二笑千載一。
遂報許レ之。

死するに如《し》かず」と。太子、固く請いて曰わく、「侯景、囲逼《いひつ》すること已《すで》に久しく、援軍、相仗《あいたの》みて戦わず。宜しく且《しばら》しその和を許して、更に後図《と》を為すべし」と。上、遅回これを久しうして、乃ち曰わく、「汝、自《み》ずからこれを図《はか》れ、笑いを千載に取らしむる勿《なか》れ」と。遂に報じてこれを許す。

そのはじめ台城が封鎖されたとき、政府首脳たちは食糧のことが念頭にあり、男女貴賤の別なく、みなが総出で米穀を背負って運び、四十万斛《こく》を確保したし、政府の各種倉庫の銭帛すなわち税収入の貨幣や、絹布五十億銭分を引きあげて、いずれも徳陽堂に集積したが、薪やまぐさ、魚類や塩の準備を怠った。――「初」はつぎの「至是」に呼応する。「府蔵」の府も倉庫、主として文書や重要財貨を収蔵する。蔵は国税収納庫。「徳陽堂」は胡三省の注に「天監六年（五〇七）閲武堂（武道館か）を徳陽堂と為す、南闕の前に在り」という。前年九月、侯景軍が慈湖まで迫ったとき、「諸寺庫の公蔵銭を摂《おさ》めて、これを徳陽堂に聚《あつ》め、以って軍実（軍需物資）に充《あ》て」た（巻一六一、上記の胡注はその条にみえる）。

このころ――太清三年（五四九）二月――になり、当初に準備を怠った物資が窮乏を告げ、尚書省を取りこわして薪をつくった。また、上敷《うわじ》きを取り払い、それをきざんで馬の飼料にあて、それも底をつくと、馬にこめの飯を食わせた。

肉食を必要とする戦闘員に備蓄肉がなくなると、なかには鎧《よろい》の皮革を煮たり、鼠をいぶしたり、雀をつかまえて食べたりしている。天子の食事の調理場に乾し海苔《のり》があった。味が酸っぱくてしおっ辛い。すなわち残りもので変質しているのを、兵士たちに分けあたえた。「腅」は脯（ほじし）、保存肉をいう。「熏」はくすべて捕獲する。この語は『毛詩（詩経）』豳《ひん》風・七月の詩にもとづく。「甘露厨」とは仏教における呼称で炊事場をいう。

兵隊連中は宮殿や官庁の近辺で馬を殺して、それに人間の肉をまぜたりしたが、食べたものはきまって病気になった。――『南史』侯景伝によれば、賊軍は城内にそそぐ水路に毒を投じたので、城中のものは体がむくんで大量の死者が出たともいう。しかしながら、包囲する侯景の側も同様に食糧の危機が迫っていた。

侯景の兵隊たちも飢餓状況にあり、もはや掠奪に出ても収穫はゼロだった。東城すなわち台城の東にある東府城には、一年間持ちこたえうる米穀があるのだが、援軍に通路を遮断されている。しかも、荊州軍すなわち荊州刺史・湘東王の救援部隊がまもなく到着するという。侯景はたいへん憂慮した。

王偉がいった、

「いまのところ、台城は急に陥落できる情況でなし、援軍は日ごとに勢力を増大しつつあり、わが軍には食糧が不足しております。もしもいつわりの和議を求めてあい手の気勢をゆるめるとします、東城の米は一年間は十分持ちこたえられますから、和議を求めている機会に乗じて、石頭城に米を運ぶのです。救援部隊もきっと手が出せますまい。そうしておいて、兵や軍馬に休養をとらせ、武器の修理もして、かれらが気をゆるめた隙をねらえば、一撃で攻略できましょう。」――「石頭城」は台城の西方にある石頭山の城寨。

侯景は王偉の進言に従うことにした。部下の指揮官任約・于子悦《うしえつ》を城壁のもとに派遣し、うやうやしく上表文を提出して和議を申し入れ、かれ自身はもとの鎮所すなわち寿陽にもどらせていただきたいといわせた。――その実、寿陽は前月すでに、留守を託しておいた妻の弟王顕貴が高澄に降伏して、東魏の有に帰していた。

皇太子蕭綱は城中が極度の苦境に陥っているので、天子に言上し、和議の申し入れを許諾されたいとお願いした。

天子は立腹していう、「講和を結ぶぐらいなら死んだがましじゃ。」

――血なま臭い戦火の下をくぐりぬけ、誇るべき文化国家をうち建てた草創の君主と、平和の下に豊かな文明を享受して生い《お》立った嗣子との対比が、期せずしてここに展開される。

皇太子は強硬にお願いする、「侯景の包囲による脅威をうけて久しくなりますし、救援軍はお互い同士もたれ合って戦ってくれませぬ。ここはいちおう和議の申し入れを許し、あらためて将来の計画を立てるがよいと存じまするが。」

天子はながい間ためらったすえにいった、「そちの思うようにはからえ。千載の後に笑い草にならぬようにな。」

かくて和議を許諾するむね返答した。「遅回」はあれこれ思案してためらう。

――和議は成立した。侯景の領土割愛（南豫州・西豫州・合州・光州など江右の四州）と引替え条件に、梁朝側からは皇族の人質を提供、二月十三日、西華門前において犠牲を供えて血を歃《すす》る儀式が挙行された。しかし、その後、侯景はいっこうに包囲態勢を解いて寿陽に引揚げる様子がない。抗議を申し入れると、東魏に占領されたことを口実にしてあいまいである。城中はいよいよ窮乏を告げた。熱烈な仏教信者で菜食主義の武帝も鶏子《たまご》を食べざるをえない。栄養失調は城中のすべての人に拡がっていった。籠城当初、一般市民男女合わせて十余万、戦闘員二万人あまりを数えたのが、全身むくんで死ぬものが八、九割に及び、城壁に登って防備にあたる四千人足らずの兵士たちも、みな体力が消耗して息切れする状態である。死体は道路を埋めつくし、その腐汁が溝にみちている。しかも、城中のものが一日千秋の想いで待望する援軍は依然として侯景をおそれて足踏みし、最も期待された湘東王蕭繹は、郢州の武城（湖北省黄陂県の東南）まで進軍しながら、和議成立の通告をうけると、硬骨の部下蕭賁《ほん》の忠告をきかず、かれを殺害してまで軍をかえしてしまう。

一方、侯景はその間に乗じて、東府城の食糧をせっせと石頭城に運び、兵馬の休養、兵器の修理など、すべての予定を完了する。
かくて約一か月が経過した三月三日、ひとり血気にはやる南康王の蕭会理――武帝の四男蕭績の嗣子――が、東府城の北に進駐して、夜陰にまぎれて軍を移動させ、急襲をかけさせるが、侯景軍に感づかれ、戦死・溺死者あわせて五千人にのぼる惨敗を喫する。侯景はかれらの首を宮城前に積みあげて、城中に見せつける。

*

景又使二于子悦求一レ和。上使三御史中丞沈浚至二景所一。景実無二去志一。謂レ浚曰。今天時方熱。軍未レ可レ動。乞且留二京師一立レ効。浚発レ憤責レ之。景不レ対。横レ刀叱レ之。浚曰。負レ恩忘レ義。違二棄詛盟一。固天地所レ不レ容。沈浚五十之年。常恐不レ得二死所一。何為以レ死相懼邪。因径去不レ顧。景以二其忠直一捨レ之。

景、又た于《う》子悦をして和を求めしむ。上、御史中丞なる沈浚《しんしゅん》をして景の所に至らしむるに、景、実に去る志《こころ》なし。浚に謂いて曰わく、「今、天時方《まさ》に熱《あつ》く、軍未《いま》だ動かすべからず。乞う且《しば》らく京師に留まりて効を立てん」と。浚、憤りを発してこれを責む。景、対《こた》えず、刀を横たえてこれを叱《しっ》す。浚曰わく、「恩に負《そむ》き義を忘れ、詛盟《そめい》を違棄す。固《もと》より天地の容《い》れざる所なり。沈浚五十の年、常に恐るるは死所を得ざらんことを。何為《す》れぞ死を以って相懼れんや」と。因りて径《ただ》ちに去りて顧りみず。景、その忠直なるを以ってこれを捨つ。

侯景はまたも于子悦をやって和議を申し入れさせる。——といえば、へんにおもわれようが、周囲の情況がふたたびかれへの反撃に傾きつつあったからである。

天子は御史中丞すなわち最高検検事の沈浚《しんしゅん》を侯景のもとに行かせたが、侯景には事実撤退する意志がなく、沈浚にいった、

「いまは暑熱のさかりで、軍を動かすにはぐあいがわるい。当分都に留まって尽力させていただきたい。」

沈浚は怒りを爆発させてなじった。侯景は答えず、刀を横にもちなおし叱りつける。

沈浚はいった、「恩義を忘れ去り、盟約に違背しおった罪は、天地も容赦したまわぬところ。この沈浚は五十路《いそじ》の身、いつも気がかりは死に場所を見つけることじゃ。殺されるからとていまさら恐れるあい手などないわ。」

「死を以って相懼る」は、殺すぞと脅迫されたからといっておまえさんを怖がる意。「相」は侯景に対して一方的にいい、〝たがいに〟ではない。

そういうと振りむきもせずすたすたと立ち去った。侯景はかれのひたむきな忠誠に免じて、そのまま捨てておいた。殺さずに見のがしたというのである。

——読者の記憶になお新しいことと思う、侯景はさきごろも、羊侃《ようかん》のひたむきの忠誠に

免じて、抑留中のむすこ羊鷟《ぞく》を殺しはしなかった（二二九ページ参照）。訳者がその条とともに本条を引用したのは、無事太平になれ文弱に堕し去った梁朝の数ある臣下のうちで、きわめて稀なる硬骨の士を紹介する目的もなかったわけでないが、実は、むしろ侯景の人間的側面、おそらくはかれの唯一のモラルともいうべき特徴を指摘したかったからである。これに類する記事は、少しく注意するとなお数か処を見いだすことができる。

景、義としてこれを釈《ゆる》す。（巻一六一、霍俊）

侯景、その節を守るを嘉《よみ》して、これを活かさんと欲す。……景、猶おその一子を全うせんと欲す。（巻一六二、張嵊）

冕《べん》、竟《あ》くまで服せず。景、乃ちこれを宥《ゆる》す。（巻一六三、褚冕）

霍俊以下は、いずれも侯景にとって敵の側に属する人物であり、なかにはかれを罵倒したものもある。それにもかかわらず、敵ながらあっぱれな忠誠ぶりに、侯景は侯景なりに感動して、釈放ないし死一等を減ずるのである。かれの残忍性については『南史』侯景伝にもいう、

景、性《うま》れつき猜忍《さいにん》（疑いぶかく残忍）にして殺戮を好み、恒《つね》に刃《やいば》を手にするを以って戯れと為す。方《いま》し食するとき、人を前に斬り、言笑自若《じじやく》たりて、口、湌《くら》うを輟《や》めず、或るいは先ず手・足を断ち、舌を割《さ》き鼻を劓《けず》り、日を経て乃ちこれを殺す。

みぎの『南史』の記述は、必らずしも信用できぬとしても、本書に収める部分にも類似

の話はみえる。あわせて五条を数える侯景の寛恕のエピソードは、ひごろのかれの殺人鬼のイメジとまったく異質である。しかも、これら五条の原拠は一例を除き、侯景伝以外のかれら忠臣たち自身の伝記に収められている。おそらく司馬光は、侯景におけるこの唯一のモラルに着目し、その一々を丹念に拾いあげて、通鑑のうちに収録したと推定される。

――さて、すでにいつわりの和議を申しいれた侯景の目的は、すべて果たされた。かれはいよいよ和議を破棄して、ふたたび攻城戦を開始する。そして、台城の陥落はあっけなく訪ずれる。

*

於レ是景決二石闕前水一。百道攻レ城。昼夜不レ息。邵陵世子堅屯二太陽門一。終日蒱飲。不レ恤二吏士一。其書佐董勛・熊曇朗恨レ之。丁卯。夜向レ暁。勛・曇朗於二城西北楼一引二景衆一登レ城。永安侯確力戦。不レ能レ却。乃排

是《ここ》に於いて景、石闕《せっけつ》の前なる水を決し、百道より城を攻め、昼夜息《や》まず。邵陵の世子堅《けん》、太陽門に屯し、終日蒱飲《ほいん》し、吏士を恤《あわ》れまず。その書佐董勛《とうくん》・熊曇《ゆうどん》朗《ろう》、これを恨む。丁卯《ひのとう》、夜、暁《あ》け向《な》んとして、勛・曇朗、城の西北なる楼に於いて景の衆を引きて城に登らしむ。永安侯なる確、力戦するも、却《しりぞ》くる能わず、乃ち闥《とびら》を排して入り、上に啓して云う、「城、

レ闔入。啓レ上云。城已陥。上安臥不レ動。曰。猶可二一戦一乎。確曰。不可。上歎曰。自レ我得レ之。自レ我失レ之。亦復何恨。因謂レ確曰。汝速去。語二汝父一。勿下以二二宮一為上念。因使レ慰二労在外諸軍一。

已《すで》に陥《お》ちたり」と。上、安臥して動ぜず、曰わく、「猶お一戦すべけんや」と。確曰わく、「不可なり」と。上、歎じて曰わく、「我よりしてこれを得、我よりしてこれを失う、亦た復た何をか恨みん」と。因りて確に謂いて曰わく、「汝、速かに去り、汝の父に語れ、『二宮を以って念と為す勿れ』」と。因りて在外の諸軍を慰労せしむ。

そこで侯景は石闕、石造りの宮城の門、大手門ともいうべき正門の前にある玄武湖の堤をきって城内にそそぐ水攻め作戦に出て、あらゆる方面から昼夜やすみなく攻撃した。——破綻は微細なところから起こるものである。台城六門の一つである太陽門の守備にあたっていた邵陵王蕭綸《りん》の嫡子蕭堅は、一日中樗蒱《すごろく》と酒にふけり、部下の将兵や軍吏に対するいたわりを欠き、かれの書記官董勛《とうくん》・熊曇朗《ゆうどんろう》はかれに恨みをふくんでいた。——蕭綸は武帝の六男、簡文帝の異腹の弟である。その長男堅は不肖のむすこでぐうたらだった。「樗蒱」（蒲にも作る）は賭博の一種で、すごろく類似の遊び。かれは部下に戦功があっても上申せず、かれらが疫病に倒れてもろくに手当てをしてやらなかった（『南史』巻五十三および『梁書』巻二十三）。なお、正史では董勛華と白曇朗につくり、少なくとも熊曇朗のほうは、はるか後に出現するまったくの別人であり、これはあきらかに通鑑のミスであるといわれる。

三月十二日、夜のあけやらんとするころ、董勛・熊曇朗のふたりは、城壁の西北やぐらから、侯景の部隊を手びきして、城壁に登らせた。蕭堅の弟永安侯蕭確は奮戦したが撃退できず、そこでけたたましく扉をあけてかけこみ、おかみに申しあげた、「城が落ちましたっ。」

「排闥」の闥《たつ》は小門、排は推す。したがってドアを推しひらくということだが、では〝推門〟と同じかといえば、そうでない特殊なイメジが、この語には付帯している。かの漢の高祖が、黥布《げいふ》の叛逆した重大な時に病み、部下の面会を謝絶しながら宦官とふざけて、安閑を楽しんでいた。かつて項羽を威圧した武将の樊噲《はんかい》はたまりかねて、忠告のためひとり高祖の寝室にふみこむ。『史記』樊噲伝(『漢書』も同じ)にいう、「噲、乃ち闥を排して直ちに入る。」これは著名な一段で、このエピソードは晩唐・昭宗(九世紀末)のころ「樊噲排闥」という外題のもとに歌舞伎にもしくまれている。演劇のことはさておいても、旧中国の士人なら、「排闥」の語をみればただちに、けたたましくドアをおしひらいてとびこむ、気負いたった樊噲のイメジを描くはずである。すなわち、この語のしめす動作はあらあらしさを伴のう。だから、つぎの落着いた天子との対比がいっそう強調されるのである。

天子はのんびりと寝そべり、すこしもさわがずにいった、「まだ一《ひと》合戦やれるのか。」

蕭確「だめです。」

天子は歎いた、「自分で物にしたものを自分で失なうんだから、このうえ恨みに思うことはないな。」

そこで蕭確にいった、「そちはすぐ立ち退き、そちの父にしらせなさい、わたしたちふたりのことで気をもむことはないとな。」――「二宮」とは天子と皇太子をさす。下文の「両宮」（二五五ページ参照）の胡三省注に「上台（天子の御所）および東宮を謂う」とある。

ついでに、中央以外の各地で侯景に抵抗しつつある軍を慰めるようにいわれた。

＊

俄而景遣下王偉入二文徳殿一奉謁上。上命褰レ簾開レ戸引レ偉入。偉拝呈二景啓一。称為二姦佞所一レ蔽。領レ衆入朝。驚二動聖躬一。今詣レ闕待レ罪。上問。景何在。可二召来一。景入見二於太極東堂一。以二甲士五百人一自衛。景稽二顙殿下一。典儀引就二三公榻一。上神色不レ変。

俄かにして景、王偉をして文徳殿に入りて奉謁《ほうえつ》せしむ。上《しょう》、命じて簾《すだれ》を褰《かか》げ戸を開き、偉を引きて入らしむ。偉、拝して景の啓《けい》を呈するに、称すらく、「姦佞《かんねい》に蔽《おお》われたまえば、衆を領して入朝し、聖躬《せいきゅう》を驚動せしむ。今闕《けつ》に詣《いた》りて罪を待つ」と。上問う、「景、何《いず》くに在りや、召して来たらしむべし」と。景、入りて太極東堂に見《まみ》え、甲士五百人を以って自《み》ずから衛《まも》る。景、殿下に稽顙《けいそう》す。典儀、引きて三公

問曰。卿在二軍中一日久。無二乃為レ労。景不二敢仰視一。汗流被レ面。又曰。卿何州人。而敢至レ此。妻子猶在レ北邪。景皆不レ能レ対。任約従レ旁代対曰。臣景妻子皆為二高氏一屠。唯以二一身一帰二陛下一。上又問。初渡レ江有二幾人一。景曰。千人。囲二台城一幾人。曰。十万。今有二幾人一。曰。率土之内。莫レ非二己有一。上俛レ首不レ言。

の榻《とう》に就《つ》かしむ。上、神色変ぜず、問うて曰わく、「卿、軍中に在ること日久し。乃ち労を為す無からんや」と。景、敢えて仰視《ぎょうし》せず、汗流れて面を被《おお》う。又曰わく、「卿、何州の人にして、敢えて此《ここ》に至れる。妻子は猶お北に在りや」と。景、皆な対《こた》うる能わず。任約、旁らより代り対えて曰わく、「臣景の妻子は皆な高氏の為めに屠《ほふ》られ、唯だ一身を以って陛下に帰せり」と。上、又問う、「初め江を渡りしとき幾人ありや」と。景曰わく、「千人なり」と。「台城を囲みしとき幾人なりや」と。曰わく、「十万なり」と。「今、幾人ありや」と。曰わく、「率土《そつど》の内、己《おの》が有《ゆう》に非ざる莫《な》し」と。上、首を俛《ふ》せて言わず。

とつぜん、侯景の命をうけた王偉が、文徳殿にはいって来て拝謁する。「文徳殿」は建康宮の前殿（巻一六〇、胡注）。天子はみすをかかげ、室のとびらを開けさせ、王偉を案内してはいらせる。王偉は拝礼して、侯景の上奏文を奉呈する。それにはつぎのとおり書かれていた。

「奸悪讒佞《かんあくざんねい》の臣下に耳目をおおわれ給うため、部隊を引きつれて参内いたし、かしこきん身をお騒がせ申しました。ただ今、御所のもとに参上いたし、ご処分を待っております。」

――実は、この啓の文章は『梁書』ないし『南史』にはみえていない。この臆面ない、事実とまったく相反する文章の一部収録はかなり効果的であり、司馬光はけっして単なる簡略を旨としなかったことがわかる。

天子がたずねる、「侯景はいずれじゃ、呼んでここへ来させるがよい。」

侯景は参内して太極殿《たいごく》の東堂（二六四ページ参照）で拝謁した。武装兵五百人に身辺を護衛させるものものしさである。侯景は御殿の下で額《ひたい》を地にすりつけて平伏する。「稽顙」は稽首ともいう、顙はひたい。

礼典がかりが案内して、人臣としては最高位の三公の榻《ソファ》に坐らせる。唐・杜佑『通典』巻十九にいう、「魏・晋・宋・斉・梁・陳・後魏・北斉はみな太尉・司徒・司空を三公となす。」

天子は顔いろ一つ変えずにたずねる、「そなたは長いあいだ戦陣にくらし、苦労したんじゃないかな。」――「卿」はていねいな二人称、いちおう敬称を使った。「無乃」は〝……ではあるまいか〟という疑問の助字。

侯景は仰ぎみることもようせず、顔じゅう汗が流れている。

またいわれた、「そなたはいずれの州の生まれじゃ、ようまあここまでおいでじゃった。妻子はまだ北方に残してかな。」

侯景はどちらにも返答できない。――武帝の問いは多分に皮肉をふくむ。「無乃為労」は〝ご苦労千万じゃな〟とも読めるし、「而敢至此」の敢は〝よくもまあ〟とあきれることば。その大胆さをたたえるともとれるし、身のほど忘れたぬけぬけしさを意味するともとれる。〝どこのお人か知らぬが、よくもまあ妻子を捨ててまでここへやって来た〟。侯景は、おそらくみずからも出身地の確かな記憶がなかったおとこであるらしい。『南史』侯景伝には〝魏の懐朔鎮（後魏・六鎮の一、西北辺区オルドス地帯）の人〟というし、『梁書』には〝朔方（同上）の人、或るいは雁門（山西省代県の西北）の人と云う〟とあり、きわめてあいまいである。かれ自身は異民族を軽蔑して、漢人らしく装うが、羯《けつ》族の出身とする今人の考証もある（姚薇元『北朝胡姓考』）。なお、妻子に関する質問は『梁書』『南史』の双方にみえないことも注意されてよかろう。

侯景が返答しかねたのは以下にみえるように犯しがたい天子の威厳に圧倒されただけでなく、かれの弱点をつく天子の皮肉な質問にもよるであろう。しかもこの簡単な質問に即答できず、かれはびっしょり冷汗を流している。読者はここで、かつての日の侯景が〝かならず江を済《わた》りて蕭衍老公を縛取せん〟と豪語したことを想起してもらいたい。かれの豪語はほぼ実現されたが、このていたらくである。あまりのぶざまに見かねた側近が代弁する――

任約がそばから代って答えた、「臣侯景の妻子は高氏に殺害され、身一つで陛下に投じました。」――「臣侯景」はみずから称する表現〝わたくしめ〟。母親がはにかむ坊やに代って〝ぼくは……〟というに似る。いよいよだらしない征服者であるが――

天子がまたたずねた、「そのかみ長江を渡って江南に参られたとき、何人だった。」

侯景「千人でござった。」――はじめてかれは口をきく。

「台城を包囲したときは何人だった。」

「十万でござった。」

「してただ今は何人。」

「さい果ての地まで、すべてそれがしのものでござる。」

天子はうつむいて、黙る。

――後半の部分は『南史』にのみ拠る。急所を突かれて黙りこんだ叛逆者も、ひとたび得意の面に質問がむけられると、俄然勢いづいて、ついに「率土の内、己が有に非ざる莫し」と豪語する。そしてこのたびは、天子のほうが黙りこむ。前半の部分があってこそ、対照の妙を発揮するのである。「率土の内云々」はいうまでもなく、『毛詩（詩経）』小雅・北山の「普天の下、王土に非ざる莫く、率土の浜《かぎ》り、王臣に非ざる莫し」を巧みにもじる。無学のかれにしてはまさに上出来である。創作の疑いなきにしもあらずの感が深い。
――侯景の意外な畏縮は、皇太子の前にあっても同じである。

*

景復至二永福省一見二太子一。太子亦無二懼容一。侍衛皆驚散。唯中庶子徐摛・通事舎人陳郡殷不害側侍。摛謂レ景曰。侯王当二以レ礼見一。何得レ如レ此。景乃拝。太子与言。又不レ能レ対。

景、復《ま》た永福省に至りて太子に見《まみ》ゆ。太子も亦た懼《おそ》るる容《かお》なし。侍衛、皆な驚き散じ、唯だ中庶子なる徐摛《じょち》・通事舎人なる陳郡の殷《いん》不害のみ側らに侍す。摛、景に謂いて曰わく、「侯王、当《まさ》に礼を以って見《まみ》ゆべし。何ぞ此《か》くの如くなるを得ん」と。景、乃ち拝す。太子、与《とも》に言う。又、対《こた》うる能わず。

侯景はさらに永福省に行き、皇太子にお会いした。――「永福省」は禁中にあり、劉宋朝以来皇太子の住居すなわち東宮御所とされたという（胡注）が、この場合、太子がここへ居を移したのは、ちょうど二か月前の正月十二日のことだった。
皇太子もかれを恐れる様子がない。側近や護衛はみな驚いて逃げ去り、中庶子すなわち東宮の侍従官である徐摛《じょち》と、東宮の通事舎人すなわち謁見取次官である陳郡（河南省項城県の東北）出身の殷不害だけが側にひかえていた。

徐摛が侯景にいった、「侯王どの、礼法どおり拝謁するべきじゃ、こんなふうではなりませんぞ。」——このせりふは、侯景がはじめ征服者として、あるいは粗野な軍人として、拝礼もせず、横柄な態度で接したことを物語る。徐摛のたしなめに又も毒気を抜かれたか、かれは意外に従順である。

侯景はそこで拝礼を行なった。皇太子がかれに話しかける。侯景はまたしても返事ができなかった。

徐摛（四七二—五四九）はかの徐陵（五〇七—五八三）の父、かつて皇太子の侍読（家庭教師）から領直（衛兵監督）をつとめていたころ、その〝軽麗な文体〟が〝宮体〟と呼ばれて東宮御所に仕える人びとの間を風靡した。軽薄な文体を流行させたと聞いて怒った武帝は、かれを呼びつけて詰問しようとしたところ、〝応対明敏にして、辞義の観るべきものがあった〟。そこで経・史の分野や仏教方面のことを質問すると、いずれも明晰な返答がはねかえって来た。叱るつもりだった武帝はすっかり感歎し、寵遇日々に隆んになったという（通鑑・巻一五五、中大通三年四月の条）。かれはこの年、やがて即位する太子、すなわち簡文帝が幽閉され、侯景によって出入りが禁止されると、憂悶が昂じてついに憤死する。

殷不害（五〇五—五八九）は陳郡長平（河南省済源県）の人、簡文帝には東宮時代から仕える文学のあい手であり（二七六ページ参照）、実務にも通じていたらしい。

景退。謂㆓其廂公王僧貴㆒曰。吾常跨㆑鞍対㆑陳。矢刃交下。而意気安緩。了無㆓怖心㆒。今見㆓蕭公㆒。使㆓人自慴㆒。豈非㆓天威難㆒㆑犯。吾不㆑可㆓以再見㆒㆑之。於㆑是悉撤㆓両宮侍衛㆒。縦㆑兵掠㆓乗輿・服御・宮人㆒皆尽。

＊

景退き、その廂《しよう》公王僧貴に謂いて曰わく、「吾、常に鞍に跨《またが》り陳《じん》に対し、矢《し》刃《じん》交《こも》ごも下《くだ》れるに、意気安《あん》緩《かん》たりて、了《つい》に怖るる心なかりき。今、蕭《しよう》公に見《まみ》ゆるに、人をして自《おの》ずから慴《おそ》れしむるは、豈《あ》に天威の犯し難きに非ずや。吾、以って再たびはこれに見《まみ》ゆるべからず」と。是《ここ》に於いて悉《こと》ごとく両宮の侍衛を撤し、兵を縦《はな》ちて乗輿《じようよ》・服御・宮人を掠《りやく》して皆な尽くさしむ。

侯景は退出すると、側近の王僧貴にいった、

「わしはしょっちゅう馬にまたがり最前線に出て、矢だまや白刃のもとにあっても、気分はのんびりしたもので、全然おそろしいなんて思ったことはない。なのにいま蕭公に会うたおり、しぜんに身のすくむ思いにさせられた。こりゃなにか犯しがたい天子の威光というものじゃないかな。この人には二どと会うちゃいかん。」

——その生涯を戦塵の中に過ごし殺戮のみを生きがいの如くにして来た男の、これは異

なる文明の世界における最初の体験であり、かれ自身にもまったく意外な真実の告白である。

そこで侯景は、両御所の侍従や護衛をすっかり召しあげ、部隊のものを自由にふるまわせて、お召し車や用度品・宮女たちを残らず掠奪してしまった。――「厢公」は腹心のとりまき（二七四ページ参照）。「服御」は衣裳・調度など一切の用度品。

*

初。臨賀王正徳与レ景約。平レ城之日。不レ得レ全二二宮一。及二城開一。正徳帥レ衆揮レ刀欲レ入。景先使二其徒守一レ門。故正徳不レ果レ入。景更以二正徳一為二侍中・大司馬一。百官皆復二旧職一。正徳入見レ上。拝且泣。上曰。啜其泣矣。何嗟及矣。

初め、臨賀王正徳、景と約すらく、城を平らぐるの日、二宮を全うするを得ざれと。城開かるるに及び、正徳、衆を帥《ひき》い、刀を揮《ふる》って入らんと欲す。景、先にその徒《と》をして門を守らしむ。故に正徳は入るを果たさず。景、更に正徳を以って侍中・大司馬と為す。百官、皆な旧職に復す。正徳、入りて上《しょう》に見《まみ》え、拝し且つ泣く。上曰わく、「啜《よよ》としてそれ泣く、何ぞ嗟《なげ》くも及ばん。」

そのかみ、とは叛逆当初をさす、臨賀王蕭正徳は侯景と、「台城平定のあかつきには、両御所をそのまま奉っておいてはいけない」と約束しておいた。――「全」とはそっくり元の地位のままにしておくこと。「不得」はしばしば禁止の語に転化する。法律文書などの禁止事項におけるこの語は、すべてこの用法に属する。なお「全うするを得ざれ」は〝活かしておいてはならぬ〟という極端なケースを考えていいかもしれない。さて、ふたりの約束は一方的に破られる。

いざ台城のあけ渡しというとき、蕭正徳が部隊をひきい指揮刀をふりかざして入城しようとすると、侯景は先刻自分の一党に城門を固めさせており、だから蕭正徳は一番乗りを果たせなかった。――主導権を奪われたというのである。そのうえ平定後の人事で、侯景はかれを天子から侍中・大司馬におとし、文武百官はみな原職に返りさく措置をとった。――かくて蕭正徳が実際に天子の座におさまる夢はまたしてもうち砕かれた。

台城が陥落して二、三日後のことである――蕭正徳は参内して天子におめにかかり、拝礼しながら泣いた。

武帝は『毛詩（詩経）』王風・中谷有蓷《たい》の二句を返事にかえた。

――この部分、事実をそのまま伝えるだけの、さりげない叙述（『南史』にもとづく）であるが、文字の背後に秘められたふたりの感情の拡がりは微妙である。『詩経』の原詩は、飢饉のために夫と離別をよぎなくされた女性の悲嘆を絶望的にうたい、二句はその第三節、すなわち全詩の最末尾のそれである。先行する四句を挙げておこう。

中谷《たにま》に雈《おぎ》あり
暵《ひで》りにそれ湿《ぬ》れそぼつ
女あり仳《わか》れ離《さ》りて
啜《よよ》としてそれ泣く

かんばつですべてが乾ききったさなか、ひとり濡れただれている荻《おぎ》、それはよよとして泣きくずれる別離の妻の比喩（興）として歌われている。武帝はかつてかれに愛をそそいでくれた養父である。想えば、この人はたびかさなるかれの乱行にも寛大な処置をとってくれた。それなのにかれは逆怨みして、叛逆にまで加担してしまった。信じていた侯景に裏切られた蕭正徳は、いまはじめて奈落の底におちゆくような孤独感におそわれ、かつて自分を愛してくれた肉親への思慕が、犯した過失の大きさをも忘れさせて、幼児のように勃然と湧きあがった。古典の詩句を借りた武帝の答えは、卒然として読めば一たび離叛したおまえだ、いまさら後悔しても手遅れだ、と冷たくつき離すようにとれよう。だが訳者には、武帝が、詰責と憐愍とそして慰撫とが複雑に交錯した心境を、この二句に託したように思われる。〝中谷有雈〟詩のヒロインに対する読み手の感情を、無視するわけにゆかないからである。少なくとも、いま蕭正徳に詰責のことばをつきつけることは、武帝には躊躇された。それが詩句を借りさせた所以であったろう。

臨賀王蕭正徳はそれから三か月後、侯景に裏切られた腹いせに、鄱陽王蕭範（二一六ページ参照）に密書を送り、兵をひきいて台城に入らせようとするが、その手紙を途中で侯景に奪われ、六月二十九日、かれはついに侯景のために扼殺される。

――以下には侯景の制圧下における武帝の幽囚生活がのべられる。

＊

上雖三外為二侯景所一レ制。而内甚不平。景欲下以二宋子仙一為中司空上。上曰。調二和陰陽一。安用二此物一。景又請下以二其党二人一為中便殿主帥上。上不レ許。景不レ能レ強。心甚憚レ之。太子入。泣諫。上曰。誰令二汝来一。若社稷有レ霊。猶当二克復一。如其不レ然。何事流涕。

上《しょう》、外《そと》、侯景に制せらると雖も、而《しか》も内《うち》、甚だ不平なり。景、宋子仙を以って司空と為さんと欲す。上曰わく、「陰陽を調和する、安《いずく》んぞ此の物を用いんや」と。景、またその党の二人を以って便殿の主帥《すい》と為さんと請う。上、許さず。景、強《し》うる能わず、心に甚だこれを憚《はば》かる。太子入り、泣きて諫《いさ》む。上曰わく、「誰か汝をして来たらしむる。若《も》し社稷《しゃしょく》、霊あらば、猶お当《まさ》に克復《こくふく》すべし。如し其《そ》れ然らざるも、何事ぞ流涕せん」と。

天子は表面的には侯景に制圧されているようにみえたが、心中ははなはだ穏やかでなかった。――武帝の不平は、機会を見つけて爆発する。

侯景が宋子仙を三公の一に列する司空に任命しようとすると、天子はいった、「天地陰陽の二気を調和する枢要職に、こんなやつが使いものになるか。」――「宋子仙」はいうまでもなく侯景の腹心である。「陰陽」は天地間のすべての現象を構成する二つの元素、それを「調和」するとは、天下を治める宰相の務めをいう。『漢書』貢禹伝に「陰陽を燮理《しょうり》す」にもとづく。「此和し、万物を陶冶《とうや》す」とある。『尚書（書経）』周官の「陰陽を燮理す」にもとづく。「此物」は後世の俗語なら〝這箇東西（このしろもの）〟というところ、人間を人間扱いせぬ罵倒語。

侯景はまた、かれの一党に属する二人を便殿、すなわち寝殿わきの控えの別殿の総指揮にさせていただきたいと願い出たが、天子は許可しない。侯景は強制することをようせず、心中ひどくけむたく思った。――かれは武帝がじぶんの制圧のままになってるとばかり思っていたところ、意外に手ごわいことを知り、ひるんだわけである。初対面で体験したふしぎな威圧感がまだ作用しているかもしれぬ。武帝のこの毅然たる態度にはらはらしたのは、皇太子である。かれは御座所に入り泣いて忠告した。

天子はいった、「誰のさしがねで参った、もしも社稷の神々に霊なるものがあるなら、国は元どおり立ち直るはずじゃ。もしそうでなけりゃ、涙を流したってはじまらぬわ。」

――「社稷」は国家が祀る土地神と穀物神。「霊ある」とは霊験あらたかなるときなどに習用される語。

＊

景使三其軍士入直二省中一。或駆二驢・馬一。帯二弓・刀一。出二入宮庭一。上怪而問レ之。直閤将軍周石珍対曰。侯丞相甲士。上大怒。叱二石珍一曰。是侯景。何謂二丞相一。左右皆懼。是後上所レ求多不レ遂レ志。飲膳亦為レ所二裁節一。憂憤成レ疾。太子以二幼子大圜一属二湘東王繹一。并剪二爪・髪一以寄レ之。

景、その軍士をして入りて省中に直《ちょく》せしむるに、或るいは驢・馬を駆《か》り、弓・刀を帯び、宮庭に出入す。上、怪しみてこれを問う。直閤《こう》将軍なる周石珍、対《こた》えて曰わく、「侯丞相の甲士なり」と。上、大いに怒り、石珍を叱《しっ》して曰わく、「是れ侯景なり、何をか丞相と謂う」と。左右みな懼《おそ》る。是《こ》の後《のち》、上の求むる所、多く志を遂《と》げず、飲膳も亦《ま》た裁節せられ、憂憤《ゆうふん》、疾《やま》いを成す。太子、幼子なる大圜《えん》を以って湘《しょう》東王繹《えき》に属《しょく》し、并びに爪《そう》・髪《はつ》を剪《き》りて以ってこれに寄す。

侯景は兵士に命じて宮城に入らせ、中央政庁に詰めさせていたが、連中のなかには、ろばや馬に乗り、弓や刀を帯びたまま、宮殿の中庭に出入りするものがいた。天子が見とがめてたずねると、直閤将軍すなわち近衛部隊左右衛の指揮官である周石珍が答えた、「侯丞相の兵隊です。」――「怪」は消極的にはいぶかる・へんに思う、積極的にはけしからぬと思う・とがめる意をもつ。

天子はたいそう立腹して、周石珍を叱りつけた、「侯景というんだ、なにが丞相じゃ。」側近のものはみなおぞけだった。――むろん、侯景に聞かれてはたいへんだと〝懼れ〟たのである。「是れ侯景なり」は〝侯景でたくさんだ〟、あるいは侯景二字を一字ずつ強くゆっくりと発音する〝侯景だ〟でもよかろう。

これ以後、天子の要求はほとんど思うとおりにならず、食事も切りつめられた。そのことに対する歎きと憤りが昂じて病気になられた。皇太子は幼児の蕭大圜を湘東王蕭繹《えき》（のちの元帝）のもとにあずけ、自分の爪と髪をも切って託した。――「蕭大圜」は太子の二十男、かぞえ年四歳ですでに「三都の賦」や『孝経』『論語』を暗誦した、聡明利発な子であった。おかげでかれと兄大封のみは難を免がれるが、乱後は元帝の猜疑を避けてひっそくし、経書の学問に専心する。やがて西魏のために江陵が陥落し、五五五年西魏の首都長安に連行されるが、北周王朝に至って、むしろ学者としてかえって優遇される。

――かがやかしい南朝文化の黄金世界をきずきあげた武帝は、その華麗な殿堂を土足で踏み汚されたまま、ついにただひとり悲惨な最期を遂げる。

五月丙辰。上臥㆓浄居殿㆒。口苦。索㆑蜜不㆑得。再曰。荷。荷。遂殂。年八十六。景秘不㆑発㆑喪。遷㆓殯於昭陽殿㆒。迎㆓太子於永福省㆒。使㆓如㆑常入朝㆒。王偉・陳慶皆侍㆓太子㆒。太子嗚咽流涕。不㆓敢泄㆑声。殿外文武皆莫㆓之知㆒。辛巳。発㆓高祖喪㆒。升㆓梓宮於太極殿㆒。是日太子即㆓皇帝位㆒。大赦。侯景出屯㆓朝堂㆒。分㆑兵守衛。

*

五月丙辰《ひのえたつ》、上、浄居殿に臥《が》し、口苦《にが》し。蜜《みつ》を索《もと》めて得ず。再たび曰わく、「荷《か》、荷《か》」と。遂に殂《ゆ》く。年八十六。景、秘して喪《そう》を発せず、殯《ひん》を昭陽殿に遷し、太子を永福省より迎えて、常の如く入朝せしむ。王偉・陳慶、皆な太子に侍す。太子、嗚咽《おえつ》流涕するも、敢えて声を泄《も》らさず。殿外の文武、みなこれを知る莫《な》し。

辛巳《かのとみ》、高祖の喪を発し、梓《し》宮を太極《たいごく》殿に升《のぼ》す。是《こ》の日、太子、皇帝の位に即《つ》き、大いに赦《しゃ》す。侯景、出《い》でて朝堂に屯《とん》し、兵を分かちて守衛す。

五月二日、浄居殿に病臥する天子は口中がにがっぽく、蜜をほしがったがもらえない。そこで「か――、か――」というと、そのまま身まかられた。行年八十六歳。――「荷、荷」は不如意な病臥のはてに食事も通らず、口中の苦渋と乾きを訴える天子の、悲痛な叫び声をうつしたのであろう。あくまで中華の皇帝たる誇りと尊厳を守りぬいた武帝蕭衍の、だが、いまや一片の蜜さえままならぬ最期を強調するために、通鑑の編者は『南史』にのみみえるこの一見些末の擬声を、そのまま移しとったのである。

侯景は武帝の死を秘めて公表せず、遺体を昭陽殿に移し、太子を永福省から迎えて、いつものように参内させた。――『南史』によれば、蕭衍の病臥中も、「皇太子、日中再たび朝し、安否を問う毎に、涕泗《ていし》面《おもて》に交《まじ》わる」とあるから、ふだんの病気見舞いのように参内することを強要されたのである。「昭陽殿」は皇后の宮殿であるらしい。

王偉・陳慶、侯景の腹心ふたりが皇太子の側にひかえている。皇太子はむせび泣いて涙をたれつつ、声をもらすわけにゆかない。――厳重な監視のもとに、声おしころしての慟哭である。御殿の外の文武官たちは、誰も武帝の死に気づかなかった。

五月二十七日、――実に二十六日めである、武帝の死が内外に公表され、お棺が太極殿にのぼされた。「太極殿」は、晋以来天子の正殿をいい、建康のそれは両側に東・西二堂があった（巻一〇一、胡三省注）。この日、皇太子は皇帝の位につき、大赦令が発布された。侯景は政庁に駐屯し、兵隊を分散して守らせた。――天子の死による異常事態の発生にそなえたのである。なお、これより以後の「上」は簡文帝をさす。

*

侯景納㆓上女溧陽公主㆒。甚愛㆑之。

侯景、上《しよう》の女《むすめ》溧陽《りつよう》公主を納《い》れ、甚だこれを愛す。三

三月甲申。景請ニ上禊宴於楽遊
苑一。帳飲三日。上還レ宮。景与ニ
公主一共拠ニ御牀一。南面並坐。群
臣文武列坐侍レ宴。

月甲申《きのえさる》、景、上に禊宴《けいえん》を楽《らく》遊苑に請い、帳飲するこ
と三日。上、宮に還る。景、公主と共に御牀《ぎょしょう》に拠り、
南面して並び坐す。群臣文武、列坐して宴に侍す。

侯景は天子すなわち簡文帝の息女、溧陽公主を妻に迎え、たいそう可愛がった。——まことにさりげない記事であるが、われわれとしては簡単に看過ごしてなるまい。かつて侯景は武帝にむかって、南朝の名族王・謝両姓のいずれかより妻を迎えたいと申請し、家門がつり合わぬと拒絶された。激怒したかれは吐きすてるように「必らず呉児の女《むすめ》をして奴《ど》に配《めあ》わし」てみせようといった。それがいま、王・謝どころではない、南朝天子の皇女をさえわが妻にしえたのである。むろん、強いて文句をつければ、梁室の蕭氏は純粋の〝呉児〟でないが、そんな詮議は無用であろう。いまやかれは、自分を軽蔑したその人の孫むすめを妻にして、みごと復讐を遂げたといえる。しかもかれは、この皇女への愛に沈溺し、それがやがてかれの破滅を間接的に速めようとは、人生は皮肉である。「公主」は皇女（内親王）の称号。

　さて、つぎにのべられるエピソードはまことにたわいない記事だが、侯景の人間を語って余りあるだろう。

大宝元年（五五〇）三月甲申《きのえさる》の日、——とあるが、この年の三月は朔日《ついたち》が庚戌《かのえいぬ》だから甲申の日は三月中にめぐって来ない（陳垣『二十史朔閏表』）、といって三月でないとこまるのだが——侯景は天子に要請して、楽遊苑でみそぎの宴を催してもらい、三日つづけて野外の宴を開いた。

——「禊《けい》」は水辺で邪悪をはらうみそぎの祭りで、酒宴を伴のう。かの晋の著名な書家王羲之（三二一—三七九）の「蘭亭序」で知られる曲水宴、すなわち屈曲した小川に酒杯を浮かべ、屈曲点から屈曲点まで流れる間に詩を詠み、詠めぬものは罰杯をのまされる遊びは、そのおりの酒宴である。漢代にはじまるこの祭りは、はじめ三月上巳《し》（第一巳《み》の日）に行なわれたが、魏王朝このかた干支の如何にこだわらず、三月三日に定着したともいう（『晋書』礼志）。とすれば、ここの「甲申」も三日である可能性が多い。ただし朔日が庚戌であれば、三日は壬子《みずのえね》となり、「甲申」はそのいずれの文字とも形・声とも違って、誤写の疑いはほとんどない。これは朔日の干支算定に疑いをかけうる資料でなかろうか。それはともかく、梁朝の文運さかんな時代、といえば六世紀の二、三〇年代だが、三月の三日または上巳の日には、鳳光殿・林正殿・華光殿などの宮殿でやはり曲水宴が開かれ、沈約《しんやく》（四四一—五一三）・庾《ゆ》肩吾《けんご》（四八七—五五一）・劉孝綽《りゅうこうしゃく》（四八一—五三九）らに応制の作があり、簡文帝その人にも、昭明太子すなわちかの『文選』三十巻の編者が健在のころの作とおもわれる、「三日、皇太子の曲水宴に侍す」（四言十二韻）・「上巳、宴に林光殿の曲水に侍す」

（五言七韻）のほか、庾肩吾・王台卿らと詠んだ曲水宴の日の聯句（一人各五言二韻）も現存している。また「楽遊苑」は玄武湖の南にある御苑で、沈約・丘遅・庾肩吾・何遜・劉苞らの応制詩が現存することによって、九月九日の重陽節の宴は必らずここで開かれたことが知られる。既述のことと想いあわせるとき、楽遊苑の野外において禊宴が開かれること自体が、実は異例であり、そのことからして、侯景の禊宴が曲水宴などという風流韻事とはまったく無縁であることを意味していた。「帳飲」は野外でまん幕を張りめぐらして飲む宴会、旅立つひとの送別宴を郊外で催したりするときに、よくいわれる。

天子が御殿に帰還されると、侯景は公主とともに天子の牀（ベッド状のいわばソファ）を占領し、南向きに並らんで坐り、文武官たちをずらりと従えて宴会をやった。――天子気どりの酒宴のやり直しである。「南面」は臣下に対する君主の座の方向を示す。この語はまた、ただちに君臨する意にも用いられ、反対に〝北面〟は臣として仕えること。「拠」は据に通じ、どっかと坐ることでもある。

――『南史』侯景伝には「帳飲すること三日」につづけていう、

その逆党、咸《み》な妻子を以って自《み》ずから随う。皇太子以下にも、並びに令して馬もて射《い》しめ、箭《や》の中《あ》つるもの、賞するに金《こがね》の銭を以ってす。翌日、晨《あしたな》向らんとして簡文、宮に還る。景、拝伏して苦《ねんご》ろに請うも、簡文は従わず云々。

これに拠れば、朔北の成り上がりものはやはり、ゆかしい〝曲水の宴〟などに関心なく、荒あらしい武技の競争を酒興にえらんだ。文学をこよなく愛した簡文帝が翌朝までかろうじて耐え、夜の白むを待ちかねて席をけり、あらえびすどもとのつき合いを拒んだのも無理はない。たぶん、侯景の稚戯に類する天子気どりは、この簡文帝の拒絶が急にみちびき出したものであったろう。

——それから一月半ののち、簡文帝にとってさらに屈辱的な事件が発生する。

＊

丙午。侯景請三上幸二西州一。上御二素輦一。侍衛四百余人。景浴鉄数千。翼二衛左右一。上聞二糸竹一。悽然泣下。命レ景起舞。景亦請レ上起舞。酒闌坐散。上抱二景于牀一曰。我念二丞相一。景曰。陛下如不レ念レ臣。臣何得レ至レ此。逮レ夜乃罷。

丙午《ひのえうま》、侯景、上《しょう》の西州に幸せられんことを請う。上、素輦《それん》に御《ぎょ》し、侍衛四百余人。景、浴鉄数千、左右を翼衛す。上、糸竹を聞き、悽然《せいぜん》として泣下《なみだくだ》り、景に命じて起ちて舞わしめ、景も亦た上に請いて起ちて舞わしむ。酒闌《さけたけなわ》にして坐散《ざさん》ず。上、景を牀に抱きて曰わく、「我、丞相を念《おも》う」と。景曰わく、「陛下、如《も》し臣を念《おも》わずんば、臣、何ぞ此《ここ》に至るを得ん」と。夜に逮《いた》りて乃ち罷《や》む。

四月二十七日、侯景は天子に対し、じぶんが住む西州城、すなわち台城の西方にある旧揚州の治所に行幸を要請した。天子は白木づくりの輦《こし》に召され、お供の護衛は四百人あまり、侯景はぬれ羽いろの鉄《くろがね》の武装兵が数千人、両側につばさ状に列んで護衛する。――君臣勢威の顛倒を誇示するデモンストレーションである。まことに簡潔な表現ながら、読者に鮮明な対照のイメジを結ばせる。「素輦」は白木づくりのこし車である。もっとも「素」は塗装せぬ生地のままの質素を示すとも解せられるが、われわれはかの秦王朝討滅のあかつき、秦王子嬰《しえい》が「素車白馬、頸《くび》に係《か》くるに組《ひも》を以ってし」て征服者たちを迎え、やがてかれが項羽に殺されることを想起せざるをえない（『史記』巻八、高祖本紀）。「浴鉄」は胡三省の注に「鉄甲の堅滑にして、水を以ってこれに浴《あ》びせたるが若《ごと》きを言う」とある。塗装されぬ白木の輦、水を浴びせたように光沢ある黒い鉄甲の数千、色と光沢がもちこまれたので対照がより強調される。実は、この一段も『南史』侯景伝にもとづくが、その下文をみれば、素輦が不吉な白木のお召車であることがいよいよあきらかになる。

　簡文、西州に至る。景等、逆《むか》えて拝す。上、下屋の白紗帽を冠し、白布の裙《はかま》と襦《うわぎ》を服し、景は紫紬《つむぎ》の褶《かさねぎ》を服し、上《うえ》に金帯を加う。その偽儀同なる陳慶・索《さく》超世等と西向きて坐し、溧陽公主はその母范淑妃《はんしゅくひ》と東向きて坐す。

　簡文帝がかむる〝下屋の白紗帽〟の下屋は、頂部を逆さにした不吉の帽子であるらしく、『南史』巻五・斉和帝紀に、当時の民間における流行としてみえ、編者はいう、「帽なるものは、首の寄する所、今にして下に向かうは、天意の〝元首、方《いま》し猥《いや》賤しまる〟と曰うが若《ごと》きか。」白い紗《しや》の帽子にしろ、白い麻布の裙・襦にしろ、みな侯景に強制されたものである。これほど露骨な屈辱ないし脅迫があろうか。簡文帝はいやでも刻々に迫る死の影を見つめねばならなかった。だから——

天子は管絃の音《ね》を聞き、悲痛なおももちで涙をたれ、侯景に起《た》って舞うよう命じ、侯景も天子に起って舞うよう所望した。

——この部分も『南史』のほうはさらに詳しい。帝の涙を見とがめると、

景、起ちて謝して曰わく、「陛下、何ぞ楽しまざる」と。

上、為《ことさ》らに咲《わら》いて曰わく、「丞相、言え、索超世は此れを聞き以って何の声と為すかを」と。

景曰わく、「臣すら且つ知らず、豈に独り超世のみならんや」と。

上、乃ち景に命じて起ちて儛《ま》わしむ。景、即ち席を下《くだ》り、弦（絃）に応じて歌う。上、顧《かえ》りみて淑妃に命ず。

淑妃、固《こば》より辞めば乃ち止《や》む。景、また礼を上《たてま》つり、遂に上に逼《せま》りて起ちて儛《ま》わしむ。

酒宴もさかりがすぎて、座の人びとが散った。天子は牀《ソファ》のうえから侯景をいだき寄せていった、

「わしは丞相どののことを想うているぞ。」

侯景がいった、「陛下が身どものことを想うて下さるからこそ、ここまで参ったのでご

ざる。」

夜が来てお開きになった。

——まことにふしぎなシーンである。簡文帝のことば「念う」には複雑な感情がこもり、訳者にも実は翻訳不可能なものに属する。読者によって、これはさまざまに読みとれるからである。簡文帝のこの異常な動作と発言はまがいもなく、飲酒によるかれのデリケートな感情の昂揚がもたらしたものだが、もしも簡文帝のこれらに、しのびよる死の脅威を防ぐ打算を想像するなら、それはたいへんな誤りであろう。少なくともそれだけは断言できる。訳者はこのようにみる——簡文帝はいま眼前の侯景に、かならず破滅の一途をたどりゆくべき人間の幻影を見た。その哀れな人間がいまは愛《まな》むすめの婿であるだけに、いっそう憐愍の情がかき立てられた。そのおとこはかれを死の恐怖に陥れており、憐れむべきはむしろかれ自身のほうであるのに、簡文帝はその侯景の身をいとおしんだのではなかったか。だから訳者が強いて訳せば、〝そなたがいとおしゅうてならぬ〟乃至〝いたわしゅうてならぬ〟とするべきであろうか。簡文帝は仏教よりもむしろ老・荘の自然無為にひかれた人である。身のほども弁えず強引な人生を突っ走る侯景の前途を見透したのである。

そして、侯景の返事も、むろん、あい手に調子を合わせたかれの心にもない偽善であったろう。だが訳者はまたしてもふっと想像する——たとえそうであったとしても、その侯景自身さえ、一瞬心底からそう感じて発言したような錯覚にとらわれた、これは征服者・

被征服者をもろに包む六朝期のぶきみな暗雲のもとにおける、真実の火花の交錯であったかもしれないと。

＊

時江南連年旱蝗。江・揚尤甚。百姓流亡。相与入二山谷・江湖一。采二草根・木葉・菱芡一而食レ之。所在皆尽。死者蔽レ野。富室無レ食。皆鳥面鵠形。衣二羅綺一。懐二珠玉一。俯二伏牀帷一。待レ命聴レ終。千里絶レ烟。人迹罕レ見。白骨成レ聚。如二丘隴一焉。

時に江南、連年旱蝗《かんこう》あり、江・揚尤《もつと》も甚だし。百姓《せい》流亡し、相与《あいとも》に山谷《く》・江湖に入り、草根・木葉・菱《りよう》芡《けん》を采《と》りてこれを食らい、所在皆な尽くし、死者、野を蔽《おお》う。富室も食なく、皆な鳥面鵠形《こくけい》、羅綺《らき》を衣《まと》い、珠玉を懐《いだ》き、牀帷《い》に俯伏し、命を待ち終るに聴《まか》す。千里、烟《けむり》を絶ち、人迹、見ること罕《まれ》にして、白骨、聚《むれ》を成して、丘隴《きゆうろう》の如し。

そのころ、江南地方は連年ひでりと蝗《いなご》の害に見まわれ、江州・揚州地区はとりわけ被害が甚大だった。人民たちは流浪逃亡し、つれだって山谷や江湖の地に入り、草の根や木の葉、あるいは菱の実などを採って食べ、到るところ採りつくして、餓死者が野にみちあふれていた。金持ちさえ食糧がなく、みな頬こけ痩せさらぼうて、きららな絹ものをまとい、金銀珠玉をいだきながら、とばりに囲まれた高級ベッドにうつぶせて、ただ死を待つばかりである。見わたすかぎりかまどの煙は絶え、道ゆく人かげはめったに見られず、白骨がさながら丘のように群れなし積まれている。「鳥面鵠形」は鳥のように頸や足が細く、頰がこけたさまの形容。晋・王渾《こん》「入秦行」の「羸《よわ》きを扶《たす》け瘠せたるを載せて、総《す》べて南に逋《のが》れ、鵠面鳥形にして、猶お努力す」を用いて、上下をいれかえたもの。鵠はくぐい、大形の鳥であるが、鵠・鳥の二字はいれかえうるように、鵠のみに拘わる必要はない。要するに痩せほそってよちよち歩くさまを形容したにすぎない。

*

景性残酷。於二石頭一立二大碓一。有二犯レ法者一擣殺レ之。常戒二諸将一曰。破レ柵平レ城。当四浄殺レ之。使三天下知二吾威名一。故諸将毎二戦勝一。専以二焚掠一為レ事。斬二-刈人一如二草芥一。以資二戯笑一。由レ是百姓雖レ死。終不レ附レ之。又禁二人偶語一。犯者刑及二外族一。

景、性残酷にして、石頭に於いて大碓《すい》を立て、法を犯す者あれば、擣《つ》きてこれを殺す。常に諸将に戒めて曰わく、「柵《とりで》を破り城を平らぐれば、当《まさ》に浄《こと》ごとくこれを殺し、天下をして吾が威名を知らしむべし」と。故に諸将、戦いて勝つ毎《ごと》に、専ら焚掠《ふんりゃく》を以って事と為し、人を斬刈《ざんがい》すること草芥《そうかい》の如く、以って戯笑に資《し》す。是《これ》に由《よ》りて、百姓は死すと雖も、終にこれに附かず。又、人の偶語するを禁じ、犯せし

為二其将帥一者。悉称二行台一。来降附者。悉称二開府一。其親寄隆重者。曰二左右厢公一。勇力兼レ人者。曰二庫直都督一。

者は刑、外族に及ぶ。その将帥《すい》と為る者は、悉《こと》ごとく行台と称し、来たりて降附する者は、悉ごとく開府と称し、その親寄隆重《りゅうちょう》なる者は、左右厢《しょう》公と曰い、勇力人《ひと》を兼ぬる者は、庫直都督と曰う。

侯景は残忍な性格で、江寧の西方にある石頭山に大きな石臼をすえ、法に違犯するものが出ると、この石臼でついて殺した。いつも軍の指揮官にいいふくめていた、「城やとりでを撃破した際は、そこの人間を皆殺しにして、わしの威名を天下に知らせるようにするべきだぞ。」――「浄」は文字どおりきれいさっぱりのニュアンスをもつ。だから指揮官たちは、勝利を収めるごとに、放火掠奪にばかり専念し、まるで雑草のように人をなで斬りにして、しかもそれを笑い草にした。そのために、人民たちは死んでもかれになびかなかった。

また、人が向かいあって話すことを禁じ、違犯者は異姓の親族まで処刑された。――まさに秦末の世の、〝誹謗するものは族せられ、偶語するものは棄市（さかり場で死刑のうえさらしものになる）せらる〟（『史記』巻八、高祖本紀）と変りがない。

一方、かれは自分の一党には優待の方法を講じた。配下の指揮官にはみな行台の称号、帰順して来たものには開府の称号をあたえ、信任の厚い取り巻きを左右厢公といい、何人前という勇気と腕力のもちぬしは、庫直都督と呼んだ。——実を忘れて名にあこがれる成り上がりもの根性まる出しである。「外族」とは胡注に「男子は舅家（母や妻の実家）を謂いて外家と為し、婦人は父母の家を謂いて外家と為す。外族は外家の族なり」とある。「行台」は既出（一七二ページ参照）。「開府」は、将軍のうちで特に勲功あるものに将軍府（事務機関）の開設をみとめる。「廂公」は左右廂すなわち正殿の東西にあるわき部屋にはべる側近をいう。「庫直都督」の庫直は唐初の著名な画家閻立本《えんりつぽん》の職名としてみえ（巻一八九、武徳四年九月の条）、胡注には「親事府（三品官以上の私府に差遣されるガードマンを管理する役所）に隷《れい》す」とある。梁朝にも類似の政府機関があって、庫直とよぶ官があったかもしれぬ。庫直都督は要するにガードマン長というところであろう。

——さてわれわれは、ここでもういちど梁室側の反撃態勢に眼をそそいでおこう。

かつて父と兄の危機を見すてて江陵に引揚げた湘東王蕭繹《えき》も、侯景征討の意志がけっしてなかったわけではない。だが、かれの胸底には、いつしかこの機に乗じて皇帝たらんとする野望が燃えはじめ、かれの進退のすべてはそれの規制のもとに行なわれた。かれはまず、甥の湘州刺史蕭誉の軍をめしあげんとして拒絶されると、攻撃軍をさしむけて結局長沙で甥を殺す。一方、兄の求援にこたえて江陵を攻撃した蕭詧《さつ》も、失敗のすえに西魏にすがり、西魏はかれに亡命政権を作らせるとともに、援助を口実に梁国内へ出兵する。この間、侯景征討にひとり積極的熱意を燃やす邵陵王蕭綸《りん》は、弟蕭繹に忠告して拒絶され、そこで独自の軍を出そうとして又も弟に妨げられると、東魏を継承したばかりの北斉にすがる。だが、北斉は蕭繹とも友好関係を結び、かくて汝南に亡命をよぎなくされた蕭綸は、やがて西魏の侵略軍に殺害される。蕭繹の意図はいよいよ露わになり、成都にある末弟蕭紀が征討軍を出すと聞くや使者を送って阻止する。かく王室の危機をよそに骨肉相せめぐ状況がほぼ一年、大宝元年（五五〇）も十一月末を迎える。

*

帝自ㇾ即ㇾ位以来。景防衛甚厳。外人莫ㇾ得二進見一。唯武林侯諮及僕射王克・舎人殷不害。並以二文弱一得ㇾ出二入臥内一。帝与ㇾ之講論而已。及二会理死一。克・不害懼ㇾ禍。稍自疏。諮独不ㇾ離ㇾ帝。朝請無ㇾ絶。景悪ㇾ之。使三其仇人刁戌刺二殺諮於広莫門外一。帝之即ㇾ位也。景与ㇾ帝登二重雲殿一。礼ㇾ仏為ㇾ誓。云。自ㇾ今君臣両

帝、位に即《つ》きてより以来、景は防衛すること甚だ厳にして、外人、進みて見《まみ》ゆるを得る莫し。唯だ武林侯なる諮《し》、及び僕射《ぼくや》なる王克・舎人なる殷《いん》不害は、並びに文弱なるを以って、臥《が》内に出入するを得て、帝、これと講論するのみ。会理の死するに及び、克・不害は禍いを懼れ、稍《ようや》く自《み》ずから疏《うと》んず。諮のみ独り帝を離れず、朝請、絶ゆるなし。景、これを悪《にく》み、その仇人刁戌《ちょうじゅ》をして諮を広莫《ばく》門外に刺《し》殺せしむ。

帝の位に即くや、景、帝と重雲《ちょううん》殿に登りて、仏に礼《らい》

無二猜弐一。臣固不レ負二陛下一。陛下亦不レ得レ負レ臣。及二会理謀泄一。景疑二帝知一レ之。故殺レ諮。帝自知レ不レ久。指二所レ居殿一謂二殷不害一曰。龐涓当レ死二此下一。

し誓いを為《な》して、云う、「今より君臣、両《ふた》つながら猜弐《さいじ》なからん。臣、固《もと》より陛下に負《そむ》かじ、陛下も亦《ま》た臣に負くを得ざれ」と。会理の謀りごと泄《も》るるに及び、景は、帝、これを知れりと疑う。故に諮を殺す。帝、自《み》ずから久しからざらんことを知り、居る所の殿を指さし、殷不害に謂いて曰わく、「龐涓《ほうけん》、当《まさ》に此の下に死すべし」と。

簡文帝が即位されてからは、侯景の防衛が厳重をきわめ、外部のものは帝のところへ会いにゆくことができない。武帝の弟蕭恢の次男、したがって簡文帝のいとこにあたる武林侯の蕭諮、および尚書僕射すなわち尚書省長官である王克、中書舎人の殷不害の三人だけは、いずれも文弱の人間だからというので、寝所にまで出入りすることができて、帝はかれらと学芸の話をするだけである。——「王克」は瑯邪の王氏の出身でハンサムな教養人である（三〇五ページ参照）。殷不害は既出（二五三ページ参照）。「文弱」は文学ないし学問にふけって柔弱なこと、邦語のそれとほぼ同じ。文弱な人間だから出入りを許可したという侯景の単純さも注意されてよかろう。遺憾ながらここに出入りを許された三人の、文弱たるゆえんを示す詩・文は、片言隻句すら残存していない。さて、幽囚同然の簡文帝もこのように最初のうちは、まだしも憂愁を慰める文学の友があったのだが――

南康王の蕭会理、簡文帝の同母弟蕭績の子、すなわち甥が殺されると、王克・殷不害のふたりは、災難をおそれてしだいに自分から遠のいていった。蕭諮だけは帝のもとを離れず、さだめの参内を欠かさなかった。――蕭会理はこの年（五五〇）十一月末、侯景が建康を留守にしている機をねらい、弟の通理・乂理《がい》やその他の数名と共謀して、王偉殺害の計画を立てたが、事前に密告者が出て、弟たちと逮捕されて処刑される。「朝請」はさだめの行事日程どおり朝廷に伺候すること。『南史』には「朝覲《きん》」につくっている。

蕭諮を憎んだ侯景は、かれに対して仇怨をふくむ刁戌《ちょうじゅ》に命じて、かれを広莫門外で刺殺させた。――刁戌が「仇人」である所以は、史書のどこにも見あたらない。以下には侯景が蕭諮を憎んだ理由を具体的に説明する。

簡文帝が即位したとき、侯景は帝とともに重雲殿に上り、仏前において誓約を交わした。

「今後は君臣ともにあい手に対して猜疑の心をいだかぬこと。身どもはむろん陛下を裏切りますまい。陛下も身どもを裏切ってはなりませぬ。」

「重雲殿」は仏教の熱烈な崇拝者武帝が華林園内に建立した仏閣、重雲閣・重雲寺の名でも呼ばれ、武帝は天災などのあるごとに、ここで祈願したり感謝の祈りをささげたりしている。

蕭会理の陰謀がもれたとき、侯景は帝が蕭諮を通じてこの陰謀を承知していたと疑い、だから蕭諮を殺害したのである。

この事件があって簡文帝は、わが命も長くはないとさとり、住まいの宮殿を指さして、殷不害にいった、「龐涓《ほうけん》はこのあたりで死ぬだろうよ。」——龐涓は戦国魏の将軍。かれは『孫子』の兵法で有名な孫武の子孫にあたる孫臏《ぴん》の、兵法を学んだおりの学友だが、魏の国に仕えたのち、自分をしのぐ実力をもつ孫臏が魏に登用されてはこまると思い、かれを呼びよせて両足切断の刑に処した。ひそかに復仇を期した孫臏は、斉の国に仕えて十三年ののち、いよいよふたりの対決の機が訪ずれる。魏・趙二国の攻撃をうけた韓が、斉に救援を求めたおり、孫臏は得意の兵法を活用して、魏軍の進撃行程をはかり、馬陵道という山間の隘路に伏兵を用意し、その大軍を徹底的に撃破して、龐涓を自尽のよぎなきに至らしめる。その戦闘にさきだち孫臏は、馬陵道の入口にある大木を削って書きつけた、「龐涓、此の樹の下に死せん。」ことは『史記』巻六十五・孫子呉起列伝にみえ、作者未詳の元の戯曲「馬陵道」劇にもしくまれている。

——ところで侯景は、梁朝の心臓部こそ制圧下においていたが、かれの威令が梁朝治下にひろく及んでいるはずもない。依然として首都奪還の積極行動こそ起こさぬが、江陵を拠点として反撃の機をねらう湘東王蕭繹の存在は、かれにとって最も警戒を要する。年があけて大宝二年（五五一）、長江中流の平定に派遣してあった任約が危急を告げて来ると、閏三月侯景は皇太子蕭大器を人質として伴ないつつ、みずから水陸の大部隊を帥いて西進する。かくて江夏（湖北省武昌市）を占拠し、任約をやって江陵を直撃させるとともに、宋子仙を先駆として、みずからも陣頭に立って巴陵（湖南省岳陽）を襲い、その五月、湘東王麾下の総司令・王僧弁のひきいる大軍と激突する。だが、このたびの挙は侯景に少しも幸いせず、かれの部隊はしばしば敗戦を吃し、江陵をめざした任約は捕虜にされ、宋子仙・丁和も殺される。七月、侯景はやむなく敗軍の身を建康にはこんだ。

*

初。景既克㆓建康㆒。常言呉児怯弱。易㆓以掩取㆒。当㆔須拓㆓定中原㆒。然後為㆑帝。景尚㆓帝女溧陽公主㆒。嬖㆑之。妨㆓於政事㆒。王偉屢諫㆑景。景以告㆑主。主有㆓悪言㆒。偉恐㆑為㆑所㆑讒。因説㆓景除㆑帝。及㆘景自㆓巴陵㆒敗帰㆖。猛将多死。自恐㆑不㆑能㆓久存㆒。欲㆔早登㆓大位㆒。王偉曰。自㆑古移㆑鼎。必須㆓廃立㆒。既示㆓我威権㆒。

初め景、既に建康に克《か》ちたれば、常に言えらく、「呉児は怯《きょう》弱にして、以って掩取《えんしゅ》し易し、当《まさ》に須《すべか》らく中原を拓《たく》定すべく、然る後《のち》に帝たらん」と。景、帝の女《むすめ》溧陽公主を尚《めと》りてこれを嬖《へい》し、政事を妨《さまた》ぐ。王偉、屢《しば》しば景を諫む。景、以って主に告ぐ。主、悪言あり。偉、讒《ざん》せられんことを恐れ、因りて景に帝を除かんことを説く。景の巴陵《はりょう》より敗《やぶ》れて帰るに及び、猛将多く死し、自《み》ずから久しく存する能わざらんことを恐れ、早く大位《たいい》に登らんと欲す。王偉曰わく、「古《いにしえ》より鼎《かなえ》を移さんには、必らず須らく廃《はい》

且絶二彼民望一。景従レ之。使三前寿光殿学士謝昊為二詔書一。以為弟姪争レ立。星辰矢レ次。皆由下朕非二正緒一。召レ乱致上災。宜レ禅二位於豫章王棟一。使二呂季略齎入。逼レ帝書レ之。棟。歓之子也。

立《りゅう》すべし。既に我の威権を示し、且つ彼《か》の民の望みを絶つ」と。景、これに従う。前《さき》の寿光殿学士なる謝昊《こう》をして詔書を為《つく》らしめ、以為《いえ》らく、「弟・姪《てつ》立たんことを争い、星辰、次を失うは、皆な朕が正緒に非ずして、乱を召《まね》き災を致せしに由る。宜しく位を豫章王棟《とう》に禅《ゆず》るべし」と。呂季略《りょきりゃく》をして齎《もた》らし入り、帝に逼《せま》りてこれを書かしむ。棟は歓の子なり。

そのかみのこと——またしても回想の記事に入る。侯景は建康を攻略してしまうと、「呉児《くれっこ》は臆病ものじゃ、不意討ちにもろいわ。ぜひ中原の地を平定してから皇帝を名のることにしよう」といっていた。

「掩取」の掩は急襲する意。急襲にもろいとは、いつなん時でも征服しうるから、梁朝征服はあと廻しにする意。「拓定」は領土を拡張平定すること。「中原」は黄河の中流地域、いわば北朝の領域をさす。「当須……然後……」は呼応した語法。回想はなおつづく——侯景は皇女の溧陽公主を妻にして、政務に支障を来たすほどの愛撫なので、王偉がたびたび侯景に忠告した。侯景はそれを公主に告げ、公主がひどい口をきかれた。——「悪言」は既出、公主の非難は直接王偉にむかって吐かれたのでなく、寝物語かなにかの際の夫婦間の語らいであり、それが王偉の耳に間接に入ったのか、あるいは単純なおとこだから、侯景が王偉に告げたのであるかもしれない。かくて王偉は自衛を講ずる必要に迫られた。

公主が夫に中傷しやしまいかと恐れた王偉は、侯景に帝を廃してしまうよう説いた。――回想部分はたぶんこのあたりまでであろう。かような前提のもとに、いわばその後の事態の変化が、江南征覇をあと廻しにしてもよいという侯景の当初のきもちを変えさせた。かくて王偉個人の利害が簡文帝の生命を奪い、そしてやがて侯景や王偉自身の生命をも急速に危うくしてゆく。

侯景が巴陵から敗退して帰還すると、――七月中旬をさす、かれは勇猛の武将がほとんど戦死してしまい、おのが現在の地位もそう長くは保てまいと気づかい、早く皇帝の位に登りたいと考えた。――この段階に至ると、すでにデカダンの色を帯びる。

王偉がいった、「むかしから、鼎《かなえ》を移すには、ぜひ皇帝の廃立《さしかえ》を行のうものです。こちらの威厳を示したうえ、さらに、国民側の期待を断つのです。」

「鼎を移す」とは、周の武王が殷《いん》王朝を覆滅したとき、殷王室の九つの鼎（青銅製の三脚の炊事がま。陰陽を調和料理する――二六〇ページ参照――ものとして、政権の象徴とされる）を首都洛邑（河南省洛陽市）に移したことをいい、後世それにちなんで、他人の国を奪うことをかくいう。

侯景はかれの勧告に従って、かつての寿光殿学士、いわば学問所の研究員謝昊《こう》につぎの詔勅を作らせた。

「弟や姪《おい》が皇帝の位を争い、星座の位置に狂いが生じたのは、いずれも朕《ちん》が正統の血すじでなく、禍乱を招いたからである。豫章王蕭棟に天子の位を譲るのがよろしかろうと思う。」

この詔勅の原稿を、呂季略にもたせて参内させ、簡文帝に強要して浄書させた。棟は華容公蕭歓の子である。

蕭歓とは、古代から六朝に至る中国文学の精粋をあつめた、偉大な詞華集『文選』三十巻の編者昭明太子・蕭統（五〇一—五三一）の長男である。捏造された詔勅にみえる「弟姪」の弟とは湘東王蕭繹・武陵王蕭紀を、姪（同姓のおい）とは昭明太子のむすこである河東王蕭誉・岳陽王蕭詧《さつ》をさす（胡注）。「星辰、次を失う」とは、乱政により星の位置に異変が生ずること。地上の支配者ないし政治は、宇宙の星座ないし天文現象と呼応するという考え方にもとづくが、こういう際の一種のきまり文句であろう。「朕、正緒に非ず」とは、簡文帝蕭綱は武帝の三男、同腹の長男昭明太子蕭統が中大通三年四月に三十一歳で亡くなったとき、太子にはその嫡子蕭歓を立てるべきところを、かれがえらばれた。通鑑・巻一五五には〝朝野、多く以って順ならずと為す〟とあり、かの周弘正（一九四ページ参照）が譲るよう勧告したが、かれは従わなかった。かれの太子就任に不当を鳴らす声はその後もなお絶えず、武帝は六月、蕭歓・蕭誉・蕭詧《さつ》ら兄弟をすべて王に封《ほう》じた。簡文帝の立太子をめぐって、上記の紛糾があったことは事実であるから、捏造詔勅の内容はあながちでたらめとばかりは申せない。

——かくて簡文帝は晋安王に格下げされて、もとの住み家永福省の、枳棘《きこく》をめぐらした塀のうちに幽閉され、豫章王蕭棟が迎えられて帝位についた。蕭棟もすでに幽閉同然の身で、給与もろくに当てがわれず、手づくりの野菜だけがたのみという、みじめな生活を送っていた。ちょうど妃の張氏と畑で菜っぱの手入れをしているところへ、突然、正規の天子の乗り物が到着した。——棟、驚きて、為す所を知らず。泣きて輦《こしぐるま》に升《のぼ》る。幽囚はまだしも優遇措置といえる。簡文帝の皇子たち、皇太子蕭大器をはじめ、大心・大鈞・大球・大昕および首都に在る王族二十余人はすべて侯景の手にかかって殺されてしまう。

——以下には皇太子の最期が語られる。

*

太子神明端嶷。於㆓景党㆒未㆓嘗屈㆑意。所㆑親竊問㆑之。太子曰。賊若於㆓事義㆒。未㆑須㆑見㆑殺。吾

太子は神明端嶷《しんめいたんぎょく》にして、景の党に於いて未だ嘗て意を屈《ま》げず。親しむ所、竊《ひそ》かにこれを問う。太子曰わく、「賊、若《も》し事義に於いて、未だ殺さるるを須《もち》い

雖二陵慢呵叱一。終不二敢言一。若見
レ殺時至。雖二一日百拝一。亦無
レ所レ益。又曰。殿下今居二困阨一。
而神貌怡然。不レ貶二平日一。何也。
太子曰。吾自度死日必在二賊前一。
若諸叔能滅レ賊。賊必先見レ殺。
然後就レ死。若其不レ然。賊亦殺
レ我以取二富貴一。安能以二必死之
命一為二無益之愁一乎。及レ難。太
子顔色不レ変。徐曰。久知二此
事一。嗟二其晩一耳。刑者将下以二衣
帯一絞上レ之。太子曰。此不レ能レ見
レ殺。命取二帳縄一。絞レ之而絶。

ずば、吾、陵慢呵叱《りようまんかしつ》すと雖も、終《つい》に敢えて言わじ。若《も》し殺さるる時至らば、一日に百たび拝すと雖も、亦た益する所なからん」と。又曰わく、「殿下は今、困阨《こんやく》に居らるるも、神貌怡然《いぜん》たりて、平日に貶《おと》らざるは、何ぞや」と。太子曰わく、「吾自《み》ずから度《はか》るらく、死する日は、必らず賊の前に在らんと。若し諸叔《しゆく》、能《よ》く賊を滅ぼさば、賊、必らず先に殺されて、然る後死に就《つ》かん。若《も》し其《そ》れ然らざるも、賊は亦た我を殺して以って富貴を取らん。安《いず》くんぞ能く必死の命を以って無益の愁いを為さんや」と。難に及びて、太子、顔色変ぜず、徐《おもむ》ろに曰わく、「久しく此の事を知る。その晩《おそ》きを嗟《なげ》くのみ」と。刑者、将《まさ》に衣帯を以ってこれを絞《こう》せんとするに、太子曰わく、「此《こ》は殺さるる能わじ」と。命じて帳の縄を取らしめ、これを絞せしめていき絶ゆ。

皇太子蕭大器は聡明英知で毅然として態度をくずさぬ人物であり、侯景一党に対しても、おのれの意志を屈げることはなかった。「神明」二字は単に精神をさしていう哲学用語でもある。

側近のものがそっとわけをうかがうと、皇太子はいうのである。

「悪党どもが事宜にてらして殺す必要はないとみれば、こちらがたとえ横柄に出ようが怒鳴ろうが、けっして文句をいいはしまい。もしも殺される時機が到来すれば、日に百ぺんおじぎをして頼もうが、なんのましゃくにも合わぬよ。」——「事義」は事誼（胡注）、もの事の道理・つごう次第。「見殺」の見は被動の助字。また、敬語の助字としても使われる点、邦語の文言助動詞〝らる〟〝る〟に相似る。

側近のものはまたいった、「殿下はいま苦しい境遇にあられますのに、いとも安らかなお顔をなすって、ふだんと変らぬのはどうしてですか。」——「怡《い》然」はたのしげなさま。「貶《へん》」は損（胡注）、平生に比べて損色あること。

太子「わたし自身の見こみでは、わたしが死ぬ日は悪党よりきっと先だ。もし叔父うえたちが悪党を滅ぼすことができたとしても、悪党はまずわたしを殺したうえで、死ぬに違いないし、でなければ、悪党めは富貴の位を奪うためにわたしを殺すことだろう。死ぬときまった命運にありながら、無用の心配をしたって始まらんだろ。」

「賊必先見殺、然後就死」の二句は、〝賊が殺されてからでないと、こちらは死なぬ〟というふうにもよめる、これは中国語における主述関係のあいまいさを示す典型的な例であろう。だが、「就死」の主格（賊）はちゃんと冒頭に置かれており、それのすぐ下におかれた〝必先見殺〟が〝然後就死〟の条件句であるとわかれば、実は少しもおかしくはない。それに論理的にいっても、太子が賊の死を見とどけてから死なねばならぬ根拠はどこにもない。ここでは、「見殺」という、上文において太子にのみ用いられて来た表現を、賊の死をさして使用したと見ることのほうがむしろ無理であって、このことばがこの文章を正確に読むうえの一つの重要な鍵になるのではあるまいか。とともに、「必……然後……」の呼応、すなわち必要性を示す助字（須・要）と然後・乃・始などの助字が上下相応ずる表現にも着目するべきだろう。

さて、危難がおとずれたその時、皇太子は顔いろ一つ変えず、しずかにいった、「ずっと前からこのことはわかっていた、むしろ遅すぎの歎きがあるほどだ。」――末句は「よく今日までもって感心だね」という皮肉のひびきさえもつかもしれぬ。刑の執行人が腰帯でしめようとすると、太子は「それじゃ殺してもらえまい」といって、カーテンの綱をもって来させ、それでしめられて絶命した。――時に太子は数え年二十八歳。

読者はすでに、太子の人生観に常人と異なるもの、すこしも悲壮がらぬ、それゆえにいっそう悲壮感をそそるある諦観を感じとられたであろう。それは、当時の南朝貴族たちを風靡した仏教のそれともなにかしら異質のものである。わたくしは一読して〝無為自然〟

を志向する老荘思想を直感した。この直感はどうやら誤まっていなかった。『梁書』哀太子伝には、太子の最期のシーンを描いていう、

「賊なる景、太宗を廃し、将に太子を害《あや》めんとす。時に賊の党、景の命と称して太子を召す。太子、方《いま》し老子を講じ、将に牀より下らんとせしに、刑人掩《たちま》ち至る云々」

＊

壬戌。棟即二帝位一。大赦。改二元天正一。太尉郭元建聞レ之。自二秦郡一馳還。謂レ景曰。主上先帝太子。既無二愆失一。何得レ廃レ之。景曰。王偉勧レ吾。云三早除二民望一。吾故従レ之以安二天下一。元建曰。吾挟二天子一。令二諸侯一。猶懼レ不レ済。無レ故廃レ之。乃所三以自危一。何安之有。景欲三迎レ帝復レ位。以レ棟為二太孫一。王偉曰。廃立大事。豈可二数改一邪。乃止。

壬戌《みずのえいぬ》、棟《とう》、帝位に即《つ》く。大いに赦《しゃ》し、元《げん》を天正と改む。太尉なる郭元建《かくげんけん》、これを聞き、秦《しん》郡より馳《は》せ還り、景に謂いて曰わく、「主上は先帝の太子なり。既に愆失《けんしつ》なければ、何ぞこれを廃するを得ん」と。景曰わく、「王偉、吾に勧めて、早く民の望みを除けと云えり。吾、故《こと》さらにこれに従いて以って天下を安んぜんとす」と。元建曰わく、「吾、天子を挟《さしはさ》み、諸侯に令するも、猶《な》お済《な》さざらんことを懼《おそ》る。故なくしてこれを廃するは、乃ち自《み》ずから危ううする所以《ゆえん》なり。何の安きかこれ有らん」と。景、帝を迎えて位に復せしめ、棟を以って太孫と為さんと欲

す。王偉曰わく、「廃立は大事なり、豈《あ》に数《しば》しば改むべけんや」と。乃ち止《や》む。

七月二十一日、豫章王蕭棟《しょうとう》が皇帝の位につき、大赦令を発布し、天正と改元した。このことを聞いた太尉、すなわち三公の筆頭である郭元建《かくげんけん》は秦郡（江蘇省六合県）から馬馳せて急遽帰京し、侯景にいった、

「おかみは先帝が定められた皇太子ですぞ。過失もないのに廃立していいものですかな。」

侯景「王偉がわしに勧め、国民の期待を早く除くようにと申した。わしは天下を安定するために、わざわざいうとおりにしたのだ。」――「故」は特に・わざわざの意。王偉に責任を転嫁するるきもちを投影した助字である。

郭元建「わたしは天子をおしたてて諸侯に命令していてさえ、うまくゆかぬことを心配しているくらいだ。理由もなしに廃立することこそ、自分自身を危険にさらすもと、安定などとはとんでもない。」

――主体性のない優柔不断のおとこは、元建に責められて、またもぐらつく。

侯景は、廃帝を迎えてもとの帝位に復帰させ、蕭棟を〝太孫〟と呼ぼうという。――せっかく帝位につけたのだから、たとえば父帝を在世中に隠退してもらって〝太上皇〟と呼ぶように、特別待遇をしようというのである。前漢の成帝は、父の元帝の太子時代に生ま

れた嫡子だが、祖父の宣帝が可愛がって、いつも手もとに置き、〝太孫〟と呼んで特別扱いした。事情は異なるがその故智にならったのである。だが、このたびは王偉のほうから横槍が出て、またしても侯景は気がかわる。

王偉がいった、「廃立は重大事です。そうたびたび変更していいものじゃありませぬ。」

そこでかれは取り止めた。

――退位をよぎなくされた簡文帝にもついに運命の日が訪ずれる。

*

王偉説下侯景弑二太宗一以絶中衆心上。景従レ之。冬十月壬寅。夜。偉与二左衛将軍彭雋・王脩纂一進二酒於太宗一曰。丞相以陛下幽憂既久。使二臣等来上一レ寿。太宗笑曰。已禅二帝位一。何得レ言二陛下一。此寿酒。将不レ尽レ此乎。於レ是雋等齎二曲項琵琶一。与二太宗一

王偉、侯景に、太宗を弑《しい》して以って衆の心を絶たしめんことを説く。景、これに従う。冬十月壬寅《みずのえとら》、夜、偉、左衛将軍なる彭雋《ほうしゅん》・王脩纂《さん》と、酒を太宗に進めて曰わく、「丞相以《おも》えらく、陛下の幽憂せらるる既に久しければ、臣等をして来たりて寿を上《たてま》つらしめんと」と。太宗、笑いて曰わく、「已《すで》に帝位を禅《ゆず》れり、何ぞ陛下と言うを得ん。此の寿酒、将《は》た此《ここ》に尽くさざらんや」と。是《ここ》に於いて雋《しゅん》等、曲項《こう》の琵

極飲。太宗知レ将レ見レ殺。因尽レ酔曰。不レ図為レ楽之至二於斯一也。既酔而寝。偉乃出。雋進二土嚢一。脩纂坐二其上一而殂。偉撤二門扉一為レ棺。遷二殯於城北酒庫中一。太宗自二幽縶之後一。無二復侍者及紙一。乃書二壁及板障一。為二詩及文一数百篇。辞甚悽愴。景諡曰二明皇帝一。廟号高宗。

琶を齎《もたら》して、太宗と極飲す。太宗、将《まさ》に殺されんとするを知り、因りて酔いを尽くして、曰わく、「図《はか》らざりき、楽《がく》を為すの斯《ここ》に至るや」と。既に酔いて寝《い》ぬ。偉、乃ち出《い》づ。雋、土嚢《どのう》を進め、脩纂、その上に坐し、而うして殂《ゆ》く。偉、門扉を撤《てっ》して棺と為し、殯《ひん》を城北の酒庫の中に遷す。太宗、幽縶《ゆうちゅう》の後《のち》より、復《ま》た侍者及び紙なし。乃ち壁及び板障《ばんしょう》に書き、詩及び文を為《つく》ること数百篇、辞、甚だ悽愴《せいそう》たり。景、諡《おくりな》して明皇帝と曰う。廟号は高宗。

王偉は侯景に、太宗すなわち簡文帝を殺害して人びとの期待を断つように説いた。侯景はかれのいうとおりすることにした。——またしても王偉の勧告である。「太宗」は梁朝復活後の廟号であり、通鑑は偽政権の呼称を一切用いないのが建前である。

十月二日の夜、王偉は左衛将軍の彭雋《ほうしゅん》と王脩纂とともに、太宗に酒を進めていった、

「丞相どののご意見で、陛下が久しく憂悶にとざされていらっしゃるため、わたくしどもに一献《こん》さしあげて、ご長命をお祈りせよとのことでございます。」

太宗は笑っていった、「もう皇帝の位は譲りわたしたんだぜ、陛下といっちゃいけない。この寿《いわ》い酒はとことんやらせてもらえるんだろうな。」

「将不」（将無も同じ）は特に六朝期に頻用される〝ではあるまいか〟という疑問の助字。「上寿」は長命を祈る乾杯。末期《まつご》の酒が長命を祈る酒とは皮肉である。簡文帝のことばの末句は、殺されるための寿い酒だから、とても酔いを尽くすまでは飲ませてくれまいという気もちがある。あるいは毒酒だと疑った発言であるかもしれない。

すると、彭儁らが棹の先が曲がった琵琶――北方胡族の琵琶だという――を持参して、太宗とともにおもいっきり飲んだ。殺されるとわかっている太宗は、十分に酔いつくしていった、「図らざりき、楽《がく》を為すの斯に至るや――音楽の感動がかくも深いとは思わなんだ。」――とは、韶《しょう》の音楽（舜の時代の管絃楽）を聞いて感動した孔子のことば（『論語』述而篇）であるし、さきのことばに呼応する感慨でもある。なお「楽」は、胡注に「音洛」とあり、〝楽しむ〟意に解するが、いまはあえて音楽とする説に従う。

すっかり酔っぱらってやすまれた。王偉は室を出る。彭儁が用意の土嚢を太宗の上にのせ、王脩纂がその上に坐る。かくて太宗は身まかられた。――時に数え年四十九歳、圧殺死による無惨な最期であった。

王偉は門扉をはずして棺がわりにし、遺体を城北の酒倉に移した。

太宗は幽閉されて以来、もはや近侍のものと紙がなく、そこで壁や板じきりに書いて、数百篇の詩・文を作った。その文辞はまことにいたましい。侯景はかれに明皇帝とおくり名し、みたまやの称号を高宗とよんだ。――いずれも賊から贈られた〝偽諡《し》〟だというので、翌年三月、侯景滅亡のあかつき、もとの湘東王・世祖元帝から簡文皇帝というおくり名と、廟号の太宗があらため贈られる。軽靡艶麗のスタイル〝宮体〟詩の先駆のひとりとして著名なこの皇帝詩人にとり、しかも幽囚の身なればこそいよいよ欠くべからざる〝紙〟を、〝侍者〟と並列した表現は、些細なことだがやはりめずらしく、それだけに新鮮さを感じさせる。なお、『南史』巻八・簡文帝紀（『広弘明集』巻三十上も同じ）には、壁または板障に書きつけた作品に付したつぎの自序をも紹介する。

　有梁の正士なる蘭陵の蕭正讃、身を立て道を行ないて、終始一《いつ》の如し。風雨晦《くらやみ》の如くにして、鶏鳴已《や》まざるも、暗室を欺《あざむ》かず、豈況《いわ》んや三光のもとをや。数《さだ》めの此《ここ》に至る、命《めい》や如何《いかん》せん。

「蘭陵」は蕭氏の出身地、江蘇省武進県の西方、「正士」は正道を堅持するひと、「暗室を欺かず」は人の見ていないところでも不正を行なわぬという成句。「三光」は日・月・星。死を眼前にしていささかも動揺せず、毅然として人生の結末を迎える簡文帝には、たとえ善意と気の弱さによる失敗のかずかずがあったとしても、正道をまっしぐらに歩んで来た悔いなきわが人生への誇りが、ここにはうかがえるように思う。

　簡文帝の文学作品集としては、難を免がれて北周にあったかの蕭大圜が、祖国滅亡後に江陵より撤収された父の『簡文集』九十巻に奇しくもめぐりあい、副本二通を作っているし、『隋書』経籍志・巻四にも「梁簡文帝集八十五巻、陸罩撰」が著録されている。しかし、いずれもすでに唐代に散佚したらしく、新・旧『唐書』の経籍ないし芸文志にはわずか「五巻」を著録するのみである。こんにち、厳可均輯『全上古三代秦漢三国六朝文』には、二十三篇の賦のほか公私の文章約一六〇篇、丁福保輯『全漢三国晋南北朝詩』には、長短あわせて二七六篇の詩を収めている。それはこの期の作家の作品としては、むしろ大量を残存するほうであるが、いまそれらの中に〝悽愴〟の文辞といわれる幽閉期のものを求めることは、ほとんど絶望にちかい。なぜなら、『南史』にはいう、

> 崩ぜし後、王偉、これを観て、その辞の切なるを悪《にく》み、即《ただ》ちに刮《けず》り去らしむ。偉に随いて入る者あり、その連珠三首・詩四篇・絶句五篇を誦《そら》んず。文、並びに悽愴たりと云う。

紙がわりに壁ないし板障に書きつけた、それこそ魂の叫びともいうべき哀切の文辞、その大半が永遠に失われたことは、まことに痛恨の極みである。王偉の随員が暗誦したという〝連珠三首〟は、いま『広弘明集』巻三十下に息づいているが、詩のほうは、同書に「幽せ被《ら》れて志を述ぶる詩」と題するつぎの五言四韻のみが、確かにその一つと認められるにすぎない。

恍忽《こうこつ》として煙霞散じ

颼颼《そうびゆう》として松柏陰《かげ》ろう
幽山　白楊古く
野路　黄塵深し
終に千月の命《いのち》無し
安《いず》くんぞ九丹の金《こがね》を用いんや
闕《けつ》里　長《とこ》しえに蕪《ぶ》没し
蒼天　空しく心を照らす

――簡文帝を弑してから二か月半をへた十一月十九日、侯景はあらゆる膳立てをみずからととのえて、ついに蕭棟から皇帝の位を譲りうけ、国号を漢国と称して、太始と改元する。長いあいだ夢みつづけた皇帝を、いまかれは確かにわが手に収めた。かつて溧陽公主と並んで一ときの坐り心地を楽しんだあの御牀が、いまはかれ一人の占有に帰したのである。だが、皇帝の地位はかれにとって、はたして満足すべきものであったろうか――

*

王偉請レ立二七廟一。景曰。何謂二七廟一。偉曰。天子祭二七世祖考一。

王偉、七廟《びょう》を立てんことを請う。景曰わく、「何をか七廟と謂う」と。偉曰わく、「天子は七世の祖考

幷請二七世諱一。景曰。前世吾不二復記一。唯記二我父名標一。且彼在二朔州一。那得二来噉一レ此。衆咸笑レ之。景党有下知二景祖名乙羽周一者上。自外皆王偉制二其名位一。追二尊父標一為二元皇帝一。

を祭る」と。幷びに七世の諱《いみな》を請う。景曰わく、「前世は、吾復《ま》た記せず。唯だ我が父の名標《ひょう》なるを記すのみ。且つ彼は朔《さく》州に在り、那《なん》ぞ来たりて此《ここ》に噉《くら》うを得ん」と。衆、咸《み》なこれを笑う。景の党に、景の祖の名乙羽周《いつうしゅう》なるを知る者あり。自外は皆な、王偉、その名位を制《さだ》め、父の標を追尊して元皇帝と為す。

――ここには成り上がりもの皇帝のとまどい、その無学と野卑の暴露が衆目にさらされる。

王偉が七廟すなわち賢所《かしこどころ》の建立を要請した。

侯景がいった、「七廟って何のことだ。」

王偉「天子は七代の先祖を祭るのです。」そういうと、同時に七代の先祖の諱名をたずねた。

侯景「さきの代のことは、憶えちゃおらん。憶えとるのはおやじの名が標だということだけだ。それに、おやじは朔州にいるんだぜ、ここまで食《く》らいに来れるもんか。」

みなのものが笑った。――「朔州」はすなわちもとの懐朔鎮。

侯景の一党に、景の祖父は乙羽周という名であることを知っているものがいた。——こうして父と祖父の諱名だけはかろうじて判明した。

他の先祖については、王偉がかってに名位すなわち諱名と官位をしたてあげ、父の標に元皇帝の尊号をおくった。

『梁書』侯景伝には、後漢・光武帝に仕えて大司徒・関内侯に出世した侯覇《こうは》（河南省密県のひと）を始祖にすえ、晋の徴士《ちょうし》（民間の名士）侯瑾《きん》（甘粛省敦煌のひと）を七世の祖、すなわち七廟の筆頭に擬したことをのべる。侯という姓の有名人は古い時代にもあまりないので、王偉はさぞ困ったことであろう。この一段、部下のほうが祖父の名を知っていたというのも皮肉だが、侯景のせりふの末二句はかれの低劣を物語ってあまりある。「那得」は俗語、文言の〝豈得・豈能〟。「噉」には大ぐらいする、野卑のニュアンスがある。いうまでもなく、宗廟に祀られてお供えの犠牲を〝饗《う》〟けるから、かくいったのであり、侯景にもその程度の知識はあった。

*

景之作レ相也。以二西州一為レ府。文武無二尊卑一皆引接。及レ居二禁中一。非二故旧一不レ得レ見。由レ是

景の相《しょう》と作《な》るや、西州を以って府と為《な》し、文武、尊《そん》卑《ぴ》となく皆な引接す。禁中に居《お》るに及び、故旧に非ざれば見《まみ》ゆるを得ず。是《これ》に由《よ》りて、諸将、多く怨望

諸将多怨望。景好独乗二小馬一。弾二射飛鳥一。王偉毎禁二止之一。不レ許二軽出一。景鬱鬱不レ楽。更成レ失レ志。曰。吾無レ事為レ帝。与レ受レ擯不レ殊。

す。景、好みて独り小馬に乗り、飛鳥を弾射《たんしゃ》す。王偉、毎《つね》にこれを禁止し、軽《かろ》がろしく出《い》ずるを許さず。景、鬱《うつ》鬱として楽しまず、更に志を失うを成《な》し、曰わく、「吾《われ》、事無くして帝と為り、擯《ひん》を受くると殊《こと》ならず」と。

侯景が宰相だったころは、台城の西方にある西州城に住み、文武官たちは身分の如何を問わず、引見面接してもらえた。ところが皇帝になって宮城住まいの身になると、なじみの旧知でないと会ってもらえない。そのことから、軍の指揮官たち、といえば、これまで戦陣生活に終始した侯景の場合、いつも側近にあって、かれの陰謀を支援して来た連中だが、かれらはたいてい侯景を怨んだ。――「怨望」の望も怨む意。侯景が皇帝になって、武将たちも不満なら、当の侯景自身も、実は不満やるかたないものがあった。

侯景は供をつれず小型の馬にうち乗り、弾《はじ》き弓で鳥打ちをするのが好きなのだが、王偉はいつも禁止して、軽がるしく出かけることを許さない。――胡三省注によれば、弾弓による狩猟は北方の習俗だという。優雅な南朝文化の地、しかもその中心建康で、皇帝ともあろうものが野蛮な習俗を人眼にさらしては困るというのである。朔北出身の成り上がりものにとって〝皇帝〟とはなんと〝不自由なもの〟と感ぜられたことか。ながいあいだ憧れた皇帝の座は、なんとも坐り心地のわるいものであった。

侯景は胸はれやらずふさぎこみ、いよいよ失意の想いにとりつかれていうのである。

「わしはいざこざもなく皇帝になったが、これじゃ除《の》けものにされたのと変らん。」

「失志を成す」とは、失意同然の形をなす意、「失志」は失意より重い語か、あるいは目標を失うこと。「受擯」については胡三省がいう、「擯は棄つるなり。擯斥せらるる者は、人事に預《あず》かるを得ず。故に景、以って言を為す。」村八分にされること。


――年あけて承聖元年（五五二）、ただしこの年号は湘東王が即位してのち改められたもの、侯景の偽元によれば太始二年というところである。その二月九日、湘東王はいよいよ侯景征討の一大軍事行動を起こす。王僧弁を総司令官とする大艦隊は、数百里――二〇〇キロあまりにわたるとはいささか誇張にすぎるが、舳艫《じくろ》つらねて長江をくだり、三月五日には蕪湖に進出、侯景側の守将はたちまち城を放棄して遁走する。侯景は、姑熟《こじゅく》の守備にあたる侯子鑒にくれぐれも水上戦をしないよう戒めておいた。

＊

丁丑。僧弁至㆓姑熟㆒。子鑒帥㆓歩・騎万余人㆒渡㆑洲。於㆑岸挑

丁丑《ひのとうし》、僧弁、姑熟《こじゅく》に至る。子鑒、歩・騎万余人を帥《ひき》いて洲を渡り、岸に於いて戦いを挑《いど》む。又、鵃䑠《ちょうりょう》

レ戦。又以二鵃舠千艘一載二戦士一。僧弁麾二細船一皆令二退縮一。留二大艦一夾泊二両岸一。子鑒之衆謂二水軍欲レ退。争出趨レ之。大艦断二其帰路一。鼓譟大呼。合二戦中江一。子鑒大敗。士卒赴レ水死者数千人。子鑒僅以レ身免。収二散卒一。走還二建康一。拠二東府一。僧弁留二虎臣将軍荘丘慧達一鎮二姑熟一。引レ軍而前。歴陽戍迎降。景聞二子鑒敗一。大懼。涕下覆レ面。引レ衾而臥。良久方起。歎曰。誤二殺乃公一。

千艘を以って戦士を載《の》す。僧弁、細船を麾《さしまね》きて皆な退縮せしめ、大艦を留め、夾《はさ》みて両岸に泊《はく》せしむ。子鑒の衆、水軍退かんと欲すと謂《おも》い、争って出《い》でてこれに趨《おもむ》く。大艦、その帰路を断ち、鼓譟大呼して、中江に合戦す。子鑒、大いに敗れ、士卒の水に赴きて死する者、数千人、子鑒、僅かに身を以って免がれ、散卒を収め、走《のが》れて建康に還り、東府に拠る。僧弁、虎臣将軍なる荘丘慧達を留めて姑熟に鎮せしめ、軍を引きて前《すす》む。歴陽の戍《じゅ》、迎え降《くだ》る。景、子鑒の敗《やぶ》れたるを聞き、大いに懼れ、涕《なみだ》下りて面を覆《おお》い、衾《ふすま》を引きて臥す。良久《しばし》ありて方《はじ》めて起き、歎じて曰わく、「乃公《だいこう》を誤殺《ごさつ》せり」と。

三月九日、王僧弁が姑熟に到着した。侯子鑒は歩兵・騎兵あわせて一万人あまりをひきいて浅瀬を渡り、岸辺から戦いをいどみ、さらに千隻の長型の舟に戦士をのせた。――「鵃舠《ちょうりょう》」(diao-liao) は胡注に「船の長き貌」という。これは韻尾を同じくする畳韻の語だからがんらい擬態語である。『梁書』王僧弁伝には「両辺、悉《こと》ごとく八十棹《とう》（オール）、棹手はみな越人（浙江もの）、去来して趣《すみや》かに襲い、捷《すばや》きこと風電を過《しの》ぐ」という。ただし、この語の音声感覚は、快速感よりも静止時の不安定感（ぐらぐら・ゆらゆら）を覚えさせる。衣服がだらしなく垂れるさまや男性の生殖器を〝了鳥〟という。

王僧弁は舟はばの狭い小舟にみなしりごみ体勢をとるよう指揮し、大型の艦艇をそのままにして両岸に停泊させておいた。――「細船」は未詳。訳文は当てずっぽうである。

侯子鑒軍は敵の水上部隊が退却するつもりだと思いこみ、われ先に進出したところ、大型の艦艇が帰路をたち、太鼓を乱打してはやしたて、長江のまん中での交戦となった。侯子鑒は大敗を喫し、数千の将兵が水中に落ちて溺死した。やっと身一つで助かった侯子鑒は、敗残兵をあつめて建康に逃げ帰り、東府城にたてこもった。――侯景の厳重な戒めを忘れた大失敗である。

王僧弁は虎臣将軍の荘丘慧達《けいたつ》を姑熟の鎮めに残し、みずからは部隊をひきつれて前進する。侯景側の歴陽守備隊が出迎えて投降した。

侯子鑒の敗戦を聞いた侯景は、大きな恐怖をおぼえ涙で顔中をぬらすしまつ、うわぶとんを引っかぶって横になった。よほどたって起きあがり、歎かわしげにいった、「おれさまもうだめだ。」

――「衾《ふすま》を引きて臥す」とはさながらこどものふて寝ないし泣き寝入りを想わせて、いかにも侯景らしい。『南史』侯景伝のせりふには「咄叱《とっしっ》、咄叱」の間投詞（ちぇっ乃至ちくしょうっ）が上に添えられている。「乃公」はえらぶる自称。ここでは自嘲の効果をもつ。「誤殺」は俗語、「殺」は単に動作状態の極端をしめす語助、必らずしも死ななくてよい。後世、小説・戯曲などにおいて、〝ああたまげた〟というのを〝嚇殺我也〟といったり、〝こんな悲しいことはない〟というのを〝兀的不愁殺人〟（反辞）などという。この表現では、何かが「乃公」を「誤殺」したのでなく、「乃公」が「誤殺」の状態になったと考えるのが、むしろ中国語的であろう。なお「誤」は失敗・錯誤をもふくめて、要するに〝台なしになる〟ことをいう。

*

景至二闕下一。不二敢入一レ台。召二王偉一責レ之曰。爾令二我為一レ帝。今日誤レ我。偉不レ能レ対。繞レ闕而蔵。景欲レ走。偉執レ鞚諫曰。自レ古豈有二叛天子一邪。宮中衛士。猶足二一戦一。棄レ此。将欲二安之一。景曰。我昔敗二賀抜勝一。破二葛

景、闕下《けっか》に至るも、敢えて台に入らず、王偉を召しこれを責めて曰わく、「爾《なんじ》、我をして帝たらしむ。今日《こんにち》、我を誤らしむ」と。偉、対《こた》うる能わず、闕《けつ》を繞《めぐ》りて蔵《かく》る。景、走《に》げんと欲す。偉、鞚《くつわ》を執り諫《いさ》めて曰わく、「古《いにしえ》より豈《あ》に叛天子あらんや。宮中の衛士、猶お一戦するに足る。此《これ》を棄てて将《は》た安《いず》くに之《ゆ》かんと欲するや」と。景曰わく、「我、昔、賀抜《がばつ》

栄一。揚二名河・朔一。渡レ江平二台城一。降二柳仲礼一如レ反レ掌。今日天亡レ我也。因仰観二石闕一。歎息久レ之。以二皮嚢一盛二其江東所レ生二子一。掛二之鞍後一。与二房世貴等百余騎一東走。欲レ就二謝答仁於呉一。侯子鑒・王偉・陳慶奔二朱方一。

勝を敗り、葛栄《かつえい》を破り、名を河《か》・朔《さく》に揚げ、江を渡りて台城を平らげ、柳仲礼を降《くだ》すこと、掌《たなごころ》を反《かえ》すが如かりき。今日《こんにち》、天、我を亡ぼすなり」と。因りて仰ぎて石闕を観《み》、歎息することこれを久しうす。皮嚢《ひのう》を以ってその江東にて生みし所の二子を盛《も》り、これを鞍の後《しり》えに掛け、房世貴等《ら》百余騎と東に走《に》げて、謝答仁に呉に就《つ》かんと欲す。侯子鑒・王偉・陳慶は朱方に奔《はし》る。

侯景は宮城の正門のところまで来たが、宮城にはいろうとはせず、王偉を呼んで責めた、

「そちがわしを天子にしたのだ。おかげでわしは今日、台なしじゃ。」

――あやつり人形のごとくに、すべて王偉の勧告のままに行動して来た主体性なき殺戮者の、これはまたしてもの愚痴である。

王偉は返答できない。御所のまわりを廻ってかくれようとする。――侯景に殺される危惧を感じて逃げまわったのではなくて、ふたりが蔵れ場所を探したのであろう。

侯景は逃走しようとした。王偉は馬のくつわをつかんで忠告する――『南史』には、さらに〝剣を按じて〟剣の柄に手をかけてとある。

「むかしから逃げ出す天子なんてありませんぜ。宮中の守備兵は、まだ一合《ひと》戦やれるだけおります。かれらを見棄てて、いったいどこへ行くつもりです。」

「叛天子」の叛は、『広韻』に「他国に奔る」という用法であろう。「叛」は背叛、天子の地位に背をむけると考えれば理解できるが、中国語はなんともまぎらわしい。この一節は『太平御覧』巻一三二・偏覇部に引かれ、そこではまさに〝走天子〟（逃げだす天子）に作っている。

侯景はいよいよ絶望的なことばを吐く。――「わしはむかし賀抜勝を敗北させ、葛栄を撃破して、北辺の地に名をとどろかせ、長江を渡っては台城を平定し、柳仲礼を降参させたが、いずれの場合も手のひらを反すように簡単だった。きょうは天がわしを滅ぼすのだ。」――「天、我を亡ぼす」は追いつめられたときの楚の項羽のせりふでもある（『史記』巻七・項羽本紀）。

そういって石闕をふり仰いで眺め、しばし感慨にふける。やがて――

江南に来てから生んだ二人の男の子を皮ぶくろに入れて、鞍のうしろに吊るし、房世貴ら百騎あまりの部下と、呉すなわち蘇州にいる謝答仁のもとに行こうとした。侯子鑒・王偉・陳慶らは別行動をとり、朱方（江蘇省丹徒県の東南）に逃走した。

＊

戊子。僧弁命ニ侯瑱等一帥ニ精甲五千一追レ景。王克・元羅等帥ニ台内旧臣一。迎ニ僧弁於道一。僧弁労レ克曰。甚苦。事ニ夷狄之君一。克不レ能レ対。又問。璽紱何在。克良久曰。趙平原持去。僧弁曰。王氏百世卿族。一朝而墜。

戊子《つちのえね》、僧弁、侯瑱等《こうてんら》に命じ、精甲五千を帥《ひき》いて景を追わしむ。王克・元羅等《ら》、台内の旧臣を帥いて僧弁を道に迎う。僧弁、克《こく》を労《ねぎら》いて曰わく、「甚だ苦しめり、夷狄《いてき》の君に事《つか》えて」と。克、対《こた》うる能わず。又た問う、「璽紱《じふつ》は何《いず》くに在りや」と。克、良久《しばし》ありて曰わく、「趙平原、持ちて去れり」と。僧弁曰わく、「王氏は百世の卿族《けい》、一朝《ちょう》にして墜《お》ちぬ」と。

三月二十日、王僧弁は侯瑱《こうてん》らに命令して、精鋭武装部隊五千をひきいて侯景を追撃させた。王克・元羅らは皇城内の旧臣たちを統率して王僧弁を途中まで出て迎える。――王克はかつて、文弱なるがゆえに簡文帝の幽囚を訪うことを許されたひとりである。蕭会理の死以来、みずから遠ざかった男は、侯景の偽政府に仕えていたのだ。

王僧弁が王克を慰労した、「いかいご苦労、夷狄《いてき》の君に仕えてな。」

――慰労のことばには針をふくむ。王克は答えることができない。些細なことかもしれぬが、原拠である『南史』巻二十三・王克伝には「王僧弁問克曰、労事夷狄之君」とあり、このせりふなら二句には読めまい。もっとも通鑑のほうも一句に読ませるつもりかもしれぬが、訳者は現代口語の〃你多辛苦了〃（ご苦労でした）を連想し、すぐあとから〃夷狄の君に仕えてな〟と皮肉るおもしろさのほうを採った。

王僧弁はさらにたずねた、「おかみの御印《ぎょ》はいずれじゃ。」――「璽」は皇帝の印、「紱」は印につけられたふさ。

王克はよほどしてからいった、「趙平原どのが持ってゆきました。」――『南史』の下文にいう、「平原、名は思賢、景の腹心なり。景、平原太守を授く、故に克は呼べり。」これは余談だが、あまたの食客を擁したことで知られる〝戦国四公子〟のひとり、かの平原君も、趙姓（趙勝）であり、趙平原と呼ばれた。

王僧弁がいった、「百世にわたる大臣の家がら王氏も、一朝にして地におちましたな。」――王氏が南朝の名族であることは、すでに幾たびか話題にした。王克はまさに琅邪の王氏の出身である。梁朝では晋・王導の曾孫王弘・王曇首以下、名公がずらりと輩出し、『南史』列伝の四巻（巻二十一より二十四）はかれら一族四十人あまりの伝記で埋めつくされ、王克もその一人である。王僧弁のことばは、一族がこぞって天子の寵任庇護をうけながら、その印璽をも守りえなかったことを非難するが、かれの嘲罵にはおそらく裏があろう。かれも同じ王姓だが、出身は太原郡祁《き》県（山西省）であり（『南史』巻六十）、東晋の世までは飛ぶ鳥も落とす門閥を誇っていた。いまや同じ姓でありながら、門閥がまったく物いわぬ王僧弁には、琅邪の王氏に対する根づよい嫉妬があったに相違ない。

景与二腹心数十人一単舸走。推堕二二子於水一。将レ入レ海。瑱遣二副将焦僧度一追レ之。景納二羊侃之女一為二小妻一。以二其兄鵾一為二庫直都督一。待レ之甚厚。鵾随レ景東走。与二景所レ親王元礼・謝葳蕤一密図レ之。葳蕤。答仁之弟也。景下レ海。欲レ向二蒙山一。己卯景昼寝。鵾語二海師一。此中何処有二蒙山一。汝但聴二我処分一。遂直向二京口一。至二胡豆洲一。景覚。大驚。問二岸上人一。云三郭元建猶在二広陵一。景大憙。将レ依レ之。鵾抜レ刀。叱二海師一向二京口一。因謂レ景曰。吾等為レ王効レ力多矣。

＊

景、腹心数十人と単舸《たんか》もて走《に》げ、推して二子を水に堕《おと》し、将《まさ》に海に入らんとす。瑱《てん》、副将焦僧度《や》を遣りてこれを追わしむ。景、羊侃《ようかん》の女《むすめ》を納《い》れて小妻と為し、その兄鵾《こん》を以って庫直都督《こちょくとく》と為し、これを待《たい》すること甚だ厚し。鵾《こん》、景に随いて東に走《に》げ、景の親しむ所の王元礼・謝葳《い》蕤《ずい》と密《ひそ》かにこれを図《はか》る。葳蕤は答仁の弟なり。景、海に下《くだ》りて、蒙山に向かわんと欲す。己卯《つちのとう》、景、昼《ひる》寝《い》ぬ。鵾、海師に語るらく、「此の中、何れの処《ところ》にか蒙山あらん。汝《なんじ》、但《た》だ我が処分を聴け」と。遂に直ちに京口に向かう。胡豆洲に至りて、景、覚《さ》め、大いに驚く。岸上の人に問うに、「郭元建《かくげんけん》、猶お広陵に在り」と云う。景、大いに憙《よろこ》び、将《まさ》にこれに依らんとす。鵾、刀を抜き、海師を叱《しっ》して京口に向かわしめ、因りて景に謂いて曰わく、「吾等《われら》、王の為

今至二於此一。終無レ所レ成。欲三就乞レ頭以取二富貴一。景未レ及レ答。白刃交下。景欲レ投レ水。鵾以レ刀斫レ之。景走入二船中一。以二佩刀一抉二船底一。鵾以レ矟刺殺レ之。尚書右僕射索超世在二別船一。葳蕤以二景命一召而執レ之。南徐州刺史徐嗣徽斬二超世一。以レ塩内二景腹中一。送二其尸於建康一。僧弁伝二首江陵一。截二其手一。使三謝葳蕤送二於斉一。暴二景尸於市一。士民争取食レ之。幷レ骨皆尽。溧陽公主亦預食焉。五月戊寅。侯景首至二江陵一。梟二之於市一三日。煮而漆レ之。以付二武庫一。

めに力を効《いた》すこと多かりき。今、此《ここ》に至り、終《つい》に成る所なし。就《ただ》ちに頭《こうべ》を乞いて以って富貴を取らんと欲す」と。景、未《いま》だ答うるに及ばず、白刃、交《こも》ごも下《くだ》る。景、水に投ぜんと欲す。鵾、刀を以ってこれを斫《き》る。景、走りて船中に入り、佩刀を以って船底を抉《えぐ》る。鵾、矟《さく》を以って刺してこれを殺す。尚書右《う》僕射《ぼくや》なる索《さく》超世は別船に在り。葳蕤《いずい》、景の命を以って召してこれを執《と》らう。南徐州刺史なる徐嗣徽《じょしき》、超世を斬る。塩を以って景の腹中に内《い》れ、その尸《し》を建康に送る。僧弁、首を江陵に伝《でん》し、その手を截《た》ちて、謝葳蕤をして斉に送らしむ。景の尸を市に暴《さら》すに、士民、争って取りてこれを食《くら》い、骨をも幷《あわ》せて皆な尽《つ》くす。溧《りつ》陽公主も亦《ま》た預《あず》かり食ろう。五月戊寅《つちのえとら》、侯景の首、江陵に至る。これを市に梟《さら》すこと三日、煮てこれに漆《うるし》し、以って武庫に付す。

――いよいよ侯景の最期を語る、大詰めの一段である。

侯景は数十人の腹心たちと、ふな足の軽快な一そう船で逃走した。かつて皮袋に入れて携行したふたりの男児も、いまや足手まといとばかり、水中につき落として、海洋に出ようとした。侯瑱は副将焦僧度をさしむけて追撃させる。――だが、かれらが直接手を下す必要はなかった。落ちめになった悪党は、かならず内ゲバをおこす。

侯景はかつて羊侃《ようかん》のむすめを妾に迎え、その兄羊鵾《ようこん》を庫直都督、すなわちガード・マン長（二七五ページ参照）として、ずいぶん優遇してやっていた。――羊侃は既出のとおり（二二八ページ参照）剛直一徹の武人だったが、むすこはなんと逆賊のガード・マンに成りさがっていたのである、しかも妹のおかげで。

東方に逃走する侯景に随行していた羊鵾は、侯景に信任されている王元礼・謝葳蕤《いずい》と、ひそかに侯景を殺害する計画を立てていた。謝葳蕤というのは、侯景がこれからたよってゆこうとする謝答仁の弟である。「図」は命を害める計画をいう。

侯景は海洋にくだり、蒙山に向かうつもりである。「蒙山」は山東省蒙陰県の南。四月十八日、侯景が昼寝をしているとき、羊鵾は水先案内に語りかけた、「このあたりに蒙山なんかありはせんぞ。そちはわしの指図を聞いとればいいんだ。」「処分」は取り計らう・処置する意。後世、法律用語（吏牘語）として、法的処置・命令の意に用いる。

そのまままっすぐ京口（江蘇省丹徒県）をめざし、胡豆洲まで来ると、侯景が眼ざめて、たいへん驚いた。岸《おか》のひとにたずねると、「郭元建《かくげんけん》はまだ広陵にいる」という。侯景は大よろこびで、かれを頼ってゆくことにした。「広陵」は江蘇省江都県。「憙」は喜に同じ。

羊鵾は刀をぬき放ち、水先案内に京口をめざすようどなりつけると、侯景にいった、

「われわれは王さまのためにずいぶん尽力しましたが、いまここに至って、結局不首尾に帰《き》しました。いますぐみ首《しるし》を頂戴して富貴にありつこうと存ずる。」

侯景が返事する間もなく、白刃があちこちから降りかかる。「交」は刀をふりかぶったのが羊鵾だけでないことをしめす。

侯景が水にとびこもうとすると、羊鵾が刀で斬りかかった。侯景は船内に逃げこみ、帯びてる刀で船底をえぐる。――水を浸透させて、船・人もろともに沈める決意であろう。

羊鵾は矟《さく》すなわち長柄の矛《ほこ》でつき刺して殺した。

尚書右僕射《うぼくや》の索超世は別の船にいたのを、謝葳蕤が侯景の命令だと呼びよせてひっ捕え、南徐州刺史の徐嗣徽《じょしき》が超世を打ち首にした。侯景の腹に塩をつめて、遺骸を建康にとどけた。王僧弁はかれの首を早馬で江陵の湘東王のもとに送り、かれの手首を切り、謝葳蕤を使者に立てて北斉の高澄のもとにとどけさせた。

さて、みやこ建康では、侯景の遺体をさかり場にさらしたところ、士民はわれがちに奪い取って食い、骨もろともにたいらげた。かつての妻、簡文帝のむすめ溧陽公主もそのなかに加わった。――父を殺された怨みとはいえ、かつての夫の肉を食う、まことに凄惨な

報告である。人々も飢えていたわけではなかろう。侯景の暴虐によって苦悩のどん底につきおとされた怨念が然らしめたのである。『梁書』侯景伝はつたえる、「百姓《たみ》争って取り、屠膾噉食《とかいかんしょく》し、骨を焚《や》き灰を揚《ま》く。曾《かつ》てその禍に罹《か》かりし者は、乃ち灰を以って酒に和《まじ》えてこれを飲む。」

みぎの伝記の末尾には、あらためてかれの風貌を語っていう、

景、長《たけ》七尺に満たず、長上短下（胴長で足が短い）、眉目疎《まば》らにして秀《すぐ》れ、顙《ひたい》広く権《ほほ》ぼね高く、色赤く鬢少なくして低眼（ひとみを下にねらうような眼つきか？）、しばしばふり返り声散ず。

かなり作為のあとが顕著だが、これはまがいもなく狼の風貌とゼスチュアだといいたいのである。そして、『南史』の編者は、単に風貌が狼に似るだけでないことを、〝讖者〟のことばに託していう、

此《こ》は豺狼の声である。だからかれは人人を食うことができたし、人人に食われる運命にあったのだ。

五月十一日、侯景の首が江陵にとどき、盛り場に三日間さらされ、煮沸してうるし塗りにすると、兵器庫にあずけられた。――「武庫」が保管場所にえらばれたことの意味は、まったくわからない。

――さて、逆賊侯景はこうしてあわただしく破滅の途をたどっていった。事変平定後の処理のうち、王偉に関するそれがいささかわれわれの興味をよぶ。ここに付録して、この一篇の幕を閉じることにしよう。

＊

乙酉。誅二侯景所レ署尚書僕射王偉・左民尚書呂季略・少府周石珍・舎人厳亶於市一。趙伯超・伏知命餓死二於獄一。以下謝答仁不上レ失二礼於太宗一。特宥レ之。王偉於二獄中一上二五百言詩一。湘東王愛二其才一。欲レ宥レ之。有二嫉レ之者一。言二於王一曰。前日偉作二檄文一甚佳。王求而視レ之。檄云。項羽重瞳。尚有二烏江之敗一。湘東一目。寧為二赤県所一レ帰。王大怒。釘二其舌於柱一。剜レ腹臠レ肉

乙酉《きのとのとり》、侯景が署する所の尚書僕射なる王偉・左民尚書なる呂季略・少府なる周石珍・舎人なる厳亶《せん》を市に誅《ちゅう》す。趙伯超・伏知命は餓えて獄に死す。謝答仁は礼を太宗に失わざりしを以って、特にこれを宥《ゆる》す。王偉、獄中より五百言詩を上《たてま》つる。湘東王、その才を愛しこれを宥《ゆる》さんと欲す。これを嫉《ねた》む者あり、王に言いて曰わく、「前日、偉、檄文を作りて甚だ佳なり」と。王、求めてこれを視る。檄に云う、「項羽は重瞳《ちょうどう》なるに、尚お烏江の敗あり。湘東は一目なり、寧《なん》ぞ赤県の帰する所と為《な》らんや」と。王、大いに怒り、その舌を柱に釘《くぎ》づけ、腹を剜《えぐ》り肉を臠《きざ》みてこれを殺す。

而殺レ之。

五月十八日、侯景が任命した偽政権側の重臣、王偉以下の四人が、盛り場で処刑された。重臣のうち趙伯超・伏知命は牢獄で餓死し、謝答仁は太宗すなわち簡文帝に対して、無礼行為をはたらかなかったかどにより、特に寛大な措置に浴した。

かの侯景のブレーン王偉は、獄中から五百言の詩、いわゆる五言の五十韻詩を、湘東王蕭繹、のちの元帝に献上した。——いま、そのほうの作品は残されていないが、『南史』王偉伝によれば、実は、それより前にかれは湘東王配下の要人につぎの一詩を贈って、命乞いの意志をほのめかしていた。

趙壱《ちょういつ》　賦《ふ》を為《つく》るを能《よ》くし
鄒陽《すうよう》　書を献るを解《こころ》う
何ぞ　西江の水を惜しみて
轍《わだち》の中なる魚を救わざる

趙壱は後漢の偉丈夫、危うく死刑になるところを友人に救われ、謝恩の手紙に添えて「窮鳥賦」を贈ったし（『後漢書』巻八十・文苑列伝）、鄒陽は枚乗とともに、梁の孝王のサロンに参加した前漢の文学者で、かれを嫉む同僚に中傷され、やはり死刑になるところを、獄中より釈明の名文を孝王にさし出し、それが認められて助命される（『史記』巻八十三・

魯中連鄒陽列伝)。〝轍中の魚〟(わだちのあとの水たまりにすむ魚、鮒《ふな》『荘子』外物篇にもとづく)はむろん王偉自身のこと。〝西江の水〟も誰かをさすであろうが未詳。

すぐれた詩人でもある湘東王蕭繹は、かれの才能をめでて寛大な処置をとろうとしたところ、王偉を嫉妬するものがあり、湘東王にいった、

「さきごろ王偉が作りました檄文は、なかなか出来がよろしいよ。」――これはまことに巧妙にして陰険な、中傷らしくない中傷である。湘東王が檄文を出させて目を通すと、つぎの文句があった。

二重ひとみの項羽にして、なお烏江における敗滅のうきめあり。片目しかもたぬ湘東王に、赤県《あめがした》のものがなぜになびこう。

「重瞳」はひとみが二つずつある聖人の相、太古の聖天子舜《しゅん》がそうであったといい、楚の項羽も同様だとする伝説が流布されていた(『史記』巻七・項羽本紀論賛)。「烏江」は江蘇省の地名、項羽の敗滅したところ。「赤県」は〝赤県神州〟(『史記』巻七十四・孟子荀卿伝)、すなわち中国をいう。『南史』には〝四海〟につくるが、烏《くろ》江と赤《あか》県の対照のほうがはるかにまさる。なお、湘東王のちの元帝が、生まれおちた当初から眼をわずらい、治療のかぎりをつくしたがついに片方を失明し、それゆえに父武帝がいっそういつくしんだことは、『梁書』元帝紀にみえる。王偉の檄文におけるこの四句は、対句構成もみごとだし、ユーモアを含む。それだけに湘東王はいっそう傷つけられ、かれの熱意はたちまち冷めはてて、

愛憎ところを異にしたのである。

湘東王はたいそう腹をたて、王偉の舌を柱に釘でうちつけ、腹をえぐり肉を切り刻んで、殺してしまった。

——『南史』王偉伝には、腹をえぐられながらかれの「顔色自若たる」ことが報告されている。王偉というおとこは、一時はたしかに文学の才によりあわよくば生きのびたいとはかったが、そのがめつさは説得性をもつし、また毅然たる死にかたを示したことでわかるように、かれの人生観ないし世界観には、この期の現実が育くんだ独自のものがあった。王偉が逮捕されて建康に送られたときのエピソードは、かれの人間を語りつくしている。その一段は通鑑にも収録されているが、原拠である『南史』のほうがより詳しいので、通鑑の訳者としてはいささか違法のそしりを免がれまいが、原拠のほうを紹介しておこう。

王僧弁に会うたがつっ立ったまま会釈をするだけで、拝礼を行なわない。縄じりをもつ者が拝礼を促すと、王偉はいった、「おたがいに人臣の身だ、なぜ敬意を表さなきゃならん。」

王僧弁がかれにいった、「賊の宰相をつとめたそなたは、みさおをつらぬいて死ぬこともようせず、民間に生きのびようとして、主に背をむけて助けもせん。それでやつの宰相がよくつとまったもんだ。」

王偉「興廃は時の運、巧拙は人次第さ。もしも侯氏が早くからわが輩のいうことをきいていたら、閣下なんか今日の威勢はふっとんでたでしょうぜ。」

王僧弁は大笑いしながらも、腹のうちで大したやつだと感心した。

前任の尚書左丞虞騭《ぐじつ》は、かつて王偉に侮辱されたことがあり、ちょうど来あわせたので、かれの顔につばきを吐きかけていった、「死に損いめ、もう悪い事はやれまいて。」

王偉がいった、「学問のないおまえさんなど、あい手にならんよ。」

虞騭は恥じ入ってひっこんだ。

いずれの歴史をひもといてもそうであるが、とりわけ六朝のそれにあっては、入れかわりたちかわりめまぐるしく主権者が交替し、征服者と被征服者のはたしていずれが正統であり正義であるのか、しばしばそのゆくえを見失う凄まじい現実がくりのべられる。本篇の主人公侯景は、たしかに凄惨眼を掩わしめる残虐行為を敢行するが、さきの湘東王蕭繹にしても、その侯景に劣らぬ残忍さが指摘された。湘東王だけではない、正統ないし正義を標榜するものもつねに正義の行動をとっていたわけでなく、たとえば湘東王の配下であるさきの王僧弁が建康に進攻したときなど、『南史』は次の状況を伝えている。

秦淮河を渡るやいなや、王琳・杜龕《とがん》の部隊の掠奪は、賊軍よりひどく、泣き叫ぶ声は石頭城にまで聞こえた。王僧弁はなにか変事の発生かとおもい、城壁にのぼってわけをたずねながら、止めもしなかった。王師の残酷さは侯景をしのぐというのが、みなびとの一致した意見だった。

王偉のさきの発言は、いみじくも〝勝てば官軍〟という当時における皮肉な現実を語るものである。それにしても、権力欲あるいは名声欲にしろ、また広い意味における義憤にしろ、畢竟するところはひとしく欲望のために醜くうごめく人間どもが、めまぐるしく交錯して死闘をつづける、それがあまりに日常化しすぎたのが、この六朝末であった。そのような舞台にあり、人間にとって最もきびしい死の影に直面しながら、いささかも動じぬ梁朝君主のいくたりかの姿は、それが仏教的ないし老荘的教養のしからしめるものであるや否やを問わず、やはり訳者に感動を覚えさせずにはおかなかった。それがまたこの一篇をえらんだ所以でもある。

驚破す　霓裳羽衣の曲（巻二一四〜二二〇、唐紀より）

——ゆれうごく大唐帝国

玄宗と楊貴妃、といえば、白楽天の「長恨歌」などでわが国にも知られる、哀怨つきぬ情事の主人公である。ここにはその背景をなす〝安禄山の乱〟を紹介する。時は八世紀の中葉、わが奈良朝のまさに最盛期にあたる。則天武后に次ぐ第二の女禍、韋后とそのむすめ安楽公主によるクーデターを平定して、第六代帝位についた玄宗は、即位の翌年、第三の女禍、太平公主の反逆をも排除すると、たぎる情熱をひたすら国家の再建に投入する。あたかも姚崇《ようすう》・宋璟《そうえい》という名宰相の支持をえて、奢侈の禁止令、偽濫僧や冗官の整理、民戸の流亡に対する防止策、兵制の改革、辺防体制の確立など、革新的施政をあい次いで断行した。かくて産業の発達とそれに伴のう国力の充実はめざましく、大唐帝国はここに空前の黄金時代を迎える。史家は太宗の〝貞観の治〟に対して〝開元の治〟とよぶ。だが、その開元も末年ごろ、久しい太平になれ政治にも倦んだ玄宗の胸底には、ようやく安逸を貪りたい欲求がきざし、もはや質的低下も甚だしい宰相や宦官などの側近がそれを煽りたてる。血の気の多い六十歳の老皇帝は、時しも傾国の美女をえて、たちまちかの女の俘になる。緊張にあけくれた人間が、ひとたび安逸への傾斜をふみ出せば、もはや制止はきかぬ。これがかつて〝開元の治〟の栄光をもたらしたその人かとさえ訝かられる変身を、玄宗はやってのける。胡人の叛逆はこのような過程にあって、複雑な人間関係ともからみあいつつ決行されたのである。

三月。張守珪使三平盧討撃使・左驍衛将軍安禄山討二奚・契丹叛者一。禄山恃レ勇軽進。為二虜所レ敗。夏四月辛亥。守珪奏請レ斬レ之。禄山臨レ刑呼曰。大夫不レ欲レ滅二奚・契丹一邪。奈何殺二禄山一。守珪亦惜二其驍勇一。乃更執送二京師一。張九齢批曰。昔穰苴誅二荘賈一。孫武斬二宮嬪一。守珪軍令若行。禄山不レ宜レ免レ死。上惜二其才一。勅令レ免レ官。以二白衣一将領。九齢固争曰。禄山失レ律喪レ師。於レ法不レ可レ不レ誅。且臣観二其貌一有二反相一。不レ殺必為二後患一。上曰。卿勿下以三王夷甫識二石勒一。枉害中忠良上。竟赦レ之。

三月、張守珪《ちょうしゅけい》、平盧《へいろ》討撃使・左驍衛《さぎょうえい》将軍なる安禄山をして、奚《けい》・契丹《きったん》の叛きし者を討たしむ。禄山、勇を恃《たの》みて軽《かる》がるしく進み、虜《りょ》に敗《やぶ》らる。夏、四月辛亥《かのとい》、守珪、奏してこれを斬らんと請う。禄山、刑に臨んで呼ばわりて曰《い》わく、「大夫《たいふ》は奚・契丹を滅ぼさんと欲せざるや。奈何《いかん》ぞ禄山《われ》を殺さんとする」と。守珪も亦その驍勇《ぎょうゆう》を惜しみ、乃ち更《あらた》めて執《と》らえて京師《けいし》に送る。張九齢、批《ひ》して曰わく、「昔、穰苴《じょうしょ》は荘賈《そうか》を誅《ちゅう》し、孫武《そんぶ》は宮嬪《きゅうひん》を斬れり。守珪の軍令、もし行《おこ》なわれんには、禄山、宜しく死を免《まぬ》がるべからず」と。上《しょう》、その才を惜しみ、勅《みこと》のりして官を免《めん》ぜしめ、白衣を以って将領《りょう》せしむ。九齢、固く争いて曰わく、「禄山は律《りつ》を失い師を喪《うしの》う、法に於いて誅せざるべからず。且つ、臣がその貌《ぼう》を観《み》るに反相《はんそう》あり。殺さずんば必らず後《のち》の患《うれ》いと為《な》らん」と。上、曰わく、「卿《けい》、王夷甫《いほ》が石勒《せきろく》を識るを以って、枉《むな》しく忠良を害する勿《なか》れ」と。竟《つい》にこれを赦《ゆる》す。

まず、安禄山の登場である――

大唐帝国の屋台骨をほとんど致命的に揺るがせた巨魁は、唐代史の舞台に登場する当初から、すでにふしぎな運命に弄ばれていた。クレオパトラの鼻がもう何センチか低かったらどころではない。あやうくかれは若くしてこの世から葬り去られ、中国の歴史は大きく塗りかえられているところだった。

ときは玄宗皇帝の開元二十四年（七三六）、数え年五十二歳、即位後すでに二十五年めの三月のことである。安禄山はすでに平盧《へいろ》軍討撃使・左驍衛《さぎようえい》将軍（従三品）に昇進していた。かれの素姓はやがて後条において明かされるが、現時点の肩書きについて説明を加えれば、前者の討撃使は辺区の騒乱を鎮圧する特命を委任された臨時使節であり、「平盧」軍は河北省北部から熱河におよぶ北辺の軍管区。後者の「左驍衛」は唐朝軍団の一。唐朝の軍組織は左右衛・左右驍衛・左右武衛・左右領軍衛などから構成され、それぞれ大将軍（正三品）一人が統率するもとで、さらに左・右それぞれ一人の将軍（従三品）が指揮にあたる。

張守珪《ちようしゆけい》は安禄山に命じて、奚《けい》・契丹《きつたん》族の叛逆者を討伐させた。

張守珪は幽州節度使、「幽州」はいまの北京付近に置かれた州、のちに范陽《はんよう》郡と改称される。「節度使」とは、北方異民族の侵入に備えるため前皇帝睿宗《えいそう》の景雲《けいうん》二年（七一一）にはじめて辺区に設けられた軍職で、辺境の州に増強された軍団を統轄する。張守珪は契丹撃破の功績により、前年二月に右羽林大将軍兼御史大夫すなわち最高検長官を拝命していた。「奚《けい》」は内蒙古東部の、河北省北部と接する広汎な地域に散居する、鮮卑《せんぴ》系の異民族。「契丹《きったん》」はさらにその東方、現在の東北（満州）地方に隣接する地域に遊牧するキタイ族、のちに奚族を征服して北方中国を制圧し、国号を遼《りょう》と名のり、宋《そう》・金二朝にかけて脅威をあたえつづける。

さて、おのが武勇に自信をもつ安禄山は、つい軽率に敵陣ふかく進撃して敗北を吃する。「虜《りょ》」は敵を意味する。

四月二日、張守珪は天子の裁可を申請して、かれを斬首刑に処することにした。――地位の高いものの死刑執行には、一々天子の裁可を必要としたからである。

いざ処刑という時に、安禄山が叫んだ、

「閣下は奚・契丹を討ち滅ぼすおつもりじゃないのですか。なぜ、この禄山めを殺されまする。」

張守珪とてもかれの勇猛果敢さが惜しまれたので、捕縛しなおして首都送りにした。――むろん、助命歎願書を添えて中央の意向をうかがったのである。「驍勇《ぎょうゆう》」はがむしゃらな勇敢さをいう。

ところで、安禄山に関するこのエピソードは、漢の高祖の臣、跨《また》ぐぐりの忍耐で有名なかの韓信《かんしん》のわかき日を想起させる。項羽のもとでいっかなうだつのあがらぬ韓信は、ついに項羽に見切りをつけて漢に帰属するが、やがて法を犯して一味十三人とともに斬首刑の判決をうける。他の連中がみな首を斬られ、いよいよかれの番がめぐって来たとき、ふと顔をあげると滕《とう》公夏《か》侯嬰《こうえい》が控えている。韓信は大声をはりあげた、「上様《うえ》は天下を取るのがお望みじゃないのですか。なぜこのますらおをお断りなさる――上《しょう》は天下を就《な》すを欲せざるか。何為《なんす》れぞ壮士を斬る。」韓信も結局助命され、やがて将軍にまで昇進して、楚漢戦に大功を立てる（『史記』巻九十二・淮陰侯列伝）。

張守珪の助命歎願は中央でいかに処理されたか。宰相張九齢（六七三―七四〇）の判定はきびしかった。かれは大した家柄の生まれでないが、年少のころから秀才のほまれ高く、実力で仕官することをめざして、中宗の景竜年間に進士試験に合格し、やはり実力派の宰相張説《ちょうえつ》（六六七―七三〇）に認められて栄進し、この事件の三年まえ――開元二十一年（七三三）十月、母の喪があけて、中書侍郎、同平章事すなわち宰相に返りさいた。かれは玄宗からその学識を高く評価されて信任されていたが、生まれながらの硬骨漢で直言をはばからない。少しまえにも、張守珪の功をたたえた玄宗が宰相職を与えようとすると、かれはきびしく天子をやっつけた。

「宰相は天に代って物《ひと》を理《おさ》めるポスト、功績のほうびに出すものではございませぬ。」

それでは名目だけの宰相職につけようという天子に、かれは答えた、

「いけませぬ。名器（名位とそれに付帯する待遇）は他人に仮《か》すべきものでなく、大君が掌

握されているもの。それなのに守珪が契丹を破ったぐらいで、陛下は心やすく宰相にしようとなさる。もしも奚・契丹をぜんぶ平らげましたら、いったい何官をほうびにされます る。」

これに類する張九齢の直諫は枚挙にいとまないし、後条にもかれは幾たびか同じ姿勢で登場する。かれの直言は学問に裏づけられて、すじが通っていたから、玄宗も最初の段階では従うほかなかった。

「批」とは提出された案件に対して判定をくだすこと。具体的には文書の末尾に、簡単で要を得た、一種リズミカルな文句を書きつける。その評語を「判」という。ここの四句も整った表現をとるからまさにそれであり、張九齢が口でのべたのではない。

「むかし斉の司馬穰苴《しばじょうしょ》は荘賈《そうか》を死刑に処し、呉《ご》の孫武は宮女を斬首刑に処した。張守珪の軍律が正しく施行されるのなら、安禄山は死罪を免がれるべきでない。」

この「判」語の中にみえる二つの故事は、いずれも、軍律を厳守するためには、たとえ被告が君主のお気に入りであろうと断じて容赦しないという、春秋時代の二人の将軍のエピソードである。

まず、第一の故事——斉の司馬穰苴が晏嬰《あんえい》の推挙で将軍に就任したとき、かれは卑賤の身が急に出世したので、軍官たちが服従しまいことを憂慮し、一計を案じて君主の寵臣を監《かん》軍（お目付け役）に任命するよう要請し、荘賈がえらばれて就任した。君のおぼえめでたい荘賈は傲岸不遜のおとこである。正午に軍門で会う約束をしておきながら、夕刻になってやっと現われた。穣苴はすぐさま軍律にてらしてかれを斬首刑に処し、全軍に号令した。ことは『史記』巻六十四・司馬穣苴列伝の冒頭に語られている。ちなみに穣苴は兵法書『司馬法』の著者でもある。

第二の故事——こちらの主人公孫武も兵法書で有名な孫子その人である。かれが戦術の特技で呉王闔閭《こうりょ》に仕官を求めたとき、呉王は、試みに王の宮女たちを兵隊にみたてて、軍事教練を施して見せるよう注文した。かれはさっそく宮廷の美女一八〇人を二隊に分かち、それぞれ王の寵姫を隊長にして戟《ほこ》を持たせ、種々のとりきめをかわしたうえ、軍太鼓を鳴らして号令した。すると、右部隊の女隊長が大笑いした。かれはとりきめが実行されないのは指揮者の罪だと宣言し、ふたたび軍太鼓を鳴らしてやりなおすと、こんどは左部隊の女隊長が大笑いした。孫武はたちまち隊長の宮女二人を打ち首にし、あらたな隊長を指名して教練を再開した。宮女たちは女性ながらもりっぱに号令にこたえ、かくて呉王は満足して孫武を大将に任命したという。ことは同じく『史記』巻六十五・孫子呉起列伝にみえる。

張九齢のきびしい判定は、玄宗に聞きいれられなかった。やはり安禄山の才能を惜しむ天子は、勅命によって現職を罷免し、庶人《ただびと》の身分のままで部下を統率させようという。清・顧炎武『日知録』巻二十四にいう、「白衣とは庶人の服なり。」

張九齢はあくまでがんばる。「争」とは反対意見を主張すること。

「安禄山が軍律をやぶり軍隊を失った罪は、法にてらせば死刑に処すべきもの。しかも、それがしが観察しますところ、やつの面貌には叛逆の相《そう》がございます。いま殺しておかねば、きっと行くすえ心配のたねになりますぞ。」

——開元盛世のなごりをとどめる太平の時代に、張九齢が安禄山の叛逆を予言したこの話は、いささか後世の作りごとめいた臭気を拭えない。だが、当時の辺区では異民族の指揮者の帰順と寝返りが常ならぬ状況であったから、人相についての張九齢の危惧もありえたであろう。後日談に属するが、至徳二年（七五七）三月のころ、上皇となった玄宗は、「張九齢の先見を思い、これが為めに流涕し、中使（宦官）をして曲江（九齢の故郷）に至りてこれを祭らしめ、厚くその家を恤《めぐ》ましめ」た（巻二一九）。

天子はいった、「そなたは、むかし王衍《おうえん》が石勒《せきろく》を見ぬいたからといって、あたら忠良の臣を殺しちゃならんぞ。」

結局、安禄山は赦免されることになった。

「王夷甫《おういほ》が石勒を識る」とは『晋書』石勒載記にみえる故事。晋の石勒がまだ十四歳のころ、村人といっしょに洛陽へ行商に出かけ、上東門のところで呼び売りをやっていた。通りかかった王夷甫すなわち王衍は、かれの顔をみて側近にいった、「いましがたのえびすのがきだが、わしの推察じゃ、あの声と眼つきにどえらい野望がみえる。やがて天下の頭痛のたねになりそうだぜ。」馬を駈けらせて捕えにやったが、石勒はすでに立ち去ったあとだった。王衍（二五六—三一一）は西晋の政治家・老荘思想家、石勒（二七四—三三三）は匈奴系羯《けつ》族の出身で、五胡十六国の一つ後趙の始祖。石勒が洛陽に迫ったとき、元帥をつとめていた王衍は清談にうつつをぬかし、だらしなく逮捕されて殺される。なお、「卿」はていねいな二人称、おん身・そなたといったところ。

*

安禄山者。本営州雑胡。初名阿犖山。其母巫也。父死。母携レ之再適二突厥安延偃一。会其部落破散。与二延偃兄子思順一倶逃来。故冒二姓安氏一。名二禄山一。又有二史窣干者一。与二禄山一同二里閈一。先二後一日一生。及レ長。相親愛。皆為二互市牙郎一。以二驍勇一聞。張守珪以二禄山一為二捉生将一。禄山毎下与二数騎一出上。輒擒二契丹数

安禄山《あんろくさん》なる者は、本《も》と営《えい》州の雑胡《ざっこ》なり。初めの名は阿犖山《あらくさん》。その母は巫《ふ》なり。父死し、母これを携えて、再《ふた》たび突厥《とっけつ》の安延偃《あんえんえん》に適《とつ》ぐ。会《たま》たまその部落の破散するや、延偃の兄の子思順《しじゅん》と倶《とも》に逃がれ来たる。故に姓の安氏を冒《おか》し、禄山と名のる。また史窣干《ししっかん》なる者あり。禄山と里閈《りかん》を同じうし、一日を先後して生まる。長ずるに及んで、相親愛し、みな互市《ごし》の牙郎《がろう》と為り、驍勇《ぎょうゆう》を以って聞こゆ。張守珪《けい》、禄山を以って捉生《そくせい》の将と為す。禄山、数騎と出《い》ずる毎《ごと》に、輒《すなわ》ち契丹《きったん》の数十人を擒《とら》えて返る。狡猾《こうかつ》にして、善く人の

十人二而返。狡猾。善揣二人情一。
守珪愛レ之。養以為レ子。

情を揣《はか》る。守珪、これを愛し、養いて以って子と為す。

——ここではじめて安禄山の素姓《すじょう》があかされる。と同時に、〝安史の乱〟ともいわれる動乱のもう一人の張本人、史思明《ししめい》との関係にも言及される。

安禄山というおとこは、もと営州の混血えびすの出身である。「営州」とは河北省北部から熱河省におよぶ州、治所はいまの遼寧省朝陽県。「雑胡」とは、何族と呼ぶほどのまとまりもない群小雑婚の異民族をいう。

はじめの名は阿犖山《あらくさん》。正史の両『唐書』ではみな軋《あつ》犖山に作る。かれの母は巫《ふ》すなわち神おろしである。未開民族では、今日でもそうであるように、巫は呪術で医者の代りをもつとめていた。父が死ぬと、母は連れ子して突厥《とっけつ》、すなわち西紀前から中国の西北辺を脅かしたトルコ系異民族の、安延偃《あんえんえん》と再婚した。ちょうどかれの部落が敵にやられて解体したおり、義父延偃の兄の子である安思順といっしょに、営州から中国内地へ逃亡して来た。だから、安の姓をなのり、名を禄山といったのである。——禄と犖とはむろん発音が近似する（luk : luok）。

また、史《し》窣干《しつかん》というおとこがいた。安禄山と村里が同じで、しかもふたりは一日ちがいの誕生である。成長するとふたりは仲が好く、どちらも貿易の公認ブローカーをつとめ、勇猛果敢さで評判になっていた。――「里閈」の閈は村里の門。――『旧唐書』巻二〇〇によれば、〝思明は除日（大晦日）に生まれ、禄山は歳日（元日）に生まる〟とある。しかし、後条によれば、安禄山の誕生日は一月二十日（四一九ページ参照）であって合わない。「互市」とは、中国が外国とくに周辺の異民族と行のう商品物資の取引をいい、中央政府にはそれを管轄する互市監が置かれている。「牙郎」は公認仲介人。取引物資の価格比率の評定は、すべてかれらにまかなわれた。

張守珪は安禄山を捉生将《そくせいしょう》、すなわち敵を生けどる部隊の隊長につけた。――捕虜とはいっても、異民族を狩りあつめて中国に送り、奴隷として使役するのである。

安禄山はいつも数人の騎馬兵をつれて出撃すると、そのつど数十人の契丹族を生け捕りにしてもどった。ずるがしこくて、他人のきもちを読みとるのがうまいから、惚れこんだ張守珪がかれを養子分にした。「狡猾にして人の情を揣《はか》る」、かれのこの特性は後のエピソードでしばしば実証される。

＊

窣干嘗負㆓官債㆒亡入㆓奚中㆒。為㆓奚遊弈所㆑得。欲㆑殺㆑之。窣干紿曰。我唐之和親使也。汝殺

窣干《しつかん》、嘗《かつ》て官債を負《お》い、亡《のが》れて奚《けい》中に入る。奚《けい》の遊《ゆう》弈《えき》の得る所と為り、これを殺さんと欲す。窣干紿《あざむ》きて曰わく、「我は唐の和親使《わしん》なり。汝、我を殺さば、

レ我。禍且レ及二汝国一。遊弈信レ之。送詣二牙帳一。窣干見二奚王一。長揖不レ拝。奚王雖レ怒。而畏レ唐不二敢殺一。以二客礼一館レ之。使下百人随二窣干一入朝上。窣干謂二奚王一曰。王遣レ人雖レ多。観二其才一。皆不レ足三以見二天子一。聞王有二良将瑣高者一。何不レ使二之入朝一。奚王即命二瑣高一与二牙下三百人一随二窣干一入朝。窣干将レ至二平盧一。先使三人謂二軍使裴休子一曰。奚使下瑣高与二精鋭一倶来上。声云二入朝一。実欲レ襲二軍城一。宜下謹為二之備一。先レ事図上レ之。休子乃具二軍容一出迎。至レ館。悉阬二殺其従兵一。執二瑣高一送二幽州一。張守珪以二窣干一為レ有レ功。奏為二果毅一。累二

禍《わざわい》、且《まさ》に汝の国に及ばんとす」と。遊弈、これを信じ、送りて牙帳《がちょう》に詣《いた》らしむ。窣干、奚王に見《まみ》え、長揖《ゆう》して拝せず。奚王、怒ると雖も、而も唐を畏《おそ》れて敢えて殺さず、客礼を以ってこれを館し、百人をして窣干に随いて入朝せしめんとす。窣干、奚王に謂いて曰わく、「王、人を遣《つか》わすこと多しと雖も、その才を観るに、みな以って天子に見《まみ》ゆるに足らず。聞く、王に良将瑣高《さこう》なる者ありと。何ぞこれをして入朝せしめざる」と。奚王、即ち瑣高《さこう》に命じ、牙下の三百人と与《とも》に窣干に随いて入朝せしむ。窣干、将《まさ》に平盧《へいろ》に至らんとするや、先に人をして軍使裴休子《はいきゅうし》に謂わしめて曰わく、「奚、瑣高《さこう》をして精鋭と倶《とも》に来たらしむ。声《ふ》れて入朝すと云うも、実は軍城を襲わんと欲す。宜《よろ》しく謹《つつ》しみてこれが備えを為し、事に先んじてこれを図《はか》るべし」と。休子、乃《すなわ》ち軍容を具《とと》えて出《い》でて迎う。館に至れば、悉《こと》ごとくその従兵を阬殺《こうさつ》し、瑣高を執《と》らえて幽《ゆう》州に送る。張守珪、窣

遷将軍一。後入奏レ事。上与語悦
レ之。賜二名思明一。

干を以って功ありと為《な》し、奏《そう》して果毅《かき》と為す。将軍
に累遷す。後入りて事を奏す。上《しょう》、与《とも》に語りてこれ
を悦び、名を思明と賜《たも》う。

・――ここには、史思明の経歴が語られる。安禄山のこの竹馬の友も、かれに劣らぬ陰険狡猾の人物であった。

史《し》窣干《しつかん》はかつて公金に穴をあけて、奚《けい》族の縄張りに逃げこみ、奚族の遊撃隊に逮捕されて、殺されかけた。「遊弈《ゆうえき》」は斥候任務をおびたゲリラ部隊。

史窣干は嘘をついた、おまえたちがわしを殺せば、やがて災難がおまえたちの国にお見舞いするぞ。」

遊撃隊はこれを真《ま》にうけて、総司令部に送りとどけた。「牙帳」は異民族の首長のいる本営をさす。牙は牙旗、総指揮官旗、帳は軍帳、軍営のとばりである。

史窣干は奚王に面会すると、立ったまま手をくみ合わせる挨拶をして、おじぎをしない。「長揖《ゆう》」とは両手をくみ合わせて上下させる略式の礼。

奚王は腹が立つが、唐朝をはばかり殺すわけにゆかない。客賓待遇で宿舎をあたえ、使者百人を出して、史窣干について唐に入朝させようとした。史窣干が奚王にいった、

「王さまはおおぜいの使者を派遣なさるが、連中の器量を拝見しますところ、いずれも天

子さまにお目見えするには不足と見うけられます。たしか王さまには瑣高《さこう》と呼ばれるりっぱな指揮官がおられましたな。なぜこの方に入朝させるようなさいませぬ。」——胡注によれば、「瑣高」は奚族の酋長のうちの猛者《もさ》を呼ぶ特殊な称号だという。

奚王はさっそく瑣高に申しつけて、旗本の兵卒三百人とともに、史窣干について唐に入朝させることにした。

史窣干は平盧《へいろ》軍の治所営州にもうすぐ到着するというころ、あらかじめ使者を出して、軍使の裴休子《はいきゅうし》にいわせた、

「奚の使節瑣高が精鋭部隊といっしょにやって来ます。ふれこみは入朝ですが、実は軍城を襲撃するこんたんです。ひとつ慎重にやつらに対する防備を施し、先手を打ってやっつけなさるがよいと思います。」

そこで、裴休子は軍の陣容をととのえて出迎え、かれらが宿舎まで来ると、随行して来た部下のものをぜんぶ坑埋《あな》めにして殺し、瑣高を捕縛して幽州に送りとどけた。「軍容を具える」とは、軍使を歓迎するための礼容を整備すること、たとえば儀仗隊などをも用意したのであろう。

張守珪は史窣子が功労を立てたとして、天子に奏上し、果毅《かき》都尉に任命した。やがて累進して将軍になった。——「果毅」はもと『尚書（書経）』泰誓篇に出る語、敵を殺戮するうえで果敢なことを意味し、唐では各軍団の折衝府に折衝都尉一人、左右果毅都尉各お

の一人が置かれた（府の格により従五品下から従六品下まで）。

その後、かれは天子に奏上するため朝廷に参内し、かれと語った天子はすっかり気にいって、思明という名を賜わった。――実は、天宝初年（七四二）のことであり、かれは当時四十歳であったという（『旧唐書』同上）。

――舞台は中央にうつる。本篇の前半における主要なワキ役李林甫の登場である。

*

朔方節度使牛仙客。前在㆓河西㆒。能節㆓用度㆒。勤㆓職業㆒。倉庫充実。器械精利。上聞而嘉レ之。欲レ加㆓尚書㆒。張九齢曰。不可。尚書古之納言。唐興以来。惟旧相及揚㆔歴中外㆓有㆓徳望㆒者乃為レ之。仙客本河湟使典。今驟居㆓清要㆒。恐羞㆓朝廷㆒。上曰。然則但加㆓実封㆒。可乎。対曰。不可。封爵所㆔以勧㆓有功㆒也。辺将実㆓

朔方《さくほう》節度使なる牛仙客は、前《さき》ごろ河西《かせい》に在りて、能《よ》く用度を節し、職業を勧め、倉庫充実し、器械精利なりき。上《しょう》、聞きてこれを嘉《よみ》し、尚書を加えんと欲す。張九齢曰わく、「不可なり。尚書は古《いにしえ》の納言《のうげん》なり。唐の興《はじ》めより以来、惟《た》だ旧相《しょう》及び中外に揚歴《ようれき》して徳望あるもののみ、乃ちこれに為《つ》く。仙客は本《も》と河湟《かこう》の使典なり。今、驟《にわ》かに清要に居らしめば、恐らくは朝廷を羞《は》ずかしめん」と。上曰わく、「然らば則ち但《た》だ実封《ぽう》をのみ加えん。可ならんか」と。対《こた》えて曰《い》わく、「不可なり。封爵《ほうしゃく》は有功を勧むる

倉庫㆒。修㆓器械㆒。乃常務耳。不㆑足㆑為㆑功。陛下賞㆓其勤㆒。賜㆓之金帛㆒。可也。裂㆑土封㆑之。恐非㆓其宜㆒。上黙然。李林甫言㆓於上㆒曰。仙客宰相才也。何ヲ有於尚書㆒。九齢書生。不㆑達㆓大体㆒。上悦。

所以《ゆえん》なり。辺将の、倉庫を実《み》たし、器械を修むるは、乃ち常務なるのみ。功と為すに足らず。陛下、その勤めしを賞し、これに金帛《ぱく》を賜うれば可なり。土《ど》を裂きてこれを封《ほう》ずるは、恐らくはその宜しきに非ざらん」と。上、黙然《もくぜん》たり。李林甫、上《しょう》に言いて曰わく、「仙客は宰相の才なり、尚書に何か有らん。九齢は書生にして、大体に達せず」と。上、悦ぶ。

朔方《さくほう》節度使の牛仙客は、さきごろ河西節度使に就任していた時に、軍の財用を調節して、その職務にうちこむ有能ぶりをしめし、倉庫は軍需物資が充実するし、武器の類は精鋭なのがそろって、完璧な防衛体制を樹立した。――「朔方」は陝西省北部から内蒙古自治区にわたる黄河以南の、いわゆるオルドス地区に設けられた郡。「河西」はその西方、甘粛省の西北部に設けられた郡。「用度を節する」とはまさに節度使の本来の任務に関係する。節度使の命名由来としては、ふつう「旌節」（使節の旗じるし）に関連させる説が行なわれているが、清・洪亮吉『暁読書斎二録』巻上にもいう、

「唐志（『旧唐書』職官志や『新唐書』百官志）および通典《つでん》（杜佑撰）は、並びに『辺方寇《えび》戎《す》の警《いまし》めあらば、則ち加うるに旌節を以ってし、これを節度使と謂う』と云い、命名

の由《いわ》れの、用度を撙《そん》節する（撙は抑制の意）に本づきて見《けん》を起こし、旌節の節にあらざることを知らず」。

なお、牛仙客は河西節度使だった開元二十年（七三二）八月、すでに六階級特進の恩典に浴しており、通鑑・巻二一三のその条にも、「仙客は廉勤にして、その職《つと》めを善くす」とある。

さて、開元二十四年（七三六）十月のこと、牛仙客の職務熱心のことを聞いた天子は嘉賞され、尚書（正三品）すなわち六部《りくぶ》の長官、いわば省大臣の職を加えようとした。「加」とは、本官をそのままにして、上級の官を兼任させ、実質的な昇進をはかる措置をいう。ここでは、節度使がいわゆる〝令外《りょうげ》の官〟、すなわち唐朝の正規の官制にない職なので、本庁の官を兼任させて優遇する意味を含むだろう。

宰相の張九齢がいった、

「そりゃいけませぬ。尚書はむかしの納言《のうげん》です。わが唐朝のはじめこのかた、尚書には過去に大臣の経験あるものか、朝廷内外に官歴の実績が知れわたり、人格者として定評あるものしか就任しておりませぬ。もともと西北辺区の事務官ふぜいの牛仙客が、いま急に清貴枢要の職につけば、朝廷の面目を汚すおそれがございましょう。」

「納言《なごん》」は本邦でも古代の官名に用いられているが、この呼称は『尚書（書経）』舜典の「汝に命じて納言と作《な》さん。夙夜《あけくれ》、朕《わ》が命《めい》を出納《すいとう》するに、惟《こ》れ允《まこと》あれ」にもとづく。漢・

孔安国の注解に擬した偽孔伝にいう、「納言とは喉舌《こうぜつ》の官にして、下《しも》の言を聴きて上《かみ》に納《い》れ、上の言を受けて下に宣《の》べ、必らず信《まこと》を以ってす。」〝喉舌の官〟とは君主の発言・命令を扱う官を意味する。『漢書』百官公卿表の応劭《しょう》の注には、「納言は今の尚書の如し。王の喉舌を管《あずか》るなり」と、ここは逆の表現がみえる。「揚歴」は官吏たる実績を宣揚すること、すなわち官吏としての実力が衆目に認められたヴェテラン政治家。「河湟《かこう》」の湟は甘粛省境をへて黄河にそそぐ川、二字は黄河上流の西北辺境をいう。「使典」は官庁の実務を扱う事務官、いわゆる胥吏《しょり》をさす。

なお、唐・李商隠（義山）の「行きて西郊に次《やど》りて作る」詩に、「使典　尚書と作《な》り、厮《し》養《よう》（下僕）将軍と為る」という上句は、この事実をふまえたものである（下句は侯景に関する故事）。

天子はいう、「それじゃ、封地《ほうち》をあたえるだけにすればよかろうが。」

張九齢は答えた、

「いけませぬ。封爵《ほうしゃく》は功績をあげるようすすめるためのもの。辺境守備の指揮官が倉庫を充実させ、武器を整備するのは、あたり前のつとめであり、功績に値いしませぬ。陛下はかれの精勤をたたえて、金品の賞をご下賜になれば、それでよろしい。土地を分けて領主になさるのは、不当の処置かと案じまする。」

天子はごきげんななめである。「実封」は額面どおり支給される食封。「金帛」は金銭・

反物《たんもの》による賞与。

李林甫が天子に申しあげた、

「牛仙客は宰相の実力さえあります人物。尚書ぐらい、勿体ぶることはないでしょう。九齢はたかが書生っぽ、かんじんの道理がわからぬおとこです。」

天子はごきげんだった。

——李林甫は唐の高祖の曾孫にあたる皇室出身であるが、ろくに教養もないかれがいつしか出世して、開元二十二年（七三四）五月には吏部侍郎から礼部尚書・同中書門下三品いわば宰相待遇の文部大臣を拝命した。もちろん、皇室出身という家柄も物をいったであろうが、かれの出世にはべつの理由、はなはだ低い次元の、しかしより現実的なかれの絶えざる努力がひめられていた。通鑑・巻二一四にはいう、

吏部侍郎李林甫は、柔佞《じゅうねい》にして狡数《こうすう》多し。深く宦官および妃嬪の家と結び、上《しょう》の動静を伺候《うかが》いて、これを知らざるなし。是《これ》に由りて奏対するごとに、常に旨《むね》に称《かな》い、上悦ぶ。

すなわち、かれはおべっかの上手な腹黒い男で、ずるい手くだを弄することではおどろくべきヴェテランである。やがて後条にその実例のいくつかを見られるであろうが、かれは宮廷の大奥方面に密接な関係をつけ、玄宗の私生活における動静、特に心の動きに関する情報を握り、公私の場で玄宗の意向を迎えることに専念して、絶大な信任をかちえたの

である。そのような李林甫にとって、硬骨の宰相張九齢はもっとも手ごわい邪魔ものであったこと、いうまでもない。これより後、李林甫の工作は張九齢を失脚させることに集中する。

＊

明日。復以二仙客実封一為レ言。九齢固執如レ此。上怒。変レ色曰。事皆由レ卿邪。九齢頓首謝曰。陛下不レ知臣愚。使待二罪宰相一。事有レ未レ允。臣不二敢不一レ尽レ言。上曰。卿嫌二仙客寒微一。如レ卿有二何閥閲一。九齢曰。臣嶺海孤賤。不レ如三仙客生二於中華一。然臣出二入台閣一。典二司誥命一有レ年矣。仙客辺隅小吏。目不レ知レ書。若大任レ之。恐不レ愜二衆望一。林甫退而言曰。苟有二才識一。何必二

明日《めいじつ》、復《ま》た仙客の実封を以って言を為《な》す。九齢、固《こ》執《しゅう》すること此《か》くの如し。上、怒り、色を変えて曰わく、「事みな卿《けい》に由《よ》らんや」と。九齢、頓首し謝して曰わく、「陛下は知らずや、臣愚かにして、使《たと》い罪を宰相に待つとも、事、未《いま》だ允《ただ》しからざるあらば、臣は敢えて言を尽くさずんばあらざるを」と。上曰わく、「卿は仙客の寒微《かんび》なるを嫌うも、卿の如きは何の閥閲《ばつえつ》ありや」と。九齢曰わく、「臣は嶺海《れいかい》の孤《こ》賤《せん》にして、仙客の中華に生まれしに如《し》かず。然れども臣は台閣に出入し、誥命《こうめい》を典司《てんし》すること年あり。仙客は辺隅の小吏にして、目、書を知らず。若し大いにこれに任ずれば、恐らくは衆望に愜《かな》わざらん」

辞学一。天子用レ人。有二何不一レ可。
十一月。戊戌。賜二仙客爵隴西
県公一。食二実封三百戸一。

と。林甫、退きて言いて曰わく、「苟《も》し才識あらば、
何ぞ辞学を必《ひっ》せん。天子、人を用うるに、何の可な
らざるあらん」と。十一月戊戌《つちのえいぬ》、仙客に爵の隴西《ろうせい》
県公を賜い、実封《じっぽう》三百戸を食《は》ましむ。

翌日、天子は牛仙客に実封をあたえる件をむしかえした。張九齢はがんとして前と同じ意見を主張する。天子は立腹し、顔いろを変えていった、「そうなんでもそなたのままになるもんか。」

張九齢は地に頭をすりつけて平謝りにあやまる。——だが、そのことばは依然としてゆずらない。

「陛下はごぞんじでしょう、身どもは愚かもの、たとえ宰相どのに処罰を仰ぐ罪をえましょうと、ふつごうな事がありますかぎり、身どもは申したいだけのことは申さぬわけにまいりませぬ。」

「不知」は「知ラズヤ」と疑問形式に読むほうが活きた会話になる。「臣愚」の二字は上奏文においてしばしば天子に対する臣下の卑称として用いられ、「愚」はほとんど軽く付加される。ここではそれが逆によく効いて、愚直だからこそどんなめに遭おうと事の非を黙って通せぬというのである。

天子「そなたは牛仙客の出身がいやしいと難癖つけおるが、そういうそなたなど、ろくな家がらであるまいがな。」――貴族主義の残滓がなお顕著に認められる玄宗の意識に注意されたい。「閥閲《ばつえつ》」は門閥。

張九齢、「身どもは嶺《れい》南の孤立卑賤のもの、そりゃ中華の生まれであります牛仙客にかないませぬ。でも、身どもは中央の枢要機関に出たり入ったりいたし、長年勅詔《ながねんみことのり》をあつかってまいりました。牛仙客はたかがさいはての小役人、目に一丁字《いっていじ》もなきおとこです。かりにも国家の重要職に就任いたしますれば、もろびとの期待に添えはいたしますまい。」

「嶺南」は広東・広西・福建地方をさす。当時はなお未開の僻地として、流刑地でさえあった。張九齢は広東省曲江県の人。「孤賤」とはコネのない卑しい家柄の出身をいう。「台閣」は行政の最高機関、尚書・中書・門下三省をさす。胡三省の注には、張九齢が司勲員外郎や中書舎人を歴任したことをさすという。狭義の「中華」は古代に首都がおかれた黄河の流域をいうが、要するに、文化の開けた首都圏をさすことば。本邦で花のお江戸とか上方《かみがた》とかいうのに似る。牛仙客は甘粛省の東端、陝西省に近い霊台県、当時の鶉觚《じゅんこ》県の出身である。「書」は文字をいう。

李林甫は退出してからいった、「かりにも才能見識があれば、学問なんかどうだっていい。天子が任用なさるのに、なんの不つごうがあろう。」

十一月二十三日、牛仙客に隴西《ろうせい》県公の爵位を賜わり、三百戸の実封があたえられた。

——「辞学」とは学問、学問の中心は文学にあり、作詩文の能力が問われたからである。「隴西県」は甘粛省の東部中央に在る県（今名おなじ）。なお、県公は国公・郡公に次ぐ爵位である。

＊

初。上欲下以二李林甫一為上レ相。問二於中書令張九齢一。九齢対曰。宰相繋二国安危一。陛下相二林甫一。臣恐異日為二廟社之憂一。上不レ従。時九齢方以二文学一為二上所一レ重。林甫雖レ恨。猶曲レ意事レ之。侍中裴耀卿与二九齢一善。林甫并疾レ之。是時。上在レ位歳久。漸肆二奢欲一。怠二於政事一。而九齢遇レ事無二細大一皆力争。林甫巧伺二上意一。日思レ所三以中二傷之一。

初め、上《しよう》、李林甫を以って相《しよう》と為さんと欲し、中書令なる張九齢に問う。九齢、対《こた》えて曰わく、「宰相《さいしよう》は国の安危に繫《かか》る。陛下、林甫を相《しよう》とせば、臣は恐る、異《い》日《じつ》廟社《びようしや》の憂いと為らんことを」と。上、従わず。時に九齢、方《まさ》に文学を以って上《しよう》に重んぜらる。林甫は恨むと雖も、猶お意を曲《ま》げてこれに事《つか》う。侍中なる裴耀卿《はいようけい》、九齢と善《した》し。林甫、并《あわ》せてこれを疾《にく》む。是《こ》の時、上、位に在ること歳久しく、漸く奢欲《しやよく》を肆《ほ》しいままにし、政事を怠る。而も九齢は事に遇えば細大となくみな力争《りきそう》す。林甫は巧みに上の意を伺い、日ごとこれを中傷する所以《ゆえん》を思う。

かつて、――「初」は回想の場合に用いることば「そのかみ」。開元二十二年（七三四）五月前後をさす。天子は李林甫を宰相にしようと思い、中書令の張九齢にたずねた。張九齢は答えた、

「宰相は国家の安危にかかわる重要ポストです。陛下が李林甫を宰相になされば、いつの日か国家にとって憂慮すべき事態を招きはしまいかと案じまする。」

天子はいうことをきかなかった。――というわけで、さきの発令をみたのである（三三八ページ参照）。

――このあたりで唐朝のいわゆる〝宰相〟について説明を加えておこう。唐朝では中央政府の行政機構として、いわゆる三省すなわち尚書省（実施機関、内閣にあたる）・門下省（審議機関、議会にあたる）・中書省（立法機関）があり、その長官がそれぞれ左・右僕射《ぼくや》、侍中・中書令であるが、専任が常置されるとは限らず、他の官に併任される場合も少なくない。ことに左・右僕射はすでに実職としての性格を失なっていた。以上が本来の宰相であるほか、同平章事ただしくは同中書門下平章事とよび、他の官が併任するケースがある。「平章」は『尚書（書経）』堯典《ぎょうてん》の「百姓《たみ》を平章す」にもとづく動詞で、「平」には公平・平和・弁別（秩序づける）などの諸説があるが、要するに秩序ある公明な政治を行のう意である（弁別説を有力視するものは、したがって平章事と発音《べん》する）。「同」は同等の資格・待遇を与えること、「同平章事」は宰相待遇ということばであるが、実質的にはれいきたる宰相

なのである。さらに、唐・封演『封氏聞見記』巻三・風憲には「唐興《はじ》まりて宰輔、多く憲司（御史台）より鈞軸に登る。故に御史を謂いて宰相と為す」（今本は本文を欠く、『唐語林』巻八に引くところに拠る）ともある。張九齢はこのころ中書令であった。

当時は張九齢が学問によって天子に重用されていたさなかであり、李林甫は恨みにおもいながらも、いろいろ気を使ってかれに仕えていた。侍中の裴耀卿《はいようけい》は張九齢と仲が好かったので、李林甫はもろともに憎んでいた。――「曲意」は意志をまげることではあっても、〝心ならずも〟ということではない。腹の中とは違っておもねるニュアンスがある。ここまでが回想部分であり、以下は現時点にもどる。「是時」は「初」に呼応する。

このころ、天子は在位期間も長く、次第にぜいたく心がのさばり、政務をなおざりにするようになった。しかも、張九齢は細大もらさず事あるごとにうるさく異議をたてる。天子の意向を読みとることが上手な李林甫は、日ごと張九齢を痛いめに遭わせる方法を思案していた。「中傷」は邦語のそれよりはるかに重い、悪口非難の段階にとどまらぬことば。

――李林甫が待ちうけていた張九齢打倒の機会がついにやって来る。

*

上之為㆓臨淄王㆒也。趙麗妃・皇甫徳儀・劉才人皆有㆑寵。麗妃

上の臨淄《りんし》王たるや、趙麗妃《ちょうれいひ》・皇甫《こうほ》徳儀《とくぎ》・劉《りゅう》才人、みな寵あり。麗妃は太子瑛《えい》を生み、徳儀は鄂《がく》王瑶《よう》を生

生㆓太子瑛㆒。徳儀生㆓鄂王瑶㆒。才人生㆓光王琚㆒。及㆑即㆑位。幸㆓武恵妃㆒。麗妃等愛皆弛。恵妃生㆓寿王瑁㆒。寵冠㆓諸子㆒。太子与㆓瑶・琚㆒会㆓於内第㆒。各以㆓母失㆒㆑職有㆓怨望語㆒。駙馬都尉楊洄尚㆓咸宜公主㆒。常伺㆓三子過失㆒。以告㆓恵妃㆒。恵妃泣訴㆓於上㆒曰。太子陰結㆓党与㆒。将㆑害㆓妾母子㆒。亦指㆓斥至尊㆒。上大怒。以語㆓宰相㆒。欲㆓皆廃㆑之。九齢曰。陛下践祚。垂㆓三十年㆒。太子諸王。不㆑離㆓深宮㆒。日受㆓聖訓㆒。天下之人。皆慶㆓陛下享㆑国久長。子孫蕃昌㆒。今三子皆已成人。不㆑聞㆓大過㆒。陛下奈何一旦以㆓無根之語。喜怒之際㆒。尽廃㆑之乎。

み、才人は光王琚《きょ》を生む。位に即《つ》くに及び、武恵妃《ぶけいひ》を幸し、麗妃等《ら》、愛、みな弛《ゆる》む。恵妃は寿王瑁《ぼう》を生み、寵、諸子に冠たり。太子、瑶・琚と内第《ないてい》に会し、各おの母の職を失えるを以って怨望の語あり。駙馬《ふば》都尉《とい》なる楊洄《ようかい》は咸宜《かんぎ》公主を尚《めと》り、常に三子の過失を伺いて、以って恵妃に告ぐ。恵妃、泣いて上に訴えて曰わく、「太子、陰《ひそ》かに党与《とうよ》と結び、将《まさ》に妾《われ》ら母《おや》子《こ》を害せんとし、亦た至尊を指斥《しせき》す」と。上、大いに怒り、以って宰相に語り、皆これを廃せんと欲す。九齢曰わく、「陛下践祚《せんそ》して三十年に垂《な》んなんとす。太子・諸王は深宮を離れずして、日ごと聖訓《せいくん》を受く。天下の人、皆な陛下の国を享《う》くること久長にして、子孫の蕃昌《はんしょう》なるを慶《よろこ》ぶ。今、三子皆な已に成人し、大過を聞かず。陛下、奈何《いかん》ぞ一旦にして無根の語、喜怒の際を以って、尽《こと》ごとくこれを廃せんとするや。且つ太子は天下の本《もと》にして、軽がるしく揺《うご》かすべからず。昔、晋《しん》の献《けん》公、驪姫《りき》の讒《ざん》を聴きて申生を殺し、

且太子天下本。不レ可二軽揺一。昔晋献公聴二驪姫之讒一殺二中生一。三世大乱。漢武帝信二江充之誣一罪二戻太子一。京城流レ血。晋恵帝用二賈后之譖一廃二愍懐太子一。中原塗炭。隋文帝納二独孤后之言一黜二太子勇一。立二煬帝一。遂失二天下一。由レ此観レ之。不レ可レ不レ慎。陛下必欲レ為レ此。臣不二敢奉一レ詔。上不レ悦。

三世大いに乱る。漢の武帝、江充《こうじゅう》の誣《ふ》を信じて戻《れい》太子を罪《つみ》し、京城に血を流す。晋《しん》の恵帝、賈后《かこう》の譖《そしり》を用いて愍懐《びんかい》太子を廃し、中原塗炭《とたん》す。隋《ずい》の文帝、独孤后《どくここう》の言を納《い》れて太子勇を黜《しりぞ》けて煬帝《ようだい》を立て、遂に天下を失えり。此《これ》に由りてこれを観れば、慎《つつ》しまざるべからず。陛下、必らず此《これ》を為さんと欲するも、臣、敢えて詔《みこと》のりを奉ぜず」と。上、悦ばず。

天子がまだ臨淄《りんし》郡王だったころ——といえば、立太子以前のことである。そのころ、趙《ちょう》麗妃《れいひ》・皇甫《こうほ》徳儀《とくぎ》・劉才人ら三人のきさきが、寵愛をうけていた。——「麗妃」「徳儀」「才人」はみな皇妃のランク別称号であり、趙・皇甫・劉はみな実家の姓。『唐書』后妃伝の序によれば、皇后のもとに恵妃・麗妃・華妃（みな正一品）、芳儀六人（正二品）、美人四人（正三品）、才人七人（正四品）以下がずらりと列んでいた。「徳儀」は芳儀の一。麗妃は現皇太子瑛《えい》の、徳儀は鄂《がく》王瑤《よう》の、才人は光王琚《きょ》の、それぞれ生みの母である。天子は即位すると、武恵妃を寵幸し、いまでは麗妃ら三人に対する愛がさめて、武恵妃の生んだ寿王瑁《ぼう》が皇子たちのうちでいちばん可愛がられていた。「武恵妃」は則天武后のいとこ武攸止の子である。

——このとき玄宗の愛撫を一身に集めていた寿王瑁が、将来そのきさきを実の父親に奪われようとは、それこそ神ならぬ身の誰ひとり知るよしもなかった。

皇太子の瑛は異母弟の瑶・琚らと宮城内の邸にあつまり、めいめい母がつとめを失なったことで怨みごとをいった。「怨望」の望もうらむ意。駙馬《ふば》都尉の楊洄《ようかい》は武恵妃が生んだ咸宜《かんぎ》公主の夫である。いつも三人の皇子たちのあらを探って、武恵妃に報告していた。——だから、三人の皇子たちの怨みごとも、たちまち武恵妃に報告されたのである。「駙馬都尉」は皇女の婿にのみ与えられる特別職である。

武恵妃が泣いて天子に訴えた、「皇太子さまはひそかになかまとくんで、あたくしら母《おや》子《こ》を殺そうとなすっており、帝《みかど》のことを口汚くいっていらっしゃいます。」

天子はたいそう立腹し、そのことを宰相に話して、三皇子とも廃立しようとした。——宰相とは張九齢のほか、裴耀卿・李林甫をさす。張九齢がいった、

「陛下は即位されてかれこれ三十年になります。皇太子さまや皇子さまは奥御所を離れず、日ごと大君のみ教えを守られ、天《あめ》が下なべてのものは、陛下のご在位の長久とご子孫の繁栄をことほいでおりまする。いま、三人の皇子さまともすでに成人なされ、べつだん大き

な過《あやま》ちも耳にいたしておりませぬのに、陛下はなぜまた根も葉もない話や、一時の感情にかられてのことで、お三人とも廃立しようなどとんでもないことをなさいます。しかも、皇太子は天下の根本、かるがるしく動かせるものではありませぬ。むかし、晋《しん》の献公は驪《り》姫《き》のざん言を聞きいれて太子申生《しんせい》を殺しましたため、三代にわたって大騒動がつづきました。漢の武帝は江充のあらぬ告げぐちをまにうけて、戻《れい》太子を処罰しましたため、都に血が流れました。晋の恵《けい》帝は賈《か》后《こう》の中傷を聞きいれて愍懐《びんかい》太子を廃立しましたため、中原の地が塗炭の苦しみに遭いました。隋《ずい》の文帝は独孤《どくこ》皇后のことばを聞きいれ、皇太子の勇をしりぞけて煬帝《ようだい》を立てました結果、天下を失ないました。これらの先例から察しますると、ことは慎重でなければなりませぬ。陛下があくまで実現しようとなされても、身どもはご諚《じょう》に従うわけにまいりませぬ。」

天子はごきげんななめである。——張九齢の抵抗は執拗をきわめる。その執拗さは、過去の事例を四つもならべたてたことで、いよいよ強調される。いずれも一たび皇太子に立てながら、腹を痛めたわが子かわいさによる妃の中傷に君主が惑わされ、かくて皇太子が虐殺ないし廃立の悲運に遭い、しかも、それが原因して国家が騒乱に陥り、なかには滅亡に至ったものさえある類似の事例である。「晋の献公」の場合に「三世」とあるのは、王子の夷吾《いご》・子圉《しぎょ》・重耳《ちょうじ》（のちの文公）がそれぞれ王位を争奪したことを指す。くわしいことは、『史記』巻三十九・晋世家にみえる。なお「晋の恵帝」の晋のほうは六朝期のそれをさす。

林甫初無レ所レ言。退而私謂二宦官之貴幸者一曰。此主上家事。何必問二外人一。上猶予未レ決。恵妃密使下官奴牛貴児謂二九齢一曰上。有レ廃必有レ興。公為二之援一。宰相可二長処一。九齢叱レ之。以二其語一白レ上。上為レ之動レ色。故訖二九齢罷レ相。太子得レ無レ動。林甫日夜短二九齢於上一。上浸疏レ之。

＊

林甫、初《たえ》て言う所なし。退きて私《ひそ》かに宦官《かんがん》の貴幸せらるる者に謂《い》いて曰わく、「此《こ》は主上が家の事、何ぞ必らずしも外人に問わん」と。上、猶予《ゆうよ》して未《いま》だ決せず。恵妃、密かに官奴牛貴児をして、九齢に謂いて曰わしむ、「廃せらるるあらば必らず興《おこ》さるるあり。公、これが援《えん》を為せ、宰相、長く処《お》るべし」と。九齢、これを叱《しっ》し、その語を以って上に白《つ》ぐ。上、これが為めに色を動かす。故に九齢の相《しょう》を罷《や》むに訖《いた》るまで、太子は動くなきを得たり。林甫は日夜、九齢を上に短《そし》る。上、浸《ようや》くこれを疏《うと》んず。

――李林甫の陰険な工作が進められる。かれはライバルが完全に窮地に陥るのを見とどけねば、爪牙を露わさぬ。

その場ではまったくおし黙っていた李林甫は、御前を退出すると、天子お気に入りの宦《かん》

官《がん》にこっそりつぶやいた、

「これはおかみご一家のわたくし事だ。他人に相談なさるはいらぬこと。」

「初無」は強い否定、「宦官」は宮廷の大奥に仕える去勢された役人（六二ページ以下参照）。天子はためらって決しかねている。武恵妃は内密に大奥のしもべ牛貴児をやって、張九齢にいわせた、

「廃せられるものがあれば、新たに立てられるものがあるはず。ひとつ引きたてて下さいまし。宰相のご地位も寿命がのびましてよ。」――「廃せらるるあり興さるるあり」は『尚書（書経）』周書・君陳にみえる句。「援」はパトロンになること。末句によって、このせりふは語り手の人間を語る、生きいきとしたものになった。

張九齢は叱りつけて、妃のことづてを天子に告げた。天子の顔に動揺の色がさした。だから、張九齢が宰相を罷免されるまで、皇太子の地位は動かずにおれたのである。

李林甫はあけくれ張九齢の悪口を天子にのべたて、天子は次第にかれを疎外しはじめた。

＊

林甫引二蕭炅一為二戸部侍郎一。炅素不レ学。嘗対二中書侍郎厳挺之一読二伏臘一為二伏猟一。挺之言二

林甫、蕭炅《しょうけい》を引きて戸《こ》部《ぶ》侍郎と為す。炅、素《もと》より学ばず。嘗て中書侍郎厳挺之《げんていし》に対《こた》え、伏臘《ふくろう》を読みて伏《ふく》猟《りょう》と為す。挺之、九齢に言いて曰わく、「省中、豈《あ》

於九齢一曰。省中豈容レ有二伏猟侍郎一。由レ是出レ炅為二岐州刺史一。故林甫怨二挺之一。九齢与二挺之一善。欲二引以為レ相。嘗謂レ之曰。李尚書方承レ恩。足下宜二一造レ門。与レ之款暱一。挺之素負レ気。薄二林甫為レ人。竟不二之詣一。林甫恨レ之益深。

に容《まさ》に伏猟侍郎あるべけんや」と。是《これ》に由りて炅を出《い》だして岐《き》州刺史《しし》と為す。故に林甫は挺之を怨めり。九齢、挺之と善し。引きて以って相《しょう》と為さんと欲す。嘗てこれに謂いて曰わく、「李尚書、方《まさ》に恩を承《う》く。足下、宜しく一たび門に造《いた》り、これと款暱《かんとく》すべし」と。挺之、素《もと》より気を負《たの》み、林甫の人と為《な》りを薄《うと》んじ、竟《つい》にこれに詣《いた》らず。林甫、これを恨むこと益《ま》ます深し。

李林甫は蕭炅《しょうけい》を引っぱって来て、戸部侍郎（正四品下）すなわち大蔵次官に就任させた。蕭炅はかねて無学なおとこである。——李林甫が推挙するのはすべてこのタイプの人間で、学問があっては理屈っぽくて困るわけである。

ある時、蕭炅は中書侍郎すなわち中書省次官、副宰相の厳挺之に答える際に〝伏臘《ふくろう》〟を〝伏猟《ふくりょう》〟と読みちがえた。「伏臘」は陰暦六月の伏日（夏至ののち第三庚《かのえ》の日）と十二月の臘日（冬至ののち第三戊《つちのえ》の日）に行のうお祭りであり、「伏猟」のほうは、待ち伏せして鳥獣を捕獲する狩猟であろう。臘《ラフ》・猟《レフ》二字は発音も少し異なるが（lap : liep）、発音だけでなく、意味をもとりちがえたのである。「読為」（たとえば『周礼』考工記・梓人の釈文〝春を読みて蠢と為す〉は、発音の同似から別箇の文字の意味に解せよと指示する、訓詁法の一様式である。

厳挺之《げんていし》が張九齢にいった、「本庁に〝伏猟侍郎〟さんは置いとけませんな。」

そのために、蕭炅を岐州（陝西省鳳翔県の南）知事に転出させた。

このエピソードは両唐書とも厳挺之伝にみえ、『旧唐書』のほうがより詳しく、われわれの理解を助けてくれる。

林甫、蕭炅を引きて戸部侍郎と為す。嘗て挺之と同《とも》に慶弔に行く。客次《たびさき》に『礼記《らいき》』あり。蕭炅これを読みて、「蒸嘗（秋・冬の先祖の祭り）伏猟」と曰う。炅、早《つと》に官に従いて学術なく、伏臘の意を識らず、誤りてこれを読む。挺之、戯れに問う。炅、対うること初めの如し。挺之、九齢に白《つ》げて曰わく、「省中、豈に伏猟侍郎あらんや」と。

司馬光の文章はたしかに切りつめ過ぎた感があるが、ぎりぎり必要なものは失なっていない。ことに、わずか一字にすぎぬが、厳挺之のせりふに「容」を加えた点は巧みである。「容」は〝……が許される、……の余地がある〟意の助字である。

張九齢は厳挺之と親密な間がらである。かれを引っぱって宰相職につけようと思い、あるときかれにいった、「李尚書どのは目下おかみのおぼえがめでたいおかただ。おぬしいちど家に伺って、なじみになっとかれるといいと思うがな。」

かねて意地っぱりな厳挺之は、李林甫の人がらを軽蔑していたので、とうとう訪ねずじまいだった。李林甫はますますかれを怨んだ。「款曜《かんとく》」は二字ともなじみ親しむ意。「負気」はプライドが高くて意地っぱりなこと。

＊

挺之先娶レ妻。出レ之。更嫁二蔚州刺史王元琰一。元琰坐二贓罪一。下二三司一按鞫。挺之為レ之営解。林甫因二左右一使下於二禁中一白上レ上。上謂二宰相一曰。挺之為二罪人一請二属所レ由。九齢曰。此乃挺之出妻。不レ宜レ有レ情。上曰。雖レ離。乃復有レ私。

挺之、先に妻を娶《めと》りて、これを出《い》だし、更に蔚《うつ》州刺史王元琰《えん》に嫁《とつ》がしむ。元琰、贓罪に坐す。三司に下して按鞫《あんきく》せしむ。挺之、これが為めに営解《えいかい》す。林甫、左右に因りて禁中に於いて上に白《もう》さしむ。上、宰相に謂いて曰わく、「挺之、罪人の為めに由る所に請《せい》属《しょく》す」と。九齢曰わく、「此《こ》は乃ち挺之の出妻なり、宜しく情あるべからず」と。上曰わく、「離《わか》ると雖も、乃ち復た私あらん」と。

厳挺之は最初にめとった妻を離縁して、蔚《うつ》州（山西省霊丘県）知事の王元琰と再婚させた。その王元琰が公金横領の罪に問われ、中央の司法機関に送検されて裁判されることになった。厳挺之はかれが免罪になるよう工作してやった。「贓罪」は官物公金使いこみの罪をいう。「三司」の内容は時代によって異なるが、唐朝では刑部（法務省）・御史台（最高検）・大理寺（刑獄機関）をさす。

李林甫は天子の側近を通じて、このことを宮廷で天子に告げさせた。天子は張九齢にいった、「厳挺之は罪人のために関係役所に頼みおった。」

「請属」は請嘱、請託に同じ。コネを求めて依頼すること。求職などの依頼にもいう。

「所由」はその事件が扱われる機関をいう。

張九齢「これは厳挺之がすでに離縁しました妻のことです。情がからんだとは思えません。」——私情から免罪運動をしてやったのではない、と弁明したのである。

天子「離縁しちまっても、関係があるんだぜ。」——玄宗のせりふにみえる「有私」は「有情」より一歩進めて、元の妻となお切れていないと皮肉ったのである。

*

於レ是上積二前事一。以耀卿・九齢為二阿党一。壬寅。以二耀卿一為二左丞相一。九齢為二右丞相一。並罷二政事一。以二林甫一兼二中書令一。仙客為二工部尚書・同中書門下三品一。領二朔方節度一如レ故。厳挺之貶二

是《ここ》に於いて上、前事を積みて、以《おも》えらく耀卿・九齢、阿党を為すと。壬寅《みずのえとら》、耀卿を以って左丞相と為し、九齢を右丞相と為し、並びに政事を罷めしめ、林甫を以って中書令を兼ねしめ、仙客を工部尚書・同中書門下三品と為す。朔方《さくほう》節度を領すること故《もと》の如し。厳挺之は洺《めい》州刺史に貶《おと》し、王元琰は嶺南に流さる。

洛州刺史一。王元琰流二嶺南一。

さて、右の事件があってみると、これまでのことも積みかさなり、天子は裴耀卿・張九齢がぐるになっているとにらんだ。――「前事」とは二人が事ごとに李林甫にたてついたことを指すか。「阿党」の阿はおもねる、たがいにべたべたして同調すること。十一月二十七日、裴耀卿を左丞相、張九齢を右丞相にして、ともに政務の中枢から手を引かせた。――とは、宰相を罷免したことである。「左・右丞相」は尚書省長官、左・右僕射《ぼくや》（従二品）である。単なる政令の実施機関である尚書省の比重は軽く、その次官クラスといえばおそらく閑職だったであろう。左・右丞相の呼称はめずらしいようである。

李林甫、かれは礼部尚書である本官に中書令を兼任させ、牛仙客に工部尚書すなわち建設大臣・同中書門下三品すなわち宰相待遇を命じて、朔方節度使の肩書きは従前どおりということにした。厳挺之は洛州（河北省永平県）知事に左遷し、王元琰は嶺南地区へ遠流《おんる》に処せられた。

＊

李林甫欲下蔽二塞人主視聴一。自専中大権上。明召二諸諫官一謂曰。

李林甫、人主の視聴《しちょう》を蔽塞《へいそく》して、自ずから大権を専《もっぱ》らにせんと欲し、明《あき》らかに諸諫官《かんがん》を召し、謂《い》いて曰

今明主在レ上。群臣将順之不レ暇。烏用二多言一。諸君不レ見二立仗馬一乎。食二三品料一。一鳴輒斥去。悔レ之何及。補闕杜璡嘗上レ書言レ事。明日黜為二下邽令一。自レ是諫争路絶矣。

わく、「今、明主、上《かみ》に在り、群臣、将順するに暇《いとま》あらず。烏《いずく》んぞ多言を用いん。諸君、立仗《りつじょう》の馬を見ずや。三品の料を食《は》むも、一《ひと》たび鳴けば輒《すなわ》ち斥《しりぞ》け去らる。これを悔《く》ゆるも何ぞ及ばん」と。補闕《ほけつ》杜璡《としん》、嘗て書を上《たてま》つりて事を言う。明日《めいじつ》、黜《しりぞ》けられて下邽《かけい》の令と為る。是《これ》より諫争《かんそう》の路《みち》絶ゆ。

——じゃまものを引きずり下ろし、自分がその位置にとって代ると、李林甫はすでに怖いもの知らずである。

李林甫は主君の耳目をふさぐことによって、政治の大権をわが手に独占したいと思い、おおっぴらに諫官たちを呼びよせていうのである。

「ただいまは英明の君が上《かみ》におわし、臣下のものは君の仰せどおりにやるだけで精いっぱいだ。よけいな口出しをする必要はあるまい。おのおのがた、ほらあの儀仗を立てる馬を知ってるだろ。三いろの飼料を頂戴するけっこうな身だが、ちょいと嘶いたら最後、あっさりおはらい箱になり、いくら悔やんでも後のまつりだよ。」

——天子に忠告すること自体を職務とする諫官に対する口封じ宣言である。それもそっと通告するのでない。堂々と全員を召集し、複数者の確認のもとに脅迫したのである。

「明」とは、かれの臆面ない破廉恥行為を客観的に強調する副詞である。「諫官」を職掌とするものには諫議大夫（正五品上）・左補闕（従七品上）・左拾遺（従八品上）らがいる。『孝経』事君章にいう、「そ（君主）の美を将順し、その悪を匡救す。故に上下能《よ》く相親しむなり。」「将順」はしたがい行のう（古注）。「立仗の馬」とは、中央庁では毎日の朝会に、八頭の馬が天子の儀仗を立てて、正殿わきの建物の門外に列ぶ、その馬をいう。厳粛な場で嘶く馬は用をなさないのである。「三品の料」とは三種の飼料、その内容は不明だが、優遇を意味するに違いない。李林甫の宣言は、やがて事実によって証明される――

補闕すなわち諫官のひとり杜璡《としん》が、あるとき上奏文を奉呈してなにかを言上した。翌日、かれは下邽《かけい》県（陝西省渭南県の東北）知事に格下げされた。これ以来、天子に異議をとなえて忠告する路が絶たれてしまった。

――これより以後、李林甫の専横はいよいよつのる。かれはライバルを現在の地位から蹴おとすだけでけっして満足しない。じっと機会を見すましてあい手を徹底的にやっつけるのである。翌開元二十五年（七三七）四月、牛仙客の非才を糾弾した監察御史、すなわち最高検検事の周子諒《しゅうしりょう》が、玄宗の怒りにふれて流刑にあい、しかも護送の途次で殺されると、李林甫はこの機とばかり、周を推挙したのは張九齢であると申し出てかれの責任を問うた。かくて張九齢は荊州（湖北省襄陽県）大都督府の事務長、実質的には長官である長史

（従三品）に左遷され、玄宗朝さいごの硬骨漢も三年ののち任地で死んでしまう。

また、同じ月に李林甫の腹心楊洄《ようかい》が、さきの皇太子を含む三人の皇子たちが陰謀をたくらむと告発したとき、玄宗から相談をうけると、かれは例のごとく平然と答えた、「此《こ》は陛下の家の事、臣等の宜しく予《あずか》る所に非ず。」

玄宗の実のむすこ三人はここに罪なくして廃せられ、庶民の身分におとされ、しかも流刑に処せられたうえ、またしても護送の途中で殺害されてしまうのである。

*

太子瑛既死。李林甫数勧㆔上立㆓寿王瑁㆒。上以㆓忠王璵年長。且仁孝恭謹。又好㆑学。意欲㆑立㆑之。猶予歳余不㆑決。自念㆓春秋浸高。三子同㆑日誅死。継嗣未㆑定。常忽忽不㆑楽。寝膳為㆑之減。高力士乗㆑間請㆓其故㆒。上曰。汝。我家老奴。豈不㆑能㆑揣㆓我意㆒。力士曰。得㆑非㆑以㆓

太子瑛、既に死したれば、李林甫は数《しば》しば上《しょう》に寿王瑁《ぼう》を立てんことを勧む。上は、忠王璵が年長じ、且つ仁孝恭謹にして、又た学を好むを以って、意、これを立てんと欲し、猶予すること歳余にして決せず。自ずから春秋浸《ようや》く高く、三子、日を同じうして誅死し、継嗣《けいし》、未《いま》だ定まらざるを念《おも》い、常に忽忽《こつこつ》として楽しまず、寝膳これが為めに減ず。高力士、間《かん》に乗じてその故を請う。上曰わく、「汝は我が家の老奴《ど》たり。豈《あ》に我が意を揣《はか》る能わざらんや」と。力士曰

郎君未レ定邪。上曰。然。対曰。大家。何必如レ此虚労二聖心一。但推レ長而立。誰敢復争。上曰。汝言是也。汝言是也。由レ是遂定。六月。庚子。立レ璵為二太子一。

わく、「郎君の未だ定まらざるを以ってに非ざるを得んや」と。上曰わく、「然り」と。対《こた》えて曰わく、「大家《たいか》、何ぞ必らずしも此《か》くの如く虚《むな》しく聖心を労せん。但だ長を推して立てよ。誰か敢えて復《ま》た争わん」と。上曰わく、「汝の言是《ぜ》なり、汝の言是なり」と。是《これ》に由《よ》りて遂に定まる。六月庚子《かのえね》、璵を立てて太子と為す。

皇太子の瑛《えい》が亡くなったので、李林甫は寿王瑁《ぼう》を皇太子に立てるよう天子にたびたび勧告した。——かれも武恵妃に買収されていたのである。天子のほうは、忠王璵《よ》が年長でしかも愛情と孝心にとんで謹しみぶかく、学問好きでもあるため、かれを皇太子に立てる腹づもりだったが、一年あまりちゅうちょして決まらないのである。

自分もだんだん年をとってゆくし、三人のむすこが一っ時に処罰されて殺されたあと、世嗣ぎが決まらないことが気にかかり、いつもふさぎこんで睡眠も食事もそのためろくにとれない。ノイローゼぎみなのである。

高力士がすきを見てそのわけを伺った。「高力士」（六八四—七六二）は内侍監とよぶ大奥の宦官長（正三品）である。嶺南の蕃族出身でありながら、宦官高延福の養子となり、玄宗の臨淄《りんし》郡王時代から仕え、そのブレーンとなって、かれが直面した大事件、すなわち夫中宗を暗殺して政権を奪う韋后のクーデター、それにつづく太平公主の乱の平定などに協力した。だから、玄宗のおぼえはなにびとにも増してめでたく、尨大な土地を私有し、製粉所を経営するなど大資本家として隠然たる勢力をもち、宦官でありながら妻帯していたとさえいわれている。

天子はいった、「そちはわが家の古い召使いのくせに、なぜわしの意向に察しがつかぬ。」

力士「きっと若様がお決まりにならぬからでございましょう。」

天子「そうじゃ。」

かれは答えた、「だんなさま、さように大御心をわずらわせ給うはご無用。ただ年長のかたを推してお立てになれば、誰も文句はつけられますまい。」

天子「いかにもそうじゃ、そうじゃ。」

そういう次第でたちまち決まってしまった。六月三日、忠王璵を皇太子に立てた。のちの粛宗である。

「郎君」は貴族の若主人を従者がよぶ呼称。たとえばこの場合、玄宗自身にはふつう使えないことばである。「大家」は主人を呼ぶ俗語であり、これは宮廷の奥向きにおける日常会話の性格を想像させる資料の一つとなる。清・梁章鉅『称謂録』巻九などには、〃天子の古称〃とするが、天子に限らぬらしく、六朝期からかなり広く使われている。現代語におけるこの語の用法〃みなさん〃（不定数の三人称）は宋・元期以後のことである。

なお、『資治通鑑考異』によれば、「但推長而立」が唐・陳嶽の『唐統紀』（佚書）に「但従大枒」となっており、司馬光は「大枒《が》」という語はわからぬから、『新唐書』の高力士伝に従ったという。「大枒」とは大枝のことである。忠王を指すことに変りはないが、より通俗的な発想によるおもしろい表現（たぶん俗語）である。

＊

李林甫為レ相。凡才望功業出二己右一。及為二上所レ厚。勢位将レ逼レ己者。必百計去レ之。尤忌二文学之士一。或陽与レ之善。啗以二甘言一。而陰陥レ之。世謂二李林甫。口有レ蜜。腹有レ剣。上嘗陳二楽於勤政楼一。垂レ簾観レ之。兵部侍郎盧絢謂二上已起一。垂レ鞭按レ轡。横過二楼下一。絢風標清粋。上目二

李林甫の相《しょう》たる、凡そ才望・功業の己《おのれ》の右に出《い》ずるもの、及び上に厚うせられ、勢位の将《まさ》に己に逼《せま》らんとする者は、必らず百計もてこれを去る。尤も文学の士を忌む。或るいは陽にこれと善《した》しくし、啗《くら》わすに甘言を以ってするも、陰にこれを陥《おと》しいる。世に李林甫を「口に蜜あり、腹に剣あり」と謂えり。上、嘗て楽《がく》を勤政楼に陳《つら》ね、簾《すだれ》を垂れてこれを観る。兵部侍郎盧絢《ろけん》、上已《すで》に起《た》てりと謂《おも》い、鞭を垂れ轡《ひ》を按じて、横《みだ》りに楼下を過ぐ。絢、風標清粋なり。上、

送之一。深歎二其蘊藉一。林甫常厚以二金帛一賂二上左右一。上挙動必知レ之。乃召二絢子弟一謂曰。尊君素望二清崇一。今交・広藉レ才。聖上欲下以二尊君一為上レ之。可乎。若憚二遠行一。則当二左遷一。不レ然。則以二賓・詹一分二務東洛一。亦優賢之命也。何如。絢懼。以二賓・詹一為レ請。林甫恐レ乖二衆望一。乃除二華州刺史一。到レ官未レ幾。誣二其有レ疾。州事不レ理。除二詹事一。員外。同正。

これを目送《もくそう》して、深くその蘊藉《うんしゃ》を歎ず。林甫、常に厚く金帛を以って上の左右に賂《まいな》いし、上の挙動は必らずこれを知る。乃ち絢の子弟を召し謂《い》いて曰わく、「尊君、素《もと》より清崇《せいすう》を望む。今、交・広、才を藉《か》らんとし、聖上、尊君を以ってこれに為さんと欲す、可ならんか。若し遠行を憚《はば》からば、則ち当《まさ》に左遷すべし。然らずんば則ち賓《ひん》・詹《せん》を以って東洛に分務するも、亦《ま》た優賢の命なり。何如《いかん》」と。絢懼れ、賓・詹を以って請《せい》を為す。林甫、衆望に乖《そむ》かんことを恐れ、乃ち華州刺史に除す。官に到りて未だ幾ばくならざるに、その疾《や》まいありて、州事理《おさ》まらざるを誣《し》い、詹事《せんじ》に除し、員外、同正たらしむ。

——李林甫は二年後の開元二十七年（七三九）四月に吏部尚書に昇任して中書令を兼ね、やはり同日付けで兵部尚書すなわち陸軍大臣として侍中を兼ねた牛仙客と、それぞれ文・武官の人事権を掌中に収める。そして、この特権を利用しながら、おのれの権勢の維持ないし伸張に狂奔するのである。つぎにはそうした李林甫のあり方が紹介される。

宰相としての李林甫は才能・家柄や業績が自分をしのぐものとか、天子に優遇されてその地位・勢力が自分を脅かすものとかは、あらゆる手段を弄して排除する。わけても、学問のある人士を毛嫌いし、表面では調子のいいことをいいながら、裏面ではあい手をひどいめに遭わせる工作をした。世間ではかれのことを、「口に蜜、腹に剣」といった。――冒頭句の「為相」は、宰相としてのあり方、宰相ぶりという表現である。「才望」の望は、門望・郡望などの望と同じく、家柄・門閥をいう、あるいはそれを中心とする名声のこと。まさに貴族社会が生んだことばである。以下には、上記のごとき李林甫の生き方の具体例が挙げられる。

あるとき、天子が勤政楼で楽団をならべ、みすを垂れたまま演奏をご覧になっていた。「勤政楼」はフル・ネームを勤政務本楼という。皇城の東南方、興慶宮の南塀ぎわに南面して立つ宮殿。玄宗の開元八年（七二〇）の建造にかかる。のちに楊貴妃との游楽で知られる沈《じん》香亭などもみなこの周辺にある。

兵部侍郎（正四品上）すなわち陸軍次官の盧《ろ》絢《けん》は、天子がもう座をお起ちになったと早合点し、鞭をたれ馬の手綱を控えつつ、ぶしつけに勤政楼のもとを通りすぎた。――「垂鞭」には鞭を揮うという今人の注釈があるが、誤りであろう。「横」が乱暴ぶりをいう副詞だから、望文生義の誤りを犯したとおもわれる。「鞭を垂れて手綱を控える」は颯爽たる速歩を想わせ、疾駆のイメジではない。

盧絢は風采がスマートであか抜けしている。天子は眼でじっとあとを追い、かれのゆかしい粋《いき》ぶりにしみじみ感歎されていた。——「清粋」は洗練された男っぽさとでもいおうか。「蘊藉《うんしゃ》」は含蓄あるさま、奥ゆかしさ。ここはむしろ後世〝風流蘊藉〟と成語的にいわれる、ほれぼれするような軽薄でない男の色っぽさをさえ想わせる。玄宗は血の気の多い風流天子で、かれ自身がすでにプレイ・ボーイであった。その玄宗が簾ごしにじっと見送ってため息をついたのである。

李林甫はいつも天子の側近にたっぷり賄賂をつかませており、天子の行動はかならずぜんぶわかっている。——天子がほれぼれと眺めやった対象は、すでに次官クラスまで迫っている。かれの脳裡にはたちまち宰相への抜擢人事がひらめく。

そこで盧絢のむすこを呼んでいった、

「お父上はかねがね清高の地位をお望みじゃが、いま、交阯《こうち》・広州地区から人材を求めており、上さまはお父上を就任させるおつもりだ。よろしいのかな。もし遠出をめいわくがられるなら、当然左遷ということになる。でなければ、太子府の賓客・詹事《せんじ》として洛陽に勤務されるかだが、これだって人材優遇の人事だからな。どうかね。」

——まことに手のこんだ奸計である。「清崇」は清高、清要高貴のポスト、すなわち宰相位などをいう。「交・広」はヴェトナムから広東・広西にかけての辺区。「藉」はたよる意。「東洛」はすなわちひかえの都、東都洛陽。「賓・詹」は皇太子の侍従ないし執事職である太子賓客・太子詹事（ともに正三品）をいう。これらの東宮職は洛陽の御所にも配置されているから、「分務」といったのである。後にかの詩人白楽天がごく晩年に東都の太子賓客になったように、ほとんど名目のみの閑職なのである。

むすこたちから話を聞いた盧絢は恐ろしくなり、太子府の賓客・詹事の職を願い出た。李林甫は人びとの期待にそむくことをおそれたので、華州（山東省費県の東北四〇キロ）知事に任命した。

赴任していくらも経たぬころ、盧絢は病身で州の行政がゆきとどかぬとあらぬ理由をつけて、太子詹事に任命し、しかも員外・同正の待遇にした。「員外」とは定員外、「同正」は正官なみの待遇をいう。唐・杜佑『通典』巻十九・員外にいう、「唐は員外を設け、同正員を置く。員外は半俸を支し、同正員は全俸を支す。」

――まさに〝草を剪り根を除く〟ともいうべき李林甫の人事は、盧絢だけではなかった。

＊

上又嘗問二林甫一以二厳挺之今安在一。是人亦可レ用。挺之時為二絳州刺史一。林甫退。召二挺之弟捐之一。諭以テ上待二尊兄一意甚厚。

上、又嘗《かつ》て林甫に問うに、「厳挺之《げんていし》は今安《いず》くに在りや、是《こ》の人も亦用うべし」を以ってす。挺之、時に絳《こう》州刺史《し》たり。林甫、退きて、挺之の弟捐之《えんし》を召し、諭《さと》すに「上、尊兄を待つこと、意、甚だ厚し。盍《なん》ぞ

盍丙為二見レ上之策一。奏称二風疾一。求乙還二京師一就甲レ医。挺之従レ之。林甫以二其奏一白レ上云。挺之衰老得二風疾一。宜下且授以二散秩一。使上便二医薬一。上歎吒久レ之。夏。四月壬寅。以為二詹事一。又以二汴州刺史・河南采訪使斉澣一為二少詹事一。皆員外。同正。於二東京一養レ疾。澣亦朝廷宿望。故幷忌レ之。

上に見《まみ》ゆる策を為し、奏して風疾《ふうしつ》と称し、京師に還りて医に就《つ》くを求めざる」を以ってす。挺之、これに従う。林甫、その奏せるを以って上に白《もう》して云う、「挺之、衰老して風疾を得たり。宜しく且《しばら》く授くるに散秩《さんちつ》を以ってし、医薬に便ならしむべし」と。上、歎吒《たんた》これを久しうす。夏、四月壬寅《みずのえとら》、以って詹事《せんじ》と為す。又、汴《べん》州刺史・河南采訪使なる斉澣《せいかん》を以って少詹事と為し、皆な員外・同正、東京《けい》に於いて疾を養わしむ。澣も亦た朝廷宿望す、故に幷びにこれを忌みしなり。

天子はまたあるとき李林甫にたずねた、「厳挺之はいまどこにいる。あのおとこも登用するがよい。」

厳挺之はそのころ絳《こう》州（山西省新絳県）知事だった。——厳挺之は読者の記憶にもなおあたらしい、李林甫の推薦した蕭炅《しょうけい》を〝伏猟侍郎さん〟とやっつけた、かの快男児である。

李林甫はさっそく阻止工作に着手する。かれは退出すると、厳挺之の弟捐之《えんし》を呼んで知恵をさずけた。

「おかみはご令兄に対し、たいそう深い思召しがおありじゃ。なぜおかみに拝謁する方策を立てなさらん――ノイローゼということにして、医者にかかるため都にもどらせてほしいと奏上なさるのじゃ。」

「盍《かふ》」（hep）は「何不《かふ》」（he＋but）の合音（単音節化）をしめす文字。むろん三句にかかるが、訳文は便宜に従った。「風疾」は精神病、ないしノイローゼ。

弟から話を聞いた厳挺之は、そのとおり実行した。李林甫はかれの上奏があったので、天子に申しあげた、「厳挺之は老衰してノイローゼにかかっております。治療につごうのよいように、まあ散秩でも授けられるがよいかと存じまする。」――「散秩」は定まった職掌のないポスト、いわば休職処分である。

天子は長いあいだ残念そうに歎息されていた。

夏四月二十八日、かれを太子詹事《せんじ》に任命し、さらに汴《べん》州（河南省開封市）知事・河南采訪使の斉澣《せいかん》を少詹事（正四品上）すなわち太子詹事府の次長に任命し、ともに員外・同正の待遇で、東京すなわち洛陽で病気の養生をさせることにした。斉澣も政府部内におけるかねてのホープだったので、いっしょに忌避されたわけである。

――われわれは、安禄山の消息からしばらく遠ざかっている。かれは范陽節度使のもとにあって、平盧軍兵馬使として、辺区の防衛任務についていた。辺境の軍管区へは、天子の側近や高官連が、視察や慰問の任務を帯びて派遣されて来る。安禄山は如才なくかれらに賄賂をおくり、至れり尽くせりの歓待を惜しまずに、天子への売りこみに余念がない。開元二十九年（七四一）八月、河北采訪使として平盧軍を訪ずれた御史中丞（正五品、御史台の次官）張利貞が、やはりかれからたんまり贈賄され、帰還のうえ玄宗に奏上して安禄山の人物を賞めちぎった。そこで天子は翌八月、かれに営州都督ほか二、三の肩書きをあたえた。

その翌年、といえば年号も改まった天宝元年（七四二）正月、平盧軍を范陽節度使の管轄から独立させ、安禄山を初代平盧節度使に任命した。さらにその翌二年――

*

春正月。安禄山入朝。上寵待甚厚。謁見無レ時。禄山奏言。去年営州虫食レ苗。臣焚レ香祝レ天云。臣若操レ心不レ正。事レ君不レ忠。願使三虫食二臣心一。若不レ負二神祇一。願使二虫散一。即有二群鳥従レ北来一。食レ虫立尽。請宣二付史官一。従レ之。

春正月、安禄山、入朝す。上、寵待《ちようたい》すること甚だ厚く、謁見するに時無し。禄山、奏して言う、「去年、営州にて虫、苗を食《くら》う。臣は香《こう》を焚《た》き天に祝《いの》りて云えり、『臣、若し心を操《たも》つこと正しからず、君に事《つか》えて忠ならざれば、願わくは虫をして臣が心を食《くら》わしめよ。若し神祇《しんぎ》に負《そむ》かざれば、願わくは虫をして散ぜしめよ』と。即ち群鳥の北より来たるあり、虫を食《くら》いて立ちどころに尽くせり。請うらくは史官に宣付せられんことを」と。これに従う。

正月、安禄山が入朝した。――年賀の挨拶にやって来たのであろう。天子はたいへん鄭重にもてなし、いつなん時でも拝謁させてもらえた。安禄山は奏上した、

「昨年、営州では穀物の苗が虫害にやられました。それがしは香をたき天に祈りました、『それがしの心のもち方がもしゆがみ、ご主君に不忠でありますなら、どうか虫にそれがしの心を食べさせ給え。もし神明にそむかぬものでありますなら、どうか虫を退散させ給え。』すると鳥の群が北から飛んでまいり、たちまち虫を食いつくしてしまいました。どうかこのことを史官に記録するようお申しつけ願います。」

天子はかれのいうとおりにしてやった。

――それからほぼ二年、天宝三年（七四四）の暮れゆくころ、いよいよかの楊貴妃が唐代史の舞台にせりあがる。

＊

初。武恵妃薨。上悼念不レ已。　初め武恵妃の薨《こう》ずるや、上、悼念《とうねん》して已《や》まず。後宮

後宮数千。無二当レ意者一。或言寿王妃楊氏之美。絶世無レ双。上見而悦レ之。乃令丁妃自以二其意一乞丙為二女官一。号乙太真甲。更為二寿王一娶二左衛郎将韋昭訓女一。潜内二太真宮中一。太真肌態豊艶。暁二音律一。性警穎。善承二迎上意一。不二期歳一。寵遇如二恵妃一。宮中号曰二娘子一。凡儀体皆如二皇后一。

数千、意に当《かの》う者なし。或るひと言う、「寿王の妃楊氏の美は、絶世にして双《なら》びなし」と。上、見てこれを悦び、乃ち妃をして自《み》ずからその意を以って女官と為り、太真と号することを乞わしめ、更に寿王のために左衛郎将韋昭訓《いしょうくん》の女《めと》を娶り、潜かに太真を宮中に内《い》る。太真は肌態豊艶《きたいほうえん》、音律を暁《さと》り、性警穎《けいえい》にして、善く上の意を承迎す。期歳ならずして、寵遇、恵妃の如し。宮中、号して娘子《じょうし》と曰《い》う。凡そ儀体《ぎたい》は皆な皇后の如し。

そのむかし武恵妃が亡くなったとき、天子の哀悼追慕の念はやみがたく、ハレムには数千の女性がいるのに、だれ一人お気に召すものがなかった。

——玄宗の寵愛を一身に集めた武恵妃、すなわち皇子寿王瑁《ぼう》の母は、すでに開元二十五年（七三七）十二月、四十余歳で病死した。時に玄宗はすでに数え年五十三歳。かくて数年来、老いたる皇帝の胸をかきたてる女性は絶えてなかった。そのとき、ほとんど常識では考えられぬ進言をしたものがいる——

かれのむすこ、しかも哀慕の情の絶ちがたい当の亡きひとが生んだ、寿王瑁《ぼう》の嫁楊環を推薦したのである、「寿王瑁さまのお妃は、この世にふたりとない美人でございます。」寿王瑁は玄宗の第九皇子にあたる。玄宗の子は判明しているだけでも男十九人、女三十人を数えうる（『唐会要』巻五・巻六）。大量の子を生みっぱなしの父親は、わが子に対する感覚が一般人とまるで違っていたのであろう。さきに皇太子をも含めて三人の皇子たちを、一挙に死に逐いやることを、かれは平然となしえた。もっとも、その後の表描しがたい虚しさには襲われたらしいが。

むすこの嫁楊氏に会うたかれは、たちまちかの女が気に入ってしまった。——だが、さすがにわが子に妻を譲れとはいい出しかねる。

そこで、寿王の妃がみずからの意志で、女道士すなわち道教の尼になるよう申請させ、かの女は太真と改名した。「女官」は道教の寺院すなわち道観の尼僧をいう。

寿王にはあらためて左衛の郎将すなわち近衛武官である韋昭訓のむすめを娶ってやり、人しれず楊太真を宮中にひき入れた。——時に玄宗は数え年ちょうど六十歳、太真は二十六歳の女ざかりであった。

楊太真は肉体や姿態が豊満妖艶の女で、音楽のことにもくわしく、うまれつき利発で、天子の意向に調子を合わせることが上手だった。一年もせぬうちに、武恵妃に劣らぬ寵愛の座を占めた。宮中では〝娘子《ニァンツ》〟と呼ばれ、儀礼格式はすべて皇后なみである。

「警頴」は頭の回転が早いこと。頴は鋭い意。「娘子」は母や妻を呼ぶ俗語で、時代により指すものに若干の差違はあるが、それも呼称するもの自身の位置の差違にすぎない。ともかくも俗語であることは、いわゆる皇后のイメジから脱却したきさきとして、人びとから親愛されたことを意味しよう。――かの白楽天の「長恨歌」にうたっている、

雲なす鬢　花の顔《かんばせ》　金《こがね》の歩揺《かんざし》　芙蓉《はちす》の帳《とばり》は暖かにして春宵を度《わた》る

春宵は短きに苦しみ　日高くして起く　此《これ》より君王は早朝せず

かの女は翌天宝四年（七四五）八月、貴妃の尊号（正一品）を受けるとともに、亡父玄琰《げんえん》には兵部尚書すなわち陸軍大臣が贈られ、叔父の玄珪《けい》・従兄《いとこ》の銛《せん》・錡《き》にもそれぞれ官職が与えられ、つづいて、楊錡には武恵妃が生んだ第二十六皇女を降嫁させ、貴妃の姉三人は都内に邸を賜わるという、異常の恩寵沙汰にあずかった。

楊貴妃には〝兄弟姉妹〟が少なくない。中国では同姓の一族内にあっては、おなじ世代のものはいとこ・はとこを含め、すべて〝兄弟姉妹〟として扱われる。ここにかの女にもう一人の〝兄〟が突如として登場する、かの女がもしも君主の寵をあつめた妃の地位に就かなかったら、おそらくはやはり唐代史に出現しなかったであろうところの。――はじめの名は楊釗《ようしょう》、すなわち〝安禄山の乱〟におけるもう一人の立役、のちの楊国忠である。

＊

楊釗。貴妃之従祖兄也。不学無レ行。為二宗党所レ鄙。従二軍於蜀一。得二新都尉一。考満。家貧不レ能二自帰一。新政富民鮮于仲通常資二給之一。楊玄琰卒二於蜀一。釗往二来其家一。遂与二其中女一通。

楊釗《ようしょう》は貴妃の従祖兄なり。不学にして行ない無く、宗党に鄙《いや》しまる。軍に蜀《しょく》に従いて新都の尉を得《う》。考満つるも、家貧しくして自《み》ずから帰る能わず。新政の富民鮮于仲通《せんうちゅうつう》、常にこれに資給す。楊玄琰《ようげんえん》、蜀に卒す。釗《しょう》、その家に往来し、遂にその中女と通ず。

楊釗《ようしょう》は楊貴妃の従祖兄である。「従祖兄」とは祖父どうしが兄弟、いわばまたいとこである。かれは学問のない素行のおさまらぬおとこで、一族連中からばかにされていた。蜀《しょく》すなわち四川にあって軍役に従事し、新都県（今名同じ）の尉《い》、すなわち部長に就任した。三年の任期がおわったが、家が貧乏なので自力で帰郷することができない。新政県（四川省南部県）の富豪である鮮于仲通《せんうちゅうつう》がいつも仕送りをしてやっていた。楊玄琰《ようげんえん》、すなわち楊貴妃の父が蜀の地で死ぬと、釗はその家に出入りし、かくてその家の中のむすめといい仲になった。

*

鮮于仲通名向。以レ字行。頗読

鮮于仲通、名は向《きょう》、字《あざな》を以って行なわる。頗る書を

レ書。有二材智一。剣南節度使章仇兼瓊引為二采訪支使一。委以二心腹一。嘗従容謂二仲通一曰。今吾独為二上所一レ厚。苟無二内援一。必為二李林甫所一レ危。聞楊妃新得レ幸。人未二敢附一レ之。子能為レ我至二長安一与二其家一相結。吾無レ患矣。仲通曰。仲通蜀人。未三嘗遊二上国一。恐敗二公事一。今為レ公更求得二一人一。因言二釗本末一。兼瓊引二見釗一。儀観豊偉。言辞敏給。兼瓊大喜。即辟為二推官一。往来浸親密。乃使三人献二春綈於京師一。将レ別。謂曰。有二少物在一レ郫。以具二一日之糧一。子過可レ取レ之。釗至レ郫。兼瓊使下親信大齎二蜀貨精美者一遺上レ之。可二直

読み、材智あり。剣南節度使章仇兼瓊《けんけい》、引きて采訪支使と為し、委するに心腹を以ってす。嘗て従容《しょうよう》として仲通に謂いて曰わく、「今、吾独り上に厚うせらる。苟《も》し内援なくんば、必らず李林甫に危うせられん。聞くならく、楊妃、新たに幸せらるるを得《え》、人未だ敢えてこれに附せずと。子、能《よ》く我が為めに長安に至り、その家と相《あい》結べば、吾は患《うれ》いなからん」と。仲通曰わく、「仲通《それがし》は蜀の人、未だ嘗て上国に遊ばず。恐らくは公《こう》の事を敗《やぶ》らん。今、公の為めに更に求めて一人を得たり」と。因りて釗《しょう》の本末を言う。兼瓊、釗を引見するに、儀観豊偉、言辞敏給なり。兼瓊、大いに喜ぶ。即ち辟《め》して推官と為す。往来浸《ようや》く親密なり。乃ち人をして春綈《てい》を京師《けいし》に献ぜしめんとす。将《まさ》に別れんとして謂いて曰わく、「少物の郫《ひ》に在るあり、以って一日の糧に具えん。子、過《よぎ》りてこれを取るべし」と。釗、郫に至る。兼瓊、親信をして大いに蜀貨の精美なる者を齎《もたら》してこれを

万緡一。剣大喜過レ望。昼夜兼行。至二長安一。歴二抵諸妹一。以二蜀貨一遺レ之。曰。此章仇公所レ贈也。時中女新寡。剣遂館二於其室一。中二分蜀貨一以与レ之。於レ是諸楊日夜誉二兼瓊一。且言三剣善二樗蒲一引レ之見レ上。得下随二供奉官一出二入禁中上。改二金吾兵曹参軍一。楊剣侍二宴禁中一。専掌二樗蒲文簿一。鉤校精密。上賞二其強明一。曰二好度支郎一。

遺《おく》らしむること、直《あた》いの万緡可《びんばか》り。剣、大いに喜ぶこと望みに過ぐ。昼夜兼行して、長安に至る。諸妹に歴抵して、蜀貨を以ってこれに遺りて曰わく、「此は章仇公の贈りし所なり」と。時に中女、新たに寡《やもめ》たり。剣、遂にその室に館し、蜀貨を中分して以ってこれに与う。是《ここ》に於いて諸楊、日夜、兼瓊を誉む。且つ剣は樗蒲《ちよぼ》に善《たく》みなりと言い、これを引きて上に見《まみ》えしめ、供奉官に随いて禁中に出入するを得。金吾兵曹参軍に改めらる。楊剣、宴に禁中に侍し、専ら樗蒲の文簿を掌り、鉤校すること精密たり。上、その強明なるを賞めて、好度支《たくし》郎と曰う。

楊剣のパトロン鮮于仲通は名を向《きよう》というが、字《あざな》すなわち通称の仲通のほうが世間に通っていた。かなり学問もあって、才智にたけたおとこである。剣南節度使の章仇兼瓊《けんけい》はかれを採訪支使にとりたててやり、腹うちわってすべてをまかせていた。――采（採）訪使は全国十五道に置いた州県民政の監督官、正しくは採訪処置使。節度使の多くは採訪使を兼ね、したがって軍民両政を兼ねるに至った。「支使」はその属官であろう。「委するに心腹を以ってす」は、要するに、なにもかもうちあけて相談する腹心だということ。

あるとき、章仇兼瓊がさりげなく仲通にいった。「従容」はふつうにはゆったりとおちついたさまの形容といわれるが、実は胸のとがめ・さわぎを抑えるさまと理解するほうがいい。ここも、自分の汚れた野心をあい手にうち明けるからである。その相談とは――

「いま、わしはおかみにだけは大事にしていただいとるが、宮廷内部にパトロンがないと、きっと李林甫のやつに危ういめに遭わされる。なんでも近ごろおかみの寵愛をうけておられる楊貴妃さまには、誰もまだようくっつかんといるそうだ。おまえさん一つわしのために、長安にでかけて、その家とコネをつけてくれないか。それをやってもらえりゃ、わしは心丈夫なんだがな。」――「能」は「得」とともに、依頼ないし希望の表現に、時としては疑問詞とともに用いられる。

鮮于仲通はいった、「この仲通めは蜀の生まれで、まだ上方《かみがた》へ旅したことがございませんので、あなたさまの御用をしくじりやしまいかとおもいます。いま、あなたさまのためにひとり、かわりの男を見つけてあります。」

そこで楊釗についての一部始終を話した。章仇兼瓊は楊釗を呼びよせて会うた。風采はなかなか堂々としており、物言いも気がきいてはしこいおとこである。――「儀観」は押し出し・マナー、「豊偉」は体格や肉づきなど堂々としていることであろう。「敏給」はうてば響くように機敏に応酬すること。

兼瓊はたいへん喜び、さっそく節度使の幕府に招いて推官《すいかん》にした。「推官」は節度使の属官。二人の交渉がかさなり、次第に親密になると、かれを春季貢納品の絁《あつぎぬ》を都に献納する使者にしたてた。「絁」は光沢のある上等厚地の白絹。「人」は「之」の誤写であろう。

さて別れぎわにいった、「郫《ひ》県にちょっとしたものがあり、一日分の食糧代ぐらいにはなるから、そなたむこうへ行ってもらっておいてくれ。」郫県は四川省成都のすぐ北方、成都は剣南節度使の治所すなわち鎮である。

楊釗が郫県に行くと、兼瓊のいいつけで腹心のものが、けっこうずくめの蜀の物産をどっさり持って来て、かれに贈った。金額に見つもって一万緡《びん》もある。「緡」は孔あき銅銭の一さし、千銭すなわち一貫文をいう。「可直」は評価される意。直は値に同じ。

楊釗は期待にまさる結果に大喜びである。昼夜兼行して長安にやって来ると、妹たちを順々に訪問して、くだんの蜀の物産をあたえていった、「これは章仇さまからの贈り物だよ。」

そのころ、かつて情を通じた楊家のまん中のむすめが後家になったばかりなので、その家に泊まりこみ、蜀の物産を山分けにしてやった。のちに三人の姉妹中で最も横暴をきわめる虢《かく》国夫人である。「中分」は二等分すること。

そこで楊家の女たち、すなわち楊貴妃の三人の姉たちは、日ごと夜ごと章仇兼瓊のことをほめそやした。そのうえ楊釗が樗蒲《すごろく》の上手なことを話して、かれを同行して天子におめどおりさせた。こうしてかれは供奉官について宮廷に出入りすることがかない、改めて金吾兵曹参軍の職をいただいた。——「樗蒲」は一種の賭博、やくざじこみの特技が意外なところで役だったわけである。「供奉官」は中書・門下両省に属する官で、政府部外の官人が参内するとき、案内役をつとめる。「金吾兵曹参軍」は金吾衛（近衛部隊で左右あり）の課長（正八品下）。

楊釗は宮廷の宴会にはべり、もっぱら樗蒲の点数計算簿係りをつとめ、かれの点検吟味は精密である。天子はかれの老練をほめて、〝名勘定奉行《ぶぎよう》〟といった。「鉤校」は検校に類する語で、吟味すること。「強明」は計算にすぐれることか。「度支郎」は国家の会計局長、度支郎中（従五品）をいう。

*

夏四月。以㆓門下侍郎・崇玄館大学士陳希烈㆒同㆓平章事㆒。希烈宋州人。以㆑講㆓老荘㆒得㆑進。専用㆓神仙符瑞㆒取㆓媚於上㆒。李林甫以㆘希烈為㆓上所㆒㆑愛。且柔佞易㆖㆑制。故引以為㆑相。凡政事一

夏、四月、門下侍郎・崇玄《すうげん》館大学士なる陳希烈を以って、平章の事に同ぜしむ。希烈は宋州の人なり。老荘を講ずるを以って進むを得《え》、専ら神仙符瑞を用いて媚《こび》を上《しよう》に取る。李林甫、希烈が上に愛せられ、且つ柔佞《じゆうねい》制し易きを以って、故に引きて以って相《しよう》と為す。凡そ政事は一に林甫に決せられ、希烈は但だ

決二於林甫一。希烈但給二唯諾一。故事。宰相午後六刻乃出。林甫奏二今太平無事一。巳時即還レ第。軍国機務。皆決二於私家一。主書抱二成案一詣二希烈一書レ名而已。

唯諾《いだく》を給《あた》うるのみ。故事、宰相は午後六刻にして乃ち出《い》ず。林甫、「今、太平無事なり」と奏し、巳《み》の時に即ち第《てい》に還る。軍国の機務、皆な私家に決せらる。主書、成案を抱《かか》えて希烈に詣《いた》り名を書せしむるのみ。

天宝五年（七四六）の夏四月、通鑑はデートを欠くが、『新・旧唐書』玄宗紀によれば、丁酉《ひのととり》すなわち十五日、門下侍郎（正四品上）すなわち門下省次官、崇玄館大学士すなわち道教学問所長の陳希烈が宰相職を仰せつかる。——老子と同姓（李）の唐室は、高祖のころから老子を先祖として祀り、また高宗などは道教を信奉し、ロマンティスト玄宗に至ってさらに熱心に傾倒した。天宝元年（七四二）正月には田同秀がお告げをうけたという進言により、長安・洛陽の両都に老子を祀る玄元皇帝廟を建立、崇玄学という学問所を設けて学生に老子（道徳経）・荘子を講義させた。崇玄館はその後身であり、大学士（二員）はいわば主任教授。

陳希烈は宋州（河南省商丘県の東北）の人である。——とは荘周と同郷出身だという指摘である。かれは老荘学の研究講義によって栄進を獲得したが、もっぱら神仙説とか瑞兆・お告げの報告とかによって、天子のごきげんを取り結んでいた。「神仙」には不老長生術ないし煉丹術などが含まれていよう。「符瑞」は道教における神秘なおふだ。地上世界の事件の報告、それによって天官の加護をうける、原始道教的な行為をいう。この陳希烈に注目したのが宰相李林甫である。かれが推挙する人材には、かならず自分に制圧しうるものという条件が入っていた。

李林甫は陳希烈がおかみのお気に入りであり、しかも、おべっか上手で骨のない、かれに抑えがきく男なので、引っぱって宰相職に就任させた。かくて政務の一切は李林甫ひとりの手で決裁され、陳希烈は宰相とは名のみ、はいはいと承諾するだけである。——「唯諾を給う」もやや尋常の表現でない。かれが承認のサインを与えることを意味しよう。

故事、すなわち唐朝の慣例では、午後の六刻すなわち一時半ごろにならねば退庁せぬことになっていた。——「故事」はわれわれにとって特殊な用法のごとくみえるが、過去の事例であることに変りなく、ただ、それに規範を求める意識が濃いのである。ちなみに現代語では「故事」が説話・物語、われわれのいう故事は「典故」である。また、古代では一昼夜を百刻に分かつから、一刻はほぼ十五分。刻は水時計のめもり、したがって水時計を「漏刻」という（一二三ページ参照）。

李林甫は「ただ今は太平無事の世です」と奏上して、巳《み》の刻すなわち午前十時に私邸にもどり、国政・軍事の重大政務もすべて私邸で決裁され、主書すなわち内閣書記官長が決裁済みの書類をかかえて、陳希烈の署名をもらいに来るだけだった。——李林甫における政治の私物化はのちにも語られる。

――さて、本篇のヒロイン楊貴妃、老皇帝の寵愛を独占したかの女は日ましに驕慢をほしいままにする。

＊

楊貴妃方有レ寵。毎乗レ馬則高力士執レ轡授レ鞭。織繡之工専供二貴妃院一者七百人。中外争献二器服・珍玩一。嶺南経略使張九章・広陵長史王翼。以二所レ献精美一。九章加二三品一。翼入為二戸部侍郎一。天下従レ風而靡。民間歌レ之曰。生レ男勿レ喜女勿レ悲。君今看レ女作二門楣一。

楊貴妃、方《まさ》に寵あり、毎《つね》に馬に乗れば、則ち高力士、轡《たづな》を執《と》り鞭《むち》を授く。織繡《しよくしゆう》の工にして専ら貴妃の院に供する者、七百人。中外、争って器服・珍玩を献ず。嶺南経略使張九章・広陵の長史王翼《おうよく》は、献ずる所精美なるを以って、九章は三品を加えられ、翼《よく》は入りて戸部侍郎と為る。天下、風に従いて靡《なび》く。民間、これを歌いて曰《いわ》く、「男を生むも喜ぶ勿《な》く、女も悲しむ勿《なか》れ。君は今や女を看《み》て門楣《もんび》と作《な》す」と。

天宝五年（七四六）秋七月のころ、楊貴妃はいまや玄宗の寵愛を一身にあつめていた。

馬に乗るといえば、いつも高力士が手綱《たづな》をとり鞭を手わたしてくれる。「轡《ひ》」は中国語ではふつう手綱を指し、くつわを意味するのはむしろ例外である。

楊貴妃の局《つぼね》専用に奉仕する織り物や刺繡の職人は七百人もいた。宮廷の内外すなわち中央はもちろん地方からも競争で器物や衣服、骨董・珍宝の類がかの女に献上された。――いずれもなんらかのリベートを期待した賄賂であり、事実、それがまた物を言った。

嶺南経略使すなわち両広・福建地区の司政長官である張九章や、広陵郡すなわち揚州（江蘇省）の長史、いわば知事代行の王翼は、献上した品が精巧優美だというので、張九章には本官そのままで三品官（宰相待遇）叙任の沙汰があったし、王翼は中央入りがかなって戸部侍郎（正四品上）すなわち大蔵次官になった。「長史」はふつう大都督府の事務長（従四品上）、その次長である司馬（従四品下）とともに府僚を統率する。通鑑・巻二一〇（開元元年十二月の条）に「雍州を京兆府と為し、洛州を河南府と為し、長史を尹と為し、司馬を少尹と為す」とあり、一般州庁の事務長をもさすようにみえるが、雍・洛二州はもと親王に統治させており、当該親王が宮廷を離れぬ場合は長史が知事の代行をした（胡三省注）。広陵郡も同じケースであったろう。

このようにして、唐帝国の全体が風になびく草のように楊貴妃の勢力下におかれ、そこでつぎの民謡が生まれた。

男児《おのこ》を生んでも喜ぶのは早い

女児《めのこ》といって悲しがるまい
天子さまのお品さだめは
お家柄より　女は器量《きりよう》

「門楣《もんび》」とは門の横はり、ひいては家門をいう。胡三省の注にいう、「凡そ人の室《いえ》を作《かま》えるや、外より至るものはその門楣の宏敞《ひろ》きを見れば、則ち壮観となす。楊家は女を生みし因《ため》に宗門の崇《たか》く顕わるるを言うなり。あるいはいう、門は楣をもって撐拄(ささ)う、女を生めば能く門戸を撐拄うるを言うなり。」異説はあっても大意において変りはない。陳鴻《ちんこう》の「長《ちょう》恨歌伝《こんかでん》」にも、

「男は侯に封《ほう》ぜられざるも女は妃と作《な》る、女を看ること却って門上の楣と為す。」

というし、白居易（楽天）の「長恨歌」そのものにも、

姉妹弟兄　皆な土《みくに》を列らぬ
憐れむ可し　光彩　門戸に生ず
遂に天下の父母の心をして
男を生むを重んぜず女を生むを重んぜしむ

と歌っている。

＊

妃欲レ得二生茘支一。歳命二嶺南一馳レ駅致レ之。比レ至二長安一。色味不レ変。至レ是。妃以二妬悍不遜一。上怒。命送二帰兄銛之第一。是日上不レ懌。比二日中一。猶未レ食。左右動不レ称レ旨。横被二捶撻一。高力士欲レ嘗二上意一。請悉載二院中儲偫一送二貴妃一。凡百余車。上自分二御膳一以賜レ之。及レ夜。力士伏奏請下迎二貴妃一帰上院。遂開二禁門一而入。自レ是恩遇愈隆。後宮莫レ得レ進矣。

妃、生茘支《せいれいし》を得んと欲す。歳《とし》ごとに嶺南《れいなん》に命じて駅を馳《は》せてこれを致さしむ。長安に至る比《ころ》おい、色味変らず。是《ここ》に至りて、妃、妬悍不遜《とかんふそん》なるを以って、上《しょう》怒り、命じて兄銛《せん》の第《やしき》に送り帰らしむ。是《こ》の日、上、懌《よろこ》ばず。日中《ひちゅう》する比《ころ》おい、猶《な》お未だ食せず。左右動《やや》もすれば旨《むね》に称《かな》わずして、横《ほしいまま》に捶撻《すいたつ》を被《こう》むる。高力士、上《しょう》の意《こころ》を嘗みんと欲し、請うて悉《こと》ごとく院中の儲偫《ちょじ》を載《の》せて貴妃に送らんとす、凡そ百余車。上、自《み》ずから御膳《ぎょぜん》を分かちて以ってこれに賜う。夜に及び、力士、伏して奏し、貴妃を迎えて院に帰らしめんと請い、遂に禁門を開きて入らしむ。是《これ》より恩遇愈《いよ》いよ隆《さか》んにして、後宮、進むを得る莫《な》し。

かの女は生《なま》の茘支《れいし》を手に入れたいと思い、毎年それの産地嶺南すなわち両広・福建地区に申しつけ、公用の早馬を駆ってとどけさせていた。長安につくころにも色や味は変っていなかった。「茘支」は華南にのみ産する小さな丸い果実、そのピンク色の果肉はみずみずしい味とふくよかな香りにとむ。ことに成熟期がわずか二週間足らずであるため、いっそう珍重され、華北・華中の人びとにとっては、まさに〝幻の果実〟であった。それをば何千キロも離れた土地で生《なま》のまま賞味しうる。ジェットが飛び冷凍設備も発達した今日ではピンと来ないこのエピソードも、古代の人びとには切実に実感される最高のぜいたくを象徴したはずである。むろん、このエピソードは楊貴妃のおごりの一端にすぎず、あとは推して知るべしというわけで、積もり積もった玄宗の憤懣は、今年も茘支がとどいた機会についに爆発したのである。「至是」は時間的用法。天宝五年（七四六）秋七・八月の間をさす。天子の怒りの原因に添えられた「妬悍《とかん》」は嫉妬ぶかくヒステリックなこと。「悍」は気がきつい。玄宗が手を焼いていたのは、かの女のおごりだけではなかったのである。かくて楊貴妃は実家に擬せられた従兄楊銛《せん》の邸に送り帰される。

だが、老いらくの恋は異常である。玄宗の思慕は重苦しくよどむ――この日、天子はごきげんななめで、正午《まひる》になっても食事をとらず、側近のやることがとかくお気に召さないで、めったやたらに鞭をくらった。

高力士は天子のきもちを試そうと思った。――宦官のかれがかえって男女の情の機微をこころえていた。あらかじめ結果を計算して玄宗の意表に出る。楊貴妃の局《つぼね》に残されている持ち物一切、牛車百台分あまりあるのを、貴妃のもとにとどけましょうと願い出た。「儲侍《ちょじ》」はたくわえ・貯蔵物。牛車百台あまりといえば、天子から下賜されたり、将を射んとして馬を射る野望家からとどけられた贈賄の品がいかに多かったかを、ひそかに読者に告げる。

すると、天子はじぶんの食膳のものを分けて、貴妃に下賜された。——玄宗が未練たっぷりなことは、もはや明白である。

夜が来て、高力士はおそれながらと奏上する。貴妃どのを迎えて局《つぼね》にお帰りいただきましてはと。かくて宮廷の門がうち開かれ、貴妃が参内した。

このとき以来、楊貴妃に対する天子の愛寵はいよいよめでたく、ハレムの女性たちは、天子の愛を受けることができなくなった。——夫婦げんかの後、愛情が以前にもましてこまやかなこと、皇帝も例外ではなかった。楊貴妃の「妬悍」は逆に勝利を収めたともいえよう。

——楊貴妃の安禄山との出会いにさきだち、この胡人のプロモートの機会に、その人物・風貌が紹介される。

*

春。正月戊寅。以二范陽平盧節度使安禄山一兼二御史大夫一。禄山体充肥。腹垂過レ膝。嘗自称腹

春、正月戊寅《つちのえとら》、范陽平盧《はんようへいろ》節度使なる安禄山を以って御史大夫《たいふ》を兼ねしむ。禄山は体充肥《からだじゅうひ》し、腹は垂れて膝《ひざ》を過《す》ぐ。嘗て自《み》ずから称すらく、腹、重《おも》さ三百

重三百斤。外若二痴直一。内実狡黠。常令下其将劉駱谷留二京師一詗二朝廷指趣一。動静皆報上之。或応レ有二牋表一者。駱谷即為代作通レ之。歳献二俘虜・雑畜・奇禽・異獣・珍玩之物一。不レ絶二於路一。郡・県疲二於逓運一。

斤なりと。外《そと》、痴直《ちちょく》なるが若《ごと》きも、内、実に狡黠《こうけつ》なり。常に其の将劉駱谷《りゅうらくこく》をして、京師《けいし》に留まりて、朝廷の指《し》趣《しゅ》を詗《うかが》い、動静は皆これを報ぜしむ。或るいは応《まさ》に牋表あるべき者は、駱谷、即ち為《た》めに代作してこれを通ず。歳《とし》ごとに俘《ふ》虜《りょ》・雑畜《きゅう》・奇禽・異獣・珍玩の物を献じ、路に絶えず。郡・県、逓運《ていうん》に疲《つか》る。

天宝六年（七四七）正月二日、范陽・平盧節度使の安禄山に御史大夫（従三品）すなわち最高検長官を兼任させた。――むろん兼職のほうは名目に過ぎない。

安禄山はからだが肥満し、腹は膝の下まで垂れさがっている。かつてかれ自身が、おれの腹は三百斤の重さがあるといった。――唐代の一斤は約六〇〇グラム、三百斤といえば、一八〇キロ。イメジとしては超弩級の横綱の全体重を描けばよかろう。

外見は愚直そうだが、内面は実にずるがしこく、配下の武将である劉駱谷《りゅうらくこく》をいつも首都長安に残しておいて、朝廷の意向をさぐらせ、すべての動静を報告させていた。もしも天子や皇族に奉呈文をさし出さねばならない時には、駱谷がすぐ代作して宮中に上呈していた。「痴直」はばか正直、気がきかないが実直なこと、「詗《けい》」は様子をうかがう。「牋」は皇后や皇太子に、「表」は天子にさし出す文章。多くは誕生日などの慶祝文である。毎年、奴隷として使役する異民族の俘虜《ふりょ》とか、いろいろの家畜、珍しい鳥獣、あるいは珍宝骨董の類を献上し、それらの献上品がたえまなく通るものだから、経路にあたる郡・県では、輸送のせわにほとほと参っていた。――献上品は安禄山もちでも、人夫・牛馬・車輛などの輸送費は、郡・県の負担だからである。

＊

禄山在ニ上前一。応対敏給。雑以ニ詼諧一。上嘗戯指ニ其腹一曰。此胡腹中何所レ有。其大乃爾。対曰。更無ニ余物一。正有ニ赤心一耳。上悦。又嘗命見ニ太子一。禄山不レ拝。左右趣ニ之拝一。禄山拱立曰。臣胡人。不レ習ニ朝儀一。不レ知太子者何官。上曰。此儲君也。朕千秋万歳後。代レ朕君レ汝者也。禄山曰。臣愚。曏者惟知レ有ニ陛

禄山、上《しょう》の前に在りて、応対敏給《びんきゅう》、雑《まじ》うるに詼諧《かいぎゃく》を以ってす。上、嘗て戯《たわむ》れにその腹を指《さ》して曰《い》わく、「この胡《こ》腹の中、何の有る所か、その大なる乃ち爾《しか》る」と。対《こた》えて曰《い》わく、「更に余物なし。正《まさ》に赤心あるのみ」と。上、悦ぶ。又、嘗て命じて太子に見《まみ》えしむるに、禄山は拝せず。左右、これに拝せんことを趣《うなが》すも、禄山は拱立《きょうりつ》して曰《い》わく、「臣は胡人にして、朝儀に習らわず。知らず、太子なる者は何《いず》れの官なるを」と。上、曰《い》わく、「此《こ》は儲君《ちょくん》なり。朕《ちん》が千秋万歳の後、朕に代りて汝《なんじ》に君たらん者なり」

下一人㆒。不㆑知㆔乃更有㆓儲君㆒。不㆑得㆑已。然後拝。上以為信然。益愛㆑之。

と。禄山、曰わく、「臣愚《しんぐ》、曏者《さきごろ》は惟《た》だ陛下一人あるを知るのみにして、乃ち更に儲君あるを知らざりき」と。已《や》むを得ずして、然《しか》る後《のち》拝す。上、以為《おも》えらく、信《まこと》に然りと。益《ま》すますこれを愛《め》ず。

天子の御前における安禄山は、応対がテキパキとして如才なく、ジョークをおりまぜた。「敏給」はかの楊釗《ようしょう》のちの楊国忠の特性でもある（三七六ページ参照）。

天子はあるとき冗談でかれの太鼓腹を指さしていった、「このえびすのお腹には、何がはいっていてかようにでかいのじゃ。」

かれは答えた、「別にほかの物とてはいっておりませぬ、この中身こそ赤心《まごころ》でございます。」

天子は上きげんであった。

またあるとき、皇太子に目どおりさせたところ、安禄山は拝礼の挨拶をしない。側近が拝礼をするよう催促すると、かれは立ったまま両手を組みあわせる略式礼をしていった、「身どもはえびすの人間、唐朝の作法は心得ませぬ。はて、太子とは何の官《おやくめ》でございましょう。」

天子「これはもうけの君じゃ。わしが身まかったあと、わしの代りにそちの主君になるんだぞ。」――「千秋万歳」とは、臣下が天子の死をはばかっていうことば。ここは本人が使っている。

禄山「身どもとしたことが、さきごろから承知いたしておりまするは陛下ただおん一人。もうけの君がおられるとは、とんと存じませなんだ。」――「臣愚」は上奏文に用いる臣下の謙称。

じゃしかたがないというので、はじめて拝礼を行なった。天子はなるほどと思い、ますますかれを可愛がった。――忠誠をささげる対象を皇帝ひとりに集中した安禄山のこの芝居は、みごと玄宗の愛情をかき立てた。皇太子のほうはおそらく気をわるくしたであろうが。

*

上嘗宴二勤政楼一。百官列二坐楼下一。独為二禄山一於二御座東間一設二金鶏障一。置レ榻使レ坐二其前一。仍命巻レ簾以示二栄寵一。命二楊銛・楊錡・貴妃三姉一皆与二禄山一叙二兄弟一。禄山得レ出二入禁中一、因請為二貴妃児一。

上、嘗《かつ》て勤政楼《きんせいろう》に宴す。百官、楼下に列坐す。独り禄山の為めに御座《ぎょざ》の東間に於《お》いて金鶏の障を設け、榻《とう》を置きてその前に坐せしめ、仍《な》お命じて簾《すだれ》を巻きて、以って栄寵《えいちょう》を示さしむ。楊銛《せん》・楊錡《き》・貴妃の三姉《し》に命じて、皆な禄山と兄弟《けいてい》を叙《じょ》せしむ。禄山、禁中に出入するを得、因《よ》りて請いて貴妃の児《こ》と為る。

中一。因請為二貴妃児一。上与二貴妃一共坐。禄山先拝二貴妃一。上問二何故一。対曰。胡人先レ母而後レ父。上悦。

上、貴妃と共に坐す。禄山、先《ま》ず貴妃を拝す。上、何《いず》れの故なりやと問う。対《こた》えて曰《い》わく、「胡人は母を先《さき》にして父を後《のち》にす」と。上、悦ぶ。

天子はあるとき勤政楼（三六三ページ参照）で酒宴を催した。一般の文武百官たちは土間に席を列ねたが、安禄山は特別待遇である。御座所の東の間《ま》じきりに、金色《こんじき》の鶏を描いた衝立《ついたて》を設け、榻《とう》すなわちベッド状のソファを置いて、かれをその前にかけさせ、しかもみ簾《す》を巻きあげて、君のおぼえのめでたさを示した。そして、かれを楊銛《せん》兄弟および楊貴妃の三人の姉たちと、きょうだいの契りをさせた。「叙」は序、きょうだいの順序づけをする。当然、そこではその序列によってかための拝礼が行なわれたのである。

安禄山は宮廷の出入りがかなうと、その機会に天子に願い出て、楊貴妃の子どもにしてもらった。——養子分にしてもらったことは、擬装であるともいえる。世代の同じい異性の関係を母子のそれにすりかえることにより、楊貴妃の局《つぼね》への自由な出入りを公認させる、少なくとも玄宗の眼にそう想わせる魂胆であったろう。

そこであらためて母子の挨拶が始まる——天子が楊貴妃といっしょにいるところで、安禄山はまず楊貴妃に拝礼を行なう。天子がそのわけをたずねると、かれは答えた、「えびすのものは、母が第一で父はその次でござります。」

天子は上きげんであった。

——だが、そのころ安禄山はすでに叛逆の意図をいだきはじめていたといわれる。外族侵寇に対する防備と称して北京北方に雄武城をきずき、大々的に武器を貯えた。河西など四節度使を兼ねる王忠嗣がかれの意図を見ぬいて上奏したが、李林甫の憎悪をかい、また徹底的にうちのめされる。

*

丙寅。命二百官一閲二天下歳貢物於尚書省一。既而悉以レ車載。賜二李林甫家一。上或レ時不レ視レ朝。百司悉集二林甫第門一。台省為空。陳希烈雖レ坐レ府。無二一人入謁者一。林甫子岫為二将作監一。頗以二満盈一為レ懼。嘗従二林甫一遊二後園一。指二役夫一言二於林甫一曰。大人久処二鈞軸一。怨仇満二天下一。一

丙寅《ひのえとら》、百官に命じ、天下の歳貢《さいこう》の物を尚書省に閲《えっ》せしむ。既にして悉《こと》ごとく車を以って載《の》せ、李林甫の家に賜《たま》う。上、時或りて朝《ちょう》を視《み》ずんば、百司、悉《こと》ごとく林甫の第門《ていもん》に集まり、台省、為めに空《むな》し。陳希《ちんき》烈《れつ》は府に坐すと雖も、一人の入りて謁《えつ》する者なし。林甫の子、岫《しゅう》は将作監たり。頗る満盈《まんえい》を以って懼《おそ》れと為す。嘗て林甫に従いて後園《こうえん》に遊び、役夫《えきふ》を指《さ》して林甫に言いて曰わく、「大人《たいじん》、久しく鈞軸《きんじく》に処《お》り、怨仇《えんきゅう》、天下に満つ。一朝《ちょう》禍い至れば、此《これ》を為《な》さん

朝禍至。欲レ為レ此。得乎。林甫不レ楽曰。勢已如レ此。将若レ之何。先レ是宰相皆以二徳度一自処。不レ事二威勢一。騶従不レ過二数人一。士民或不二之避一。林甫自以二多結レ怨。常虞二刺客一。出則歩騎百余人。為二左右翼一。金吾静レ街。前駆在二数百歩外一。公卿走避。居則重関複壁。以レ石甃レ地。牆中置レ板。如レ防二大敵一。一夕屢徙レ牀。雖二家人一莫レ知二其処一。宰相騶従之盛。自二林甫一始。

と欲するも得んや」と。林甫、楽しまずして曰わく、「勢い已《すで》に此《か》くの如し、将《は》たこれを若何《いかん》せん」と。是《これ》より先、宰相はみな徳度を以って自《み》ずから処し、威勢を事とせず。騶従《すうじゅう》、数人に過ぎず、士民、或るいはこれを避けず。林甫、自《み》ずから多く怨みを結ぶを以って、常に刺客《しかく》を虞《おそ》れ、出《い》づれば則ち歩騎百余人、左右翼《よく》と為《な》り、金吾、街《まち》を静《きよ》む。前駆は数百歩の外に在り、公卿も走《の》がれ避く。居れば則ち重関複《ちょうかんふく》壁《へき》、石を以って地に甃《し》き、牆《しょう》中に板《ばん》を置きて、大敵を防ぐが如し。一夕に屢《しば》しば牀《しょう》を徙《うつ》し、家人と雖もその処を知る莫《な》し。宰相の騶従《すうじゅう》の盛んなること、林甫より始まる。

天宝六年（七四七）十二月二十五日、天子は文武百官に申しつけて、毎年全国から中央におさめる貢納品を尚書省で点検させ、それがすむと全部車に積んで李林甫の家に下賜された。——いわば、国家の税収を一個人に与えたのである。

天子がどうかして朝廷に出て来られないことがあると、各部局の連中はのこらず李林甫の私邸に集まり、中央政庁は空《から》っぽになり、陳希烈《ちんきれつ》——めくら判ではあるが決裁ずみ書類にサインをするべく待っている——の宰相府には、誰ひとり謁見に入って来ない。この日は一切の政務がストップするわけである。政治の大権が私物化された大唐帝国の、この恐るべき中枢の麻痺は、それだけでも亡国の兆が顕著だといえよう。このような李林甫の専横を憂慮したのは、ほかならぬかれ自身のむすこであった。

李林甫のむすこ李岫《りしゆう》は将作監（従三品）、すなわち営造局長である。かれはこのように財産がふくれあがることに、かなりの恐怖を覚えていた。「満盈《まんえい》」の盈も充満すること、物質的な充足をいう。

ある時、父の供をして裏の庭園を散歩していたかれは、そこに働く人夫、実は公用で徴発されて来ている男を指さして、林甫にいった、

「父上はながらく政府枢要の職に就かれており、仇怨をいだくものが天下にみち満ちております。ひとたび災難が見舞いましたら最後、こんなことさえなさりたくってもできやしませんよ。」——「鈞軸」は宰相の地位、「此」とは義務労役者を私庭の手入れに使うこと。李林甫（あるいは李岫でさえ）にとって、奴隷同然のかれら公《おお》けの奉仕者を私用に使うことには、なんら矛盾を感じていなかったろう。李岫が父を諫める材料は、邸宅や調度その他かれらの周辺にいくらでも転がっていたはずなのに、かれはむしろこのささやかな事象に注目した。かなりデリケートな神経の持ち主であると思われる。と同時に「此を為す」は

このささいな事をなすさえの意に解せられる。

李林甫は晴れぬ顔をしていった、「なりゆき上、こうなっちまったんだ。どうしたものだろな。」

「勢い已に此《か》くの如し」、なんとなく堕性のままにこうなってしまった、みずからの意志によらぬような発言であるが、李林甫の主観において、これは偽りない実感であったろう。あ「将《は》たこれを若何《いかん》せん」は訳出したのよりさらに絶望的な響きを帯びるかもしれない。あきらかにかれ自身もいささか後悔の念にさいなまれながら、だからといっていまさら元に返す術《すべ》もない。だからかれは、寝てもさめてもみずからに迫る黒い影におびえねばならなかった。

以前は、宰相といえばみな人格・マナーのりっぱさを心がけて行動し、威厳なんかを問題にしなかった。だから、行列の随員はわずか数名で、路ゆく人びとは行列を避けぬこともあった。「士民」の士はインテリ。

李林甫はわが身に、おおぜいの怨みを買った覚えがあるので、いつも刺客《しかく》をこわがっている。外出する際は、徒歩や騎乗の随員百人あまりが左右に翼の隊形で護衛し、金吾すなわち警備兵が通路のさき払いをし、さらに先導騎馬隊が数百歩、すなわち二、三百メートルの前方を行く。大臣・次官級の重臣でさえ遠慮してわき道にそれた。

またかれの住まいといえば、扉や壁は二重づくりだし、地めんは石だたみにしてあるやら、土塀の中には板をしこんであるやら、強敵に対する防備もさながら、一晩のうちにたびたびベッドを移動し、家中《かちゅう》のものさえかれの居場所を知らぬありさまである。——ここに至ると、かれはもはや喜劇の主人公である。「石を以って地に甃《し》く」とは、穴を掘って屋内に潜入できぬようにしたのである。

宰相の随員が盛大になったのは、李林甫に始まったのである。——宰相の随員などはまだしも取るに足らぬことに属し、唐朝の政治体制における弛緩はいろいろな面に指摘される。

＊

自二唐興一以来。辺帥皆用二忠厚
名臣一。不二久任一。不二遥領一。不二
兼統一。功名著者。往往入為二宰
相一。其四夷之将。雖三才略如二阿
史那社爾・契苾何力一。猶不レ専二
大将之任一。皆以二大臣一為レ使以
制レ之。及二開元中一。天子有下呑二
四夷一之志上。為二辺将一者十余年

唐の興《はじ》めより以来、辺帥《すい》にはみな忠厚の名臣を用い、久しくは任ぜず、遥かに領せず、兼ねて統《す》べず。功名著《あら》わるる者は、往々入りて宰相と為る。その四夷《しい》の将は、才略の阿史那社爾《あしなしゃじ》・契苾何力《けいひつかりき》の如きと雖も、猶お大将の任を専らにせず、皆な大臣を以って使《し》と為して以ってこれを制せしめたり。開元中に及び、天子、四夷を呑むの志あり。辺将と為る者、十余年易《か》えずして、始めて久しく任ず。皇子は則ち慶・忠

不レ易。始久任矣。皇子則慶・忠諸王。宰相則蕭嵩・牛仙客。始遥領矣。蓋嘉運・王忠嗣専制ニ数道一。始兼統矣。李林甫欲レ杜ニ辺帥入相之道一。以ニ胡人不一レ知レ書。乃奏言。文臣為レ将。怯レ当ニ矢石一。不レ若レ用ニ寒畯胡人一。胡人則勇決習レ戦。寒族則孤立無レ党。陛下誠以レ恩洽ニ其心一。彼必能為ニ朝廷一尽レ死。上悦ニ其言一。始用ニ安禄山一。至レ是。諸道節度尽用ニ胡人一。精兵咸戍ニ北辺一。天下之勢偏重。卒使ニ禄山傾ニ覆天下一。皆出ニ於林甫専レ寵固レ位之謀一也。

諸王、宰相は則ち蕭嵩《しょうすう》・牛仙客、始めて遥かに領《りょう》す。蓋嘉運《がいかうん》・王忠嗣、専ら数道を制して、始めて兼ね統《す》ぶ。

李林甫、辺帥の入りて相《しょう》たるの道を杜《ふさ》がんと欲し、胡人の書を知らざるを以ってし、乃ち奏して言う、「文臣、将たれば、矢石《しせき》に当たるに怯《おび》ゆ。寒畯《かんしゅん》の胡人を用いるに若《し》かず。胡人は則ち勇決にして戦いに習らい、寒族なれば則ち孤立して党なし。陛下、誠に恩を以ってその心を洽《うるお》さば、彼は必らず能《よ》く朝廷の為《た》めに死を尽《いた》さん」と。上、その言を悦び、始めて安禄山を用う。是《ここ》に至りて、諸道の節度は尽《こと》ごとく胡人を用う。精兵、咸《み》な北辺を戍《まも》り、天下の勢い偏重《へんちょう》して、卒《つい》に禄山をして天下を傾覆せしむ。皆な林甫が寵を専らにし位《い》を固《かた》めんとするの謀りごとより出づるなり。

唐朝開国のはじめから、辺区の軍司令官には、忠実篤厚で定評ある臣を用い、長期にわたって同一職に在任させることはなかったし、現地に赴任せぬ就任もなかった。また、同一人が複数の節度使を兼ねるケースもなかった。——「遥領」は在京のまま遠隔地の職掌に就任するほとんど名目だけの官。後世では、この肩書きだけの任命がかなり普遍化する。また、節度使でその功績の顕著なものは、しばしば中央入りして宰相になった。しかし、四方の異民族出身の指揮官は、たとえば阿史那社爾《あしなしゃじ》や契苾何力《けいひつかりき》のように才略にとんだものでも、全指揮権を専断させず、いずれも中央の重臣をその上の節度使に任命して、かれらを牽制するようにさせた。——「阿史那社爾」(?—六九一)は東突厥《とつけつ》可汗(王)のむすこ、一時は西突厥の半ばを制圧して可汗となり勇名を馳せたが、のちに唐朝に帰属して左驍衛大将軍に就任、高昌・亀茲《きゅうじ》征討に勲功を立てた。「契苾何力」も突厥可汗の孫、太宗の貞観年間に唐朝に帰属、つぎの高宗の世にかけて、吐谷渾《とよくこん》・高昌・亀茲・高麗《こうらい》など異民族の征討に協力し、鎮軍大将軍に昇任した。いずれも異民族出身の勇将である。なお、「大臣」は高官・重臣であって、邦語のいわゆる大臣ではない。

玄宗の開元年間(七一三—七四一)になり、天子は四方の異民族を併呑する野望をいだき、辺区の指揮官——節度使に就任したものは、十年あまりも交替させず、ここにはじめて長期就任の例がひらかれた。——節度使個人の威権確立とか、直面する異民族との馴れ合いなどの弊害が生ずるからである。

また、皇子では慶王潭・忠王浚、宰相では蕭嵩《しょうすう》・牛仙客がはじめて任地に行かぬ節度使職を命ぜられたし、蓋嘉運《がいかうん》・王忠嗣がいくつかの道《どう》の制圧権を専断し、ここにはじめて同一人が複数節度使を兼任するケースがおこった。

宰相李林甫は、辺区の司令官すなわち節度使が中央入りして大臣になる途をふさごうと思い、その理由に胡族の出身者は文字を知らぬことをあげた。——おそらく以下の上奏のまえに、右の内容をふくむ進言があったのであろう。つづいてかれはそれを支える反面の利のほうを説く。

そこでかれはいった、「文官が軍の指揮官になりますと、矢だまのまっただ中で臆病かぜを吹かせまする。しがない身分の胡族を採用するにかぎります。胡族のものは勇敢で戦闘なれしており、氏素性《うじすじよう》が卑《いや》しいものですから、孤立してなかまがありませぬ。陛下がしかと恩情をかけてかれらの気もちをうるおしておやりになれば、あい手も朝廷のために命がけでやるに相違ありませぬ。」

天子はかれの進言が気に入り、はじめて安禄山を採用したのであった。——ここまでが実はこれまでの経過である。やはり「至是」から現時点にたちもどる。

このころになると、各地の節度使にぜんぶ胡族出身者を採用し、精鋭な軍隊がすべて北方辺境を守備して、天下の勢力が一方にだけ重くなり、ついに安禄山が天下をくつがえす結果をもたらす。これというのも、すべては君主の寵愛を独占してみずからの地位を固めようという李林甫の計画に由来するのである。

「寒畯」の畯《しゅん》はもと農夫をいうが、すでに下賤の身分を形容する語に転化しているらしい。寒も貧乏、ただし、つぎの「寒族」がパトロン乃至コネをもたぬ家柄をいうように、下賤の身はただちに出世のつるをもたぬことを連想するべきである。なお、後世の貧乏書生などを形容する語「寒酸」は、この語が転化したともいわれる。

――さて、楊貴妃に対する玄宗の寵愛が動かしがたくなると、かの女の実家楊氏の兄弟姉妹、実はいとこたちにも異例の恩寵が加えられ、同時にかれらの専横も急速にエスカレートしてゆく。

*

十一月癸未。以㆘貴妃姉適㆓崔氏㆒者㆖為㆓韓国夫人㆒。適㆓裴氏㆒者為㆓虢国夫人㆒。適㆓柳氏㆒者為㆓秦国夫人㆒。三人皆有㆓才色㆒。上呼㆑之為㆑姨。出㆓入宮掖㆒。並承㆓恩沢㆒。勢傾㆓天下㆒。毎㆓命婦入見㆒。玉真公主等皆譲不㆓敢就㆒㆑位。

十一月癸未《みずのとひつじ》、貴妃の姉にして崔《さい》氏に適《とつ》ぎし者を以って韓国夫人と為《な》し、裴《はい》氏に適《とつ》ぎし者を虢《かく》国夫人と為し、柳氏に適《とつ》ぎし者を秦《しん》国夫人と為す。三人、皆な才色あり。上、これを呼びて姨《い》と為し、宮掖《えき》に出入す。並びに恩沢《おんたく》を承《う》けて、勢い天下を傾く。命婦《みょうぶ》の入りて見《まみ》ゆる毎《ごと》に、玉真公主等《ら》みな譲りて敢えて位に就《つ》かず。三姉と銛《せん》・錡《き》との五家は、凡そ請託《せいたく》あ

三姉与㆓銛・錡㆒五家。凡有㆓請託㆒。府県承迎。峻㆓於制勅㆒。四方賂遺。輻㆓湊其門㆒。惟恐㆑居㆑後。朝夕如㆑市。十宅諸王及百孫院婚嫁。皆以㆓銭千緡㆒賂㆓韓・虢㆒使㆑請。無㆑不㆑如㆑志。上所㆓賜与㆒及四方献遺。五家如㆑一。競開㆓第舎㆒。極㆓其壮麗㆒。一堂之費。動踰㆓千万㆒。既成。見㆔他人有㆓勝㆑己者㆒。輒毀而改為。虢国尤為㆓豪蕩㆒。一旦。帥㆓工徒㆒突㆓入韋嗣立宅㆒。即撤㆓去旧屋㆒。自為㆓新第㆒。但授㆓韋氏㆒以㆓隙地十畝㆒而已。中堂既成。召㆑工圬墁。約㆓銭二百万㆒。復求㆑賞㆑技。虢国以㆓絳羅五百段㆒賞㆑之。嗤而不㆑顧。曰。請取㆓螻

らば、府県の承迎すること、制勅を峻《しの》ぎ、四方の賂《ろ》遺《い》、その門に輻湊《ふくそう》し、惟《た》だ後《のち》に居《お》かれんことを恐れ、朝夕市《ちょうせきいち》の如し。十宅の諸王及び百孫院の婚家《こんか》は、みな銭《ぜに》千緡《びん》を以って韓・虢《かく》に賂《まいな》いて請わしむるに、志の如くならざるなし。上の賜《し》与《よ》する所、及び四方の献遺《けんい》は、五家、一の如し。競いて第舎《ていしゃ》を開き、その壮麗を極む。一堂の費《つい》えは、動《やや》もすれば千万を踰《こ》ゆ。既に成るも、他人の己《おのれ》に勝《まさ》れる者あるを見ば、輒《すなわ》ち毀《こぼ》ちて改め為《つく》る。虢《かく》国、尤も豪蕩《ごうとう》たり。一旦、工徒を帥いて韋嗣立《いしりつ》の宅に突入するや、即ち旧屋を撤去して、自《み》ずから新第《しんてい》を為《つく》り、但だ韋氏に授くるに隙地《げきち》十畝《ぼ》を以ってするのみ。中堂既に成るや、工を召して圬墁《おまん》せしめ、銭二百万を約せしが、復《ま》た技を賞せられんことを求む。虢《かく》国、絳羅《こうら》五百段を以ってこれを賞するに、嗤《わら》いて顧《かえ》りみず。曰《い》わく、「請う、螻蟻《ろうぎ》・蜥蜴《せきてき》を取り、その数を記《き》して堂中に置け。苟《も》し一物を失わば、敢えて直《あたい》を受けず」と。

蟻・蜥蜴一。記二其数一置二堂中一。

苟失二一物一。不二敢受レ直一。

十一月十七日、楊貴妃の姉三人にそれぞれ国夫人の叙勲が発令された。「夫人」とは、臣下の叙勲に応じて、その妻や母に賜わる称号であり、下文にみえる「命婦《みょうふ》」の一である。唐朝の制では、皇族ないし元勲にあたえられる国公および文武の一品官の母・妻に国夫人、二・三品官のそれに郡夫人があたえられた。

――かの女らの叙勲発令の機会に、あわせて楊氏一族の専横が披露される。三人の姉は、そろいもそろって才色兼備の女性である。天子から姨《ねえ》さんと呼ばれて宮廷出入りが許された。いずれも大君の恩恵をうけて、天下を傾ける盛大な勢力をもっていた。「姨」とは、中国最古の字書『爾雅』釈親にすでに「妻の姉妹の同出（同腹）を姨という」とある。『旧唐書』巻五十二・后妃伝によれば、玄宗は韓国夫人を大姨、虢《かく》国夫人を三姨、秦国夫人を八姨と呼んでいる。大・三・八はいわゆる排行である。

命婦、すなわち爵位をもつ貴婦人たちが宮中に参内して天子に拝謁する時には、皇姉である玉真公主らまでが、かの女らに席を譲って上座につくわけにゆかない。「玉真公主」は先帝睿宗の第十皇女で、降嫁せずに出家して女道士になっていた。

かの女ら楊貴妃の姉三人と楊銛《せん》・楊錡《き》の五家――楊釗すなわち後の楊国忠はまだ仲間入

りする権勢がなかった——の勢力といえば、なにか依頼ごとでもすると、各地の州・県でさっそくそれにこたえて用立てたことは、天子の命令をしのぐものがあった。——「請託」とは、人事（任免・昇進）の依頼のほか、たとえば地方のめずらしい物産がほしいとかいった依頼をもいう。

また、四方八方からのわいろ・つけとどけは、かれら五家の門に集中し、おくれをとるまいとする連中が、朝な夕な門前に市《いち》をなしてひしめいた。

さらに、十宅にいる王や百孫院にいる皇孫たちの縁談の際は、いずれも銅貨千緡《びん》、すなわち千貫文のわいろを韓国・虢国二夫人にとどけて天子に頼んでもらい、すると万事おもいどおりに運んだ。

「十宅」は朱雀街の東三街にある安国寺境内に設けられた、十人の皇族（王の称号をもつ）の団地。「百孫院」は同じく皇孫を住まわせる団地だが、所在は未詳。どちらも玄宗の即位後、皇族の急増に対処して設置された。事は開元十五年五月（巻二一三）の条にみえる。

「緡」は孔あき銭をとおすひも、千緡は一千貫文。当時の貨幣価値はどうかといえば、玄宗の開元十二年（七二四）ごろ、米一斗（本邦の約一升）が東郡で十銭、山東地方で五銭（清・趙翼『廿二史劄記』巻二十・唐前後米価貴賤之数）。いささか僻地の例だが、わが大谷探険隊発見の文書によれば、天宝元年（七四二）の交河郡すなわち新疆省トルファンでは、小麦粉一斗が三十七、八文（銭）であった（池田温「中国古代物価の一考察」、史学雑誌・七七—

一・二号所載）。また、変った例では、宋の丁謂が杜甫の詩句「速かに来たれ相就きて一斗を飲まん、恰も三百青銅銭あり」から推定して、酒一升（本邦の一合）を三十銭とみている（宋・王楙『野客叢書』巻一および清・褚人穫『堅瓠補集』巻三）。

天子からの御下賜品や各地からの献納品は、五家とも一様に扱われたが、かれら五家は競争で邸宅を建築して、壮麗のかぎりを尽くし、一つの建物の経費がどうかすると一千万銭を超えた。しかも、せっかく建物が竣工しながら、他の家にそれをしのぐものがあると、簡単にぶっこわして建てなおすのである。

虢国夫人の裴《はい》家はとくに豪勢を誇っていた。ある朝、職人連を引きつれていまは亡き韋《い》嗣立《しりつ》の邸にとびこむなり、旧家屋を撤去して、かってに新らしい邸宅をつくり、韋家には代償として十畝すなわち一八アール（約五五〇坪）の空き地しか与えなかった。「隙地《げきち》」は空閑地、といえばどうせ人のあまり住まぬ辺鄙の空き地であろう。韋嗣立（六五一—七一九）は中宗朝で宰相をつとめ、勅命により中宗のきさき韋后の籍に入れてもらったが、その後、中宗を暗殺して天下の実権を握ろうと企てた韋后の乱に連坐して失脚する。かれの邸宅は南宣陽坊のめぐまれた位置にあった。——この一段の事件は唐・鄭処誨『明皇雑録』巻下に、より詳しい経過が語られている。

韋氏の諸子、亭午《まひる》に方《いま》し堂廡（ざしきのわき部屋）に偃息《いこ》いしとき、忽ち見る、一婦人の黄いろき帔衫《うちかけ》を衣《き》て歩輦《こし》より降るを。侍婢《こしもと》数十あり、笑語し自若《おちつき》て韋氏の諸子に謂いていわく、「聞くならく、この宅、貨《う》らんと欲すと。その価幾何《あたいいくばく》ぞ」と。韋氏、階を降りて言う、いわく、「先人《ちち》の旧廬《すまい》なれば、いまだ捨《てばな》すに忍びず」と。語、いまだ畢《おわ》らざるに、工数百人あり、西の廂《むね》に登りてその瓦・木を掘る。韋氏の諸子、既に制する能わざれば、乃ち家童を率《ひき》い、その琴・書を挈《たずさ》えて衢路《とおり》に委《お》きて自《み》ずから嘆じていわく、「不才、無能にして、勢家に奪わる。古人の戒《いまし》め、まさに今日に見んとするか」と。而うして韋氏に隙《げき》地十畝余を与え、その他は一も酬ゆる所なし。

これは後日談に属するが、韋氏より奪ってきずいた虢国夫人の邸宅は、のちに安禄山軍侵入の際、偽政権の京兆尹に任命された田乾真（四八九ページ参照）の邸になったという。

さて、新邸の中堂、すなわち正面の主屋が出来あがると、かつて左官を呼んで壁を塗らせた時に、二百万銭を支払うよう取り決めておいたにもかかわらず、左官はそのほかに、念入りの仕事の腕に対する祝儀を要求した。虢国夫人が真紅の羅《うすぎぬ》五百反《たん》を与えると、かれらはせせら笑い、それには眼もくれずにいった、

「どうかおけらかとかげでも取って来て、その数をおぼえておざしきに置いといてくだせえ。もしも一匹でもいなくなっておりやしたら、お代はよういただきやせんから。」

この一段のもとづく資料は、唐・鄭嵎《ぎょ》の有名な長篇叙事詩「津陽門詩」の一句、「八姨は新たに起《きず》く　合歓の堂《ざしき》」に付した原注である。いわく――

虢国、一堂を構《つく》り、価《あたい》万金を費やす。堂成るや、工人は価を償《はら》うの外に、更に技を賞

むる値《あたい》を邀《もと》む。復《ま》た絳羅五千段（反）を与うるに、工者は投げて顧りみず。虢国、その由《ゆえ》を問うに、工いわく「某《それがし》、平生《ひごろ》の能《うで》はここに殫《つく》せり。苟《も》し以って信ぜずんば、願わくは螻蟻・蜥蜴・蜂蠆《ほうたい》の類を得《と》え、その目《もく》を数えて堂中に投ぜられんことを。使《も》し間隙《すきま》ありて一物を亡《うしの》うを得《え》ば、即ち功《しごと》の直《あたい》を論ぜざるなり」と。ここにおいて、また絵綵《あやぎぬ》・珍具を以ってこれに与う。

両文を比較されたい。司馬光の文章がいかに簡略で要を得ているかが了解されよう。

＊

二月。楊貴妃復忤レ旨。送帰ニ私第一。戸部郎中吉温因ニ宦官一言ニ於上一曰。婦人識慮不レ遠。違ニ忤聖心一。陛下何愛ニ宮中一席之地一。不レ使ニ之就一レ死。豈忍レ辱ニ之於外舎一邪。上亦悔レ之。遣ニ中使一賜以ニ御膳一。妃対ニ使者一涕泣曰。妾罪当レ死。陛下幸不レ殺而帰レ之。今当三永離ニ掖庭一。金

二月、楊貴妃、復《ま》た旨《むね》に忤《さから》い、送られて私第《してい》に帰る。戸部郎中吉温、宦官《かんがん》に因《よ》りて上《しょう》に言《い》いて曰わく、「婦人は識慮《しきりょ》遠からずして、聖心に違忤《いご》す。陛下、何ぞ宮中一席の地を愛《お》しみ、これをして死に就《つ》かしめざる。豈《あ》にこれを外舎に辱《はず》かしむるに忍びんや」と。上も亦たこれを悔い、中使を遣《や》り、賜うに御膳を以ってせしむ。妃、使者に対し涕泣して曰わく、「妾《しょう》が罪は死に当たる。陛下、幸いに殺さずしてこれを帰らしむ。今、当《まさ》に永《とこし》えに掖庭《えきてい》を離るべし。金

玉・珍玩。皆陛下所レ賜。不レ足レ為レ献。惟髪者父母所レ与。敢以薦レ誠。乃翦二髪一繚一而献レ之。上遽使二高力士召還一。寵待益深。

玉・珍玩は皆な陛下の賜う所なれば、献《けん》と為すに足らず。惟だ髪なる者は父母の与う所なり。敢えて以って誠を薦めん」と。乃ち髪一繚《りょう》を翦りてこれを献ず。上、遽《にわ》かに高力士《こうりきし》をして召還せしむ。寵待《ちょうたい》、益すます深し。

天宝九年（七五〇）二月、楊貴妃はまたしても天子の思召しに逆らい、私邸に送り帰された。――性懲りもなく同じいさかいが、そして性懲りもなく同じ収拾がくり返される。それが男女の仲の特殊性といおうか。このたびの仲介役は宦官でなく、戸部郎中（従五品上）すなわち大蔵省局長クラスの吉温《きつおん》である。かれは李林甫の腹心として利巧に立ち廻る男であるが、玄宗の八つ当たりに手をやいたのであろう。かれも高力士と同じ手を用いる。

吉温は宦官を通じて天子に申しあげた、

「おなごは思慮分別の浅はかなもの、大御心に逆らい申しました。陛下は宮中のわずか一つの地位ぐらい惜しまれず、いさぎよく死なせておやりなされぱいいものを、なぜそうされませぬ。御所の外の館《やかた》であの方に恥をかかせるなんてむごいことが、よくできますね。」

天子はこのたびも後悔し、宦官をやって御膳をいただかせた。きさきはお使者にむかって泣きながらいった、

「あたくしの罪は死刑《おしおき》になって当然のもの。陛下はかたじけなくも殺したまわず、宅下げになさいました。ただいまから永久に宮中を離れましょう。金銀珠玉や珍宝の類は、いずれも陛下からのいただきものゆえ、贈りものにはなりませぬ。この髪の毛だけは父母がくれましたもの、あえてまごころのしるしにさしあげまする。」
そこで髪の毛一ふさを鋏で切ってさし上げた。天子は大急ぎで高力士をやって呼びもどし、寵愛はますますこまやかになった。——髪の毛の一ふさは六十六歳の老皇帝の感覚をあやしくくすぐったのである。

*

安禄山屢誘二奚・契丹一。為設レ会。飲以二莨若酒一。酔而阬レ之。動数千人。函二其酋長之首一以献。前後数四。至レ是請レ入レ朝。上命二有司一先為起二第於昭応一。禄山至二戯水一。楊釗兄弟姉妹皆往迎レ之。冠蓋蔽レ野。上自幸二望春宮一以待レ之。辛未。禄山献二奚

安禄山、屢《しば》しば奚《けい》・契丹《きったん》を誘い、為めに会《つど》いを設けて、飲ましむるに莨若《ろうとう》酒を以ってし、酔わしめてこれを阬《こう》すること、動《やや》もすれば数千人。その酋《しゅう》長の首を函《かん》して以って献ずること、前後数四《すうし》なり。是《ここ》に至りて朝に入らんことを請《こ》う。上、有司に命じて、先《ま》ず為めに第《てい》を昭応に起こさしむ。禄山、戯《ぎ》水に至る。楊釗《ようしょう》兄弟姉妹、みな往《ゆ》きてこれを迎う。冠蓋《かんがい》、野を蔽《おお》う。上、自《み》ずから望春宮に幸して以ってこれを

俘八千人一。上命考課之日書二上上考一。前レ此聴下禄山於二上谷一鋳レ銭五壚上。禄山乃献二銭様千緡一。

待つ。辛未《かのとひつじ》、禄山、奚《けい》の俘《ふ》八千人を献ず。上命じて考課の日に上上考と書かしむ。此《これ》より前《さき》、禄山に上谷《こく》に於いて銭を鋳《ちゅう》すること五壚《ろ》なるを聴《ゆる》す。禄山、乃ち銭様千緡《びん》を献ず。

——安禄山の久方ぶりの入朝である。すでに范陽・平盧二節度使を兼ね、名目のみにしろ中央庁にも御史中丞の席をもつかれは、天宝九年（七五〇）五月、唐朝の将師としては異例の東平郡王の爵位を賜わり、つづいて八月には河北道采訪処置使をも兼ねた。そこに至るまでには、かれらしい実績の積みかさねがあった。

安禄山はたびたび奚《けい》・契丹《きったん》二族に誘いかけ、わざわざ宴を設けて莨菪《ろうとう》酒をのませ、酔ったところを穴埋めにして殺害した。その手で殺されたものが、どうかすると数千人にものぼり、かれら犠牲者の酋長かぶの首を箱づめにして献上したことが前後三、四回もある。「莨菪」は毒草で和名〝はしりどころ・おめきぐさ〟。根は薬用に供せられるが、実《み》に猛毒をふくむ。「数四」はむしろ頻度の多いことを示す。

このころになり、とは同じ天宝九年の十月前後であるが、安禄山は朝廷に参内したいと要請した。天子は関係官に申しつけて、あらかじめかれのために照応県に邸宅を新築させた。「照応」は長安の東方、万年県を分割して作った県、いまの陝西省臨潼県に属する。

安禄山が戯《ぎ》水にやって来た。楊釗《しょう》の兄弟姉妹、すなわち楊貴妃のいとこたちがみな出迎えに行き、かれら高官たちの冠や貴婦人の乗り物が、あたり一帯を埋めつくした。天子は親しく望春宮にみゆきして、かれを待っておられた。「戯水」は臨潼県の東方を流れて渭水にそそぐ川。「冠蓋《かんがい》、野を蔽う」は成句、蓋は車蓋、車の屋根をいう。「望春宮」は皇城の東北方にある三苑の一つ禁苑の御殿、南北二つの望春亭が建てられていたといわれる。

十月二十六日、安禄山は奚《けい》族の俘虜八千人を献上した。天子は勤務評定の日に、かれを最上級に選考するよう書きこませた。「考課」とは官吏の功過を評定して、任免・昇進に資すること。唐朝では吏部に考功郎中とよぶ専任官がおかれ、その制度を掌らせていた。そのおりのランクづけを〝殿最〟といい、「上上考」は九段階の最上級。

これより以前に、安禄山は上谷郡（河北省易県）で五基の熔鉱炉を使って貨幣を鋳造することを許されていたが、安禄山は鋳造した銅銭の見本千さし分を、このときに献上した。

貨幣の鋳造まで許可するというのも、異常な恩顧である。われわれは、はるかなむかし漢の文帝の時代に、帝のお気に入りの小姓あがりの上大夫《たいふ》鄧通《とうつう》が、四川の銅山を私有して、銅銭の私鋳を許され、巨万の富をきずいたことを連想する。旧中国の寺子屋の教科書『蒙求』にも「鄧通銅山」とあり、旧中国のインテリたちが常識とする故事の一つである。鄧通はのちに貨幣偽造の罪に問われて、あえない最期を遂げる。

通鑑の編者は、みぎの安禄山入京の出迎えの記事において、すでに〝楊氏の五家〟とはせず、〝楊釗の兄弟姉妹〟と記した。これまで〝五家〟のうちに勘定されなかった楊釗――のちの楊国忠の擡頭を、作者はひそかに告げている。かれはかつて樗蒲《すごろく》の名手として宮中に推挙され、賭博の名勘定係りとして〝好度支郎〟のあだなを頂戴した（三七八ページ参照）。まことにふざけた話だが、なんとかれはその後ほんものの勘定奉行、国家の会計を扱う部局の最高責任者、戸部に属する度支《たくし》郎中（従五品）に任命され、侍御史（従六品下）すなわち最高検検事を兼ねた。そして、浪費癖のある玄宗の意向をくみ、税収の増加に狂奔した結果、わずか一年間に十五あまりの使職を兼ねるに至り、天宝七年（七四八）六月には門下省の局長級、給事中（正五品上）を拝命、兼任の検察職も一級を進めて御史中丞（正五品）すなわち御史台の次官になり、しかも従来どおり国家の会計事務の専断をまかされていた。

それから二年半、すなわち安禄山が入朝した天宝九年（七五〇）十月、その就任期こそわからぬが、かれはさらに出世して御史中丞はそのままで兵部侍郎（正四品下）、すなわち陸軍次官の肩書きをもって登場する。やがて李林甫に代るワキ役として――

＊

楊釗。張易之之甥也。奏乞レ昭ニ

楊釗《ようしょう》は張易之《ちょうえきし》の甥《おい》なり。奏して易之兄弟を昭雪せん

雪易之兄弟㆒。庚辰。制引㆘易之兄弟迎㆓中宗於房陵㆒之功㆖。復㆓其官爵㆒。仍賜㆓一子官㆒。釖以㆔図讖有㆓金刀㆒。請㆑更㆑名。上賜㆓名国忠㆒。

と乞う。庚辰《かのえたつ》、制して易之兄弟が中宗を房陵より迎えし功を引き、その官爵を復《ふく》し、仍《な》お一子に官を賜う。釖は図讖《としん》に金刀あるを以って、名を更《あらた》めんことを請う。上、名を国忠と賜う。

玄宗のおぼえがめでたくなり、地位が昇進するにつれて、楊釗には気がかりなことが二つあった。その第一——

楊釗は張易之（?—七〇五）の甥《おい》にあたる。張易之は弟昌宗とともに、則天武后——唐の宗室や忠臣を誅殺して、新政権周朝を樹立した女帝に仕え、兄弟ともに武后といまわしい関係さえあった佞臣で、のちに唐朝を復活した張柬《かん》之によって処刑される。「甥《せい》」は中国本来の用法では異姓のおい、すなわち姉妹が嫁ぎ先で生んだ男子にかぎって用い、同姓の場合は姪《てつ》という。

かれは上奏して張易之兄弟のぬれぎぬをすすいでいただくようお願いした。「昭雪」は無実であることを顕彰して汚名を拭うこと。

十月二十五日、天子は詔勅をくだし、張易之兄弟が中宗を房陵（湖北省竹山県、房州）から迎えた功績をとりたてて、剝奪されたかれの官爵を復活し、そのうえ現存のむすこに官職を賜わった。——中宗は則天武后の子で、高宗の死後第四代皇帝についたが、たちまち母の専制のもとに廃立され、廬陵王として房陵に幽閉された。しかし、武后政権の圧政から唐朝復興の要望が高まり、供奉官の吉頊《ぎょく》が張兄弟を半ば脅迫して、武后に勧告させた結果、武后も翻意し、病気の治療を必要とする名目のもとに、廬陵王を幽閉地から新政権の首都洛陽に迎えいれた。ことは通鑑・巻二〇六（聖暦元年二―三月の条）にみえる。

楊釗の第二の気がかり——それはかれの名まえ釗《しょう》のことである。かれら兄弟は銛《せん》といい錡《き》といい、本邦でいういとこをも含めて、同じ世代のものはみな金《かね》へんの一字名がついている。

かれは、王者の出現を予言するおふだ「図讖《としん》」の中に、かれの名釗を構成する金・刀（刂）があるので、それが気にかかり、改名したいとおかみに許可を願い出た。天子は国忠という名を賜わった。

予言のおふだ「図讖」には、たいてい隠語が用いられ、この場合のような文字分解の謎なぞもその一つである。このような文字分解は、後世俗間で〝拆白道字〟と呼ばれ、廓あそびの粋人や芸者の教養の一つとされている。ところで、ここで「図讖に金・刀がある」というのは、すでに散佚した緯《い》書（経《けい》書に対する呼称、陰陽五行思想の古典）の一つ『中候』の佚文に、「卯《ぼう》金刀帝　出《い》で、堯《ぎょう》の常に復《かえ》さん」（『公羊伝』哀公十四年の正義に引く）をさす。後漢の光武帝が王莽《おうもう》に奪われた漢王室の主権を復興したときの予言であり、「卯金刀」は漢王室の姓劉字を分解したものであることというまでもない。

楊釗はすでにみずから良心にとがめるものがあったのだろう、将来クーデターを起こしそうな人間だと人から非難されることを怖れ、だからみずからの名が気がかりでならなかったのである。ともかくもここに、国にはなはだ忠ならざる〝楊国忠〟が誕生する。

――以下はしばらく、入京した安禄山に対する玄宗の恩寵が語られる。

＊

上命ニ有司一為ニ安禄山一治ニ第於親仁坊一。勅令下但窮ニ壮麗一。不上レ限ニ財力一。既成。具ニ幄帟・器皿一。充ニ牣其中一。有レ帖白檀牀二。皆長丈。闊六尺。銀平脱屛風。帳方丈六尺。於ニ厨・厩之物一。皆飾以ニ金銀一。金飯罌二。銀淘盆二。皆受ニ五斗一。織ニ銀糸一筐及笊篱各一。他物称レ是。雖ニ禁

上、有司に命じて安禄山の為めに第《てい》を親仁坊に治《ち》せしむ。勅《みこと》のりして但《た》だ壮麗をのみ窮め財力を限らざらしめんとす。既に成るや、幄帟《あくれん》・器皿《きべい》を具え、其の中に充牣《じゅうじん》せしむ。帖ある白檀《びゃくだん》の牀《しょう》二、皆な長さ丈、闊《はば》六尺。銀の平脱の屛風。帳は方丈六尺。厨《ちゅう》・厩《きゅう》の物に於《あ》りても、皆な飾るに金銀を以ってす。金の飯《はん》罌《おう》二、銀の淘盆《とうぼん》二、皆な五斗を受く。銀糸を織りし筐《きょう》、及び笊篱《そうり》各おの一。他物も是《これ》に称《かの》う。禁中服御の物と雖も、殆んど及ばざるなり。上、毎《つね》に中使を

中服御之物一。殆不レ及也。上毎
令下中使為二禄山一護上役。築レ第
及造二儲偫賜物一。常戒レ之曰。胡
眼大。勿レ令レ笑レ我。

して禄山の為めに役《えき》を護らしむ。第《てい》を築き及び儲偫《ちょじ》の賜物を造らしむるや、常にこれを戒しめて曰わく、「胡眼《こがん》は大なり。我を笑わしむる勿《なか》れ」と。

年あけて天宝十年（七五二）春正月のこと——そのころ、玄宗皇帝の安禄山に対する寵愛はすでに頂点に達し、同時に安禄山の増慢も日ごとにつのりつつあった。

玄宗は営繕がかりに命じて、安禄山のために都内の親仁坊に邸宅を造営させ、金にいとめをつけず、あくまで壮麗のかぎりを尽くすようにとの勅命を出した。「有司」はつねに関係庁ないし関係部門をいう。「親仁坊」は、皇城の東通りに面し、その東南角よりかぞえて三つめのブロック、長安の中心街にほど近い絶好の場所である。

さて建物が完成すると、カーテンや調度品・食器の類がそろえられて、内部にぎっしり装備される。——いずれもたまげるほどの贅美をつくし、爛熟の頂点にある唐朝のけんらん豪華の一端がここに羅列される。

まず、カーテンつきの白檀《びゃくだん》のベッド二台。漢・劉熙の『釈名』巻六・釈牀帳に「牀前の帷《とばり》を帖という。帖帖《ゆらゆら》と垂るればなり」とある。ベッドの長さは一丈、巾六尺。当時の一尺は 31.1 cm だから、一台でも 3.11 m×1.86 m の超大型のダブル・ベッド級である。

つぎは純銀製の〝平脱〟の屛風《びょうぶ》。平脱とは、玉・貝・金・銀などの薄片を文様にしてはめこみ、漆を塗って同一平面としたもの。わが正倉院の御物中にペルシャわたりのらでんの鏡を納める銀平脱箱が現存する。

さらに几帳は一丈六尺、約五メートル四方もある。――すべてキング・サイズのものばかりである。応接室や居室の飾り物をあげればきりがない、日常生活に必須の家具類にさえこの底《てい》の贅美が凝らされているのだから、あとは推して知るべしという論法であろう。おなじ論法は、家具・調度の比重では下位に属する器物にも凝らした贅美に言及される。

キッチンや厩舎の物にまで金銀の飾りが施されている。たとえば、黄金づくりの飯櫃《めしびつ》が二つ、銀製の米かしぎ、どちらも五斗すなわち一〇リットルの容量がある。おつぎが銀のはり金で編んだ筐《かご》とざるが一つずつ。他の物もそれらに釣りあうつくりで、宮中の天子のお手廻り品とても、ほとんど及ばないものばかりである。

天子はいつも宦官を派遣して、安禄山のために工事を監督させた。邸宅の建築や備えつけの御下賜品の製造に際しては、いつも注意を与えるのである、

「えびすの眼玉はでかいでな。わしが笑われんようにするんだぞ。」

＊

禄山入㆓新第㆒。置㆑酒。乞㆘降㆓墨　禄山、新第《てい》に入る。酒を置《もう》く。墨勅《ぼくちょく》を降《くだ》し、宰相《さいしょう》に

勅一請二宰相一至レ第。是日。上欲下於二楼下一撃毬上。遽為レ罷レ戯。命二宰相一赴レ之。日遣二諸楊与レ之選レ勝遊宴一。侑以二梨園教坊楽一。上毎食二一物一稍美。或後苑校猟獲二鮮禽一。輒遣下中使走レ馬賜レ之。絡二繹於路一。

請いて第《てい》に至らしめんことを乞《こ》う。是《こ》の日。上《しょう》、楼下に於いて撃毬《げききゅう》せんと欲せしも、遽《にわ》かに為《た》めに戯《ぎ》を罷《や》め、宰相に命じてこれに赴《おもむ》かしむ。日ごと諸楊をしてこれと勝《しょう》を選びて遊宴せしめ、侑《すす》むるに梨園《りえん》の教坊の楽《がく》を以ってす。上《しょう》、毎《つね》に一物を食《くら》いて稍《や》や美なれば、或るいは後苑《こうえん》に校猟して鮮禽を獲《う》れば、輒《すなわ》ち中使をして馬を走らせてこれに賜わらしめ、路に絡繹《らくえき》たり。

新築の邸に入った安禄山は、竣工祝いの酒宴を設け、天子のお墨つきを出していただいて、宰相たちがかれの邸に来るよう招待してほしいとお願いした。「墨勅」は天子の親筆による詔勅、政治機関の承認手続きを要しない、いわばプライヴェットの勅令、だがそれだけに、もらった方は天子に親任された感が強いはずである。

この日、天子は勤政楼のほとりでポロ遊びをされるつもりであったが、安禄山のために急に遊戯を取り止めて、宰相たちに出かけるよう申しつけた。

日ごと楊家の連中をやり、安禄山につき合って、名勝地をえらんで飲めや歌えの遊山にゆかせ、梨園《りえん》の教坊の楽団を提供してやられた。——「梨園の教坊」は、音楽好きでその道の素養もゆたかな玄宗が、東御所蓬萊宮のかたわらにある梨園に設置した歌舞演劇の教習所、左右の教坊があり、三百人の子弟をおいて練習させた。後世、演劇界ないし俳優社会を梨園とよぶのは、これにもとづく。「侑《ゆう》」は酒宴の興をたすけること。——玄宗の安禄山に対するサービスはそれだけでなかった。

天子はなにかを召しあがり、少しでもおいしかったり、あるいは皇城うらの御料苑で狩りをやり、めずらしい鳥を捕獲したりすると、いつも宦官に馬をかけらせて、安禄山に下賜させ、それらの使者が道路にひきもきらなかった。——「絡繹《らくえき》」はつらなる形容、畳韻の擬態語(lok-yik)。

*

甲辰。禄山生日。上及貴妃賜二衣服・宝器・酒饌一甚厚。後三日。召二禄山一入二禁中一。貴妃以二錦繡一為二大襁褓一。裹二禄山一。使下宮人以二綵輿一舁上レ之。上聞二後宮歓笑一。問二其故一。左右以三貴妃三日洗二禄山一対。上自往観レ之。

甲辰《きのえたつ》、禄山の生日《せいじつ》なり。上及び貴妃は、衣服・宝器・酒饌《せん》を賜うこと甚だ厚し。後《のち》三日、禄山を召して禁中に入らしむ。貴妃、錦繡を以って大襁褓《きょうほ》を為《つく》り、禄山を裹《つつ》み、宮人をして綵輿《さいよ》を以ってこれを舁《かつ》がしむ。上、後宮の歓笑を聞きてその故を問う。左右、貴妃の三日にして禄山を洗うを以って対《こた》う。上、自《み》ずから往きてこれを観《み》て、喜び、貴妃に洗児の金

喜。賜二貴妃洗児金銀銭一。復厚賜二禄山一。尽レ歓而罷。自レ是禄山出二入宮掖一不レ禁。或与二貴妃一対食。或通宵不レ出。頗有三醜声聞二於外一。上亦不レ疑也。

銀銭を賜い、復《ま》た厚く禄山に賜い、歓《かん》を尽《つ》くして罷《や》む。是《これ》より禄山の宮掖《えき》に出入すること禁ぜず。或るいは貴妃と対《むか》い食し、或るいは通宵《つうしょう》出《い》でず。頗る醜声の外に聞こゆるあるも、上は亦《ま》た疑わざるなり。

——やがて、安禄山の誕生日がめぐって来ると、大奥ではもはやわれわれの想像を絶する狂気の行動がくりひろげられる。

天宝十年（七五一）正月二十日は安禄山の誕生日である。——既述のとおり（三三〇ページ参照）かれの誕生日には問題がある。天子や楊貴妃から衣服や貴重な器物、酒肴などのありがたき品々が下賜された。それから三日め、すなわち二十二日には安禄山を宮廷に招き入れた。楊貴妃は刺繡を施した錦地で大きなおむつをつくって、安禄山をくるみ、宮女たちに申しつけて、五色の飾りをつけた輿にのせてかつがせた。

大奥のさんざめきを聞いた天子がなにごとかときくと、側近のものは、楊貴妃が安禄山の誕生三日めの初湯《うぶゆ》の会をやっているむねを答えた。天子は自分のほうから見物に出かけてよろこび、楊貴妃に初湯の会の祝儀として金貨銀貨を賜わり、さらに安禄山にもどっさり御下賜の沙汰があって、心ゆくまで楽しんだ。

――読者は安禄山がかつて願い出て楊貴妃の養子にしてもらったことを記憶されているはず。中国の民俗として、子どもが生まれると、三日めに親戚・知友を招き、初湯《うぶゆ》を使わせて祝福するつどいがある。これを〝洗児会〟といい、会衆が出す祝儀を〝洗児銭〟、さらに当日を〝洗三〟と呼ぶ。その起源はいつかわからないが、むしろ民間の習俗であるらしい。宋代の都市繁昌記、たとえば『夢粱録』巻二十などに民衆の行事としてみえている。この時から、安禄山は大奥に出入りしてもお咎めがなかった。ときには楊貴妃とさし向いで食事したり、ときには夜通し退出しないことがあったりして、かなり醜聞が立って宮廷外にまで洩れたが、天子はそれでも疑念をもたなかった。

この一段の記事は、著者司馬光が主として唐代の野史の一つ、姚汝能《ようじょのう》『安禄山事蹟』に拠って叙述したものである。ここでも司馬光の筆はあくまで客観的叙述に徹しようとつとめつつ、「通宵出《い》でず、頗る醜声の外に聞こゆるあり」と伝えているが、これはもはやあきらかに、楊貴妃と安禄山の情事を認めるポーズである。歴史の本流にかかわりあると認める限り、謹厳の歴史家も右の情事をそれとなく伝えざるを得なかったのである。というのは、ふたりの情事を匂わせる記事は、正史である両『唐書』の楊貴妃・安禄山両伝には、まったく見あたらないばかりでなく、『新唐書』楊貴妃伝に至っては、「禄山反し、国忠を誅するを以って名と為し、且つ妃および諸姨の罪を指して言《こと》あぐ」とさえいっている。

司馬光でさえ疑ったふたりの情事は、宋代以降において、次第に尾ひれが加わり、フィクションの文学の価値が自覚された元《げん》代に至ると、いよいよディテールに照明があてられる。それの代表的作品は、歌とせりふの連鎖形式をもつ語り物、王伯成の「天宝遺事諸宮調」であり、そこではふたりの情事がもはや臆面なく語られ、副次的テーマとされている。それらの演変については、吉川幸次郎博士に詳しい紹介があるから、ついて見られたい（筑摩書房刊『吉川幸次郎全集』第十二巻、杜甫私記続稿・天宝遺事）。

*

是時。楊国忠為二御史中丞一。方承レ恩用レ事。禄山登二降殿階一。国忠常扶二掖之一。禄山与二王鉷一倶為二大夫一。鉷権任亜二於李林甫一。禄山見二林甫一。礼貌頗倨。林甫陽以二他事一召二王大夫一。鉷至。趨拝甚謹。禄山不レ覚自失。容貌益レ恭。林甫与二禄山一語。毎揣二知其情一。先言レ之。禄山驚服。禄山於二公卿一皆慢二侮之一。

是《こ》の時、楊国忠、御史中丞たりて、方《いま》し恩を承《う》けて事を用う。禄山、殿階を登降するに、国忠、常にこれを扶掖《ふえき》す。禄山は王鉷《おうきよう》と倶《とも》に大夫《たいふ》たり。鉷は権任、李林甫に亜《つ》ぐ。禄山、林甫に見《まみ》ゆるに、礼貌、頗る倨《おご》れり。林甫、陽《いつわ》りて他事を以って王大夫を召す。鉷至り、趨《はし》り拝して甚だ謹しむ。禄山、覚えず自失して、容貌恭を益《くわ》う。林甫、禄山と語るに、毎《つね》に其の情を揣《し》知して、先にこれを言う。禄山、驚き服す。禄山、公卿に於いて皆これを慢侮《まんぶ》するも、独り林甫をのみ憚《はばか》る。見《まみ》ゆる毎に、盛冬と雖も、常に汗《あせ》、衣《ころも》

独憚二林甫一。毎レ見。雖二盛冬一。常汗沾レ衣。林甫乃引与坐二於中書庁一。撫以二温言一。自解二披袍一以覆レ之。禄山忻荷。言無レ不レ尽。謂二林甫一為二十郎一。既帰二范陽一。劉駱谷毎下自二長安一来上。必問十郎何言。得二美言一則喜。或但云下語二安大夫一。須中好検校上。輒反手拠レ牀曰。噫嘻。我死矣。

を沾《うるお》す。林甫、乃ち引《いざな》いて与《とも》に中書の庁に坐し、撫《ぶ》するに温言を以ってし、自《み》ずから披袍《ひほう》を解きて以ってこれを覆《おお》う。禄山忻荷《きんか》し、言、尽くさざるなし。林甫を謂いて十郎と為す。既に范陽に帰れば、劉駱谷、長安より来る毎に、必ず問う、「十郎、何をか言う」と。美言を得ば則ち喜び、或《も》し但だ「安大夫に語《つ》げよ、須《すべか》らく好く検校《けんこう》すべし」とのみ云わば、輒《すなわ》ち反手《はんしゅ》して牀に拠りて曰わく、「噫嘻《ああ》、我死せん」と。

このころ、とはおなじ天宝十年（七五一）二月の前後である。御史中丞としての楊国忠は天子のおぼえもめでたい盛りのころで、政務の枢要に参与していた。そのかれが、宮殿の階段を昇降する安禄山をいつも介添えしてやったのである。――安禄山はあの異常な肥満体をもてあましていたからである。

安禄山と王鉷《おうきょう》はともに御史大夫（従三品）、すなわち最高検長官であり、王鉷は李林甫に次ぐ地位と権勢をもつ。――御史大夫はもちろん定員が一名、だから安禄山のそれはほとんど名目のみの兼務にすぎぬ。ところで、読者はここで四人の宮廷における序列を確認しておかれたい。いうまでもなく、宰相である李林甫は最高の地位にあり、次いで王鉷と安禄山が並び、その下にふたりの次官として楊国忠が位置する。

安禄山は李林甫に会うとき、勿体ぶった顔をして横柄であった。「礼貌」はうやうやしく礼儀正しい態度、あるいはそういう態度で人に応対すること。『孟子』告子篇にいう、「礼貌いまだ衰えざるも、言行なわれざれば則ちこれより去る（仕官の際、あい手の鄭重な待遇にかわりがなくても、言ったことが実行されねば、見切りをつけてたち去る）。」しかし、ここの用法はよそよそしくすました態度をいうか。あるいは、単に応接の際の作法態度をいうか。ともかくも、安禄山の尊大な態度が、李林甫にはぐっと癪にさわったのである。そこでかれは自分の権勢を安禄山に思い知らせるために、一つの手段を採る。あるとき――

李林甫は他の用事があるような顔をして、王大夫を呼んだ。「陽」は佯、いつわり・見せかけること。ここで「王鉷」とせずわざわざ「王大夫」としたのには、意味がありそうだ。実際に「王大夫」と呼んだことを示すか、でなければ、少なくとも王鉷が安禄山と同じ身分であることを編者が強調したかったのではあるまいか。もちろん、安禄山が同席しており、かれの視聴を集める意図があった。

王鉷がやって来た。かれはいとも神妙な態度で小またで進み出る拝礼を行なった。――「趨拝」とはきわめて鄭重な拝礼の一種。かの漢の韓信が斉王から淮陰《わいいん》侯に降格されてくさっているとき、ある日訪問したかっての部下、いまは同格の樊噲《はんかい》に鄭重に扱われ、自嘲の笑いをうかべて嘆く。『漢書』韓信伝の一段にいう。「嘗て樊将軍噲を過《よぎ》るに、噲は趨り拝して送迎し、言に臣《やつがれ》と称して曰わく、『大王、乃ち肯えて臣に臨めり』と。」ただし『史記』は別の語になっている。

安禄山はおもわずあっけに取られ、その顔つきに恭敬のいろがさした。——李林甫の間接的な示威はみごと効を奏したのである。しかもかれは、がんと食らわせただけですます男でなく、すぐ後でやさしく撫でることをけっして忘れなかった。人間の操縦法をかれはみごとに心得ていた。

李林甫が安禄山と話をする際、いつもあい手の気もちを察知して、さきに切りだすものだから、安禄山は驚き感じ入ってしまった。だから、大臣や次官クラスの重臣に対してすべてばかにしてかかるかれにとって、李林甫だけはけむたい存在となり、面会するつど、真冬であるにもかかわらず、よく汗で着衣がじっとりした。そういう時、李林甫はかれを中書省の大ホールに案内して同座し、やさしい言葉でいたわり、自分の上衣をぬいでかけてやった。安禄山はそれを有難くおもい、感謝のことばのありったけをのべ、林甫を〝十郎どの〟と呼んだ。——「披袍」は外套のような合わせの上衣。李林甫は排行が十番めである。排行で呼ぶのは、肉身とか親友とかごく親近な連中であり、通称（あざな）でよぶよりさらに親密感がある。だが、あい手は宰相であり、場所は宮廷である。やはり胡族出身の無分別を意味するのであろうか。

　范陽に帰ってからの安禄山は、首都駐在の連絡がかり劉駱谷が長安からもどって来るたびに、かならず「十郎どのはどう言っとられた」ときく。ほめ言葉が聞かれると喜び、もし、「安大夫どのにことづてて下され、ぜひお役めに精出すよう」とだけいおうものなら、いつもうしろ手に榻《ソファ》によりかかり、いうのである、

「あーあ、わしゃ助からん。」

「我死矣」というせりふは、字面どおり解すればいささかオーバーの感を免がれまい。だが、これを日常語を写したとみれば、「もうだめだっ」ぐらいのニュアンスをもつと解してよいかも知れない。実は、一三世紀末の王実甫の著名な戯曲、いわゆる元曲《げんきょく》（雑劇）の長篇名作「西廂記」の第一幕で、旅の受験生張君瑞がある名刹の境内を散策する亡き宰相のむすめ、絶世の美女崔鶯々のあで姿をかいま見たとき、おもわず〝我死也（ああ参った）〟と絶叫する。おなじ絶叫は元曲の他の恋愛劇にも襲用されている。念のためにこの一段がもとづく正史を検しておこう。一般には俗語も多く杜撰の評ある（だから『新唐書』の編纂をみた）『旧唐書』の安禄山伝では、単に「我且死（我且《まさ》に死せんとす）」とあるが、『新唐書』のそれでは、「阿与、我死也」とあり、通鑑はまさにこれに拠りつつ、あらたに添えられた間投詞を文言的な表現にかえた。「阿与」は現代語の表現、阿呀《アーヤ》・哎呀《アイヤ》・哎唷《アイヨ》そのものである。「検校」はふつう本官のうえに加えられる〝加官〟の一をいう。本官よ

りランクが上級、したがって昇進の一法とされる。安禄山の場合、本官の節度使職に対して加官の御史大夫の職をさすとすれば、范陽に帰ったまま都に出て来ない怠慢に対する忠告ともとれよう。あるいは単に、節度使の本務に精励することであるかもしれない。

――以下の数条では、やはり天子の恩寵とそれにともなう権勢をものにし、李林甫にライバルと意識された一人のおとこの、これはまたあまりにもあわただしい失脚の過程が語られる。前条で李林甫が安禄山に対する無言の示威に利用した王鉷《おうきょう》その人である。〝出る杭は打たれる〟という単純な人生智が、ここに冷酷かつ典型的にいつわりでないことが証明される。

*

戸部侍郎・御史大夫・京兆尹王鉷。権寵日盛。領二二十余使一。宅旁為二使院一。文案盈積。吏求レ署二一字一。累日不レ得レ前。中使賜賚不レ絶二於門一。雖二李林甫一。亦畏避レ之。林甫子岫為二将作

戸《こ》部侍郎・御史大夫・京兆尹《けいちょういん》なる王鉷《きょう》、権寵《けんちょう》は日ごと盛んにして、二十余使を領す。宅旁に使院を為《つく》る。文案盈積《えいせき》して、吏、一字を署《しょ》せんことを求むるに、累日《るいじつ》前むを得ず。中使の賜賚《しらい》、門に絶たず、李林甫と雖も亦た畏《おそ》れてこれを避く。林甫の子岫《しゅう》は将作監たり、鉷の子準は衛尉少卿たり、倶に禁中に供奉《きょうほう》す。

監一。鉷子準為二衛尉少卿一。倶供三
奉禁中一。準陵二侮岫一。岫常下レ之。
然鉷事二林甫一謹。林甫雖レ忌二其
寵一。不レ忍レ害也。

準、岫を陵侮《りょうぶ》し、岫は常にこれに下《くだ》る。然れども鉷は林甫に事《つか》うること謹《つつ》しむ。林甫、その寵を忌《い》むと雖も、害するに忍びざるなり。

戸部侍郎（正四品下）すなわち大蔵次官、御中大夫（従三品）すなわち最高検長官、京兆尹すなわち都知事、これら三つの要職をかねる王鉷は、君寵と権勢が日ましに盛大となり、二十あまりの使職をあわせ兼ねていた。

――かれは太原郡祁《き》県（山西省）の出身、玄宗や李林甫に検察官としての手腕を買われ、玄宗の意を迎えて内帑《ど》金の不足を補うための努力をはらい、李林甫が政敵排除のために起こした疑獄の裁判にも協力して、次第に栄進していった。「使」とは中央政府より派遣されて地方の行政・軍事を督撫する長官、節度使・采訪使・按察使など使字を伴のう官がそれである。これは唐朝の基本的な官制をのべた『大唐六典《りくてん》』の規定にない、いわゆる〝令外《りょうげ》の官〟である。ただし、たとえば節度使など、後にはこの使職がその地方の行政・軍事の全権を掌握して、中央とのきずなを断ち切るに至る。中央の重職にある王鉷は、それらの使職を首都長安にあって処理していた。だからして、かれは――

邸のそばに使職の役所をつくり、そこには書類がぎっしり積みあげられて、事務の小役人がたった一つのかき判をもらうのに、数日がかりでなお近寄ることができぬ情況である。宮中の大奥から宦官がとどける御下賜品やひきで物が、門口にひきもきらずとどく。宰相の李林甫でさえ、王鉷には一目《もく》おいていた。――「署」は決裁ずみのかき判〝花押《かおう》〟（サイン）を書くこと、それを署押という。

李林甫のむすこ李岫《しゅう》は既述のとおり将作監（従三品）すなわち営造局長であり、王鉷のむすこ王準は衛尉少卿（従四品上）すなわち宮門護衛を掌る衛尉寺の次官であり、どちらも宮廷に仕えていた。王準は李岫を侮辱するが、李岫はいつも下手《したで》に出ていた。しかし、王鉷が李林甫に恭々しく仕えるので、李林甫はかれが天子のおぼえめでたいことがいまいましいが、あいてをやっつけるにしのびないのである。――この一段に語られる二組の父子の対比はおもしろい。自分より位階が高い宰相のむすこを侮辱する王準、それに甘んずる気の弱い李岫、この横暴なむすこに反して少なくとも表面は謙虚な父、気の弱いむすこに反して横暴な父、しかもそのかれがいつもの悪辣な手段をふるいかねている。

*

準嘗帥㆓其徒㆒過㆓駙馬都尉王繇㆒。繇望㆑塵拝伏。準挟㆑弾命中㆓於繇冠㆒。折㆓其玉簪㆒。以為㆓戯笑㆒。

準、嘗てその徒を帥《ひき》いて駙馬都尉《ふばとい》なる王繇《よう》を過《よぎ》る。繇、塵《ちり》を望みて拝伏す。準、弾《たま》を挟《さしはさ》み命《ねら》いて繇の冠に中《あ》て、その玉簪《ぎょくさん》を折り、以って戯笑《ぎしょう》と為す。既に

既而繇延レ準置レ酒。繇所レ尚永穆公主。上之愛女也。為レ準親執二刀匕一。準去。或謂レ繇曰。鼠雖レ挟二其父勢一。君乃使二公主為レ之具一レ食。有如上聞。無二乃非一レ宜。繇曰。上雖レ怒無レ害。至二於七郎一。死生所レ繫。不二敢不一レ爾。

して繇、準を延《ひ》きて酒を置《もう》く。繇の尚《めと》りし所の永穆《えいぼく》公主は、上の愛女なり。準の為めに親しく刀匕《とうひ》を執る。準去る。或るひと繇に謂いて曰わく、「鼠、その父の勢いを挟むと雖も、君は乃ち公主をしてこれが為めに食を具《ととの》えしめんや。有るいは如《も》し上聞かば、乃ち宜しきに非ざる無からんや」と。繇、曰わく、「上は怒ると雖も害無し。七郎に至りては、死生の繫《かか》る所、敢えて爾《しか》せずんばあらず」と。

王準はあるとき配下をひきつれて、駙馬都尉《ふばとい》の王繇《よう》を訪ねた。「駙馬都尉」は降嫁した皇女の婿に与えられる特別職。王繇は下文にみえる永穆《えいぼく》公主の夫である。

王繇ははるかに迎え出て平伏していた。「塵を望む」とは、大事な客の訪問を知り、車馬の砂塵をはるかにながめて迎え出る鄭重さをいう。王準は弾《はじ》き丸《だま》を指にはさんで、ねらい射《う》ちに王繇の冠に命中させ、玉《ぎよく》の簪《かんざし》をへし折ってしまい、しかもそのことを笑い草にした。「弾」は弾弓のたま。おそらく王準は狩猟の帰りに立ち寄ったのであろう。『新唐書』王鉷伝は闘鶏の遊びで天子に供奉していたとあるだけで、狩りのことにはふれていない。「挟」は訳文のとおりか、でなければ弾弓に装することであろうか。「命中」はねらいを定めてそれが当たること。邦語ではややルーズに用いられる。「簪」は冠や頭巾を頭髪にとめるための篦形のかんざし。

やがて王綵は王準を奥に案内して酒宴を設ける。王綵の妻永穆《えいぼく》公主は、天子の愛娘《まなむすめ》である。その公主が王準のためにじきじき料理の庖丁をふるってやられた。——「永穆公主」は玄宗の第一皇女（『唐会要』巻六）だから、「愛女」とあることがなっとくされよう。「刀《と》匕《ひ》」は庖丁とちりれんげ、それを執るとは料理をつくること。『礼記』檀弓《だんぐう》篇にいう、「杜蕢《き》いわく、『蕢は宰夫《コック》なり、惟《た》だ刀匕と是れ共にす』と。」

王準がひきあげると、ある人が王綵にいった、

「どぶ鼠めがたとえおやじの威光を傘にきるにしても、なにも姫さまにやつの食事の料理までおさせにならなくても。もしおかみのお耳にでもはいれば、まずいじゃないですか。」

王綵はいった、「おかみが立腹なすったたって、ひどいめに遭うことはないさ。七郎めと来たら、生命にかかわるんだから、ああせぬわけにゆかんのだよ。」

「鼠」は罵称、畜生め。ある注釈家は唐代のみの慣用とするが、必らずしもそうでなく、六朝期にもみられる。「有如」は〝……の如き有れば〟と訓読しても結局おなじ。「或如」と同じく二字で仮定法の助字とみるほうがよい。「無乃」は〝……ではあるまいか〟という疑問のことば。「七郎」はむろん王準の排行が七番めであること。同姓である王綵と王準との関係はわからぬが、排行で呼ぶ親しい呼称は、容易に蔑称の傾斜をもつ。

鉷弟戸部郎中銲。凶険不法。召二術士任海川一。問。我有二王者之相一否。海川懼。亡匿。鉷恐二事泄一。捕得。託以二他事一杖二殺之一。王府司馬韋会。定安公主之子。王鉌之同産也。話二之私庭一。鉷使三長安尉賈季鄰収レ会繋レ獄。縊二殺之一。鉌不二敢言一。

*

鉷の弟、戸部郎中なる銲《かん》、凶険不法《きょうけんふほう》なり。術士任海《にんかい》川《せん》を召して、問うらく、「我に王者の相《そう》あるや否や」と。海川、懼《おそ》れて、亡《の》がれ匿《かく》る。鉷、事の泄《も》れんことを恐れ、捕《とら》え得て、託するに他事を以ってしてこれを杖殺す。王府の司馬韋会は定安公主の子にして、王鉌の同産なり。これに私庭に話す。鉷、長安の尉なる賈季鄰をして会を収《とら》えて獄に繋《つな》ぎ、これを縊殺《やくさつ》せしむ。鉌、敢えて言わず。

王鉷の弟である戸部郎中（従五品上）すなわち大蔵省の局長クラスの王銲《かん》は、兇悪な変質者で常軌を逸した男である。方術師の任海川をよんでたずねた、「わしに王者の相《そう》があるかな。」

任海川は恐ろしくなって姿をくらました。兄の王鉷は事が洩れるのを心配し、任海川を逮捕すると、別件理由をつけて杖で打ち殺した。――むろん、官憲の手を借りたのである。

王鉷の官邸の司馬、すなわち事務長補佐である韋《い》会《かい》は、中宗の第三皇女定安公主が再婚して生んだ子であり、王繇とは同腹の兄弟である。――定安公主は王繇の父王同皎《こう》に降嫁し、その歿後さらに韋会の父韋濯《いだく》と再婚してかれを生んだわけである。父こそたがえ実の兄弟であるから、韋会がみぎの事実を私邸の庭で王繇に話した。王鉷は長安県の尉すなわち部長の賈季鄰《かきりん》に申しつけて、韋会の身柄を牢につなぎ、絞殺してしまった。王繇はそのことを訴える勇気をもちあわせていなかった。

　王鉷とその弟王銲、そして鉷のむすこ王準、権勢と君寵をたのむ一家の驕慢も、意外なところから、意外に早く破綻がやって来る。そして、それがきっかけとなって李林甫勢力の退潮までが――

*

銲所レ善邢縡。与二龍武万騎一謀下殺二龍武将軍一。以二其兵一作レ乱。殺中李林甫・陳希烈・楊国忠上。前レ期二日。有二告レ之者一。夏四月乙酉。上臨レ朝。以二告状一面授レ鉷。使レ捕レ之。鉷意三銲在二縡所一。先使二人召一レ之。日晏。乃

銲《かん》の善《した》しむ所の邢縡《けいさい》、龍武の万騎と与《とも》に、龍武将軍を殺し、その兵を以って乱を作《おこ》し、李林甫・陳希烈・楊国忠を殺さんと謀る。期に前《さき》だつこと二日、これを告ぐる者あり。夏四月乙酉《きのととり》、上、朝《ちょう》に臨み、告状を以って面《ま》のあたり鉷に授け、これを捕《と》らえしむ。鉷、銲《かん》が縡の所に在るを意《はか》り、先に人をしてこれを召さしむ。日晏《く》れ、

命㆓賈季鄰等㆒捕㆑縡。縡居㆓金城坊㆒。季鄰等至㆑門。縡帥㆓其党数十人㆒。持㆓弓刀㆒。格闘突出。鉷与㆓楊国忠㆒引㆑兵継至。縡党曰。勿㆑傷㆓大夫人㆒。国忠之傔密謂㆓国忠㆒曰。賊有㆑号。不㆑可㆑戦也。縡闘且走。至㆓皇城西南隅㆒。会高力士引㆓飛龍禁軍四百㆒至。撃斬㆑縡。捕㆓其党㆒。皆擒㆑之。

乃ち賈季鄰らに命じて縡を捕らえしむ。縡は金城坊に居《す》む。季鄰ら門に至る。縡、その党数十人を帥《ひき》い、弓刀を持ちて、格闘して突き出《い》づ。鉷、楊国忠と兵を引きいて継いで至る。縡の党曰《い》わく、「大夫《たいふ》の人を傷《きず》つくる勿《なか》れ」と。国忠の傔《ともびと》、密かに国忠に謂いて曰わく、「賊に号あり、戦うべからざるなり」と。縡、闘い且つ走り、皇城の西南隅に至る。会《たま》たま高力士、飛龍の禁軍四百を引きいて至り、撃ちて縡を斬り、その党を捕らえて、皆これを擒《とりこ》にす。

時は天宝十一年（七五二）四月のこと、王銲《かん》が親しくしていた邢縡《けいさい》は、近衛部隊の龍武軍の騎兵一万と相談し、龍武将軍を殺してその兵力によって叛乱をおこし、李林甫・陳希烈・楊国忠を殺害する計画を立てた。――「龍武万騎」は禁軍すなわち近衛師団の一、左右二軍に分かれている。唐初には禁軍の別称が〝百騎〟であったが、それが〝千騎〟となり、さらに景龍元年（七〇七）には〝万騎〟とよばれたように、次第に規模が増大した。なお、禁軍はこのほかに羽林・神武・神威・神策の諸軍がある。

邢縡らのクーデター計画の意図は、暗殺の対象とされた要人の顔ぶれを見るかぎり、あるいは血気にはやる正義の士が君側の奸を除くにあったかもしれない。だが、この一段がもとづく正史の王鉷伝にも、邢縡らの人がらにはふれず、深い事情を知ることができない。歴史とはかく非情な一面をもつもの、ことに事が失敗に帰した場合は。かれらのクーデターもまた未発におわる。

決起の期日に先だつ二日に密告者が出た。たぶん前々日でなくて、前日をさすだろう。夏四月九日、天子は朝廷に出御された。――平常どおりの朝会か非常呼集か、あきらかでない。密告の書状を眼のまえで王鉷に手わたし、犯人逮捕方を申しつけた。「面《ま》のあたり」という助字は、一種の残酷さを示す。玄宗は王鉷と邢縡の関係を知るはずがないから、司馬光の主観がおもわず筆を走らせたのであろう。『旧唐書』王鉷伝によれば、囲碁好きの王鉷は弟を通して同好の邢縡と交際していたという。

邢縡逮捕の責任を負わされた王鉷は、弟の銲がかれのところにいるとにらみ、それだと事がめんどうになると憂慮して、逮捕方をさしむける前に人をやって弟を呼び寄せた。――結果は記されていないが、このままだと、予想どおり銲は邢縡の処にいたとも解しうる。

日が暮れたので、賈季鄰ら――王鉷の腹心であるかれらを邢縡逮捕にさし向けた。「賈季鄰等」とあるように、かれは万年県尉の薛栄光とともに部下をつれて出動し、実はその途中の化度寺の門前で王銲に逢うたのである。その時、王銲は顔なじみの賈季鄰らにいった、「わたしは邢縡と長いつきあいだ。邢縡はいま謀叛しおった。せっぱつまって仲間に引きこむ恐れがあるが、やつのいうことを聞いちゃだめだよ」(『旧唐書』王鉷伝。『新唐書』もほぼ同じ)。

邢縡の住まいは金城坊にあった。「金城坊」は皇城の西、二つめの通りに面するまん中のブロックである。賈季鄰らが門口にやって来ると、邢縡は一味数十人を指揮して、手にもつ弓と刀をふりかざしながら門から突撃して出た。すぐ続いて王鉷が楊国忠とともに兵隊を引きつれて到着した。

邢縡の一味がいった、「大夫の部下を傷つけるな。」――「大夫」はむろん御史大夫王鉷をさす。このことばは、王鉷の弟銲が一味に加わっていることを第三者に直感させ、王鉷にとってはまずかった。

楊国忠の従者が国忠にささやいた、「賊には合言葉があります。戦っちゃいけません。」――「号」は暗号、合言葉。従者の注意はおそらく、叛徒側に親交ある王鉷とその部下を区別して敵に廻さぬための合言葉が用意され、楊国忠が出ればねらいうちされる危険のあることを指摘したのであろう。

邢縡は戦いながら逃走して、皇城の西南隅まで来た。ちょうどそこへ高力士が飛龍軍の近衛騎兵四百人をつれてやって来て、邢縡を斬り殺し、かれの一味を捕らえてぜんぶ生け捕りにした。「飛龍禁軍」は飛龍廐《きゅう》の近衛騎兵隊である。高力士は宦官ながら驃騎大将軍の肩書きをもっていた。

国忠以レ状白レ上曰。鉷必預レ謀。上以鉷任遇深。不レ応二同レ逆。李林甫亦為レ之弁解。上乃特命原レ銲不レ問。然意欲二鉷表請レ罪レ之。使二国忠諷レ之。鉷不レ忍。上怒。会陳希烈極二言鉷大逆当一レ誅。戊子。勅二希烈一与二国忠一鞫レ之。仍以二国忠一兼二京兆尹一。於レ是任海川・韋会等事皆発。獄具。鉷賜二自尽一。銲杖死二於朝堂一。鉷子準・偁流二嶺南一。尋殺レ之。有司籍二其第舎一。数日不レ能レ徧。鉷賓佐莫三敢窺二其門一。独采訪判官裴冕収二其尸一葬レ之。

*

国忠、状を以って上に白《もう》して曰わく、「鉷は必らず謀りごとに預《あず》からん」と。上以《おも》えらく、「鉷は任遇すること深ければ、応《まさ》に逆を同じうすべからず」と。李林甫も亦《ま》たこれが為めに弁解す。上、乃ち特に命じて銲を原《ゆる》して問わざらしめんとす。然れども意《こころ》に鉷が表してこれを罪することを請わしめんと欲し、国忠をしてこれを諷《ふう》せしむるも、鉷は忍びず。上、怒る。会《たま》たま陳希烈が、鉷は大逆、当《まさ》に誅すべきを極言す。戊子《つちのえね》、希烈に勅して国忠とこれを鞫《きく》せしめ、仍《な》お国忠を以って京兆尹を兼ねしむ。是《ここ》に於いて任海川・韋会等の事、皆な発《あら》わる。獄具《そな》わり、鉷は自尽を賜い、銲は杖して朝堂に死し、鉷の子準・偁は嶺南に流されて、尋《つ》いでこれを殺す。有司、その第《てい》舎《しゃ》を籍《せき》するに、数日にして徧《あまね》き能わず。鉷の賓佐《ひんさ》、敢えてその門を窺《うかご》う莫《な》し。独り采訪《さいほう》の判官裴冕《はいべん》、その尸《し》を収めてこれを葬る。

――叛乱はたちまち鎮圧されて、いよいよ事件の真相究明がはじまる。

楊国忠は書状の形式で天子に、「王鉷どのは計画に関係しているに違いありません」といった。天子は、ずいぶん信任し優遇してやっている王鉷が、逆徒に同調するはずはないという意見であり、李林甫も王鉷のために弁明してやった。「状」は奏状、陳述の書式ないし文体をいう。

そこで天子は特別のはからいで王銲の罪を許して不問に付そうとしたが、はらでは王鉷に、弟を罪に問うよう願い出る上表文を書かせたいのである。楊国忠にいいつけて、王鉷にそのむねをほのめかせさせたが、王鉷はそれをやるに忍びないのである。――王鉷伝によれば、王鉷自身は側室の子であるのに、腹ちがいの弟想いで、特に亡き父の可愛っ子であったことを思い、楊国忠の暗示に従わなかった。実は、上表は一おうの手続きだけで、玄宗は王銲を不問に付するつもりであったのに。運命とはかく紙一重で生死を分かつこと、古今の歴史が物語る。

天子は立腹した。ちょうどその時、陳希烈も、王鉷は大逆の罪を犯し、死刑に処すべきむねを言いはってきかない。「大逆」は人道にそむく大罪、唐律における十大罪すなわち十悪の、第三にも〝謀大逆〟があり、君主や父を殺したり、宗廟や皇陵を破壊する罪をいう。「極言」は下文にもみえ、あくまで主張しつづけることで、極端な発言をいうのではない。

四月十一日、陳希烈に勅命がくだり、楊国忠とともにこの事件を審理させることになり、なお、楊国忠に京兆尹すなわち都知事を兼任させた。早くも王鉷の兼職を召しあげて、かれを後任にあてたのである。

こうなると、任海川・韋会らの事件がみな発覚し、公判に必要な証拠・証人の一切がそろった。王鉷には自殺を命ずる沙汰がくだり、王銲は中央政庁で杖による敲死刑、王鉷のむすこの準・偁ふたりは嶺南地区へ流刑になり、つづいて殺された。——「自尽を賜う」はむろん処刑の恥を免がれる恩典の沙汰である。「朝堂」は政事の庁、これも衆目にさらされる刑場での処刑より優遇したというわけであろう。

自業自得といえばそれまでだが、王鉷の悲運はやはり権力の座をめぐるライバル相互の蹴落としあいに因る。『旧唐書』王鉷伝には、それに関する経緯をより詳しく伝えている。——玄宗からその意向を暗示する命をうけた楊国忠も、王銲を不問に付する事までは洩らさなかった、「しかも主上《おかみ》は大夫《そなた》をずいぶんひいきにされておる。今日は兄弟愛を捨てて家門を残し、郎中（王銲）どのを罪に問うよう願い出られるべきです。郎中どのにも極刑までの沙汰が出るとは限りません。大夫は助かること間違いなし、死を共になさるのとどちがいいですか。」

だが、かれは答えた、「弟は父の可愛っ子で、生前よく父から頼まれていた。あの子を捨てて自分だけ生きのびることは、義理としても望めぬ。」

そして、王鉷はその旨の上申書をしたため、十二日に登庁して朝会のあと中書侍郎の庁にまわり、上申書を人にさし出させたが、受けつけてもらえなかった。それからほどなく、勅命をうけた陳希烈に査問され、かれはれいの上申書を出して示すが、李林甫から「大夫どの、もうおそうござる」と冷たくあしらわれる。

右の伝記には、そのあと王銲が逮捕されて、王鉷の眼前で楊国忠から訊問されるくだりをも紹介するが、そこでも楊国忠はなんとかして王銲に、兄の共犯を白状させたいとあせる姿が描かれている。

所轄役人が王鉷の家屋を没収するために点検登録を行なったとき、数日がかりでなお全部にゆきわたることができなかった。――重大犯が処刑されると、召使いを含む家屋財産の一切が没収されて官有に帰する。「官没」「籍没」という。その際、財産物件の一々を帳簿に登録することが「籍」である。『新唐書』王鉷伝によれば、「宝鈿を以って井幹と為し、泉を引きて霤《あまどゆ》を激し、自雨亭と号す」と、わいろによる豪勢な生活を伝えている。

王鉷の賓客・部下たち、要するにかれから恩顧をうけた取巻き連は、家中の様子をのぞくことさえしかねた。その時、京畿采訪使としての王鉷のもとで判官すなわち属官をつとめた裴冕《はいべん》だけは、かれの遺骸を引きとって埋葬してやった。——裴冕は当時すでに御史台すなわち最高検の属官、殿中侍御史（従七品上）になっており、実は、王鉷兄弟を対決させた訊問の席上でも、楊国忠の脅迫を排してついに王銲に兄の無実を告白させた硬骨漢である。「采訪の判官」は現職でなく、王鉷に推挙された恩義に関する最初の職名なのである。なお、『旧唐書』によれば、宮廷で自殺した王鉷の遺骸は資聖寺の廊下に移されていたのを、裴冕が楊国忠に願い出て邸に移し、仮埋葬をしてやったという。訊問のくだりを割愛した司馬光も、李林甫・楊国忠の圧制下にわが身のみを惜しむ者の多い軽薄の時勢に抗して、敢然と恩顧に報いた硬骨漢を顕彰したかったのであろう。

*

丙辰。京兆尹楊国忠加二御史大夫・京畿関内采訪等使一。凡王鉷所レ綰使務。悉帰二国忠一。初李林甫以二国忠微才。且貴妃之族一。故善遇レ之。国忠与二王鉷一倶為二中丞一。鉷用三林甫薦為二大夫一。故国忠不レ悦。遂深探二邢縡獄一。令

丙辰《ひのえたつ》、京兆尹なる楊国忠に御史大夫、京畿・関内《かんだい》采訪等の使を加えらる。凡そ王鉷の綰《お》びし所の使務は、悉《こと》ごとく国忠に帰せり。

初め李林甫、国忠の微才にして、且つ貴妃の族なるを以って、故に善《よ》くこれを遇す。国忠、王鉷と倶《も》に中丞たり。鉷、林甫が薦めて大夫と為せるを用って、故に国忠は悦ばず。遂に深く邢縡《けいさい》の獄を探《たず》ね、林甫

レ引下林甫交ニ私鉷兄弟及阿布思一
事状上。陳希烈・哥舒翰従而証
レ之。上由レ是疏ニ林甫一。国忠貴
震ニ天下一。始与ニ林甫一為ニ仇敵一
矣。

が鉷兄弟及び阿布思《あぶし》と交私せる事状を引かしむ。陳希烈・哥《か》舒翰、従いてこれを証す。上、是《これ》に由りて林甫を疏《うと》んず。国忠、貴きこと天下に震《ふる》い、始めて林甫と仇敵たり。

天宝十一年（七五二）五月十日、京兆尹楊国忠に御史大夫、京畿・関内《かんだい》采訪使その他の使職が加えられ、王鉷が帯びていた使職という使職は、みな楊国忠のものとなった。――王鉷の使職が二十以上だったことは前にみえる。

そのむかし李林甫は、楊国忠がべつに大した人物でもなく、しかも楊貴妃の一族であるので、かれを優遇した。――「微才」だからよき待遇を与えた点に、いくたびか言及した李林甫独特の人物登用法がみられる。しかし、このたびはそのことがかれ自身にとって意外な破綻を招く。

楊国忠と王鉷とはともに御史中丞だったのに、王鉷が李林甫の推薦で御史大夫になったので、楊国忠はおもしろくなかった。そこで、邢縡《けいさい》のクーデター事件を徹底的に調べあげ、李林甫が王鉷兄弟や阿布思《あぶし》と結託している事情をとりあげさせた。陳希烈・哥舒翰らも、かれのあとについて証言した。天子もこの事件があってから李林甫を疎外するようになり、

ったのである。

楊国忠の威勢は天下にとどろきわたった。いまや李林甫にとってかれははじめて仇敵とな

「阿布思」は突厥《とつけつ》の酋長で、天宝元年（七四二）八月に他の酋長たちと唐朝に帰順し、玄宗より李献忠の中国名をもらった。その後、天宝八年（七四九）四月の吐蕃《チベット》征討にも協力した。李林甫が阿布思と結託した事実は未詳。これは後日譚であるが、天宝十一年（七五二）正月、楊国忠は安禄山に使者を送って、いまは亡き李林甫がかつて阿布思と謀叛を計画したと誣告《ぶこく》させた。安禄山は阿布思の部落からの帰順者を宮廷にやり、ふたりは父子の契りをしたと訴えさせた。これらの裏面にも、安禄山と阿布思の確執が推察される（天宝十一年三月の条に詳しい）。だが、誣告を真にうけた玄宗が獄吏に審理させた時、連累をおそれた李林甫の女婿で諫議大夫をつとめる楊斉宣が、楊国忠の意向に追従して、あらぬ事実を証言した。その結果、李林甫の官爵はもちろん、一族の官職もすべて剝奪されて遠流となり、すべての財産を没収したうえ、李林甫の棺をひらいて口に含む珠を取り出し、金紫の衣裳も剝ぎ取った（通鑑・巻二一六）。その条には「誣告」とあるから、すべては楊国忠らのでっち上げなのである。「交私」は〝交結〟とおなじく、利益で結ばれた私的交渉をいう。「哥舒翰」は突厥出身の軍人であるが、中国的教養も深く、吐蕃の来寇を撃退した功績で著名となり、隴右節度使で御史中丞を兼ねていた。

さて、楊国忠をライバルと意識した李林甫は、例のごとくこの政敵の排除に着手し、じ

っと機会を待ちうける。そして、その機会はまもなく訪ずれたのであるが——

南詔数寇レ辺。蜀人請二楊国忠赴一レ鎮。左僕射兼右相李林甫奏遣レ之。国忠将レ行。泣辞レ上。言三必為二林甫所一レ害。貴妃亦為レ之請。上謂二国忠一曰。卿蹔到レ蜀区二処軍事一。朕屈レ指待レ卿。還当二入相一。

＊

南詔、数《しば》しば辺に寇《こう》す。蜀の人、楊国忠の鎮に赴かんことを請う。左《さ》僕射《ぼくや》兼右相《ゆうしょう》なる李林甫、奏してこれを遣《や》らしむ。国忠、将《まさ》に行かんとして、泣きて上《しょう》に辞し、必らず林甫に害せられんと言う。貴妃も亦《ま》たこれが為めに請う。上、国忠に謂いて曰わく、「卿、蹔《しば》らく蜀に到りて軍事を区処せよ。朕は指を屈して卿を待たん。還らば当《まさ》に入りて相《しょう》たるべし」と。

同じ年の冬十月、南詔がたびたび国境に侵攻して来るので、蜀すなわち四川地区の人たちが楊国忠に治所に来てほしいと要請した。——「南詔」は現在の雲南省地区に建てられたチベット・ビルマ族の国。がんらい唐朝に忠誠を誓って朝貢していたが、雲南太守張《ちょう》虔陀《けんだ》があまりに不当な搾取を行なったことが原因し、天宝九年（七五〇）末ごろその王閤羅鳳《らほう》が叛き、雲南を陥落して張虔陀を殺し、辺境の三十二州を奪った。そこで翌十年四月、剣南節度使の鮮于仲通——楊釗すなわち楊国忠のかつてのパトロン、楊国忠が恩義に報いるために推薦して、前年末剣南節度使になっていた——が南詔を征討したが、大敗を喫した。閤羅鳳の叛逆はあくまで貪欲な張虔陀に対するもので、唐朝に帰順する心に変りはなかったが、鮮于仲通の征討があってから、完全に唐朝を離れて吐蕃《チベット》に帰服するに至った。そして、この年六月、楊国忠は吐蕃が南詔救援軍六十万をさしむけたと奏上して、剣南道の軍隊を雲南に派遣してこれを撃退し、三城を奪還したものの、その後、南詔は吐蕃の後援をえて、剣南道をおびやかし、かくてみぎの要請になったのである。楊国忠は前年十一月、鮮于仲通からたのませて、かれ自身が剣南道節度使に就任していた。いわゆる身は在京のままの〝遥領〟であるから、人びとの要請は治所の成都に赴任してほしいというのである。楊国忠排除の機会をねらっていた李林甫が、この機会を見のがすはずがなかった。左僕射《ぼくや》、右僕射とならぶ尚書省の長官で最高の名誉職にあり、右相すなわち中書令を兼ねる李林甫は、天子に奏上してかれを任地にやらせることにした。

楊国忠は出発ぎわに、泣きながら天子に暇乞いして、わたくしはきっと李林甫に殺されますといった。楊貴妃もそばからかれのためにお願いしてやった。

天子は楊国忠にいった、「そなた、まあ当分四川へ行って軍事の采配をふるいなされ。わしは指折り数えてそなたを待っていよう。もどって来られりゃ、中央入りして大臣にしてあげるつもりだ。」

「区処」は俗語系動詞、処置すること。

＊

林甫時已有レ疾。憂懣不レ知レ所レ為。巫言一見レ上可二小愈一。上欲二就視レ之。左右固諫。上乃令三林甫出二庭中一。上登二降聖閣一遥望。以二紅巾一招レ之。林甫不レ能レ拝。使二人代拝一。国忠比レ至レ蜀。上遣二中使召還一。至二昭応一。謁二林甫一。拝二於牀下一。林甫流涕謂曰。林甫死矣。公必為レ相。以二後事一累レ公。国忠謝レ不二敢当一。汗出覆レ面。十一月丁卯。林甫薨。

林甫、時に已《すで》に疾あり、憂懣《ゆうもん》、為す所を知らず。巫《ふ》、言えらく、一たび上に見《まみ》ゆれば小《すこ》しく愈《い》ゆべしと。上、就《つ》きてこれを視《み》んと欲するも、左右固く諫《いさ》む。上、乃ち林甫をして庭中に出《い》でしめ、上は降聖閣に登りて遥かに望み、紅巾《きん》を以ってこれを招く。林甫、拝する能わず、人をして代りて拝せしむ。国忠、蜀に至る比《ころ》おい、上、中使をして召還せしむ。昭応に至るに、林甫に謁し、牀下に拝す。林甫、流涕《りゅうてい》して謂いて曰わく、「林甫《われ》は死せん。公、必らず相《しょう》たらん。後事を以って公を累《わずら》わさん」と。国忠、敢えて当《い》らずと謝す。汗出《い》でて面《おもて》を覆《おお》う。十一月丁卯《ひのとう》、林甫薨《こう》ず。

――李林甫にしてみれば、ライバルをうまく始末できたつもりであったろう。しかし、時すでにおそかった。

李林甫はそのころすでに病魔におそわれて、憂悶のうちに施す手もなかった。——とは、あらゆる治療を尽くしたがよくならぬことを意味するようにもみえるが、『新唐書』李林甫伝には「これを聞きて憂懣す」とある。玄宗と楊国忠のやみ取引の話を聞いたが、病臥中で打つ手がなかったのである。

巫《ふ》、すなわち祈禱師の話では、天子に一めお目にかかるだけで少し回復するとのことである。「巫」はシャーマン、医者の代りをもつとめ、医は毉とも書く。巫の話が天子の耳にも入ったのであろう。

天子は病床に親しく見舞ってやろうとされたが、側近のものが厳重に忠告した。そこで天子は、李林甫が庭園に出るようにいわせ、天子は降聖閣に登って赤いスカーフを招くようにうち振られた。李林甫は謝恩の拝礼ができず、代りのものに拝礼をさせた。

「降聖閣」は驪山《りざん》のふもとにある華清宮の、老子を祀る宮殿。玄宗は十月から避寒のために温泉のあるこの離宮に来ており、実は李林甫も病身をおして同行し、寝こんでしまったのである（李林甫伝）。もっとも、昭応県にある李林甫の私邸からはとても望見しうる距離ではない。さて、かれのライバルの方は——

楊国忠が蜀に到着したころ、天子は宦官を使者にたてて召還させた。その帰途、昭応県まで来ると、李林甫——そのころは私邸にもどっていた——に謁見してベッドの下で拝礼した。李林甫は涙を流しながらいった、「林甫《わし》はもう助からぬ。そなたはきっと宰相になりなさる。死後の事でそなたにめんどうを労らわせるが、よろしく。」

楊国忠はとてもその任でないと挨拶したが、顔中汗びっしょりである。――あい手はすでに瀕死の病人であるのに、このていたらくである。李林甫に対するかれの恐怖がいかに大きかったか、想像に余りあろう。「後事」すなわち死後のことといっても、あとの政治のことなどではない。暗に自分の家族にふりかかるであろう災難を指す。「不敢当」は現代語で〝とんでもない〟〝どういたしまして〟と恐縮ないし謙遜する慣用句、ここの用法もそれに近い。

なお、「林甫死矣」の句は、条件文によんでもよかろう。

十一月二十四日、李林甫は亡くなった。

――大唐帝国の基礎を揺るがせたワキ役のひとり、独裁者李林甫の最期は意外にあわれにはかなかった。司馬光はかれの死を機会に、玄宗ないし李林甫を批判する論賛めいた一段を設けている。

＊

上晩年自恃二承平一。以三為天下
無二復可レ憂。遂深居二禁中一。専

上、晩年自《み》ずから承平を恃《たの》み、天下復《ま》た憂うべき無しと以為《おも》い、遂に深く禁中に居り、専ら声色を以っ

以二声色一自娯。悉委二政事於林甫一。林甫媚二事左右一。迎二合上意一。以固二其寵一。杜二絶言路一。掩二蔽聡明一。以成二其姦一。妬レ賢疾レ能。排二抑勝レ己。以保二其位一。屢起二大獄一。誅レ逐貴臣一。以張二其勢一。自二皇太子一以下。畏レ之側レ足。凡在二相位一十九年。養二成天下之乱一。而上不二之寤一也。

て自《み》ずから娯しみ、悉《こと》ごとく政事を林甫に委《ゆだ》ぬ。林甫、左右に媚事し、上の意に迎合し、以ってその寵を固め、言路を杜絶《とぜつ》し、聡明を掩蔽《えんぺい》し、以ってその姦を成し、賢を妬《ねた》み能《のう》を疾《にく》み、己《おのれ》に勝さるを排抑《はいよく》して、以ってその位を保ち、屢《しば》しば大獄を起こし、貴臣を誅逐《ちゆうちく》して、以ってその勢いを張る。皇太子より以下、これを畏れて足を側《そば》だつ。凡そ相《しょう》の位に在ること十九年、天下の乱を養成せしも、上はこれを寤《さと》らざるなり。

天子はその晩年において、つづく太平の世にあぐらをかき、もはや天下に憂慮すべきことはないとおもい、かくて宮廷の奥深くこもって、もっぱら音楽と女色を楽しみ、政務はいっさい李林甫にまかせていた。李林甫はおかみの側でおもねり仕え、大御心に迎合することによって、君主の恩寵をかため、言論の路をふさいで、おかみの耳目をおおい隠すことによって、おのが奸悪行為をなしとげた。優秀なものの手腕のあるものを嫉妬し、じぶんを凌ぐものを排除抑圧して、おのが地位の保全につとめ、たびたび大きな疑獄事件をおこして、重臣たちを処刑ないし追放し、かくてわが勢力の拡大をはかった。皇太子をはじめすべての人びとは、足をすくめてかれをはばかりおそれた。かれが宰相に就任すること前後十九年間、天下の禍乱を育成しつつあったにもかかわらず、天子はそれに気づかなかったのである。

——李林甫亡きのちの楊国忠の専横を語る。

*

庚申。以二楊国忠一為二右相一。兼二文部尚書一。其判使並如レ故。国忠為レ人強弁而軽躁。無二威儀一。既為レ相。以二天下一為二己任一。裁二決機務一。果敢不レ疑。居二朝廷一。攘レ袂扼レ腕。公卿以下。頤指気使。莫レ不二震慴一。自二侍御史一至レ為レ相。凡領二四十余使一。台省官有二才行時名一。不レ為二己

庚申《かのえさる》、楊国忠を以って右相《ゆうしょう》と為し、文部尚書を兼ねしむ。その判使は並びに故《もと》の如し。国忠は人と為《な》り強弁にして軽躁《けいそう》、威儀なし。既に相たれば、天下を以って己《おのれ》の任と為し、機務を裁決するに、果敢にして疑《ためら》わず。朝廷に居《お》りて、袂《たもと》を攘《はら》い腕を扼《やく》し、公卿以下も、頤《い》指気使せられて、震慴《しんしゅう》せざるは莫《な》し。侍御史より相《しょう》たるに至るまで、凡そ四十余使を領す。台省官の才行時名ありて、己《おのれ》が用を為さざる者は、皆これを出《い》だす。

用一者。皆出レ之。

十一月十七日、このデート「庚申」は前条と相前後する。「庚午」(二十七日)か「壬申」(二十九日)の誤りでなかろうか。楊国忠を右相すなわち中書令(正三品)、実質上の首相に任命し、文部尚書(正三品)を兼任させた。その他の肩書き、判職と使職は従前どおりである。——この年(七五二)三月、各省にあたる六部のうち吏部は文部、兵部は武部、刑部は憲部と改称された。「文部尚書」は官吏の任免を掌る庁の長官、六部のうちで最も重要な部門である。「判」は高い品官が低い品官の職掌を兼ねること。李林甫の死去に伴のう人事で、やくざ上がりの男はついに名実ともにほんものの宰相を獲得した。

楊国忠は生まれつきおそろしく口達者ながさつもので、行儀作法をしらない。宰相になると、天下の政治を自分ひとりで引っかまえ、緊要な政務を決裁するのに、思いきりよくてきぱきと処理してためらうことがなかった。厳粛を要する朝廷にあっても、長い袖を払いのけて腕まくりし、大臣・次官クラス以下もあごでさしずしたり怒鳴りつけ、誰もかれも縮みあがっていた。「強弁」はいやおういわさぬ強引な弁舌をふるうこと。

侍御史すなわち最高検検事から宰相になるまでの間に、あわせて四十あまりの使職を兼任し、政府中枢機関の官人で、才智や実行力において有能の折り紙つきのものでも、自分のために働いてくれないものは、みな中央職から追放してしまうのである。

楊国忠与㆓虢国夫人㆒。居第相隣。昼夜往来。無㆓復期度㆒。或並㆑轡走㆑馬入㆑朝。不㆑施㆓障幕㆒。道路為㆑之掩㆑目。三夫人将㆑従㆔車駕幸㆓華清宮㆒。会㆓於国忠第㆒。車馬・僕従。充㆓溢数坊㆒。錦繍・珠玉。鮮華奪㆑目。国忠謂㆑客曰。吾本寒家。一旦縁㆓椒房㆒至㆑此。未㆑知㆓税駕之所㆒。然念終不㆑能㆑致㆓令名㆒。不㆑若㆓且極㆑楽耳。楊氏五家。隊各為㆓一色衣㆒以相別。五家合㆑隊。粲若㆓雲錦㆒。国忠仍以㆓剣南旌節㆒引㆓於其前㆒。

＊

楊国忠、虢《かく》国夫人と居第《きょてい》相隣る。昼夜往来して、復た期度《きど》なし。或るいは轡《くつわ》を並らべ、馬を走らせて朝に入るに、障幕を施さず。道路、これが為めに目を掩《おお》う。

三夫人、将《まさ》に車駕の華清宮に幸するに従わんとして、国忠の第《やしき》に会す。車馬・僕従、数坊に充ち溢れ、錦繍・珠玉、鮮華、目を奪う。国忠、客に謂いて曰わく、「吾は本《も》と寒家、一旦、椒《しょう》房に縁《よ》りて此《ここ》に至る、未だ税駕《ぜいが》の所を知らず。然れども、念《おも》うに終に令名を致す能《あた》わざらん。且《しば》らく楽しみを極むるに若《し》かざるのみ」と。楊氏の五家、隊ごとに各おの一色の衣《ころも》を為《つく》りて以って相別つ。五家、隊を合すれば、粲《さん》として雲錦の若《ごと》し。国忠、仍《な》お剣南の旌《せい》節を以ってその前に引《みちび》く。

楊国忠は虢国夫人と邸宅が隣りあい、いつと決まった時なく、昼夜の別なしに往き来していた。――虢国夫人の邸といえば、かつて強引に韋嗣立の遺族から奪い去ったところで（四〇四ページ参照）、宣陽坊の東側を占め、楊国忠の邸はその南に隣接していたという（『唐両京城坊攷』巻三）。「期度」は一定のきまり。

時おり二人はたづなをそろえつつ馬をかけらせて参内する。貴族の婦人が外出する際は、両側に移動する遮蔽幕を用意するのがしきたりであるが、かれらはそれを使用せず、道ゆく人たちのほうが眼かくしして見ないようにした。――「道路」は道ゆく人。蜀時代の情事のよりが戻ったまま、いまやふたりの仲の公然たる誇示に、むしろ他人の方が圧倒される傍若無人ぶりであり、人びとは〝雄狐〟とあだなした（両唐書、楊貴妃伝）。

天宝十二年（七五三）十月、三夫人が温泉地の離宮、華清宮に行幸される天子に随行するというので、楊国忠の邸に勢ぞろいした。

かれらの乗用車や牛馬、下僕や随員たちは、いくつもの坊《ブロック》に満ちあふれ、錦やぬいとり・金銀珠玉、豪華な衣裳や髪飾りのはなやかさは、眼もくらまんばかりであった。

楊国忠が幕客にいった、「わしはもともと貧家の生まれだ。それが一朝にしてお妃《きさき》のゆかりでここまで出世し、おちつく先もわからん。だけど考えてみると、どうせ美名をもたらすがらじゃない。ならばいっそ、いまのところは思いっきり楽しもうてえのさ。」

――がらのわるい無教養男が人臣の最高位をきわめての、今さらながらのデカダン宣言である。「椒《しょう》房」は后妃の局《つぼね》、ひいては后妃をさす。壁に香料をぬりこめるから、この称がある。「未だ税駕の所を知らず」は、秦の宰相李斯《りし》のことばに出る成句。『史記』巻八十七・李斯伝にいう、「物極まれば則ち衰う。吾、未だ税駕する所を知らざるなり。」唐・司馬貞の『索隠』にいう、「税駕とは解駕（馬を車から解きはずす）のごとし、休息をいうなり。李斯はおのれ今日富貴すでに極まる。然れどもいまだ向後《ゆくすえ》の吉凶、止泊《すえのすみか》の何処《いずこ》に在るかを知らざるを言う。」われながら恐ろしいほどの出世に、不安をおぼえた発言である。

楊氏の五家は、各家グループごとに色違いの服を着て区別し、五家のグループがいっしょになると、五彩の雲模様に織りなした錦のように鮮やかだった。そこへ楊国忠が剣南節度使ののぼりをおし立てて先導をつとめた。――『旧唐書』楊貴妃伝にはいう、「照り映えること百花の煥《ぱっ》と発《ひら》けるが如くにして、遺《す》てられし鈿《らでん》・墜《おと》せし舄《くつ》、瑟瑟《しつしつ》たる珠翠、路に燦爛《きらめ》き芳馥《かおりはな》てり。」

＊

春。正月。己亥。安禄山入朝。是時楊国忠言二禄山必反一。且曰。陛下試召ㇾ之。必不ㇾ来。上使ㇾ召ㇾ之。禄山聞ㇾ命即至。庚子。

春、正月己亥《つちのとい》、安禄山入朝す。是の時、楊国忠は、禄山の必らず反せんことを言い、且つ曰わく、「陛下、試みにこれを召せ。必らず来たらざらん」と。上、これを召さしむ。禄山、命を聞きて即ち至る。

見二上於華清宮一。泣曰。臣本胡人。陛下寵擢至レ此。為二国忠所レ疾。臣死無レ日矣。上憐レ之。賞賜巨万。由レ是益親二信禄山一。国忠之言不レ能レ入矣。太子亦知二禄山必反一。言二於上一。上不レ聴。上欲レ加二安禄山同平章事一。已令二張垍草一レ制。楊国忠諫曰。禄山雖レ有二軍功一。目不レ知レ書。豈可レ為二宰相一。制書若下。恐四夷軽レ唐。上乃止。乙巳。加二禄山左僕射一。賜二一子三品。一子四品官一。

庚子《かのえね》、上に華清宮に見《まみ》ゆ。泣きて曰わく、「臣は本《もと》胡人なり、陛下寵擢《ちょうてき》して此《ここ》に至れば、国忠に疾《にく》まる。臣が死すること日無からん」と。上、これを憐れみ、賞賜すること巨万《きょまん》。是《これ》に由《よ》りて益《ます》ます禄山を親信し、国忠の言、入る能わず。太子も亦《ま》た禄山の必らず反せんことを知り、上に言うも、上、聴かず。上、安禄山に同平章事を加えんと欲し、已《すで》に張垍《き》をして制を草せしむ。楊国忠、諫めて曰わく、「禄山は、軍功ありと雖も、目、書を知らず。豈《あ》に宰相と為すべけんや。制書、若《も》し下らば、恐らくは四夷《しい》、唐を軽《かろ》んぜん」と。上、乃ち止む。乙巳《きのとみ》、禄山に左僕射を加え、一子に三品、一子に四品の官を賜う。

天宝十三年（七五四）正月三日、安禄山が朝廷にやって来た。――楊国忠のライバルの再登場である。

「是の時」以下は、今次の入朝に至る理由・経緯をのべる。楊国忠が安禄山はきっと叛逆するといい、しかも「陛下、ためしにお呼びになってごらんなさい、きっと来ますまいから」とまでいった。天子はかれのいうとおり安禄山を呼ばせたところ、お召しの命を聞いてすぐかけつけたのである。

翌四日、避寒先の華清宮で天子にお目にかかった安禄山は、泣いていった、

「えびす出身の身どもが、陛下の有難きお引きたてでここまで出世しましたので、楊国忠どのに嫌われるのです。身どもはそのうちきっと殺されましょう。」

天子はあわれに思い、一億銭の賞与を下賜された。「巨万」は一億、ただし単に莫大な額をさすとも考えられる。

このことがあってから、天子はますます安禄山を信頼し、楊国忠の忠告は耳に入らなかった。皇太子も安禄山が叛逆するに違いないことに気づき、天子に申しあげるが、天子は聞きいれなかった。

天子は安禄山を宰相職につけようと思い、張垍《き》に辞令を起草させた。楊国忠がいさめた、

「戦功こそありますが、文字を知らぬ安禄山に、なんで宰相がつとまりましょう。もし発令の詔勅が出ましたら、四方の異民族はわが唐朝をばかにいたしましょう。」

天子はそこで取り止めた。正月九日、安禄山に左僕射（従二品）、すなわち尚書省長官（左丞相・左相ともいう）を加え、一人のむすこを三品官、一人のむすこを四品官に叙任する沙汰がくだされた。——実職としての宰相を拒否されたので、名誉職としては最高の元

勲待遇を発令したのである。しかし、安禄山は根拠地への帰還を急ぐ。

三月丁酉朔。禄山辞帰ニ范陽一。上解ニ御衣一以賜レ之。禄山受レ之驚喜。恐ニ楊国忠奏留レ之。疾駆出レ関。乗レ船沿レ河而下。令下船夫執ニ縄板一立中於岸側上。十五里一更。昼夜兼行。日数百里。過ニ郡県一不レ下レ船。自レ是有下言ニ禄山反一者上。上皆縛送。由レ是人皆知ニ其将レ反。無ニ敢言者一。

*

三月丁酉《ひのとどり》、朔《さく》、禄山辞して范陽に帰らんとす。上、御衣を解きて以ってこれに賜う。禄山、これを受けて驚喜す。楊国忠が奏してこれを留めんことを恐れ、疾駆して関を出《い》で、船に乗り河に沿いて下る。船夫をして縄板《じょうばん》を執りて岸側に立たしめ、十五里ごとに一たび更《か》え、昼夜兼行して、日に数百里。郡県を過ぐるも船を下らず。是《これ》より禄山が反せんことを言う者あれば、上は皆な縛《ばく》して送る。是《これ》に由りて人皆なその将《まさ》に反せんとするを知るも、敢えて言う者なし。

三月一日、安禄山は范陽に帰るべくお暇乞いをした。天子はお召し物をぬいでかれに下賜された。安禄山はそれを受けとり驚喜した。かれは楊国忠が奏上して引きとめられてはたいへんと、馬をかけらせて潼関を出ると、そこから乗船して黄河ぞいに下った。——華清宮から潼関までは約一二〇キロ、潼関は南下した黄河が東に屈曲する地点から数キロの、首都圏の東関門である。そこから乗船した安禄山は、流れにまかせて下るだけでなかった。船頭に縄板を持たせて、岸辺に立って挽かせ、十五里およそ六・七キロごとに一交替させ、昼夜兼行して一日に数百里、途中で通過する郡・県にも下船しなかった。――『旧唐書』安禄山伝によれば三、四百里、『新唐書』のほうは三百里とあり、かりに四百里とすれば一八〇キロである。「縄板」とは牽き船の綱の端に結びつけた二尺（六〇センチ）ばかりの板をいう。片方の肩から反対側の脇にわたし、胸に当てて引くのである（胡三省注）。

このころから、安禄山の叛逆を忠告するものがあると、天子はみな捕縛して安禄山のもとに送りとどけた。そのため、人びとは安禄山がもうすぐ叛逆しそうだとわかっていても、おもいきって進言するものがなかった。

――安禄山が去ったあと、政府では楊国忠のみずからの為めにする独断的な人事が相次ぎ、やがて年あらたまり天宝十四年（七五五）を迎える。

＊

二月辛亥。安禄山使丁副将何千年入奏。請丙以二蕃将三十二人一代乙漢将甲。上命三立進画。給二告

二月辛亥《かのとい》、安禄山、副将何《か》千年《せんねん》をして入りて奏し、蕃将三十二人を以って漢将に代えんことを請わしむ。上、立ちどころに進画《かく》して、告身を給するを命ず。

身一。韋見素謂二楊国忠一曰。禄山久有二異志一。今又有二此請一。其反明矣。明日見素当二極言一。上未レ允。公其継レ之。国忠許諾。壬子。国忠・見素入見。上迎謂曰。卿等有下疑二禄山一之意上邪。見素因極二言禄山反已有レ迹。所レ請不レ可レ許。上不レ悦。国忠逡巡不二敢言一。上竟従二禄山之請一。他日国忠・見素言二於上一曰。臣有レ策可三坐消二禄山之謀一。今若除二禄山平章事一。召詣レ闕。以二賈循一為二范陽節度使一。呂知誨為二平盧節度使一。楊光洄為二河東節度使一。則勢自分矣。上従レ之。已草レ制。上留不レ発。更遣下中使輔璆琳以二珍果一賜二禄山一。潜

韋見素、楊国忠に謂いて曰わく、「禄山、久しく異志あり。今また此の請《せい》あり。其の反《そむ》かんこと明らけし。明日《めいじつ》、見素《それがし》、当《まさ》に極言すべし。上、未だ允《ゆる》さざれば、公、其《そ》れこれを継《つ》け」と。国忠許諾す。壬子《みずのえね》、国忠・見素、入りて見《まみ》ゆ。上、迎えて謂いて曰わく、「卿等《けいら》、禄山を疑うの意ある邪《か》」と。見素、因りて禄山の反かんこと已《すで》に迹あり、請う所《ところ》の許すべからざるを極言す。上、悦ばず。国忠、逡《しゅん》巡《じゅん》して敢えて言わず。上、竟《つい》に禄山の請に従う。他日、国忠・見素、上に言いて曰わく、「臣に策ありて坐《い》ながらに禄山の謀りごとを消すべし。今若《も》し禄山を平章事に除し、召して闕《けつ》に詣《いた》らしめ、賈循《かじゅん》を以って范陽節度使と為し、呂知誨《りょちかい》を平盧節度使と為し、楊光洄《ようこうかい》を河東節度使と為さば、則ち勢い自《おの》ずから分かたれん」と。上、これに従う。已に制を草す。上、留めて発せず、更に中使輔璆琳《ほろうりん》をして珍果を以って禄山に賜い、潜かにその変《へん》を察せしむ。璆琳、

察中其変上。璆琳受二禄山厚賂一。還。盛言下禄山竭レ忠奉レ国。無上レ有二二心一。上謂二国忠等一曰。禄山。朕推レ心待レ之。必無二異志一。東北二虜。藉二其鎮遏一。朕自保レ之。卿等勿レ憂也。事遂寝。

禄山の厚き賂《まいな》いを受け、還りて盛んに禄山の忠を竭《つ》くし国を奉じて、二心ある無きを言う。上、国忠等に謂いて曰わく、「禄山は、朕、心を推してこれを待《たい》せり。必らず異志なからん。東北の二虜は、其の鎮遏《ちんあつ》に藉《よ》る。朕、自《みず》からこれを保《ほ》せん。卿等、憂うる勿《な》きなり」と。事、遂に寝《や》む。

天宝十四年（七五五）二月二十二日、安禄山は副将何千年《かせんねん》を入京させて奏上した――異民族の指揮官三十二名を中国人のそれに交替させてほしいという要請である。天子は中書省に、即刻裁可を求める手続きを取って、辞令を出すよう申しつけた。――胡三省の注に、「進画とは、中書に命じて発日勅をつくり、進めて御画を請いてこれを行のう」とある。発日勅とは中書省が扱う七種の詔勅の一つで、官員の増減・州県の廃置・官爵の叙免などに用いる形式をいう（『大唐六典』巻九）。「画」は画押、かき判をかく、すなわち批准のサインをすること。「御」は天子をさす。みぎの胡注によれば、「進」は中書省で起草した詔勅に批准サインをもらうべく天子に〝さし出す〟ことであるから、「進画」は〝画するべく進む〟という構造である。「告身」は官吏の辞令。あくまで安禄山を信ずる玄宗は、かれの要請をいれて、クレームのつかぬうちに即刻発令させようとした。だが、はたせるかな横槍が出る。

韋見素が楊国忠にいった、「安禄山はずいぶん以前から二心をいだいており、このたびまたこの要請がありました。やつの謀叛は見えすいております。あす見素《わたくし》めは思いっきり申しましょう。おかみがお許しにならぬ時は、どうかあとを引きうけて下さい。」

楊国忠は承知した。

前年七月、楊国忠に嫌われた宰相陳希烈が辞表を出して政治の中枢から退くと、楊国忠は武部（もとの兵部）侍郎の吉温を後任にしたいという玄宗の意向にそむき、文部（もとの吏部）侍郎の韋見素を推挙し、八月、武部尚書・同平章事すなわち宰相に就任させた。かれが吉温を拒否した理由は、吉温が安禄山側に付いていたからであり、韋見素を推薦したのは、その人物が〝和雅（おとなしくお上品）、制し易き〟ためであった。楊国忠の人物登用の条件も李林甫とえらぶところがなかった。

さて翌二十三日、楊国忠・韋見素の二人は宮中に参内して、天子に拝謁した。天子は二人を迎えていった、「そなたらは安禄山を疑うてござるな。」——二人の用件を察知して、出ばなをくじいたのである。「迎」は出会うなり〝いきなり〟といったニュアンスを帯びる。

韋見素はすかさず、安禄山の叛逆にはすでに証拠があり、かれの要請を容れてはならないむね主張しつづけた。

天子はおかんむりである。楊国忠は約束しておきながら、もじもじしてよう言わない。天子は結局、安禄山の要請どおりすることにした。

日をあらためて、楊国忠・韋見素の二人は天子に申しあげた。——安禄山を盲目的に信愛する玄宗には、尋常の手段では納得させられないと知り、二人は新たな方法を考えたのである。

「わたくしどもに、安禄山の計画をみすみす消滅させる方法がございます。ここで一つ安禄山を宰相職に任命して、宮廷に呼びよせるのです。そして、賈循《かじゅん》を范陽節度使、呂知誨《りょちかい》を平盧節度使、楊光洄《ようこうかい》を河東節度使に任命なされば、かれの勢力はおのずと分散いたします。」——「坐」は徒・空の意をもつ助字。積極的に乗り出さず、じっと「坐」したままという動詞が転化した副詞へ、そして複雑なニュアンスをもつ純然たる助字の性格を濃くする。

天子はふたりの進言どおりすることにした。しかし、制誥《せいこう》すなわち勅命による辞令を起草させておきながら、とめおいて発令を見あわせ、あらたに宦官の輔璆琳《ほろうりん》を使者にたてて、めずらしい果実、『新唐書』によれば「大きな柑《みかん》」を安禄山に下賜させ、ひそかにかれの変化を探《さぐ》らせた。「変」はすなわち造反を意味するとも考えたが、他の用例によるかぎり無理である。

安禄山からたっぷり賄賂をつかまされた輔璆琳は帰還すると、安禄山は国家に忠誠をつくし、叛意をもつものでないことを力説強調した。

天子はそれみろといわんばかりに、楊国忠らにいうのである。

「禄山はわしが心底から信頼して眼をかけてやっているのだ。とんでもない望みなどもつはずがないわ。東北のえびすの二族も、おかげであれが抑えをきかせて食いとめていてくれるのだ。わしがちゃんと保証する。そなたら心配無用じゃ。」

ふたりが進言したことは、かくて沙汰止みになった。「異志」は二心、叛逆の野望。「東北二虜」とは奚・契丹。

*

安禄山帰至二范陽一。朝廷毎遣二使者至一。皆称レ疾不二出迎一。盛陳二武備一。然後見レ之。裴士淹至二范陽一。二十余日乃得レ見。無二復人臣礼一。楊国忠日夜求二禄山反状一。使三京兆尹囲二其第一。捕二禄山客李超等一。送二御史台獄一。潜殺レ之。禄山子慶宗尚二宗女栄義郡主一。

安禄山、帰りて范陽《はんよう》に至る。朝廷、毎《つね》に使者をして至らしむるに、皆な疾《やま》いと称して、出《い》でて迎えず。盛んに武備を陳《つら》ねて、然る後これに見《まみ》ゆ。裴士淹《はいしえん》、范陽に至る。二十余日にして乃《すなわ》ち見ゆるを得《え》、復《ま》た人臣の礼無し。楊国忠、日夜、禄山の反状を求め、京兆尹《けいちょういん》をしてその第《てい》を囲ましめ、禄山の客李超《りちょう》等を捕え、御史台の獄に送りて、潜かにこれを殺さしむ。禄山の子慶宗《けいそう》は宗女なる栄義郡主を尚《めと》り、供奉して

供奉在㆓京師㆒。密報㆓禄山㆒。禄山愈懼。

京師に在り。密かに禄山に報ず。禄山、愈《いよ》いよ懼《おそ》る。

范陽に帰着した安禄山は、朝廷からの使者が来るたびに、いつも病気を理由に迎えに出てゆかない。面会する場合は、盛大な軍備をならべたてたうえでないと会わない。裴士淹《はいしえん》が范陽に来たときなど、二十日あまり経《た》ってやっと会えたという次第で、会見する際も臣下としての礼法を行なわなかった。――使者は天子の代理なので、天子に対すると同様の礼を必要とする。

楊国忠はあけくれ安禄山の叛逆状況を探り、京兆尹《けいちょういん》すなわち都知事に命じてかれの邸を取り巻かせ、安禄山の客分李超《りちょう》らを捕えて、御史台の牢獄に送りこみ、人知れず殺害させた。――拷問にかけて秘密を聞き出そうとしたのであろう。

安禄山のむすこ安慶宗《けいそう》は、唐の皇室のむすめ栄義郡主を妻にしており、供奉官として首都にあった。かれはこの事をこっそり父に報せた。安禄山はますます恐怖をおぼえた。

＊

六月。上以㆓其子成㆒㆑婚。手詔㆓禄山㆒観㆑礼。禄山辞㆑疾不㆑至。

六月、上《しょう》、その子の婚を成すを以って、手ずから禄山に詔《みこと》のりして礼を観しめんとするも、禄山は疾《やま》い

秋七月。禄山表献㆓馬三千匹㆒。毎匹執控夫二人。遣㆓蕃将二十二人部送㆒。河南尹達奚珣疑㆑有㆑変。奏請諭㆓禄山㆒以㆘進㆓車馬㆒宜㆓俟至㆑冬。官自給㆑夫。無㆖㆑煩㆓本軍㆒。於㆑是上稍寤。始有㆘疑㆓禄山㆒之意㆖。

と辞して至らず。秋、七月、禄山、表して馬三千匹を献ぜんとす。毎匹、執控夫《しっこうふ》二人、蕃将二十二人をして部送せしめんとす。河南尹達奚珣《たつけいじゅん》は変あらんことを疑い、奏して請うらく、禄山に諭《ゆ》するに、車馬を進むること宜《よろ》しく俟《ま》ちて冬に至るべく、官みずから夫《ふ》を給し、本軍を煩《わずら》わすこと無きを以ってせんことを、と。是《ここ》に於《お》いて、上、稍《や》や寤《さと》り、始めて禄山を疑うの意あり。

同じ天宝十四年の六月、天子は安禄山のむすこ、すなわち安慶宗が結婚式を挙げるので、お墨つきを出して安禄山に婚儀を陪観させようとしたが、かれは病気を理由にして、やって来なかった。

秋七月、安禄山は上表文を奉呈して、馬三千匹を献上したいと申し出た。一匹ごとに口取りの馬丁二名をつけ、異民族の将校二十二名が隊別に監督して送らせるというのである。

——『新唐書』安禄山伝によれば、このほかに「車三百乗《だい》、〔二〕乗ごとに三士」とある。士とは下士官をいう。まず、平時の二個師団の騎兵勢力であり、もしもこの申し出に疑惑を感じなかったら、そのほうがよほどどうかしている。

河南尹すなわち東都洛陽の都知事達奚珦《たつけいじゅん》が、クーデターを懸念し、天子に奏上して、車馬――司馬光は上文に「三百乗の車」を書き忘れたのである――の献進は冬まで待ち、その際にはおかみのほうから人夫を支給され、かれの軍隊に迷惑をかけぬがよいと思う旨を、通告してほしいとお願いした。

天子はいまや少しずつ眼がさめ、はじめて安禄山に対する疑念をいだいた。

＊

会輔璆琳受レ賂事亦泄。上託以二他事一撲二殺之一。上遣二中使馮神威一。齎二手詔一諭二禄山一。如二珦策一。且曰。朕新為レ卿作二一湯一。十月於二華清宮一待レ卿。神威至二范陽一宣レ旨。禄山踞レ牀微起。亦不レ拝曰。聖人安隠。又曰。馬不レ献亦可。十月灼然詣二京師一。即令下左右引二神威一置中館舎上。不二復見一。数日遣レ還。亦無

会《たま》たま輔璆琳《ほろうりん》の賂《まいな》いを受けし事も亦《ま》た泄《も》る。上、託《たく》するに他事を以ってして、これを撲殺《ぼくさつ》す。上、中使馮神威《ふうしんい》を遣《つか》わし、手詔を齎《もたら》して禄山に諭《ゆ》すること、珦《じゅん》の策の如からしめ、且つ曰わしむ、「朕、新たに卿《けい》の為《た》めに一湯《とう》を作る。十月、華清宮に於《の》いて卿を待たん」と。神威、范陽に至り旨を宣ぶ。禄山、牀《しょう》に踞《きょ》し微《わず》かに起き、亦《ま》た拝せずして曰わく、「聖人、安隠〔穏〕なりや」と。又曰わく、「馬は献ぜずとも亦た可なり。十月には灼然《しゃくぜん》として京師に詣《いた》らむ」と。即ち左右をして神威を引いて館舎に置かしめ、

レ表。神威還。見レ上泣曰。臣幾不レ得レ見二大家一。

復た見《まみ》えず、数日して還らしむるも、亦た表する無し。神威、還り、上に見《まみ》え泣きて曰《い》わく、「臣、幾《ほと》んど大家に見《まみ》ゆるを得ざりき」と。

ちょうどそのころ、輔璆琳《ほろうりん》が賄賂をつかまされた事実もれ、天子は別件にかこつけてかれを撲殺の刑に処した。

天子は宦官《かんがん》の馮神威《ふうしんい》を使者にたて、お墨つきを持たせて、達奚珣《たつけいじゅん》の献策どおり安禄山に通告し、同時につけ加えた、

「わしは最近、そなた用の浴室をしつらえた。十月には華清宮でそなたを待っておるぞ。」

范陽にやって来た馮神威は、勅命を伝える。安禄山は牀《ソファ》にどっかと坐り、ちょっぴり身を起こしただけで、やはり拝礼をしないでいった、「聖人《みかど》はご無事かな。」

さらにいった、「馬はべつに献上せんでもいい。十月にはたしかに都へうかがいますぞ。」——「灼《しやく》然」という副詞はこのせりふでキラリと光っている。このことばの〝かがやくさま〟とか〝あきらかなさま〟とかの訓詁は、ここではただむなしさを感じさせる。安禄山が実際に口頭語でなんといったか知るよしもないが、訳出したような意味の副詞であるに相違ない。十月にはまちがいなく上京します、〝ただし叛逆軍をひっさげて〟。そうした言外の意味を表出することばであり、たとえば「必」などの副詞では、到底その心理

を描出することは不可能であろう。両唐書にもこのせりふを欠くから、おそらくこれは司馬光か編者の誰かの筆によると思われる。

そういうと、すぐ側近のものに馮神威を案内させ、かれを宿舎に放置したまま、二度と面会せず、数日ののちに帰らせた。天子に対する上表文、おそらくは「恩を謝する表」といったものもなかった。

朝廷に帰還した馮神威は、天子に目どおりすると泣いていった、「それがし、すんでにだんなさまにお目にかかれぬところでした。」

このせりふも背後の心理を的確に表現して、また凝縮の妙がある。二度めの面会もなければ、謝恩の上表文を書くからいつまで待てとの指示もないまま、数日間留めおかれた時の、刻々に深まっていった馮神威の恐怖が、いま一挙によみ返ったことを、みごとに読者に伝える。「幾」はあやうく、「幾乎」ともいう。

*

冬。十月庚寅。上幸㆓華清宮㆒。安禄山専制㆓三道㆒。陰蓄㆓異志㆒。殆将㆓十年㆒。以㆓上待㆑之厚㆒。欲㆘俟㆓上晏駕㆒然後作㆖乱。会楊国

冬、十月庚寅《かのえとら》、上《しょう》、華清宮に幸す。安禄山、専ら三道を制し、陰《ひそ》かに異志を蓄うること、殆んど将《まさ》に十年ならんとす。上のこれを待《たい》すること厚きを以って、上の晏駕《あんが》するを俟《ま》ちて然る後《のち》乱を作《おこ》さんと欲す。会《たま》

忠与三禄山二不二相悦一。屢言二禄山且一レ反。上不レ聴。国忠数以レ事激レ之。欲三其速反以取二信於上一。独与二孔目官太僕丞厳荘・掌書記屯田員外郎高尚・将軍阿史那承慶一密謀。自余将佐皆莫二之知一。但怪下其自二八月一以来。屢饗二士卒一、秣レ馬厲上レ兵而已。会有下奏事官自二京師一還上。禄山詐為二勅書一。悉召二諸将一示レ之曰。有二密旨一。令三禄山将レ兵入レ朝討二楊国忠一。諸君宜二即従一レ軍。衆愕然相顧。莫二敢異一レ言。十一月甲子。禄山発二所レ部兵及同羅・奚・契丹・室韋凡十五万衆一。号二二十万一。反二於范陽一。

たま楊国忠、禄山と相悦ばず、屢《しば》しば禄山の且《まさ》に反かんとするを言うも、上は聴かず。国忠、数《しば》しば事を以ってこれを激し、その速やかに反きて、以って信を上に取らんと欲す。独り孔目官・太僕丞厳荘《げんそう》、掌書記・屯田員外郎高尚《こうしょう》、将軍阿史那《あしな》承慶《しょうけい》と密かに謀る。自余の将佐はみなこれを知る莫《な》し。但《た》だその八月より以来、屢《しば》しば士卒を饗し、馬に秣《まぐさ》かい兵を厲《みが》けるを怪しみしのみ。会《たま》たま奏事官の京《けい》師より還るあり。禄山、詐《いつわ》りて勅書を為《つく》り、悉《こと》ごとく諸将を召してこれを示して曰《い》わく、「密旨あり、禄山をして兵を将《ひき》いて朝《ちょう》に入り楊国忠を討たしめんとす。諸君、宜しく即《ただ》ちに軍を従うべし」と。衆、愕《がく》然として相顧《あいかえ》りみ、敢えて言を異にする莫し。十一月甲子《きのえね》、禄山、部する所の兵及び同羅《どうら》・奚《けい》・契丹《きったん》・室韋《しつい》、凡そ十五万の衆を発し、二十万と号して、范陽に反《そむ》く。

——いよいよ安禄山の叛逆が決行される。その結果がどうなるかという不安とは関係なく、ここに至ると、人びとにはもはやかれの決行が半ば待ちかねたものと化していたかにさえみえる。

天宝十四年（七五五）冬十月四日、天子は避寒のため華清宮に行幸された。——玄宗のことだから、安禄山がやって来るかもしれないという淡い期待がまだ残っていたかもしれない。

范陽・平盧・河東三道の節度使として、その制圧権をひとりで掌握していた安禄山は、ひそかに天下を奪う野心をいだいてかれこれ十年になるが、天子から優遇されるものだから、天子が崩御されてから乱を起こすつもりだった。——さすがの逆賊も、玄宗の信任を裏切るに忍びなかった。すでにわれわれもみて来たように、玄宗の信任は異常なまでに徹底し、まるで疑うことを知らなかった。その安禄山を叛逆の決行に追いやったのは、実に楊国忠である。そして、それが楊国忠の思うつぼでもあった。

ちょうどそのころ、安禄山が気にくわぬ楊国忠は、いまに安禄山は叛逆しますとたびたび言上したが、天子はききいれない。——「相悦ばず」の主格は楊国忠。「相」は安禄山に対して相対的関係を示す。必らずしも楊国忠と安禄山がたがいに気にくわぬ、というふうに考えなくてよい。

そこで楊国忠は、頻繁に安禄山を刺激するような事をしむけ、かれに叛逆を急がせて、天子の信用をかちえたいと考えた。――「なるほどそちのいった通りだ、先見の明がある」と賞められたい、そのための工作が功を奏したのだから、たまったものではない。「事を以って激す」の具体的な内容はわからぬが、安禄山がかっと来るような処置をさす。叛逆の事ははじめ幹部のわずかと極秘裡に運ばれた。唐突の叛逆は、内部に反対者が現われる、それを恐れた安禄山は適当な口実・きっかけを待った。

かれは孔目官で太僕丞（従六品上）の厳荘、掌書記で屯田員外郎（従六品上）の高尚、および将軍阿史那承慶《あしなしょうけい》の三人とだけで秘密裡に相談し、他の指揮官たちはだれも知らなかった。「孔目官」は文書認証がかり、「掌書記」は書記官、この二つは安禄山の幕府における職掌であろう。それに対して「太僕丞」すなわち家畜・乗り物を掌る太僕寺の第三席、「屯田員外郎」すなわち辺境における屯田を監督する工部の属官、この二つは唐朝の官職名であろう。

もっとも、蚊帳の外に置かれた指揮官たちも、八月以来たびたび将兵たちにごちそうがふるまわれ、軍馬にまぐさをたっぷりくれてやり、武器の手入れをするよういわれていたことだけは、へんだと思っていた。

ちょうどタイミングよく、安禄山の奏事官、すなわち都に駐在して天子への進言を代弁するものが都から帰還したので、安禄山は偽《にせ》の詔勅をつくり、指揮官ぜんぶを呼んでそれをみせていった、

「内密のお沙汰が出た。この禄山に軍隊をひきいて入朝し、楊国忠を討てとの仰せだ。おのおのがた、ただちに軍を従えて出動してくれるだろうな。」――末句は厳しい命令調でなく、むしろ相談をもちかける口吻であろう。

一同はぎょっとして顔見あわせたが、異をとなえるわけにゆかぬ。

十一月九日、安禄山は統率下の兵隊および同羅《トングラ》・奚《けい》・契丹《きったん》・室韋《しつい》の異民族部隊、あわせて十五万人を動員し、二十万人と呼号して、范陽で叛逆した。「同羅」は北蒙古を中心とする鉄勒部族の一。「室韋」は東蒙古から中国東北辺に散在した異民族で、奚・契丹二族と血縁関係にあるといわれる。

*

庚午。上聞二禄山定反一。乃召二宰相一謀レ之。楊国忠揚揚有二徳色一。曰。今反者独禄山耳。将士皆不レ欲也。不レ過二旬日一。必伝レ首詣二行在一。上以為レ然。大臣相顧失レ色。

庚午《かのえうま》、上、禄山の定《たし》かに反《そむ》けるを聞き、乃ち宰相を召してこれを謀る。楊国忠は揚揚として徳色あり、曰わく、「今反きし者は独り禄山のみ。将士は皆な欲せざるなり。旬日を過ぎずして、必らず首を伝《でん》して行在《あんざい》に詣《いた》らしめん」と。上、以って然りと為す。大臣、相顧《かえ》りみて色を失う。

十一月十五日、天子は安禄山がまちがいなく叛逆したと聞いたので、宰相たちを呼んで相談した。——十五日といえば、安禄山が行動を起こしてから六日めである。『旧唐書』巻三十九・地理志によれば、范陽から首都長安までは二千五百二十里、およそ一、一〇〇キロ、早馬（駅伝）を飛ばして五日あまりというわけだが、その間に叛逆のニュースの信憑性を疑う段階のあったことは、確認をしめす「定」が物語っている。

楊国忠は意気さかんにしたり顔をしていった、

「いま叛逆しましたのは安禄山だけで、将兵たちはいずれも叛逆を希んでおりませぬ。十日もせぬうちにきっとやつの首を早馬でこの仮り御所にとどけて参りましょう。」

天子は同感を示されたが、重臣たちは顔見あわせてまっ青《さお》である。——得意満面の楊国忠と顔面蒼白の重臣たちとの対照がおもしろい。「徳色」の徳は得と音通、得意顔をいう。「行在《あんざい》」は天子の旅先の御所、華清宮をさす。

——安禄山軍は東都洛陽をめざして快進撃をつづける。久しく太平になれた唐朝治下では、この胡族の強敵の前には一たまりもなかった。「過ぐる所の州県、風を望んで瓦解し、守・令（州・県の長官）あるいは門を開き出《い》でて迎え、あるいは城を棄てて竄《のが》れ匿《かく》る。」

玄宗はまず第一陣として、安西節度使の封常清を范陽・平盧節度使に任命し、急遽洛陽にやって募兵六万人をえて守備にあたらせ、つづいて第二陣として、右金吾大将軍高仙芝に五万の兵を統率させて、陝《せん》県（河南省陝県）に駐屯させる。しかし、急編成の軍隊は賊軍の鋒先に対抗できず、十二月十二日ついに洛陽は賊軍の手中に陥ち、封常清は敗残部隊をひきつれて陝県守備の高仙芝軍と合体、しかも守備に適せぬ陝県を放棄して潼関に退却する途中、賊軍の追撃をうけて両軍とも壊滅にちかい打撃をうける。ただし、追撃して来た賊軍も潼関の守備の堅固にはばまれて、それより西に侵入することはできない。戦況はいよいよ深刻化した。首都長安よりわずか一六〇キロのところまで賊軍は迫っている。

*

上議二親征一。辛丑。制二太子一監レ国。謂二宰相一曰。朕在レ位垂二五十載一。倦二于憂勤一。去秋已欲レ伝二位太子一。値水旱相仍。不レ欲下以二余災一遺中子孫上。淹留俟二稍豊一。不レ意逆胡横発。朕当二親征一。且使二之監一レ国。事平之日。朕将二高レ枕無一レ為矣。楊国忠大懼。退謂二韓・虢・秦三夫人一曰。

上、親征を議す。辛丑《かのとうし》、太子に制して国を監せしめ、宰相に謂いて曰わく、「朕、位に在ること五十載《さい》に垂《な》んなんとし、憂勤に倦《う》めり。去秋、已《すで》に位を太子に伝えんと欲せしも、値《あたか》も水旱《すいかん》相仍《かさ》なれば、余災を以って子孫に遺《のこ》すを欲せず、淹留《えんりゅう》して稍《や》や豊《みの》らんことを俟《ま》つ。意《おも》わざりき、逆胡横発《おうはつ》す。朕、当《まさ》に親征すべし。且《しば》らくこれをして国を監せしめん。事平らぐるの日、朕、将《まさ》に枕を高うして為すなからんとす」と。楊国忠、大いに懼れ、退きて韓《かん》・虢《かく》・秦《しん》三

太子素悪二吾家専横一久矣。若一旦得二天下一。吾与二姉妹一併レ命在二旦暮一矣。相与聚哭。使三三夫人説二貴妃一。銜レ土請二命於上一。事遂寝。

夫人に謂《い》いて曰わく、「太子、素《もと》より吾が家の専横を悪《にく》むこと久し。若《も》し一旦《たん》天下を得ば、吾と姉妹とは命《し》を併《とも》にすること、旦暮《たんぼ》に在らん」と。相与《あいとも》に聚《あつ》まり哭《な》く。三夫人をして貴妃に説かしめ、土を銜《ふく》みて命《いのち》を上に請《しょう》わしむ。事、遂に寝《や》む。

天子は親征の件を相談され、十二月十六日、皇太子に留守中の国政をあずからせる詔勅を出すことにして、宰相にいわれた、

「わしは皇帝の位について五十年ちかくなり、まつりごとの苦労に疲れてしもうた。去年の秋すでに皇太子に譲位するつもりでいたのだが、おりから洪水やら日でりがかさなり起こった。よけいな災禍を子孫に残したくはなかったので、そのままだらだらと居すわり、少しずつ収穫《みのり》がよくなってからと考えていた。ところが、えびすの逆賊めが暴逆の挙を起こしおった。わしは親しく征討しなければならぬ。いまとりあえず皇太子に国政をあずからせる。事変平定のあかつきに、わしも枕を高うして隠居させてもらうつもりじゃ。」

――自分の手で事変を処理し、責任を果たしたうえで譲位しようというのである。「制」は詔勅の一種、辞令的な性格をもつ。ここはその命令を下す動詞。「監国」は『国語』晋語に「君行けば、太子は居りて以って国を監するなり」とあり、また皇太子その人をもい

う。「高枕無為」は「高居無為」ともいい、退位して隠居生活に入ることをさす。

——さて、皇太子の監国が決定してショックをうけたのは、楊氏の一族である。

楊国忠はたいへん恐れて、退出すると韓国・虢国・秦国三夫人にいった、

「皇太子さまはかねてから長きにわたってわが家の横暴を憎んでいらっしゃる。その皇太子さまがもし天下を取られたら最後、わしと姉妹《そなた》らが枕をならべて死ぬのは時間の問題だ。」——「併命」は死を共にするという一語らしい。前に訳文で紹介した楊国忠のことば（『旧唐書』王鉷伝、四三八ページ参照）の原文に「大夫必存、何如併命」とある。訳者もはじめはこの用例を知らず、「併《なら》びに命、旦暮に在らん」と読んだが、誤りである。


一同は寄り集まって泣きわめいた。楊国忠は、三人の姉妹たちから楊貴妃に話をさせ、口中に土くれを含んで天子にかれらの命乞いをさせた。かくて親征は沙汰止みになった。

「土を銜《ふく》む」は自分の処刑を願うときに行のう動作で、殺して地下に眠らせてくれということを意味する。ただし、唐代に始まる習俗らしく、それ以前の用例は見あたらない。ここは『旧唐書』楊貴妃伝にもとづくが、同書の房琯《ぼうかん》伝にも「白き衣・麻の蹻《くつ》（ともに喪装）もて、土を銜みて罪せられんことを請う」とある。「請命」は命乞いであっても、他人の生命を助けるときに用い、多くは自分が身代りになろうと願う。『尚書（書経）』湯誥篇の「聿《ここ》に元《おお》いなる聖《ひじり》（伊尹）を求め、これと力を戮《あわ》せ、以って爾《なんじ》ら有衆《たみぐさ》の与《ため》に命を請う」にもとづく。

——皮肉にも安禄山を叛逆に追いやった楊国忠らを、突如としておそった最初の危惧は、かくていちおう解消したが、かれはやがて次第に窮地に追いやられる。

いまや到るところ敗戦の報にみちみちる時、ただひとり奮起した武人ならぬインテリがいる。平原郡（山東省陵県）の知事顔真卿（七〇九―七八五）その人である。かれは先祖に『顔氏家訓』の著者顔之推（五三一―六〇二）や『漢書』のすぐれた註解者顔師古（五八一―六四五）などの名士をもつ名門に生まれ、かれ自身も科挙をパスした進士出身であり、なによりも能書家として知られる。かれも早くより安禄山の叛逆を予知して、平原城の守備をかため壮丁・食糧の強化につとめていたが、いまや決起して一万余人の募兵を統率して、洛陽と安禄山の本拠との遮断に挺身した。やがてこの義挙に刺激されて、朔方節度使の郭子儀らが范陽路線の遮断に成功する。ここには、こまかな戦況をのべるいとまはないが、潼関《とうかん》における両軍対峙の膠着状態は依然として続いていた。首都圏をたちまち危機に追いこんだ敗戦の責任者封常清・高仙芝の二人は、玄宗の怒りにあうて十二月十八日斬首刑に処せられ、河西・隴右節度使の哥舒翰が起用され、公称二十万の大軍をひきいて潼関の守りに当たっていた。かれは突厥出身の軍人でかつて勇名を馳せたが、当時は病気で首都にあったのを玄宗が想いだし、白羽の矢をたてたのである。

是時。天下以㆓楊国忠驕縦召㆑乱。莫㆑不㆓切歯㆒。又禄山起㆑兵以㆑誅㆓国忠㆒為㆑名。王思礼密説㆓哥舒翰㆒。使㆘抗表請㆖誅㆓国忠㆒。翰不㆑応。思礼又請㆘以㆓三十騎㆒劫取以来。至㆓潼関㆒殺㆖之。翰曰。如㆑此。乃翰反。非㆓禄山㆒也。或説㆓国忠㆒。今朝廷重兵尽在㆓翰手㆒。翰若援㆑旗西指。於㆑公豈不㆑危哉。国忠大懼。乃奏。潼関大軍雖㆑盛。而後無㆑継。万一失㆑利。京師可㆑憂。請選㆓監牧小児三千於苑中㆒訓練。上許㆑之。使㆓剣南軍将李福徳等領㆒㆑之。又募㆓万人㆒屯㆓灞上㆒。令㆓

*

是《こ》の時、天下のひと、楊国忠が驕縦《きようしよう》にして乱を召《まね》きしを以って、切歯せざるは莫《な》し。又、禄山は兵を起こすに国忠を誅するを以って名と為す。王思礼、密かに哥舒翰《かじよかん》に説き、抗表して国忠を誅せんことを請わしむるも、翰は応ぜず。思礼、又、三十騎を以って、劫取《きようしゆ》して以って来たらしめ、潼関《とうかん》に至りてこれを殺さんと請う。翰《かん》曰わく、「此《か》くの如くんば、乃ち翰《かん》が反《そむ》くにして、禄山に非ざるなり」と。或るひと国忠に説く、「今、朝廷の重兵《ちようへい》は尽《こと》ごとく翰の手に在り。翰、若《も》し旗を援《ひ》きて西を指《さ》せば、公に於《あ》りて豈《あ》に危うからざらんや」と。国忠、大いに懼れ、乃ち奏すらく、「潼関の大軍は盛んなりと雖も、而《しか》も後《あと》に継《つ》ぐものなし。万一《まんいつ》、利を失わば、京師《けいし》憂うべし。請う、監牧の小児三千を苑中より選びて訓練せん」と。上、これを許し、剣南軍の将李福徳等を

所レ親杜乾運将レ之。名為レ禦レ賊。実備レ翰也。翰聞レ之。亦恐レ為二国忠所一レ図。乃表請三灞上軍隷二潼関一。六月癸未。召二杜乾運一詣レ関。因レ事斬レ之。国忠益懼。

してこれを領せしむ。又、万人を募《つの》りて灞上《はじよう》に屯《とん》せしめ、親しむ所の杜《と》乾運《けんうん》をしてこれに将たらしむ。名は賊を禦《ふせ》ぐと為すも、実は翰に備うるなり。翰も、これを聞きて、亦た国忠に図《はか》られんことを恐る。乃ち表して、灞上の軍を潼関に隷《れい》せしめんことを請う。六月癸未《みずのとひつじ》、杜乾運を召して関に詣《いた》らしめ、事に因りてこれを斬る。国忠、益《ま》すます懼《おそ》る。

このころ、とは年あらたまった天宝十五年（七五六）の五月をさす。天下の人びとは、楊国忠の専横のふるまいが戦乱を招いたとして、だれもがいまいましいやつだと考えており、それに、安禄山の挙兵も楊国忠の処刑を名目に掲げている。

哥舒翰《かじよかん》の部下王思礼は哥舒翰にこっそり話して、かれに楊国忠の処刑を要請する意見書を奉呈させようとしたが、翰は承諾しなかった。——哥舒翰はこの年の正月十日、現職のうえに左僕射・同平章事すなわち宰相職をも拝命していた。

王思礼はさらに、騎兵三十人で楊国忠の身がらを掠奪し、潼関《とうかん》につれて来て殺すようたのんだが、哥舒翰はいうのである、「それじゃ翰《わし》の謀叛になり、安禄山じゃないことになるわ。」

——疑心暗鬼を生ずる楊国忠も、哥舒翰に対する不安が拭い去れない。かれの取巻き連が対策を考えていた。

ある人が楊国忠にいった、

「ただ今、朝廷の優秀部隊はぜんぶ哥舒翰が握っております。もし哥舒翰が軍旗をおし立てて西方をめざしますと、殿の立場のほうが危うなりますぜ。」——「旗を援《ひ》く」とは本営に据えていた司令官旗を引きぬく、すなわち軍隊が駐留から移動の態勢にうつることか、あるいは楊国忠打倒の旗幟を鮮明にすることを意味しよう。

楊国忠はたいそう恐怖にかられ、そこで天子に申しあげた、

「潼関の皇軍はいかにも勢い盛んですが、後に続く部隊がございませぬ。万が一、敗北しました場合は、都のことが心配です。どうか御苑の監牧使のもとにある少年兵三千をえらんで訓練していただくようお願いします。」——「監牧」は軍馬飼育の監督官、太僕寺に属する監牧使をいう。

天子はかれの要請を許して、剣南軍の指揮官、いわば楊国忠配下の李福徳らに管轄させた。さらに、兵隊一万人を募集して灞上《はじょう》に駐留させ、楊国忠が手なずけている杜乾運《とけんうん》に指揮させせた。表向きの名目は賊軍に対する防備だが、実際は哥舒翰に対しての備えなのである。

これを聞いた哥舒翰も、楊国忠に命をねらわれることを恐れたので、上表文を提出して、灞上の駐屯部隊をかれの潼関部隊の支配下におくよう申請した。

六月一日、杜乾運が呼ばれて潼関にゆくと、適当な理由をつけてかれを斬り殺した。楊国忠はいよいよ恐怖をおぼえた。

*

会有レ告崔乾祐在レ陝。兵不レ満二四千一。皆羸弱無レ備。上遣レ使趣二哥舒翰一進レ兵復二陝・洛一。翰奏曰。禄山久習二用兵一。今始為レ逆。豈肯レ無レ備。是必羸師以誘レ我。若往。正堕二其計中一。且賊遠来。利在二速戦一。官軍拠レ険以扼レ之。利在二堅守一。況賊残虐失レ衆。兵勢日蹙。将レ有二内変一。因而乗レ之。可二不レ戦擒一也。要在レ成レ功。何必務レ速。今諸道徴レ兵尚多未レ集。請且待レ之。郭子儀・李光弼亦上レ言。請引

会《たま》たま告ぐるものあり、崔乾祐《さいけんゆう》、陝《せん》に在りて、兵は四千に満たず、みな羸《るい》弱にして備え無しと。上、使いを遣《つか》わし、哥舒翰を趣《うなが》して兵を進めて陝《せん》・洛《らく》を復せしめんとす。翰、奏して曰わく、「禄山は久しく用兵に習らい、今、始めて逆を為す。豈に備え無きを肯《がえ》んぜんや。是れ必らず羸《よわ》き師もて以って我を誘うなり。若《も》し往《ゆ》かば、正にその計中に堕《お》ちん。且つ賊は遠く来たれば、利、速戦に在り。官軍は険に拠《よ》りて以ってこれを扼《やく》すれば、利、堅守に在り。況《いわ》んや賊は残虐にして衆を失う。兵勢日ごと蹙《おとろ》え、将《まさ》に内変あらんとす。因《よ》りてこれに乗ぜば、戦わずして擒《とら》うべきなり。要は功を成すに在り、何ぞ必らずしも速かなるを務めん。今、諸道、兵を徴し、尚お多《ほとん》

レ兵北取ニ范陽一。覆ニ其巣穴一。質ニ賊党妻子一以招レ之。賊必内潰。潼関大軍。唯応ニ固守以弊レ之。不レ可ニ軽出一。国忠疑ニ翰謀レ己。言ニ於上一。以下賊方無レ備。而翰逗留。将ち失ニ機会一。上以為レ然。続遣ニ中使一趣レ之。項背相望。翰不レ得レ已。撫レ膺慟哭。丙戌。引レ兵出レ関。

ど未だ集まらず。請う且《しば》らくこれを待たん」と。郭《かく》子儀《しぎ》・李光弼《りこうひつ》も亦た言を上《たてま》つりて、「請うらくは兵を引きいて北のかた范陽を取り、その巣穴《そうけつ》を覆《くつが》えし、賊党の妻子を質《ち》して以ってこれを招かば、賊は必らず内に潰えん。潼関の大軍は、唯だ応《まさ》に固く守りて以ってこれを弊《つか》らすべし。軽《かる》がるしくは出《い》づるべからず」と。国忠、翰の己《おのれ》を謀るを疑い、上《しよう》に言うに、賊は方《いま》し備えなきに、翰は逗留《とうりゆう》して、将《まさ》に機会を失わんとするを以ってす。上、以って然りと為し、続けて中使を遣わしてこれを趣《うなが》しめ、項背《こうはい》相望む。翰、已《や》むを得ず、膺《むね》を撫《ぶ》して慟哭《どうこく》す。丙戌《ひのえいぬ》、兵を引きいて関を出《い》づ。

ちょうどそのころ、つぎの報告をもたらすものがあった――陝県を占拠する賊軍の指揮官、崔乾祐《さいけんゆう》の兵力は四千にも足りないし、いずれも卑弱い兵隊ばかりで、防備もないというのである。天子は使者をやって哥舒翰に、進撃して陝・洛二県を奪還するよう督促した。哥舒翰は奏上する、「安禄山は長年にわたり軍を動かす訓練をかさねたうえで、はじめていま叛逆の軍を起こしたのです。どうして無防備ということで承知しましょう。きっと卑弱な軍隊でこちらをおびき寄せるのです。もしこちらから出かけて行けば、まんまと敵の思うつぼにはまります。それに、長途をやって来た賊軍にとっては速戦が得策ですし、険阻な地形に拠って進路をおさえる皇軍の場合は、守備をかためることが得策なのです。まして賊軍は残虐で民の信頼をなくし、軍の威勢は日ごとに衰退しつつあり、内輪もめが起こりかけています。そうした機会に乗じますなら、戦わずして捕虜にできるのです。かんじんなのは事の成功にあり、急ぐばかりが能ではありますまい。ただいま、各道で徴発しております兵隊は、まだほとんど集まっておりませぬ。とにかくお待ちいただきとう存じまする。」

郭子儀《かくしぎ》・李光弼《りこうひつ》も進言する、「どうかわれわれにご命令を下され、部隊を引きつれて、賊軍の本拠范陽の攻略に北進させて下さい。敵のねぐらをくつがえし、逆賊一党の妻子を人質《ひとじち》にして投降を呼びかけますれば、賊軍は内部崩壊を起こすにきまっております。潼関の皇軍はただただ守りをかためて敵を弱らせるべきで、軽がるしく出撃してはなりませぬ。」

しかし、楊国忠は哥舒翰が自分に対して謀略をめぐらしていると疑い、賊に備えがないせっかくの機会を、翰がぐずぐずして逸しかけておりますと、天子に申しあげた。天子はもっともだと思い、続けざまに宦官をやってせきたて、催促の使者はひきもきらず追いうちをかける。
哥舒翰はいたしかたなく、胸をたたいて慟哭した。六月四日、かれは部隊をひきつれて、潼関から出撃した。――「大軍」は官軍のこと、大部隊ではない。「項背相望む」は使者の往来が頻繁なさまをいう成句。『後漢書』巻六十一・左雄伝にもみえ、唐・李賢の注に、「前後相顧りみるを謂う」とある。前後して行くものがたがいにあい手を望みうる、という説明である（九〇ページをも参照）。

*

己丑。遇二崔乾祐之軍於霊宝西原一。乾祐拠レ険以待レ之。南薄レ山。北阻レ河。隘道七十里。庚寅。官軍与二乾祐一会戦。乾祐伏二兵於険一。翰与二田良丘一浮二舟中流一。以観二軍勢一。見二乾祐兵少一。趣二諸軍一使レ進。王思礼等将二精兵五万一居レ前。龐忠等将二余兵十万一継レ之。翰以二兵三万一

己丑《つちのとうし》、崔乾祐《さいけんゆう》の軍に霊宝《れいほう》の西原に遇《あ》う。乾祐、険に拠《よ》りて以ってこれを待つ。南は山に薄《せま》り、北は河に阻《はば》まれ、隘《せま》き道七十里。庚寅《かのえとら》、官軍、乾祐と会戦す。乾祐、兵を険しきに伏せ、翰は田良丘と舟を中流に浮かべ、以って軍の勢《たたずま》いを観る。乾祐の兵の少なきを見て、諸軍を趣《うなが》して進ましむ。王思礼等、精兵五万を将《ひき》いて前に居《あ》り、龐《ほう》忠等、余《のこ》れる兵十万を将《ひき》いてこれに継《つづ》く。翰、兵三万を以って河北の阜《おか》に登りてこれを望み、鼓を鳴らして以ってその勢いを

登二河北阜一望レ之。鳴レ鼓以助二其勢一。乾祐所レ出兵不レ過二万人一。什什伍伍。散如二列星一。或疏或密。或前或却。官軍望而笑レ之。乾祐厳二精兵一。陳二於其後一。兵既交。賊偃レ旗如二欲レ遁者一。官軍懈。不二為備一。須臾伏兵発。賊乗レ高下二木石一。撃二殺士卒一甚衆。道隘。士卒如レ束。槍槊不レ得レ用。翰以二氈車駕レ馬。為二前駆一。欲二以衝レ賊。日過レ中。東風暴急。乾祐以二草車数十乗一塞二氈車之前一。縦レ火焚レ之。煙焰所レ被。官軍不レ能レ開レ目。妄自相殺。謂三賊在二煙中一。聚二弓弩一而射レ之。日暮。矢尽。乃知レ無レ賊。乾祐遣下同羅精騎自二南

助く。乾祐の出《いだ》す所の兵は万人に過ぎず。什《じゅう》々伍《ご》々。散りて列星の如く、或るいは疏、或るいは密、或るいは前《すす》み或るいは却《しりぞ》く。官軍、望みてこれを笑う。乾祐、精兵を厳《いま》しめて、その後《うしろ》に陳《じん》せしむ。兵既に交われば、賊は旗を偃《ふ》せて遁《に》げんと欲する者の如し。官軍、懈《おこた》り、為めに備えず。須臾《しゅゆ》にして、伏兵発す。賊は高きに乗じて木石を下《ふ》らせ、士卒を撃殺すること甚だ衆《おお》し。道隘《せま》くして、士卒は束《ぬのたば》の如く。槍《やり》と槊《ほこ》は用いるを得ず。翰、氈車《せんしゃ》の馬を駕したるを以って前駆《ぜんく》と為し、以って賊を衝《つ》かんと欲す。日、中《まひる》を過ぎ、東風、暴《にわ》かに急《きび》し。乾祐、草車数十乗を以って氈車の前を塞《ふさ》ぎ、火を縦《はな》ちてこれを焚《や》く。煙焰《えんえん》の被《おお》う所、官軍、目を開く能わず。妄《みだ》りに自《み》ずから相殺《あいころ》す。賊は煙中に在りと謂《おも》い、弓弩《きゅうど》を聚《あつ》めてこれを射《い》る。日暮れ、矢尽《つ》きて、乃ち賊無きを知る。乾祐、同羅《どうら》の精騎をして南の山より過《こ》えて、官軍の後《うしろ》に出《い》でてこれを撃たしむ。官軍、首尾駭《おどろ》き乱れ、備うる

山一過。出二官軍之後一撃レ之。官軍首尾駭乱。不レ知レ所レ備。於レ是大敗。或棄レ甲竄二匿山谷一。或相擠排入レ河溺死。囂声振二天地一。賊乗レ勝蹙レ之。後軍見二前軍敗一。皆自潰。河北軍望レ之亦潰。翰独与二麾下数百騎一走。自二首陽山西一渡レ河入レ関。関外先為二三塹一。皆広二丈。深丈。人馬墜二其中一。須臾而満。余衆践レ之以度。士卒得レ入レ関者纔八千余人。辛卯。乾祐進攻二潼関一克レ之。

所を知らず。是《ここ》に於いて大いに敗る。或るいは甲《よろい》を棄てて山谷に竄《のが》れ匿《かく》れ、或るいは相擠排《おしの》けて河に入りて溺死す。囂《わめ》く声、天地を振《ゆる》がす。賊、勝ちに乗じてこれに蹙《せま》る。後軍、前軍の敗れたるを見て、みな自《み》ずから潰《つい》ゆ。河北の軍もこれを望みて亦た潰《つい》ゆ。翰は独り麾下《きか》の数百騎と走《のが》れ、首陽山の西より河を渡りて関に入らんとす。関の外、先ごろ三つの塹《ほり》を為《つく》る、みな広さ二丈、深さ丈。人馬、その中に墜ち、須臾《たちま》ちにして満つ。余衆、これを践《ふ》みて以って度《わた》る。士卒の関に入るを得し者、纔《わず》かに八千余人なり。辛《かのと》卯《う》、乾祐は進みて潼関を攻め、これに克《か》つ。

——もとをただせば、楊国忠ひとりのまったく個人的な利害に左右されて、みずからの意志にそむかざるを得なかった哥舒翰は、かれ自身も他人も憂慮したとおり、たちまち惨澹たる大敗を喫する。ここには六月七日（己丑）から九日（辛卯）に至る戦況が細かに綴られているが、訳文は提供しない。戦場は潼関の東方約五〇キロ、現在は河南省に属する霊宝県西方の狭隘な平原、かの函谷《かんこく》関も西方のほど近いところにある。南は霊峯華山の支脈がせまり、北はすぐ黄河に臨むおよそ二キロあまりの狭い道のあたり。卑弱い兵隊とはやはり見せかけであり、伏兵の精兵部隊に完璧にたたかれた自称二十万の官軍、実際にも合計十八万の巨大な部隊がここに壊滅して、わずか八千人あまりとなる。「氈車」は毛氈を張りめぐらした車、もともと寒冷地に住む異民族のものであるらしいが、詳細は分からない。「草車」はわらで作った車か、わらを積んだ車。中国語の「草」はしばしば〝稲草〟（わら）と考えればよい。「首陽山」は山西省永済県の南にある山、かの殷の伯夷・叔斉が周の粟《ぞく》を食べぬといって隠棲し、餓死したところ。ただし、この伝説の首陽山の所在には異説もある。

＊

翰至㆓関西駅㆒。掲㆑牓収㆓散卒㆒。欲㆔復守㆓潼関㆒。蕃将火抜帰仁等以㆓百余騎㆒囲㆑駅。入謂㆑翰曰。賊至矣。請公上㆑馬。翰上㆑馬出㆑関。帰仁帥㆑衆叩頭曰。公以㆓

翰、関西《かんせい》の駅に至り、牓《ぼう》を掲《かか》げて散卒を収め、復《ふた》たび潼関を守らんと欲す。蕃将なる火抜《かばつ》帰仁《きじん》等、百余騎を以って駅を囲み、入りて翰に謂いて曰わく、「賊至れり。請う、公、馬に上《のぼ》れ」と。翰、馬に上りて関を出《い》ず。帰仁、衆を帥《ひき》い叩頭して曰わく、

二十万衆一一戦棄レ之。何面目復見二天子一。且公不レ見二高仙芝・封常清一乎。請公東行。翰不レ可。欲レ下レ馬。帰仁以レ毛縶二其足於馬腹一。及二諸将不レ従者一。皆執レ之以東。会賊将田乾真已至。遂降レ之。倶送二洛陽一。安禄山問レ翰曰。汝常軽レ我。今定何如。翰伏レ地対曰。臣肉眼不レ識二聖人一。今天下未レ平。李光弼在二常山一。李祇在二東平一。魯炅在二南陽一。陛下留レ臣。使下以二尺書一招上レ之。不レ日皆下矣。禄山大喜。以レ翰為二司空・同平章事一。謂二火抜帰仁一曰。汝叛レ主。不忠不義。執而斬レ之。翰以レ書招二諸将一。皆復書責レ之。禄山知レ不

「公、二十万の衆を以って、一戦にしてこれを棄つ。何の面目ありて復《ま》た天子に見《まみ》えん。且つ、公は高仙芝・封常清を見ずや。請う公、東に行かん」と。翰、可《き》かず、馬より下らんと欲す。帰仁、毛を以ってその足を馬腹に縶《つな》ぎ、諸将の従わざる者と及《とも》に、皆これを執《とら》えて以って東《ひがし》す。会《たま》たま賊将田乾真、已《すで》に至る。遂にこれに降り、倶《とも》に洛陽に送らる。安禄山、翰《かん》に問うて曰わく、「汝、常に我を軽《かろ》んず。今、定《はた》して何如《いかん》」と。翰、地に伏して対えて曰わく、「臣、肉眼、聖人を識らず。今、天下未だ平らげず、李《り》光《こう》弼《ひつ》は常山に在り、李祇《りし》は東平に在り、魯《ろ》炅《けい》は南陽に在り。陛下、臣を留《とど》め、尺《せき》書を以ってこれを招かしむれば、日ならずして皆な下らん」と。禄山、大いに喜び、翰を以って司空・同平章事と為さしむ。火抜帰仁に謂いて曰わく、「汝、主に叛《そむ》く、不忠不義なり」と。執《とら》えてこれを斬る。翰、書を以って諸将を招くも、皆な復書してこれを責む。禄山、効あら

レ効。乃囚二諸苑中一。潼関既敗。於レ是河東・華陰・馮翊・上洛防禦使皆棄レ郡走。所在守兵皆散。

ざるを知り、乃ち諸《これ》を苑中に囚《とら》う。潼関、既に敗るれば、是《ここ》に於いて河東・華陰・馮翊《ひょうよく》・上洛の防禦使、皆な郡を棄てて走《に》ぐ。所在の守兵、皆な散ず。

哥舒翰は潼関《とうかん》西方の宿場まで来ると、貼り紙を出して敗残兵を集め、もういちど潼関の守備にあたろうとした。

かれの部下で突厥《とっけつ》出身の隊長火抜帰仁《かばつきじん》らが、百人あまりの騎兵をつれて宿場の本陣をかこみ、中にはいって翰にいった、「賊軍が来ました。どうか殿、馬にお乗りくだされ。」――「駅を囲み」とあるから、脅迫である。ただし哥舒翰は、いっしょに戦闘に向かおうという意味に解したのであろう。

哥舒翰が馬に乗って潼関を出ると、帰仁は部隊を統率し、地めんに頭をうちつける最敬礼をしていった、

「二十万の大軍を擁しながら、殿は一戦を交えただけで、かれらをお見棄てになりました。もはや天子にあわせる顔もございますまい。それに、高仙芝や封常清のためしがございましょうが。どうか殿、東に行って下さい。」――「東に行く」とは投降を意味する。火抜帰仁は哥舒翰をだまして馬にのせ、いっしょに安禄山軍に投降して、この唐朝の大物将軍

を投降させた功労を、安禄山からめでてもらうつもりなのである。「高仙芝」「封常清」はともに敗戦の責任を問われて処刑された将軍である（四七六ページ参照）。

哥舒翰はきかない。馬から下りようとすると、帰仁は毛綱《けづな》でかれの足首を馬の腹にしばりつけ、降伏をきかぬ他の隊長ともども捕縛して東に向かった。――「毛」は異民族らしい羊毛製の綱であろうか、実はよくわからぬ。

ちょうどそこへ、賊軍の指揮官田乾真がやって来ていたので、かれに投降して、いずれも安禄山のいる洛陽送りとなった。

安禄山は哥舒翰にたずねた、「そちはいつもわしをばかにしておったが、さて今はどうじゃな。」――「定」とは〝いったい〟というほどのニュアンスをもつ副詞である。哥舒翰と安禄山（および安思順）とは実は犬猿の仲であり、心配した玄宗はかつてふたりを和解させて、兄弟の契りを結ばせようとした。天宝十一年（七五二）十二月のことである。次の一段は本書に収めたかったが、いささか、全体の流れが阻害されるので割愛した。ここに訳文で提供しておく。

この冬、三人がそろって入朝した。おかみは高力士に申しつけて、城東で宴会をもたせた。安禄山が翰にいった、「わたしは父が胡族で母が突厥だ。貴公は父上が突厥で母上が胡族、ほぼ同じような種族だから、仲好くせにゃいかんな。」

哥舒翰がいった、「いにしえ人のことばに、狐が窟《すみか》にむかってほえると不吉だとある。

素性《おさと》を忘れたからだとかいうてな。貴兄がもし仲好くしてくださるなら、翰《わたし》はまごころを尽しますよ。」

安禄山は胡族の悪口をいわれたとおもい、ひどく怒って翰を罵った、「突厥めよくもいったな。」

哥舒翰がうけて立とうとすると、高力士が翰にめくばせしたので、翰はやめ、酔ったふりしてお開きにした。

この時以来、深い怨みを含む仲となった。

――このエピソードは難解の部分を含む。哥舒翰が引く古人のことばは、安禄山が出身種族のことをいったのに対し、お互いに素性を忘れてはいけないということをいいたくて、引いたのでなかろうか。それが「狐」「胡」の二字が通ずるので、胡族ないし自分の僭越に対する悪口と誤解したのであろう。とすれば、教養のある哥舒翰の学問が、目に一丁字《いってていじ》ない安禄山に通じなかったことになる。――さて、本題にもどろう。

哥舒翰は地上に平伏して答えた、

「身どもは目が付いていないも同然、聖人《みかど》の見わけがつきませせなんだ。……ただいまは天下がまだ平定されておりませぬ。李光弼は常山（浙江省常山県）、李祇《りし》は東平（山東省東平県）、魯炅《ろけい》は南陽（河南省南陽県）で、それぞれ抵抗しております。陛下が身どもの一命を救いたまい、書面をしたためてかれらに投降を呼びかけさせて下さるなら、たちまちみな投降いたしましょう。」――「肉眼云々」は〝悲しいかな、わたしは聖人すなわち王者たるべきあなたを見ぬけず、ただの肉眼のもち主だった〟というのが直訳に近い。

安禄山はたいそう喜び、司空の職を与え、宰相に任命した。「司空」は三公の一、大勲位に類する名誉職である。

火抜帰仁には「そちは主人を裏切り、不忠不義のやつだ」といって、捕縛して打ち首に処した。

哥舒翰は方々の指揮官たちに書面で投降を呼びかけたが、いずれも返書を寄こしてかれを責めた。安禄山は効果なしとみると、かれを御苑に幽閉した。

潼関が敗北すると、いまや河東郡（山西省）・華陰郡（陝西省華県一帯）・馮翊《ひょうよく》郡（陝西省大茘県一帯）・上洛郡（陝西省商県）の防禦使たちはみな所轄の郡を捨てて逃走し、到るところ守備隊は散り散りばらばらになった。

*

是日。翰麾下来告レ急。上不レ時召見。但遣下李福徳等将二監牧兵一赴中潼関上。及レ暮。平安火不レ至。上始懼。壬辰。召二宰相一

是《こ》の日、翰《かん》の麾下《きか》、来たりて急を告ぐ。上、時ならざるに召見するも、但《た》だ李福徳等《ら》をして監牧の兵を将《ひき》いて潼関《とうかん》に赴《おもむ》かしめしのみ。暮るるに及びて、平安の火至らず。上、始めて懼る。

謀レ之。楊国忠自以三身領二剣南一。聞二安禄山反一。即令下副使崔円陰具二儲偫一。以備中有レ急投上レ之。至レ是首唱二幸レ蜀之策一。上然レ之。癸巳。国忠集二百官於朝堂一。惶懅流涕。問以二策略一。皆唯唯不レ対。国忠曰。人告二禄山反状一已十年。上不二之信一。今日之事。非二宰相之過一。仗下。士民驚擾奔走。不レ知レ所レ之。市里蕭条。国忠使三韓・虢入レ宮。勧二上入一レ蜀。

壬辰《みずのえたつ》、宰相を召してこれを謀る。楊国忠は自《み》ずから、身、剣南を領するを以って、安禄山の反けるを聞くや、即ち副使崔《さい》円をして陰《ひそ》かに儲偫《ちょじ》を具え、以って急ありてこれに投ずるに備《そな》えしむ。是《ここ》に至りて首として蜀に幸するの策を唱《との》う。上、これを然りとす。

癸巳《みずのとみ》、国忠、百官を朝堂に集め、惶懅流涕《こうきょりゅうてい》して、問うに策略を以ってす。皆、唯々《いい》として対《こた》えず。国忠曰わく、「人、禄山の反状を告ぐること已《すで》に十年。上、これを信ぜず。今日の事は、宰相の過《あやま》ちに非ず」と。仗下《じょうくだ》り、士民驚き擾《さわ》ぎて奔走し、之《ゆ》く所を知らず、市里蕭条《しょうじょう》たり。国忠、韓《かん》・虢《かく》をして宮に入り、上に蜀に入らんことを勧《すす》めしむ。

この日、とは官軍壊滅の六月九日をさす。哥舒翰軍の司令部のものがやって来て敗戦による緊急事態を報せた。天子は不時の召見を行なったが、李福徳らに命じ、監牧使配下のれいの増設部隊（四七九ページ参照）をひきいて潼関救援に向かわせただけである。夜になっても、戦線の無事を報せるのろしがとどかず、天子ははじめて危惧を覚えた。「不時」は時ならず定例を破る意。「平安火」とは二〇キロごとに見張り所を設けて、戦線に異常のないことを伝達する軍事目的用ののろし。それがとどかぬとは、増援部隊の敗北ないし壊滅を意味しよう。

翌十日、天子は宰相たちを呼んで対策を協議した。――といっても今や亡命以外に対策があるはずもない。

楊国忠自身は、剣南節度使をつとめる身だから、安禄山の叛逆を聞いたとき、さっそく節度副使の崔円に申しつけて、ひそかに食糧その他の備蓄物資をととのえさせ、いざという時に身を寄せる用意をしていた。だからこの際、かれはまっ先に蜀へ亡命される案を提唱し、天子はそれに同意した。

十一日、楊国忠は文武百官を中書省の大ホールに集め、おろおろして涙を流しながら対策を問うたが、みな合づちを打つだけで対策を出さない。

楊国忠はいった、「すでに十年前から人びとが安禄山に謀叛の様子がみえると報告していたのに、おかみはほんとにされなかった。こんにちの事態はこの宰相の罪ではないですぞ。」

――安禄山の叛逆が楊国忠排除を目標にかかげていることに対する弁明であるが、その人を前にしてすべて天子のせいだといわんばかりのこの発言は、はたしてかれの信用を回復するに役だったであろうか。

朝見がはねると、――「仗」は朝見のおり天子の護衛につく左右三衛の儀仗兵乃至その儀仗、「仗下がる」はすなわち天子の退出を意味する。おそらく、首都が危ういといううわさが拡がったのであろう、官民ともに驚きさわいで逃亡し、どこへ行ってしまったのか、長安の街なかはさむざむとした情況である。「蕭条《しょうじょう》」(xiao-tiao)は韻尾を同じくする畳韻の擬態語、ものわびしいさまをいう。

楊国忠は韓国・虢国両夫人を宮中にやり、天子に蜀入りを勧告させた。――むろん楊貴妃をそそのかしてである。

*

――事態はいよいよ切迫し、玄宗はついに長安を脱出して亡命を決行する。

甲午。百官朝者什無二一二一。上御二勤政楼一。下レ制。云レ欲二親征一。聞者皆莫二之信一。以二京兆尹魏方進一為二御史大夫一兼二置頓使一。京兆少尹霊昌崔光遠為二京

甲午《きのえうま》、百官の朝《ちょう》する者、什《じゅう》に一、二なし。上、勤政楼に御《ぎょ》し、制を下して、親征せんと欲すと云う。聞く者、皆なこれを信ずる莫《な》し。京兆《けいちょう》尹魏《ぎ》方進を以って御史大夫と為して、置頓《ちとん》使を兼ねしめ、京兆少尹霊昌の崔《さい》光遠を京兆尹と為して、西京《さいけい》留守に充《あ》て、

兆尹一。充二西京留守一。将軍辺令誠掌二宮闈管鑰一。託以二剣南節度大使潁王璬将レ赴レ鎮。令三本道設二儲偫一。是日。上移二仗北内一。既夕。命二龍武大将軍陳玄礼一整二比六軍一。厚賜二銭帛一。選二閑厩馬九百余匹一。外人皆莫二之知一。乙未。黎明。上独与二貴妃姉妹・皇子・妃・主・皇孫・楊国忠・韋見素・魏方進・陳玄礼及親近宦官・宮人一出二延秋門一。妃・主・皇孫之在レ外者。皆委レ之而去。

将軍辺令誠に宮闈《い》の管鑰《かんやく》を掌らしめ、託するに剣南節度大使なる潁《えい》王璬《きょう》、将《まさ》に鎮《ちん》に赴かんとするを以って、本道をして儲偫《ちょじ》を設けしむ。是《こ》の日、上、仗を北内に移す。既に夕《ゆう》べにして、龍武大将軍陳《ちん》玄礼に命じて六《りく》軍を整比せしめ、厚く銭帛《せんぱく》を賜い、閑厩《かんきゅう》馬《ば》九百余匹を選ぶ。外人、皆、これを知る莫《な》し。乙未《きのとひつじ》、黎明《れいめい》、上、独り貴妃姉妹・皇子・妃・主・皇孫・楊国忠・韋見素・魏方進・陳玄礼、及び親近せる宦官《かんがん》・宮人と、延秋門を出《い》づ。妃・主・皇孫の外に在る者は、皆、これを委《す》てて去る。

翌六月十二日、この日、文武百官で出仕したものは一、二割もなかった。天子は勤政楼に出御して詔勅をくだし、親征の意向をのべられた。それを聞いたものは、誰一人ほんとにしなかった。——むろん、「親征」は表面をつくろう名目にすぎず、亡命行の決意を表明したにすぎない。以下にはだれもが信用しない「親征」に伴のう人事の命令が、むなしく羅列される。

「京兆尹」は都知事、「少尹」は同副知事。「置頓使」はいわば設営がかり。通鑑・巻一九〇の胡三省注に「食を置くの所を頓と曰う。唐人、多く置頓と言う」とある。他出の際における食糧の確保や宿泊の準備を扱う臨時官であろう。「西京留守」の西京は控えのみやこ洛陽に対する首都長安、政府首脳が他出する場合の事実上の首相代理と考えてよい。なお、「霊昌」は崔光遠の出身地、河南省滑県の西南におかれた県。「宮闈」は宮門、「管鑰《やく》」は鍵の管理官である。――さて、親征を宣言したたてまえ上、亡命先の蜀すなわち四川における食糧その他の備蓄にも、別の名目を考えねばならない。そこで、剣南節度大使の潁《えい》王璬、玄宗の第十三皇子が治所の成都に赴任することを口実とし、剣南道に申しつけて備蓄物資を用意させた。「本道」の本は〝当該の〟の意。

この日、天子は北御所に移られた。「仗」すなわち儀仗は天子の象徴。「北内」すなわち北御所は、異説もあるが大明宮をさすらしい。玄宗はこれまで南内すなわち興慶宮に起居していたが、脱出の際の地理的便宜を考えて、その日のうちに北御所にまず移動したのである。

夕刻が来ると、龍武軍大将軍の陳玄礼《ちんげんれい》に命じて全軍を整備排列させて、現金や反物の手当をどっさり下賜し、閑厩使《かんきゅうし》が管轄する馬から九百頭あまりを選び出した。宮廷外部のものはだれもこのことに気づかなかった。
「六軍《りくぐん》」は天子が擁する軍隊、六個軍団をいう。一軍の勢力がどれだけか諸説あるが、この際は人数を問題にしても意味がなかろう。「銭帛」は俸給や賞与として支給される貨幣や絹布のこと。「閑厩」の閑も厩舎、ここは聖暦二年（六九九）に設置された閑厩使、すなわち天子ないし皇族の乗りもの、供奉の輸送に使う牛馬の飼育がかりをいう。さて、いよいよ皇居脱出の亡命行の朝を迎える――

翌六月十三日未明、天子は楊貴妃姉妹、皇子・妃・皇女・皇孫、楊国忠・韋見素・魏方進・陳玄礼およびごく親近な宦官や宮女たちと、皇城西側の南よりの門――延秋門を出られた。妃や皇女・皇孫で宮城外にいたものは、みな見捨てたまま出発したのである。「主」は公主、未既婚を問わず内親王をいう。

*

上過二左蔵一。楊国忠請レ焚レ之。曰。無三為レ賊守一。上愀然曰。賊来不レ得。必更歛二於百姓一。不レ如レ与レ之。無三重困二吾赤子一。

上《しょう》、左蔵《さぞう》を過ぐ。楊国忠、これを焚《や》かんことを請うて曰わく、「賊の為めに守る無《なか》れ」と。上、愀然《しゅうぜん》として曰わく、「賊、来たりて得ずんば、必らず更に百姓《ひゃくせい》より歛《あつ》めん。これを与うるに如《し》かず。重ねて吾《わ》が赤子を困《くる》しましむる無《なか》れ」と。

天子は左蔵庫の前を通りかかった。「左蔵」は右蔵庫とならぶ二大国庫。後者が金銀珠玉・絵画織物など美術品ないし貴金属を蔵めて、天子の私財的要素をおびるのに対して、前者の左蔵庫は国家収入、賦税として徴収された銭帛を収蔵する。晩年の玄宗は奢侈淫楽にふけり、手許不如意から左蔵庫のものにまで手をつけたといわれる。左蔵庫は北内の右銀台門付近にあり（『唐両京城坊攷』巻二）、まさに延秋門への通路にあたっている。

楊国忠が左蔵庫を焼くようお願いした、「賊軍のために大事に取っといてやることはありません。」

天子はかなしそうにいわれた、「賊軍がやって来てこれが手に入らなければ、あらためて民から取りたてるに相違ない。くれてやって、わが民草どもに二重の苦しみをなめさせぬほうがいい。」

ふたりの人間の視点の相違が端的に示された、亡命行の最初の一こまである。

＊

是日。百官猶有㆓入朝者㆒。至㆓宮門㆒。猶聞㆓漏声㆒。三衛立㆑仗儼然。門既啓。則宮人乱出。中外擾攘。

是《こ》の日、百官、猶《な》お入朝する者あり。宮門に至るに、猶《な》お漏声《ろうせい》を聞く。三衛、仗《じょう》を立つること儼然《げんぜん》たり。門、既に啓《ひら》かるれば、則ち宮人乱れ出《い》づ。中外擾《じょう》

不レ知二上所一レ之。於レ是王公・士民四出逃竄。山谷細民争入二宮禁及王公第舍一。盗二取金宝一。或乗レ驢上レ殿。又焚二左蔵・大盈庫一。崔光遠・辺令誠帥レ人救レ火。又募レ人摂二府県官一分守レ之。殺二十余人一。乃稍定。光遠遣二其子一東見二禄山一。令誠亦以二管鑰一献レ之。

攘《じょう》し、上《しょう》の之《ゆ》く所を知らず。是《ここ》に於いて、王公・士民、四出逃竄《とうざん》し、山谷の細民、争って宮禁及び王公の第舎《ていしゃ》に入り、金宝を盗み取る。或るいは驢《ろ》に乗りて殿に上《のぼ》り、又、左蔵《さぞう》・大盈庫《たいえいこ》を焚《や》く。崔光遠《さいこうえん》・辺《へん》令誠《れいせい》、人を帥《ひき》いて火を救う。又、人を募《つの》りて府県官を摂《せつ》せしめ、分かれてこれを守る。十余人を殺して、乃ち稍《ようや》く定《しず》まる。光遠、その子を遣《や》りて東のかた禄山に見《まみ》えしむ。令誠も亦た管鑰《かんやく》を以ってこれを献ず。

この日、文武百官の中には、まだ参内するものがいた。宮門まで来ると、まだ水時計の音がきこえ、近衛兵の儀仗がおごそかに立っている。——百官の登庁は五更《こう》、すなわち午前四時、夜も明けやらぬ早朝である。その早朝の平生と変らぬ静寂と厳粛の象徴として、「漏刻」と「儀仗」がえらばれた。二つの「猶」もまたそのことを強調する。「儼然」は一分の隙もない緊張感をいう形容語。

定刻になり宮門がうち開かれると、なかから宮女たちがごった返して飛び出し、御所の内外は大さわぎになったが、天子のゆくえはわからない。——開門まえの静寂と厳粛は、たちまち喧騒のるつぼと化した。わずか数句のきわめて簡潔素朴な叙述でありながら、髪ふり乱して泣き叫びながら宮門をなだれ出る宮女のさまが眼にうかぶのは、ふしぎである。

そうなると、王公貴族や一般士民たちは四方に逃げかくれる。それとは反対に、山間部の貧民どもが都にあらわれ、われ勝ちに宮廷や王公貴族の邸にふみこみ、金銀財宝を盗み去る。ろばに乗ったまま宮殿にあがるものもあり、さらに左蔵庫《さぞう》や大盈庫《たいえい》に放火する。――むろん、目ぼしいものを掠奪したあと、犯行をくらますためである。「大盈庫」は百宝大盈庫といい、玄宗朝に建造された財貨の倉庫、かの王鉷が毎年百億銭とそれに相当する財宝を民間から徴収して、皇帝の宴会費に当てたという（通鑑・巻二一八、胡三省注）。だから、この倉庫には民衆の憎悪と怨恨がこめられていたはずである。

崔光遠《さいこうえん》・辺令誠《へんれいせい》は人びとを指揮して消火にあたった。「救火」は現代語でも消火の意に用いる。また、人を募って府（州）県官の代行者を決め、各地に分散させて末端政治の秩序維持にあたらせた。無法もの十人あまりが殺されて、少しずつ落着きをとりもどしていった。――十人あまりは見せしめのため槍玉にあがったものにすぎない。

＊

崔光遠はむすこを東方に派遣して、安禄山に目どおりさせ、辺令誠も宮廷の鍵を献上した。

上過二便橋一。楊国忠使二人焚一レ橋。上曰。士庶各避レ賊求レ生。奈何絶二其路一。留二内侍監高力士一。使二撲滅乃来一。上遣二宦者王洛卿前行一。告二諭郡・県一置頓。食時。至二咸陽望賢宮一。洛卿与二県令一倶逃。中使徴召。吏民莫レ有二応者一。日向レ中。上猶未レ食。楊国忠自市二胡餅一以献。於レ是民争献二糲飯一。雑以二麦豆一。皇孫輩争以レ手掬食レ之。須臾而尽。猶未レ能レ飽。上皆酬二其直一。慰二労之一。衆皆哭。上亦掩レ泣。

上《しょう》、便橋を過ぐ。楊国忠、人をして橋を焚《や》かしめんとす。上、曰わく、「士庶《ししょ》、各《おの》おの賊を避けて生きんことを求む。奈何《いかん》ぞその路を絶つ」と。内侍監《ないしかん》なる高力士を留《とど》め、撲滅して乃ち来たらしむ。上、宦者なる王洛卿をして前行せしめ、郡・県に告諭して置頓《ちとん》せしむ。食時、咸陽《かんよう》の望賢宮に至る。洛卿、県令と倶《とも》に逃ぐ。中使、徴召するも、吏民、応ずる者ある莫《な》し。日、向《まさ》に中せんとするに、上、猶《な》お未だ食《く》らわず。楊国忠、自《み》ずから胡餅《こへい》を市《か》いて以って献ず。是《ここ》に於いて民争って糲飯《れいはん》を献ず。雑《まじ》うるに麦・豆を以ってす。皇孫の輩、争って手を以って掬《すく》いこれを食ろう。須臾《しゅゆ》にして尽くし、猶《な》お未だ飽く能わず。上、みなその直《あたい》を酬《むく》い、これを慰労す。衆、みな哭《な》く。上も亦《ま》た泣《なみだ》を掩《おお》う。

天子は便橋を渡った。「便橋」は渭水にかかる橋、長安城の西門すなわち便門の正面にあるからこの名がある。またの名を西渭橋・咸陽橋という。杜甫が戦争に駆りたてられる

出征兵士の出陣を詠む長篇詩「兵車行」に、

耶嬢《ちちはは》・妻子《つまこ》　走りて相送る
塵埃に見えず　咸陽橋《かんようきょう》

とうたったそれである。かつていくたびか肉身たちの悲鳴叫喚をあとに、老若の兵士が帰らぬ旅への重い足どりで踏みならした橋板を、いま亡命天子の一行もしめやかにわたるのである。

楊国忠は人に命じて便橋を焼かせようとした。——又してもである。

天子はいわれた、「なべての民草がめいめい賊軍を避けて生きのびようとしている。その逃げ道をなぜ絶つのだ。」

内侍監、大奥に仕える宦官の取締り高力士《こうりきし》をあとに残し、ぶち壊してから来るように申しつけた。——戦争責任がかれ自身にあることを知ってか知らずか、ここでも玄宗は国民のうえを想いやる。「撲滅」は叩っこわす、いちおう破壊は行なったわけである。

天子は宦官の王洛卿を先行させ、これから通る郡・県に申しつけて、食糧を用意するよう手配させた。昼食時に咸陽の望賢宮にやって来た。「咸陽」は秦の始皇帝が首都をおいたところ。

先行させた王洛卿は咸陽県知事といっしょに逃亡し、宦官が食事を用意させるために人を呼び寄せようとするが、県の役人や民衆はだれも応じない。太陽が中天にちかづこうというのに、天子はまだ食事にありつけないでいた。

楊国忠がみずから蒸しパンを買ってさしあげた。「胡餅」は蒸しパンのほかに、現在の焼餅《シャオピン》（胡麻をくっつけた焼きパン）とする説もある。いずれにしてもほこりっぽい路傍の屋台で手作りして売っている庶民の食べ物である。

すると、民衆が先を争ってそまつな飯をさし出した。麦や豆もまじっている。――民衆は高貴の口に合わぬと遠慮していたのだ。年ゆかぬ皇孫たちはわれがちに手ですくって食べ、たちまちたいらげてまだ満腹できぬようす。天子はぜんぶの代価を支払ってかれらをねぎらわれた。民衆はみな声をあげて泣き、天子も涙をおさえる。

*

有㆓老父郭従謹㆒。進㆑言曰。禄山包㆓蔵禍心㆒。固非㆓一日㆒。亦有㆘詣㆑闕告㆓其謀㆒者㆖。陛下往往誅㆑之。使㆑得㆑逞㆓其姦逆㆒。致㆓陛下播越㆒。是以先王務㆘延㆓訪忠良㆒以広㆗聡明㆖。蓋為㆑此也。臣猶記宋璟為㆑相。数進㆓直言㆒。天

老父《ろうほ》郭従謹《かくじゅうきん》あり、言を進めて曰わく、「禄山が禍心を包蔵するは、固《もと》より一日に非ず。亦た闕《けつ》に詣《いた》りてその謀りごとを告ぐる者ありしに、陛下、往往にしてこれを誅《ちゅう》し、その姦逆を逞《たくま》しうするを得しめ、陛下の播越《はえつ》を致《まね》く。是《ここ》を以って、先王が忠良を延訪して以って聡明を広うするを務むるは、蓋し此《これ》が為めなり。臣は猶《な》お記す、宋璟《そうえい》、相《しょう》と為《な》りて、数《しば》しば直

下頼以安平。自レ頃以来。在レ廷之臣以レ言為レ諱。惟阿諛取レ容。是以関門之外。陛下皆不二得而知一。草野之臣。必知レ有二今日一久矣。但九重厳邃。区区之心無レ路二上達一。事不レ至レ此。臣何由得下睹二陛下之面一而訴上之乎。上曰。此朕之不明。悔無レ所レ及。慰諭而遣レ之。

言を進め、天下頼《さいわ》いに以って安平なりしを。頃《ちかごろ》より以来、廷に在るの臣は言を以って諱《い》と為し、惟《た》だ阿《あ》諛《ゆ》して容を取るのみ。是《ここ》を以って関門の外は、陛下、皆な得て知らず。草野の臣、必らず今日あるを知ること久し。但《た》だ九重厳邃《きゆうちようげんすい》にして、区区の心も上達するに路なし。事、此《ここ》に至らずんば、臣、何に由りてか陛下の面《おもて》を睹てこれを訴うるを得んや」と。上、曰わく、「此《こ》は朕《ちん》の不明にして、悔ゆとも及ぶ所なし」と。慰諭してこれを遣《や》る。

郭従謹《かくじゆうきん》という老爺が天子に申しあげた、

「安禄山めがひそかに逆心をいだきましたは、むろん急におもい立っての事でありませぬし、やつの計画を宮廷へ報《しら》せに来たものもありましたのに、陛下はしばしば殺されました。おかげでやつは奸逆をほしいままにでき、陛下は亡命をよぎなくされました。だから、先王が忠良の人を招聘探訪してみずからの見聞と知識をひろめることにつとめられましたのは、実はこのためでございます。忘れもいたしませぬ。大臣になられた宋璟《そうえい》さまは、たびたび率直な進言をなされ、おかげで天下は太平になりました。このごろと申せばずっと、朝廷の臣下は進言をはばかり、ただおべっかを使ってごきげん取りばかりしております。だから関所のむこうのことは、陛下はすべてご存知なかったのです。民間にある臣下のものは今日あるをずいぶん前から知っていたに相違ありませぬ。ただ、九重《ここのえ》の宮居はいかめしく奥ぶかく、われわれのまごころはおかみの耳に通ずるによしなかった次第です。事態がここに至りませなんだら、てまえなど親しく陛下にお目にかかって訴えることがかないましたでしょうか。」

すでに老父自身も言及するように、一介の老爺が大唐帝国の皇帝を意見する、これは異常なことである。しかも、意見された皇帝はひらあやまりにあやまったのである。

「播越《はえつ》」とは天子の亡命をいう語（『左伝』昭公二十六年の条に出る）。「宋璟」（六六三―七三七）は先帝睿宗の時代に姚崇《ようすう》（六五一―七二一）とともに宰相になり、一時失脚ののち玄宗のもとでも五年間宰相をつとめ、いわゆる〝開元の治《ち》〟の端をひらいた。「関門」とは長安を中心とする京畿（首都圏）の地へ通ずる関所、主として潼関をさす。潼関から向こうとは賊の進駐地帯をいう。「区々」は小っぽけな存在を形容する語から、謙遜していう自称にも用いる。ここは忠誠のこころを謙遜していったもの。

*

俄而尚食挙二御膳一而至。上命先　　俄かにして尚食《しょうし》、御膳を挙《ささ》げて至る。上、命じて先

賜二従官一。然後食レ之。令下軍士散詣二村落一求レ食。期二未時皆集一而行上。夜将レ半。乃至二金城一。県令亦逃。県民皆脱レ身走。飲食・器皿具在。士卒得二以自給一。時従者多逃。内侍監袁思芸亦亡去。駅中無レ灯。人相枕藉而寝。貴賤無二以復弁一。王思礼自二潼関一至。始知二哥舒翰被レ擒。以二思礼一為二河西・隴右節度使一。即令下赴レ鎮。収二合散卒一。以俟中東討上。

に従官に賜わらしめ、然る後これを食らう。軍士をして散じて村落に詣《いた》りて食を求め、未《び》時に皆集まらんことを期して行かしむ。夜、将《まさ》に半ばならんとして、乃ち金城に至る。県令、亦た逃ぐ。県民、皆な身を脱して走《の》がれ、飲食《いんし》・器《き》皿具《べいつぶ》さに在り。士卒、以って自《み》ずから給するを得《う》。時に従者多く逃ぐ。内侍監袁思《えんし》芸《げい》も亦た亡《のが》れ去る。駅中、灯なく、人、相枕藉《ちんしゃ》して寝《い》ね、貴賤、以って復《ま》た弁ずるなし。王思礼、潼関《とうかん》より至り、始めて哥《か》舒翰《じょかん》の擒《とら》えられしを知る。思礼を以って河西・隴右《ろうゆう》節度使と為《な》し、即《ただ》ちに鎮に赴き、散卒を収合して、以って東討を俟《ま》たしむ。

とつぜん、膳部がかりが天子の食膳をささげてやって来た。天子はまず侍従官にあたえ、じぶんはそのあとで召しあがった。

兵士たちに命じ、分散して方々の村へ食糧の徴発にやらせ、未《ひつじ》の刻限すなわち午後二時を期してみなが集合してから、出発させた。

夜なかにま近いころ、やっと金城県についた。「金城」はいまの甘粛省皐蘭《こうらん》県である。そこの知事も逃亡しており、県下の民衆はみな身一つでさっと逃げたので、飲食物や鍋かま食器の類がそのまま残されている。兵士たちはそれで食糧の補給ができた。その際に、亡命について来たものがたくさん逃げ、内侍監の袁思芸《えんしげい》も逃亡した。宿場の本陣は灯《あか》りがなく、人々は重なりあってざこ寝し、身分の高下はもはや区別するによしなかった。

王思礼が潼関《とうかん》からやって来て、はじめて哥舒翰《かじようかん》が捕虜になったことがわかった。王思礼を河西・隴右《ろうゆう》節度使に任命し、すぐに治所に行って、敗残兵を集めて軍をたてなおし、東征すなわち賊軍征討の機を待つように申しつけた。「河西・隴右節度使」はかつて哥舒翰が兼領していたポストである。

＊

丙申。至㆓馬嵬駅㆒。将士飢疲。皆憤怒。陳玄礼以㆔禍由㆓楊国忠㆒欲㆑誅㆑之。因㆓東宮宦者李輔国㆒以告㆓太子㆒。太子未㆑決。会吐蕃使者二十余人遮㆓国忠馬㆒。

丙申《ひのえさる》、馬《ば》嵬《かい》駅に至る。将士、飢《う》え疲れて、皆な憤怒《ふんど》す。陳玄礼は禍《わざわい》の楊国忠に由るを以って、これを誅《ちゅう》せんと欲し、東宮の宦者李輔国《りほこく》に因りて以って太子に告ぐ。太子、未だ決せず。会《たま》たま吐蕃《とばん》の使者二十余人、国忠の馬を遮《さえぎ》り、訴うるに食なきを以ってす。

訴以レ無レ食。国忠未レ及レ対。軍士呼曰。国忠与二胡虜一謀レ反。或射レ之。中レ鞍。国忠走至二西門内一。軍士追殺レ之。屠割二支体一。以レ槍掲二其首於駅門外一。幷殺二其子戸部侍郎暄及韓国・秦国夫人一。御史大夫魏方進曰。汝曹何敢害二宰相一。衆又殺レ之。韋見素聞レ乱而出。為二乱兵所一レ檛。脳血流レ地。衆曰。勿レ傷二韋相公一。救レ之。得レ免。

国忠、未だ対《こた》うるに及ばざるに、軍士、呼ばわりて曰わく、「国忠、胡虜《こりょ》と反《そむ》かんことを謀る」と。或るひとこれを射《い》て鞍に中《あ》つ。国忠、走りて西門内に至る。軍士、追いてこれを殺し、屠《ほふ》りて支体を割《さ》き、槍を以ってその首を駅門の外に掲《かか》ぐ。幷せてその子戸部侍郎暄《けん》、及び韓国・秦国夫人を殺す。御史大夫魏方進《ぎほうしん》、曰わく、「汝が曹《そう》、何ぞ敢えて宰相を害するや」と。衆、又これを殺す。韋見素《いけんそ》、乱を聞きて出《い》で、乱兵に檛《う》たれ、脳血《のうけつ》、地に流る。衆曰わく、「韋相公《いしょうこう》を傷つくる勿れ」と。これを救えば、免がるるを得たり。

六月十四日、亡命行の翌日、馬嵬《ばかい》陂の宿場についた。陝西省興平県の西方一六キロ、首都長安からおよそ五〇キロあまりの地点にある。

将兵たちは空腹と疲労でみな気がたってぷりぷりしている。陳玄礼は禍乱の原因が楊国忠にあるので、かれを誅殺しようと思い、東宮御所の宦官李輔国《りほこく》を通じて、皇太子にその意向をしらせた。皇太子にはなお決断がつかない。ちょうどそのとき吐蕃《チベット》の使節——正史によれば講和使節とある、二十人あまりが、楊国忠の馬前に立ちふさがり、食べ物がないことを訴えた。楊国忠が返答せぬうちに、兵隊たちが叫んだ、「国忠がえびすどもと謀叛をくわだておる。」――カン違いしたのである。

誰かが放った矢が鞍に命中した。楊国忠は陣屋の西門に逃げこむ。兵隊たちはあと追っかけて殺し、肢体をばらばらに料理し、かれの首を槍に吊るして陣屋の門外にかかげた。同時に、かれのむすこ戸部侍郎楊暄《ようけん》と、韓国・秦国両夫人をも殺害した。――虢国夫人や楊国忠の妻と幼児は一たんのがれるが、まもなく後に殺される。

御史大夫の魏《ぎ》方進がいった、「きさまら、よくも宰相どのを害《あや》めおったな。」みなはかれをも殺してしまった。

造反と聞いて出て来た韋見素は、造反兵に打たれ、脳天から流れる血しおが地上を染める。みなが「韋閣下にけがさすな」といって助けたので、韋見素は殺されずにすんだ。

――集団の殺気だったときの、物のはずみの恐ろしさをまざまざと見せる一こまである。「汝曹」は汝輩に同じ。「檛」は杖または鞭、それが動詞となれば棒状のもので打つことであろう。唐代では手扁の字も木扁に書く（たとえば敦煌出土文書）から、撾と同じであろう。太鼓をばちで叩くのを撾鼓という。

なお『旧唐書』楊国忠伝によれば、殺気だった兵隊は楊国忠の肉を争って食べたといい、さらに吐蕃の兵隊も全滅の悲運に遭ったことを伝えている。

軍士囲レ駅。上聞二諠譁一。問二外何事一。左右以二国忠反一対。上杖屨出二駅門一。慰二労軍士一。令レ収レ隊。軍士不レ応。上使二高力士問一レ之。玄礼対曰。国忠謀レ反。貴妃不レ宜二供奉一。願陛下割レ恩正レ法。上曰。朕当二自処一レ之。入レ門。倚レ杖傾レ首而立。久レ之。京兆司録韋諤前言曰。今衆怒難レ犯。安危在二晷刻一。願陛下速決。因叩頭流レ血。上曰。貴妃常居二深宮一。安知二国忠反謀一。高力士曰。貴妃誠無レ罪。然将士已殺二国忠一。而貴妃在二陛下左右一。豈敢自安。願陛下審思レ之。将士

*

軍士、駅を囲む。上、諠譁《けんか》を聞き、外《そと》、何事ぞと問う。左右、国忠が反《そむ》けるを以って対《こた》う。上、杖屨《じょうく》して駅門を出《い》で、軍士を慰労して、隊を収めしめんとす。軍士、応ぜず。上、高力士をしてこれを問わしむ。玄礼、対《こた》えて曰わく、「国忠、反を謀りたれば、貴妃は宜《よろ》しく供奉すべからず。願わくは陛下、恩を割《さ》き法を正せ」と。上、曰わく、「朕は当《まさ》に自《みずか》らこれを処すべし」と。門を入り、杖に倚《よ》り首を傾けて立つこと、これを久しうす。京兆《けいちょう》の司録韋諤《いがく》、前《すす》みて言いて曰わく、「今、衆怒《いか》りて犯し難し。安危は晷刻《きこく》に在り。願わくは陛下、速やかに決せよ」と。因りて叩頭して血を流す。上、曰わく、「貴妃は常に深宮に居れり。安《いず》くんぞ国忠の反謀《はんぼう》を知らんや」と。高力士、曰わく、「貴妃は誠に罪なし。然れども将士、已《すで》に国忠を殺せり。而も貴妃は陛下の

安則陛下安矣。上乃命二力士一引二貴妃於仏堂一。縊殺レ之。輿レ尸寘二駅庭一。召二玄礼等一入視レ之。玄礼等乃免レ冑釈レ甲。頓首請レ罪。上慰二労之一。令レ暁二諭軍士一。玄礼等皆呼二万歳一。再拝而出。於レ是始整二部伍一為二行計一。諤見素之子也。

左右に在り。豈《あ》に敢えて自《み》ずから安《やす》んぜんや。願わくは陛下、審《つまび》らかにこれを思え。将士安ければ、則ち陛下安し」と。上、乃ち力士に命じ、貴妃を仏堂に引《みちび》きて、縊《くび》りてこれを殺さしめ、尸《し》を輿《よ》して駅庭に寘《お》き、玄礼等を召して入りてこれを視《み》しむ。玄礼等、乃ち冑《ちゅう》を免《ぬ》ぎ、甲を釈《と》き、頓首して罪を請う。上、これを慰労し、軍士に暁諭《ぎょうゆ》せしむ。玄礼等、みな万歳《ばんざい》を呼《さけ》び、再拝して出《い》ず。是《ここ》に於いて始めて部伍を整え行計を為《な》す。諤《がく》は見素の子なり。

兵士たちは陣屋を包囲する。騒々しいもの音を耳にした天子が、「おもては何事が起きたのじゃ」ときかれる。側近のものは、楊国忠が叛逆を企てた旨お答えした。

天子は履き物をかえ杖をついて、陣屋の門から外に出る。さわぐ兵隊たちにねぎらいの言葉をかけて、引き取らせようとするが、兵隊たちは承知しない。

「諠譁《けんか》」は双声の擬態語、がやがや。邦語で争いごとをいう用法は中国語にはない。「杖《じょう》屨《く》」は杖とはきもの、老人の外出についてのみ用いる語、経書の一つ『礼記《らいき》』曲礼《きょくらい》篇の「君子に侍坐し、君子欠伸《あくび》すれば、杖屨を撰び、日の蚤《はや》きか莫《く》るるかを視て、侍坐する者は出《い》でんことを請う」にもとづく。

天子は高力士に申しつけて、かれらが承知しない理由をきかせた。陳玄礼が答えた、「楊国忠は謀叛《むほん》をくわだてたのです。貴妃さまがおん供つかまつっておりましては、おもしろくありません。どうか陛下、恩情を断たれて法による処断を下していただきとう存じまする。」――「恩を割《さ》く」の恩は恩愛、割は断ちがたきものを断ちきる、思いきる・あきらめる意。

天子はいった、「これはわしの手で処置することだ。」――いとしい女をいきりたつ兵士の残忍な処置に任せたくないという表現である。しかしながら、かれは――門を入ったものの、杖にすがり首をかしげてたたずんだまま、時がうつろう。簡潔な表現のうちに、玄宗の悲痛な胸中が読者に伝わって来る。

京兆府の司録参軍（正七品上）、いわば都庁の庶務課長である韋諤《いがく》がすすみ出ていった、「ただいま一同の怒りは逆らいかねるものがあり、安危の分かれめは時間の問題です。どうか陛下、即刻ご決断のほど願いあげまする。」――「晷刻《きこく》」は時間、晷は日かげをいう。そう願い出るとかれは、地に頭をぶっつける最敬礼をして、額から血が流れる。――必死の歎願である。

天子はいう、「しょっちゅう奥御所にくらす身の貴妃に、楊国忠の謀叛の企てがなんでわかろう。」――玄宗はなおも未練がましくぐちる。だがいまや寸刻のゆうよも許されない。

高力士がいった、「いかにも貴妃さまに罪はございませぬ。しかし、将兵どもが国忠どのを殺《あや》めましたいま、貴妃さまが陛下のお側にあっては、かれらもおちおちできましょうか。どうか陛下、とくとご思案のほど願います。将兵どもが平安無事ならば陛下も平安無事というわけですぞ。」

そこで天子は高力士に申しつけ、楊貴妃を仏堂につれてゆかせ、首を絞めて殺させた。遺骸をこしにのせて陣屋の中庭に置き、陳玄礼らを呼びいれて確認させた。――大唐帝国の老皇帝、その六十路《むそじ》を越えた最晩年をすっかり狂わせた傾国の美女も、ついにあえない最期を遂げる。時に貴妃は数え年三十八歳。かの白楽天のながうた「長恨歌」は、楊貴妃の死をうたっていう、

花鈿《らでんのかざし》は地に委《す》てられて人の収むる無し
翠《かわせみ》の翹《はね》かざりと金《こがね》の雀《くじやく》　玉《ぎよく》の搔頭《こうがい》
君主　面《おもて》を掩《おお》いて救うこと得《かな》わず
回り看て血涙相和《あいまざ》りて流る

なお、「誠」は〝いかにも・たしかに〟という、下文に然・而などの転折の助字を予想させる副詞である。「仏堂」は駅舎（陣屋）の中に設けられた仏殿であろう。

陳玄礼らはようやくものものしい武装を解き、最敬礼をしてお詫びを申しあげる。天子

はかれらをねぎらい、部下の将兵たちに知らせるようにいわれた。玄礼らはみな万歳《ばんざい》を叫び、再拝の礼をして退出した。いまやはじめて隊伍が整備されて亡命の行軍計画が確立した。

韋諤とは韋見素のむすこである。

楊貴妃の死は、この一連の事件における、いわばクライマックスである。唐・楽史の『太真外伝』には、この一段がやや詳細に描かれている。いま、つぎに紹介して、同時に歴史と小説との相違を確かめる資にしてもらおう。

上、乃ち駅門を出でて《い》、六軍《りくぐん》を労《ねぎら》う。六軍、囲みを解かず。上、左右を顧りみて、その故を責《ただ》す。高力士、対えて曰わく、「国忠、罪を負《お》い、諸将これを討つ。貴妃は即ち国忠の妹にして、猶お陛下の左右に在り。群臣、能《よ》く憂怖なからんや。伏して乞う、聖慮截《せつ》断せられんことを」と。上、廻《めぐ》りて駅に入る。駅門の内、傍《かたわ》らに小巷《こうじ》あり。上、行宮《かりのみや》に帰るに忍びず、巷中に於いて杖に倚り首を欹《かし》げて立つ。聖情昏嘿《こんもく》、久しうして進まず。京兆の司録韋鍔、進みて曰わく、「乞うらくは陛下、恩を割き忍断して以って国家を寧《やす》んぜられんことを」と。逡巡《たちまち》にして上、行宮《かりのみや》に入り、妃子を撫《いたわ》りて庁門よ《きさき》り出で《い》しめ、馬道の北なる牆《へい》の口に至りてこれと別れ、力士をして死を賜わらしむ。妃は泣涕嗚咽《おえつ》し、語《ことば》、情に勝《た》えず、乃ち曰わく、「願わくは大家《わがきみ》、好《すこや》かに住《あ》れかし。

妾《われ》は誠に国恩に負《そむ》けり、死するも恨みなし。乞う仏に礼《らい》するを容《ゆる》せ」と。帝曰わく、「願わくは妃子、善地《ごくらく》に生を受けよ」と。力士、羅《うすぎぬ》の巾《ひれ》を以って仏堂の前なる梨の樹の下《もと》にて縊《くび》れしむ。纔《いま》し絶ゆるや、南方より茘枝《れいし》を進めて至る。上、これを観《み》て長き号《ため》いきすること数息《いくこえ》、力士に使《めい》じて曰わく、「我がためにこれを祭れ」と。祭りし後も六軍は尚おいまだ囲みを解かず。繡《ぬい》せる衾《ふすま》を以って牀を覆《おお》い、駅庭の中に置きて、玄礼らに勅《みこと》のりして駅に入りてこれを視しむ。玄礼、その首を擡《もちあ》げてその死せるを知り、「是《ぜ》なり」と曰う。囲み解かる。西郭の外《そと》一里計《ばか》り道の北がわなる坎《あな》の下に瘞《うず》めり。

*

丁酉。上将レ発二馬嵬一。朝臣惟韋見素一人。乃以二韋諤一為二御史中丞一。充二置頓使一。将士皆曰。国忠謀レ反。其将吏皆在レ蜀。不レ可レ往。或請レ之二河・隴一。或請レ之二霊武一。或請レ之二太原一。或言レ還二京師一。上意在レ入レ蜀。慮

丁酉《ひのととり》、上《しょう》、将《まさ》に馬嵬《ばかい》を発せんとす。朝臣は惟《た》だ韋見素一人あるのみ。乃ち韋諤《いがく》を以って御史中丞と為し、置頓使《ちとんし》に充《あ》つ。将士、皆な曰わく、「国忠、反《そむ》かんことを謀る。その将吏はみな蜀《しょく》に在り。往くべからず」と。或るいは河・隴《ろう》に之《ゆ》かんと請い、或るいは霊武《れいぶ》に之《ゆ》かんと請い、或るいは太原に之《ゆ》かんと請い、或るいは京師《けいし》に還らんと言う。上の意は蜀《しょく》に入るに

レ違二衆心一。竟不レ言レ所レ向。韋諤曰。還レ京。当レ有二禦レ賊之備一。今兵少。未レ易二東向一。不レ如且至二扶風一。徐図二去就一。上詢二于衆一。衆以為レ然。乃従レ之。

在るも、衆心に違《たが》うを慮《おそ》れ、竟《つい》に向かう所を言わず。韋諤曰わく、「京《けい》に還らんには、当《まさ》に賊を禦《ふせ》ぐの備《そな》えあるべし。今、兵少なし。未《いま》だ東に向かうに易《やす》からず。如《し》かず、且《しば》らく扶風《ふふう》に至りて、徐《おもむ》ろに去就を図らんには」と。上、衆に詢《と》う。衆、以って然りと為す。乃ちこれに従う。

六月十五日、天子は馬嵬《ばかい》陂の宿場を出発しようとした。朝廷の臣、中央庁の文官は危うく一命をまぬがれた韋見素ただひとり残るだけなので、むすこの韋諤《いがく》を御史中丞として、置頓使《ちとんし》すなわち亡命行の設営がかりにあてた。――あとの随行者は龍武軍にしろ節度使の配下にしろ、軍人ばかりだというわけである。その軍人たちから亡命先についてクレームがついた。剣南節度使として蜀すなわち四川に勢力を扶植している楊国忠を殺した現在、そこへ亡命することにかれらが危惧を感じたのも、無理はない。そして、いくつかの代案が提出された。

河隴すなわち甘粛省西部の西域よりの地、霊武すなわち寧夏省霊武県、太原すなわち山西省太原、のちの二つはそこを中心とする郡である。そのほかに、脱出して来たばかりの首都長安へもどる案、というように諸説紛々である。天子自身のはらは、やはり蜀入りしたいのだが、軍の意向に逆らってはまずいので、結局ゆく先をあかさない。——そのとき、韋謂の説得力ある発言がいちおう軍を納得させる。かれの信望の厚さが察せられる。

韋謂がいった、「都に帰りますなら、当然逆賊を防ぐ用意がなくてはなりませぬ。ただいまは兵力も乏しく、これでは東に向かうのはむりと申すもの。とりあえず扶風までまいり、ゆるゆる進退の計画を立てたほうがよろしい。」——「扶風」は陝西省鳳翔県を中心とする郡（岐州）。「詢」は問いただす。

さて、いちおうの行き先は決定したが、このたびは民衆からクレームがついた。

＊

及㆑行。父老皆遮㆑道請㆑留。曰。宮闕陛下家居。陵寝陛下墳墓。今捨㆑此。欲㆓何之㆒。上為㆑之按㆑轡久㆑之。乃令㆔太子於㆑後宣㆓慰父老㆒。父老因曰。至尊既不㆑肯㆑留。某等願帥㆓子弟㆒。従㆓殿下㆒東破㆑賊。取㆓長安㆒。若殿下与㆓至尊㆒皆入㆑蜀。使㆔中原百姓

行くに及び、父老みな道を遮《さえぎ》りて留まらんことを請いて曰わく、「宮闕《きゆうけつ》は陛下の家居にして、陵寝《りようしん》は陛下の墳墓《ふんぼ》なり。今、此を捨てて何《いず》くに之《ゆ》かんと欲したもう」と。上、これが為めに轡《ひ》を按《あん》ずることこれを久しうして、乃ち太子をして後《のち》に於いて父老を宣《せん》慰《い》せしめんとす。父老、因りて曰わく、「至尊、既に留まるを肯《がえ》んぜざれば、某等《それがし》、願わくは子弟を帥い、殿下に従いて東のかた賊を破り、長安を取らん。

誰為二之主一。須臾衆至数千人。太子不レ可。曰。至尊遠冒二険阻一。吾豈忍三朝夕離二左右一。且吾尚未二面辞一。当下還白二至尊一。更稟中進止上。涕泣。跋レ馬欲レ西。建寧王倓与二李輔国一執レ鞚諫曰。逆胡犯レ闕。四海分崩。不レ因二人情一。何以興復。今殿下従二至尊一入レ蜀。若賊兵焼二絶桟道一。人情則中原之地拱レ手授レ賊矣。人情既離。不レ可二復合一。雖レ欲二復至レ此。其可レ得乎。不レ如収二西北守レ辺之兵一。召二郭・李於河北一。与レ之併レ力。東討二逆賊一。克二復両京一。削二平四海一。使二社稷危而復安。宗廟毀而更存一。掃二除宮禁一以迎二至尊一。豈非二孝

若《も》し殿下、至尊と皆な蜀に入らば、中原の百姓《ひやくせい》をして誰かこれが主たらしむるや」と。須臾《しゆゆ》にして衆の至るもの数千人。太子、可《き》かず。曰わく、「至尊は遠く険阻《けんそ》を冒《おか》す。吾、豈《あ》に朝夕左右を離るるに忍びんや。且つ吾は尚お未《ま》だ面《な》のあたり辞《じ》せず。当《まさ》に還りて至尊に白《もう》し、更に進止を稟《つ》ぐべし」と。涕泣《ていきゆう》し、馬を跋《ばつ》して西せんと欲す。建寧《けんねい》王倓《たん》、李輔国《りほこく》と鞚《くつわ》を執りて諫《いさ》めて曰わく、「逆胡、闕《けつ》を犯し、四海分崩《ぶんぼう》す。人情に因らずんば、何を以って興復せん。今、殿下、至尊に従いて蜀に入る。若し賊兵、桟道《さんどう》を焼絶せば、則ち中原の地は手を拱《こまぬ》きて賊に授くるなり。人情、既に離るれば、復《ま》た合すべからず。復《ふた》たび此《ここ》に至らんと欲すと雖も、それ得べけんや。如かず、西北、辺を守るの兵を収め、郭《かく》・李《り》を河北より召し、これと力を併わせて東のかた逆賊を討ち、両京《けい》を克《こく》復《ふく》し、四海を削平《さくへい》し、社稷《しやしよく》をして危うきも復《ま》た安からしめ、宗廟をして毀《こぼ》たるるも更に存せしめ、宮禁

之大者ニ乎。何必区区温凊。為ニ
児女之恋ニ乎。広平王俶亦勧ニ太
子留一。父老共擁ニ太子馬一。不レ得
レ行。

を掃除《そうじょ》して以って至尊を迎えんに。豈《あ》に孝の大なる
者に非ずや。何ぞ必らずしも区区として温凊《おんせい》し、児
女の恋《れん》を為すや」と。広平王俶《しゅく》も亦た太子に留まら
んことを勧む。父老、共に太子の馬を擁して、行く
を得ず。

亡命の旅が再開されると、民間の長老たちが道をふさいで、京畿すなわち首都圏にとどまるよう歎願した、

「御所は陛下のおん住ま居、御陵《みささぎ》は陛下のおん墓所でございます。いま、それらの地を捨ててどこへ行こうとなされます。」

これはモラルの最高師表——聖人と仰がれる君主にとって、もっとも痛い発言である。「家居」は先祖代々の定住常居の故郷、「墳墓」は人間の帰趨する（死）場所だからである。後世の俗文学、小説や戯曲に登場する庶民たちの通念にあってさえ、異郷にあること〝離郷背井〟（家郷をはなれる成句）を最大の不本意とする。

天子はそのために手綱をひかえ、しばし行軍が停止する。そこで皇太子に、後で長老たちをなだめてくれるように申しつける。——玄宗は皇太子に後の始末をまかせて逃げるように立ち去ったのである。

長老たちはそこで請願する、「おかみが残るのをいやだとおっしゃるからには、わたくしどもが若者たちをひきいて、皇太子殿下のお供を仕まつり、東めざして賊軍をうち破り、長安を奪い返すようにお命じ下され。」——いまさらかれらに従軍できるわけがない。せめて皇太子だけ残ってほしいという哀れな歎願なのである。

「もしも皇太子さまもおかみとともに蜀入りなさいますれば、われら中原の民はどなたを君主と仰げばよいのでしょう。」

かくてたちまち、数千の群衆がやって来た。しかし、皇太子は民衆の請願をきくわけにゆかない。

「おかみがはるばる険しい道中をおかして行かれるのに、わたしが朝夕お側を離れる、さようなことは耐えがたい。それに、わたしはまだ面《ま》のあたりお別れの挨拶もしておらぬ。とって返しておかみに事情を告げ、あらためて今後の行動を申しあげなくてはならぬ。」

——皇太子もすでに逃げ腰である。玄宗の亡命行にそのまま ついて行く下ごころが見えすいている。かれは泣きながら、馬躍らせて西方に向かおうとする。「跋《ばつ》」(bat) はその発音が示すように、群衆の渦の中から馬を躍らせて脱出すること。その皇太子の腹を読みとったのであろう——

建寧王の李倓《りたん》が宦官の李輔国とともに馬のくつわをつかんで忠告する、

「えびすの逆賊に御所を犯され、天下がずたずたに崩壊しましたいま、民の心に頼らないで、どうして国家の恢復がなりましょう。今、殿下がおかみのお供をして蜀入りなさり、もし賊軍が蜀のかけはしを焼き払いましたら、中原の地は手をつかねてみすみす賊軍にくれてやることになります。いったん民の心が離反しますれば、もうこちらに付けることはかないませぬ。ふたたびここへ参りたくてもできぬ相談。さればこうなすってはいかがでしょうか――西北辺境の守備部隊をあつめ、郭子儀・李光弼をかれらが奮戦中の河北の地から呼びもどし、かれらと協力して東のかた逆賊を討伐し、二つの都を奪還して天下を平定なさる。さすれば、危殆に瀕した国家もふたたび安泰となり、破壊された宗廟《みたまや》もあらためて存続し、汚された御所も掃い清めて、おかみをお迎えになる、それこそ大いなる孝行ではないでしょうか。なにもこまごまと日常のせわをやかれ、未練たらしい婦女子のまねをなさることはないでしょう。」

――いずれ明かされるが、李倓は皇太子の第三子、わが子からの痛烈な忠告なのである。「社稷」は国家が祭るべき土地神と穀物神で、国家の象徴とされる。「温凊《おんせい》」は親に対する日常のいたわり、『礼記』曲礼篇にいう、「およそ人の子たるの礼、冬は温かくして夏は凊《すず》しくす。」「人情」は民のきもち、唐代の文献では、太宗のいみな世民を避けて、民をみな人に作る。ここもそのなごりであろう。「桟道」は陝西省から四川省に通ずる近道の、渓谷沿いの絶壁にかけ渡した木組みのかけはし。かの漢の高祖が張良の勧告により、やはり「焼絶」した故事で有名である。秦政府打倒のあかつき、論功行賞の主導権をにぎった項羽のため、蜀漢王にされて不満なかれは、内心に復仇を誓いながら、所領に赴任するすぐあとから、この桟道を焼きはらい、項羽に対して「東する意なきを示し」たところ（『史記』巻八・高祖本紀および巻五十五・留侯世家）。

広平王の李俶も皇太子に残留を勧告するし、長老たちはみなで皇太子の馬を取り巻くものだから、進むことができない。

＊

太子乃使㆓俶馳白㆒ㇾ上。上総ㇾ轡待㆓太子㆒。久不ㇾ至。使㆓人偵㆒ㇾ之。還白ㇾ状。上曰。天也。乃分㆓後軍二千人及飛龍厩馬㆒従㆓太子㆒。且諭㆓将士㆒曰。太子仁孝。可ㇾ奉㆓宗廟㆒。汝曹善輔㆓佐之㆒。又諭㆓太子㆒曰。汝勉ㇾ之。勿㆓以ㇾ吾為㆒ㇾ念。西北諸胡。吾撫ㇾ之素厚。汝必得㆓其用㆒。太子南向号泣而已。又使ㇾ送㆓東宮内人於

太子、乃ち俶《しゅく》をして馳《は》せて上に白《もう》さしむ。上、轡《ひ》を総《つか》ねて太子を待つ。久しうして至らず。人をしてこれを偵《うかが》わしめしが、還りて状を白す。上、曰わく、「天なり」と。乃ち後軍二千人及び飛龍厩《きゅう》の馬を分かちて太子に従わしめ、且つ将士に諭《さと》して曰わく、「太子は仁孝にして、宗廟《そうびょう》を奉ずべし。汝が曹《そう》、善くこれを輔佐せよ」と。又、太子に諭して曰わく、「汝、これを勉《つと》めよ。吾を以って念と為す勿《なか》れ。西北の諸胡は、吾これを撫《ぶ》すること素《もと》より厚し。汝、必らずその用を得ん」と。太子、南に向きて号泣す

太子一。且宣旨欲レ伝レ位。太子不レ受。俶・倓皆太子之子也。

るのみ。又、東宮の内人《ないじん》を太子に送らしめ、且つ宣《せん》旨《し》して位を伝えんと欲す。太子、受けず。俶《しゅく》・倓《たん》はみな太子の子なり。

皇太子はそこで李俶に馬を走らせて、天子にその旨を言上させた。天子は手綱をつかねて皇太子を待っていたが、時間がたつのにやって来ない。様子をさぐりにやらせたものがもどって、事情をしらせた。

天子はいった、「ああこれまでだ。」

「天也」は、人力では如何ともなしがたい運命を確認したときの諦め乃至絶望の叫び、現代語でいえば〝没法子《メイファヅ》〟である。宋元期の俗語ではこのことばが、〝あーあ〟〝あれっ〟にも似た間投詞と化して庶民にも使用される。

そこで、後軍すなわちしんがり部隊二千人と飛龍厩のよりぬきの軍馬を割愛して、皇太子の供をさせ、かつ将兵たちに告諭された、「皇太子は博愛心にとみ孝行ものだから、宗廟《みたまや》の守《も》りができよう。そのほうたち、しっかりやれい、しっかり太子を助けてやってくれ。」

さらに、皇太子にさとされた、「しっかりやれい。わしのことは心配せんでよい。西北のえびすどもは、わしがかねがねうんと可愛がって来たから、そちのためにきっと働いてくれるだろう。」——「西北の諸胡」とは回紇《ウィーグル》を主体とする異民族、かれらはのちに唐朝の復興に尽力する。
皇太子は南の方を向いて号泣するばかりである。――南とは、玄宗の居る方角。皇太子はついに玄宗のもとにもどらなかったのである。天子はさらに、東宮の妃たちをとどけさせ、しかも詔《みこと》のりして天子の位を譲ろうとしたが、皇太子はおうけしない。

さきに皇太子に忠告した李俶・李倓はともに皇太子のむすこである。

*

己亥。上至二岐山一。或言賊前鋒且レ至。上遽過。宿二扶風郡一。士卒潜懐二去就一。往往流言不遜。陳玄礼不レ能レ制。上患レ之。会成都貢二春綵十余万匹一。至二扶風一。上命悉陳二之於庭一。召二将士一入。臨レ軒諭レ之曰。朕比来衰耄。託任失レ人。致二逆胡乱一レ常。須三遠避二其鋒一。知下卿等皆蒼猝従レ朕。不レ得レ別二父母妻

己亥《つちのとい》、上、岐山《きざん》に至る。或るひと言う、「賊の前鋒、且《まさ》に至らんとす」と。上、遽《にわ》かに過ぎて扶風《ふふう》郡に宿る。士卒、潜《ひそ》かに去就を懐《おも》い、往往にして流言すること不遜、陳玄礼も制する能わず。上、これを患《うれ》う。会《たま》たま成都、春綵《しゅんさい》十余万匹を貢《こう》して、扶風に至る。上、命じて悉《こと》ごとくこれを庭に陳《つら》ね、将士を召して入らしめ、軒に臨んでこれに諭《さと》して曰わく、「朕《ちん》、比来衰耄《ちかごろすいもう》し、託任《たくにん》、人を失い、逆胡の常を乱すを致さしむ。須《すべか》らく遠くその鋒《ほう》を避くべし。卿等《けいら》みな蒼《そう》猝《そつ》にして朕に従い、父母・妻子に別るるを得ず、茇《ばつ》

子一。芟渉至レ此。労苦至矣上。朕甚愧レ之。蜀路阻長。郡県褊小。人馬衆多。或不レ能レ供。今聴二卿等各還レ家。朕独与二子孫・中官一前行入レ蜀。亦足二自達一。今日与二卿等一訣別。可下共分二此綵一以備中資糧上。若帰見二父母及長安父老一。為レ朕致レ意。各好二自愛一也。因泣下霑レ襟。衆皆哭曰。臣等死生従二陛下一。不二敢有レ弐。上良久曰。去留聴レ卿。自レ是流言始息。

渉《しょう》して此《ここ》に至り、労苦の至れるを知る。朕、甚だこれを愧《は》ず。蜀の路は阻長《そちょう》、郡県褊小《へんしょう》にして、人馬衆多なれば、或るいは供《きょう》する能わざらん。今、卿等の各《おの》おの家《くに》に還るに聴《まか》さん。朕は独り子・孫・中官と前行して蜀に入らんも、亦た自《み》ずから達するに足らん。今日《こんにち》、卿等と訣別するに、共に此の綵《あやぎぬ》を分かちて以って資糧に備うべし。若《も》し帰りて父母及び長安の父老に見《あ》わば、朕が為めに意を致せ。各《おの》おの自愛するが好し」と。因りて泣下《なみだくだ》りて襟を霑《うるお》す。衆、みな哭《な》きて曰わく、「臣等、死生、陛下に従い、敢《あ》えて弐《に》あらじ」と。上、良久《しばし》ありて曰わく、「去留は卿に聴《まか》さん」と。是《これ》より流言始めて息《や》む。

――こちら玄宗の一行の動静が語られる。
六月十七日、天子は岐山県につく。「岐山」は扶風郡の属県。
だれかが賊軍の先鋒部隊がそこまで来ているというので、天子は急遽素通りして、扶風県で宿泊することにした。

兵士たちは内心身の振り方を思いめぐらし、とかく不遜にわたるデマが飛んで、司令官の陳玄礼も制止することができない。天子はそのことを憂慮した。ちょうどその時、成都から四川の貢納品である綵《あやぎぬ》の春季分十万匹あまりが、扶風県に到着した。「一匹」は四丈、およそ十二メートル。

天子は命令を下し、陣屋の庭にぜんぶならべさせて、指揮者と下士官を呼び入れ、軒端に出て告諭された、

「ちかごろもうろくしたわたしは、政務を任せる人物の選定をあやまり、おかげでえびすの逆賊めが平和を乱す事態をまねき、賊軍の鋒先を遠くへ避けねばならなくなった。そなたらはいずれも唐突の間にわしの供をし、父母妻子に別れを告げることもならず、ここまで遠い旅路を踏みこえ、さぞ苦労のかぎりをなめたであろ。そのことはよく承知しており、わしはとてもすまなく思っている。」――「茇渉《ばつしょう》」は跋渉に同じ、「愧」はむしろ感謝する方向に傾くことば、宋元期の俗語で「やれ有難や」というときに〝慚愧〟という。――玄宗はつづける。

「蜀への路はけわしくて遠いし、蜀の郡・県は狭っくるしい。われわれ一行は人馬ともに大世帯ゆえ、どうかすると食糧などの供給ができぬかもしれぬ。ただいまから、そなたらは各自郷里へ帰ろうと自由じゃ。わたしは孫子たちや宦官たちだけでこの先の旅をつづけて蜀入りする。わたしらだけでもたどりつけるだろう。今日、そなたらと別れるにあたり、

一同でこの綵《あやぎぬ》を分配し、食糧物資の購入にそなえるがよい。もし故郷に帰って、父母とかあるいは長安の長老たちに出会うたら、よろしくこの気もちを伝えてくれ。さあ、めいめい自分のからだを大事にするよう。」――「好」はむろん以下に来る動作につとめる意。ただし別離のあいさつによく用い、その場合は〝さらば〟〝それでは〟といったきもち。

そういって涙を流し、衣服の前をぬらされた。「襟」は邦語の〝えり〟だけでなく、すそ前に至るまでをいう。

一同も声をあげて泣きながらいう、「身どもら、命をかけて陛下のお供を仕まつり、けっして二心をいだきはいたしませぬ。」

天子はしばらくしていった、「残ろうと去ろうとそなたらの自由なんだよ。」

この時以来、ようやくデマはあとを絶った。

――亡命一行の内部における動揺は、ともかくも拭われたが、おそらくかれらの胸底には賊軍追跡の不安がなお重くよどんでいたであろう。しかし、実際にはその危惧はまったくなかった。以下には長安占拠後における安禄山軍の動静が紹介される。

*

安禄山不レ意二上遽西幸一。遣レ使止二崔乾祐兵一留二潼関一。凡十日。

安禄山、上の遽《にわ》かに西に幸するを意《おも》わざりき。使いを遣わして崔乾祐《さいけんゆう》の兵を止《とど》め、潼関《とうかん》に留まらしむる

乃遣三孫孝哲将レ兵入二長安一。以二張通儒一為二西京留守一。崔光遠為二京兆尹一。使下安忠順将レ兵屯二苑中一。以鎮中関中上。孝哲為三禄山所二寵任一。尤用レ事。常与二厳荘一争レ権。禄山使レ監二関中諸将一。通儒等皆受二制於孝哲一。孝哲豪侈。果二於殺戮一。賊党畏レ之。禄山命捜二捕百官・宦者・宮女等一。毎レ獲二数百人一。輒以レ兵衛送二洛陽一。王侯・将相扈二従車駕一。家留二長安一者。誅及二嬰孩一。

こと凡そ十日、乃ち孫孝哲をして兵を将《ひき》いて長安に入らしむ。張通儒を以って西京留守《りゅうしゅ》と為《な》し、崔《さい》光遠を京兆尹《けいちょういん》と為し、安忠順をして兵を将《ひき》いて苑中に屯《とん》し、以って関中を鎮《しず》めしむ。孝哲は禄山に寵任せられ、尤も事を用いて、常に厳荘と権を争う。禄山、関中の諸将を監せしめ、通儒等《ら》みな制を孝哲に受く。孝哲は豪侈《ごうし》にして、殺戮《さつりく》に果《か》なり。賊党、これを畏る。禄山、命じて百官・宦者・宮女等を捜捕《そうほ》せしめ、数百人を獲《う》る毎に、輒《すなわ》ち兵を以って衛《まも》りて洛陽に送らしむ。王侯・将相《しょうしょう》の車駕に扈従《こしょう》して、家の長安に留まる者は、誅《ちゅう》、嬰孩《えいがい》に及ぶ。

安禄山は、天子が急に西方へ亡命しようとは予想もしなかったので、使者を出して崔乾《さいけん》祐《ゆう》の部隊に停止を命じ、あわせて十日潼関《とうかん》に駐留させた。そこで孫孝哲に全軍の指揮を命じて、首都長安に入城させた。張通儒を西京留守、崔光遠を京兆尹《けいちょういん》にそれぞれ任命、安忠順は部隊をひきいて宮中の御苑内に駐屯し、関中すなわち長安を中心とする陝西省中部の地を鎮圧させた。

孫孝哲は安禄山の寵愛と信任をうけ、特に政治にも関与して、いつも厳荘と権力争いをしていた。このたび安禄山は、かれを関中地区の指揮官たちの総指揮者に任命し、張通儒らもみな孫孝哲の差配をうけた。

このおとこはぜいたく好きで、思いきった殺戮《さつりく》をやり、賊軍なかまからも敬遠されている。安禄山はかれに命じて、唐朝の文武百官・宦官・宮女らを捜索逮捕させ、捕獲されたものが五、六百人になるたびに、洛陽に護送させた。玄宗に供奉《ぐぶ》して行った王侯・貴族や大臣・将軍たちで、長安に家族が残されているものは、赤ん坊に至るまで殺されるめに遭うた。

*

陳希烈以㆓晩節失㆒㆑恩怨㆑上。与㆓
張均・張垍等㆒皆降㆓於賊㆒。禄山
以㆓希烈・垍㆒為㆑相。自余朝士
皆授以㆑官。於㆑是賊勢大熾。西
脅㆓汧・隴㆒。南侵㆓江・漢㆒。北
割㆓河東之半㆒。然賊将皆粗猛無㆓

陳希烈は晩節に恩《おん》を失うを以って上を怨み、張均《きん》・張垍《き》等と皆な賊に降る。禄山、希烈・垍を以って相《しょう》と為す。自余《じよ》の朝士、皆な授くるに官を以ってす。是《ここ》に於いて賊勢大いに熾《さか》んにして、西は汧《けん》・隴《ろう》を脅《おびや》かし、南は江・漢を侵し、北は河東の半ばを割く。然れども賊将は皆な粗猛にして遠略なし。既に長安

遠略一。既克二長安一。以為レ得レ志。日夜縦レ酒。専以二声色・宝賄一為レ事。無二復西出之意一。故上得二安行入一レ蜀。太子北行。亦無二追迫之患一。

に克《か》ちたれば、以って志を得たりと為し、日夜酒を縦《ほ》しいままにして、専ら声色・宝賄《ほうわい》を以って事と為し、復《ま》た西に出《い》づるの意なし。故に上も安行して蜀に入るを得《う》。太子も北行して、亦た追迫《ついはく》の患《うれ》いなかりき。

晩年に恩寵を失ったことで天子を怨んでいた陳希烈は、張均《きん》・張垍《き》らとともに賊軍に投降した。安禄山は陳希烈や張垍を大臣に就任させ、他の投降した唐朝の役人たちにも、みな官職を授けた。「張均・張垍」は亡き宰相張説《えつ》の子である。

いまや賊軍の勢力は大いに振い、西は汧《けん》・隴《ろう》の二水、すなわち陝西省の西の境界線あたりまで脅かし、南は長江と漢水、すなわち陝西省の南部から湖北省あたりまで侵入、北は河東、すなわち黄河以東の山西省の半ばを奪い取った。しかし、賊軍の指揮宮たちはみな粗野で荒っぽく、将来をおもう計画性がない。首都長安を制圧した以上、これで本望だとして、あけくれ酒に酔いしれ、ひたすら女色や歌舞音曲、金銀財宝にうつつをぬかし、長安から西へ進出する気がなかった。だから、天子一行も落ちついた旅をつづけて蜀入りすることができたし、北方の鳳翔《ほうしょう》へむけて旅する皇太子も追っ手に迫られる心配がなかった。

甲子。上至㆓普安㆒。憲部侍郎房琯来謁見。上之発㆓長安㆒也。群臣多不㆑知。至㆓咸陽㆒。謂㆓高力士㆒曰。朝臣誰当㆑来。誰不㆑来。対曰。張均・張垍父子受㆓陛下恩㆒最深。且連㆓戚里㆒。是必先来。時論皆謂㆓房琯宜㆑為㆑相。而陛下不㆑用。又禄山嘗薦㆑之。恐或不㆑来。上曰。事未㆑可㆑知。及㆓琯至㆒。上問㆓均兄弟㆒。対曰。臣帥与偕来。逗遛不㆑進。観㆓其意㆒。似㆓有㆑所㆑蓄而不㆑能㆑言也。上顧㆓力士㆒曰。朕固知㆑之矣。即日以㆑琯為㆓文部侍郎・同平章事㆒。

*

甲子《きのえね》、上、普安《ふあん》に至る。憲部侍郎房琯《ぼうかん》、来たりて謁見す。上の長安を発するや、群臣、多くは知らず。咸陽《かんよう》に至る。高力士に謂いて曰わく、「朝臣、誰か当《まさ》に来たるべき、誰か来たらざる」と。対《こた》えて曰わく、「張均・張垍《き》父子は陛下の恩を受くること最も深し。且つ戚里《せきり》に連なれば、是《こ》れ必らず先に来たらん。時論、皆な房琯《ぼうかん》は宜しく相《しょう》たるべしと謂《おも》いしに、陛下は用いたまわず。又、禄山、嘗《かつ》てこれを薦む。恐らく或るいは来たらざらん」と。上曰わく、「事、未《いま》だ知るべからず」と。琯の至るに及び、上、均兄弟を問う。対えて曰わく、「臣、帥《ひき》いて与《とも》に偕《とも》に来たりしに、逗遛《とうりゅう》して進まず。その意を観《み》るに、蓄《たくわ》う所あれど言う能わざるに似るなり」と。上、力士を顧《かえ》りみて曰わく、「朕、固《もと》よりこれを知れり」と。即日、琯を以って文部《もんぶ》侍郎・同平章事と為さしむ。

七月十二日、亡命の旅をつづけてほぼ一か月、天子が普安県まで来ると、憲部侍郎（正四品下）の房琯《ぼうかん》がやって来て拝謁した。「普安」は四川省剣閣県、当時の剣州普安郡の属県。天子一行はすでに剣南道に入ったわけである。「憲部」はもとの刑部すなわち法務省、やはり天宝十一年（七五二）に改称された。「侍郎」は次官。

天子が長安を立たれたとき、臣下のものの多くは亡命に気づかずにいた。咸陽まで来たときに、高力士にいわれた、「朝廷の臣では誰が当然かけつけて来、誰がかけつけて来ないだろうね。」

高力士が答えた、「張均・張垍《き》兄弟は誰よりも深い陛下のご恩にあずかっておりますし、しかも奥方のお里方ですから、きっとまっ先にかけつけて参りましょう。房琯はかつての下馬評でみなが宰相にふさわしい人物だということでしたが、陛下は登用なさいませんでしたし、安禄山に推挙されたいきさつもありますから、かけつけて来ないのではないでしょうか。」

天子「さあ、もの事はわからぬぞ。」

「戚里《せきり》」は天子の后妃の実家、いわゆる外戚をいう。ここは下文にあるように張垍らは皇女の降嫁先であるから、皇室が戚里になるのであろう。「房琯」（六九七—七六三）は河南省洛陽の人、すぐれた教養人であり、のちに玄宗すなわち上皇の命を帯びて霊武の粛宗のもとにゆく。――以上は咸陽においての高力士の予想である。いざふたをあけてみると、というのが「及」を用いたゆえんである。

房琯がやって来た時に、天子が張均兄弟のことをたずねると、かれは答えた、

「身どもがリードしていっしょにつれて来ましたが、ぐずついて先を急ぎません。かれらの気もちを察しまするに、なにか腹にいちもつありながら、口に出しかねていたようです。」――「逗遛《とうりゆう》」はもたつき渋滞するさま、畳韻の擬態語(dou-liou)。

天子は高力士のほうをふり向いていった、「わしにはちゃんとわかっとったよ。」

その日すぐ房琯を文部侍郎・同平章事に任命した。「文部」はもとの吏《り》部。おなじ六《りく》部のうちで格式がもっとも高い。「同平章事」は宰相職をかねること、既述のとおりである。

――以下は、玄宗の予想がもとづくところの事実、すなわち張垍兄弟の不参理由を回想形式でのべる。「初」にはじまる回想がふつうと反対の位置をしめることに注意されたい。

*

初。張垍尚二寧親公主一。聴下於禁中一置上宅。寵渥無レ比。陳希烈求レ解二政務一。上幸二垍宅一。問二

初め、張垍《き》は寧親《ねいしん》公主を尚《めと》り、禁中に於いて宅を置くを聴《ゆる》され、寵渥《ちょうあく》、比《たぐ》いなし。陳希烈、政務を解かれんことを求む。上、垍の宅に幸し、相《しょう》たるべき者

可レ為レ相者一。垍未レ対。上曰。無レ若二愛壻一。垍降レ階拝舞。既而不レ用。故垍懐怏怏。上亦覚レ之。是時均・垍兄弟及姚崇之子尚書右丞奕・蕭嵩之子兵部侍郎華・韋安石之子礼部侍郎陟・太常少卿斌。皆以二才望一至二大官一。上嘗曰。吾命レ相。当三偏挙二故相子弟一耳。既而皆不レ用。

を問う。垍、未だ対えず。上曰わく、「愛壻《あいせい》に若《し》くは無し」と。垍、階を降《くだ》りて拝舞す。既にして用いず。故に垍の懐怏怏《むねおうおう》たり。上も亦たこれを覚《さと》る。是《こ》の時、均・垍兄弟及び姚崇《ようすう》の子なる尚書右丞奕《えき》、蕭《しょう》嵩《すう》の子なる兵部侍郎華、韋《い》安石の子なる礼部侍郎陟《ちょく》・太常少卿斌《ひん》、皆な才望を以って大官に至る。上、嘗《かつ》て曰わく、「吾《われ》が相《しょう》を命ずる、当《まさ》に偏《あまね》く故相《こしょう》の子弟を挙ぐべきのみ」と。既にして皆な用いざりき。

かつての日、張垍《き》は玄宗の第二十一皇女である寧親公主を妻にむかえ、御所の中に邸を設けることを許されて、おかみの優遇はならぶものがなかった。「寧親公主」はもと興信公主といい、封地替えがあって改称された。「尚」は皇女（内親王）を娶《めと》ること。

陳希烈が宰相職の辞任を申し出たとき、といえば天宝十三年（七五四）七月のことである。当時は李林甫のあとをうけて政権をにぎった楊国忠の全盛期で、かれから憎まれた陳希烈が、身の危険を感じての辞任であり、かれ自身の本意ではなかった。この怨恨が既述のとおりかれをして安禄山に投降させた。

天子は張垍の邸に行幸され、誰を宰相につければよいかきかれた。張垍が返事せぬうちに天子はいった、「愛婿《むこ》どのになってもらうのが一番だね。」

張垍はきざはしを降りて拝舞した。「拝舞」は舞いのゼスチュアを伴のう謝恩の拝礼をいう。

ところが、その後いっこう登用されぬため、張垍の胸は晴れない。天子のほうもそれに感づいていた。——実は、このことは張垍だけでなかった。

そのころ、張均・張垍兄弟や、姚崇《ようすう》のむすこである尚書右丞の姚奕《ようえき》、蕭嵩《しょうすう》のむすこである兵部侍郎の蕭華、韋安石のむすこである礼部侍郎の韋陟《いちょく》および太常少卿の韋斌《いひん》は、いずれも才能・家柄によって高官についていた。——一々の説明は省略するが、いずれも次官や局長クラス（四品官）である。

天子は、「わしが宰相を任命する時は、元の宰相の子弟をもれなく推すことにしよう」というのが口ぐせだったが、やがてみな登用されなかった。——玄宗とはかくもお人好し乃至調子のいい人間であり、それが意外な不利をもたらすに至った。

なお、これは後日譚に属するが、至徳二年（七五七）十二月、玄宗いまは改め上皇を蜀より迎えて首都長安に帰還した粛宗は、かつて安禄山側に帰順した重臣たちの処刑を行ない、さきの陳希烈ら七人は刑獄を掌る大理寺で自殺の恩典を賜わった。その際、上皇の厳命を冒して粛宗は張均・張垍ふたりの助命を歎願した。その一つの理由は実はかれの出生にさかのぼる。上皇すなわち玄宗がまだ皇太子だったころ、かれの妃のちの楊皇后が妊娠した。しかし、叔母の太平公主に憎悪されていたかれは、多産をのぞまぬ公主らの意向を恐れて、張均兄弟の父、すなわち時の教育掛り張説《えつ》に相談し、妊娠中絶薬をくめんさせてみずから煎じていた。そのときふとまどろんだ夢の中で、武装した男が煎薬中の鼎《かなえ》をめぐり三たびくつがえした。この夢の話を皇太子から聞いた張説は、「天の命なり」といって中絶を思いとどまらせ、かくて粛宗がこの世に生を享けたというわけである。もう一つの理由は、粛宗の皇太子時代、李林甫にたびたび東宮の地位をおびやかされたが、張均兄弟が守ってくれた。上皇はかれの要請を半ば容れていった、「張垍は汝の為めに嶺表（嶺南）に長流せしめんも、張均は必らず活かすべからず。汝、更に救う勿れ。」

――さて玄宗は、西南のかた蜀への亡命の旅をつづけ、首都を脱出してちょうど一月半の七月二十八日、ついに終着駅成都にたどりつく。〝従官および六軍の至れるもの千三百人のみ〟といわれる。一方、皇太子一行のほうは扶風から北へ道をとり、ひとまず平涼（甘粛省固原県）におちつき、あらたな相談成って兵員・食糧のゆたかな霊武（同省）を拠点にえらび、七月九日かの地につく。

*

裴冕《はいべん》・杜《と》鴻漸《こうぜん》等、太子に牋《せん》を上《たてま》つり、馬嵬《ばかい》の命に遵《したが》

裴冕・杜鴻漸等上二太子牋一。請下

遵二馬嵬之命一。即中皇帝位上。太子不レ許。冕等言曰。将士皆関中人。日夜思レ帰。所下以崎嶇従二殿下一遠渉中沙塞上者。冀二尺寸之功一。若一朝離散。不レ可二復集一。願殿下勉徇二衆心一。為二社稷計一。牋五上。太子乃許レ之。是日粛宗即二位於霊武城南楼一。群臣舞蹈。上流涕歔欷。尊二玄宗一為二上皇天帝一。赦二天下一。改レ元。以二杜鴻漸・崔漪一並知二中書舎人事一。裴冕為二中書侍郎・同平章事一。改二関内采訪使一為二節度使一。徙二治安化一。以二前蒲関防禦使呂崇賁一為レ之。以二陳倉令薛景仙一為二扶風太守一。兼二防禦使一。隴右節度使郭英乂為二天水太守一。

いて、皇帝の位に即《つ》かんことを請うも、太子は許さず。冕等言いて曰わく、「将士はみな関中の人、日夜帰らんことを思う。崎嶇《きく》して殿下に従い遠く沙塞に渉《わた》りし所以《ゆえん》の者は、尺寸《せきすん》の功を冀《ねが》えばなり。若し一朝離散せば、復《ま》た集むべからず。願わくば殿下、勉めて衆の心に徇《したが》いて社稷《しゃしょく》の計を為せ」と。牋《せん》、五たび上《たてま》つり、太子乃《はじ》めてこれを許す。是《こ》の日、粛宗、位に霊武の城南楼に即《つ》く。群臣、舞蹈し、上、流涕《りゅうてい》歔欷《きょき》す。玄宗を尊びて上皇天帝と為し、天下に赦《しゃ》し、元を改む。杜鴻漸・崔漪《さいい》を以って、並びに中書舎人の事を知せしむ。裴冕は中書侍郎・同平章事たり。関内采訪使を改めて節度使と為し、治を安化に徙《うつ》し、前《さき》の蒲関防禦使呂崇賁《りょすうひ》を以ってこれと為す。陳倉の令薛《せつ》景仙を以って扶風太守と為して防禦使を兼ねしめ、隴《ろう》右節度使郭英乂《かくえいがい》を天水太守と為して防禦使を兼ねしむ。時に塞《さい》上の精兵は皆な選ばれ入りて賊を討ち、惟《た》だ老弱の辺を守るを余すのみ。文武官は三

兼二防禦使一。時塞上精兵皆選入
討レ賊。惟余二老弱守レ辺。文武
官不レ満二三十人一。披二草萊一。立二
朝廷一。制度草創。武人驕慢。大
将管崇嗣在二朝堂一。背レ闕而坐。
言笑自若。監察御史李勉奏弾
レ之。繫二於有司一。上特原レ之。
歎曰。吾有二李勉一。朝廷始尊。
勉元懿之曾孫也。旬日間帰附者
漸衆。

十人に満たず。草萊《そうらい》を披《ひら》きて朝廷を立つ。制度草創にして、武人驕慢《きょうまん》たり。大将管崇嗣《かんすうし》、朝堂に在り、闕《けつ》を背にして坐し、言笑自若《じじゃく》たり。監察御史なる李勉、奏してこれを弾じ、有司に繫《つな》ぐ。上、特にこれを原《ゆる》し、歎《たん》じて曰わく、「吾に李勉あり、朝廷、始めて尊し」と。勉は元懿《い》の曾孫なり。旬日の間、帰附する者、漸く衆《おお》し。

玄宗が普安県へ到着する前後のころ、皇太子一行の方では――

裴冕《はいべん》・杜鴻漸《とこうぜん》らが皇太子に上表文を奉呈して、馬嵬陂における玄宗の申しつけ（五二三ページ参照）にしたがい、皇帝の位につかれるようお願いしたが、皇太子は承知しない。

かれらはいった、

「将兵たちはみな関中の出身で、あけくれ郷里をなつかしんでおります。旅の労苦を冒しながら、殿下のお供をしてはるばるこの辺境の地まで参りましたのは、ほんのわずかな功賞を期待してでございます。もしかれらが離散でもいたしますれば、二どとふたたび呼び集めることはできません。どうか殿下、一同の期待に添われて国家再興の計画をご考慮くださいますよう。」

即位を勧める上奏文が五回も奉呈され、皇太子はやっと承諾した。その日すなわち天宝十五年（七五六）七月十二日、粛宗は霊武県城の南やぐらで即位された。臣下のものは躍りあがって祝福し、天子は涙を流してすすり泣いた。時に数え年すでに四十六歳。

かくて玄宗皇帝は上皇天帝の尊号で呼ぶことになり、天下に大赦令をくだして、〝至徳〟と改元した。――いよいよ粛宗皇帝の治世に入る。これより後の「上」はすべて粛宗を指す。以下には粛宗の即位による新体制下の人事が列挙される。「中書侍郎」は中書省の次官（正四品上）、「中書舎人」はそれにつぐ局長クラス（正五品上）。

そのころ、辺境区の精鋭兵士はぜんぶ選抜され、内地入りして賊軍征討にあたり、老人か年少兵だけが辺境守備に残されていた。朝廷の文武官はわずか三十人にも足りない。草ぶかい片田舎の地に立てられた朝廷のことであり、もろもろの制度は作りたての未整備の段階にあり、軍人たちは傲岸不遜であった。その軍人のひとり――

大将の管崇嗣《かんすうし》は中書省にいるとき、天子の御殿にしりを向けてかけ、笑いさざめいて平然としていた。監察御史すなわち最高検検事の李勉は、天子に奏上してかれを弾劾し、関係官庁の牢につないだ。天子は特別の思召しで管崇嗣の罪を許したが、しみじみといわれ

た、

「わたしに李勉がいてくれて、やっと朝廷の尊厳が保たれたわ。」

李勉は李元懿《い》の曾孫《ひいまご》である。——李元懿とは高祖の子で鄭王に封ぜられ、寛大公平な検察官として知られる。

十日ばかりの間に、新政府に帰属するものが次第に増えた。

——そして、玄宗における房琯のように、粛宗もここであらたなブレーンをうる。

*

初。京兆李泌。幼以㆓才敏㆒著聞。玄宗使㆘与㆓忠王㆒遊㆖。忠王為㆓太子㆒。泌已長。上㆑書言㆑事。玄宗欲㆑官㆑之。不㆑可。使㆘与㆓太子㆒為㆗布衣交㆖。太子常謂㆓之先生㆒。楊国忠悪㆑之。奏徙㆓蘄春㆒。後得㆓帰隠㆒。居㆓潁陽㆒。上自㆓馬嵬㆒北行。遣㆑使召㆑之。謁㆓見於霊武㆒。上大喜。出則聯㆑轡。寝則

初め、京兆の李泌《りひつ》、幼にして才敏なるを以って著聞し、玄宗、忠王と遊《まじ》わらしむ。忠王、太子と為りしとき、泌は已に長じ、書を上《たてま》つりて事を言う。玄宗、これを官せしめんと欲せしも可《き》かず。太子と布衣《ほい》の交《まじ》わりを為さしめ、太子は常にこれを先生と謂《い》う。楊国忠、これを悪《にく》み、奏して蘄春《きしゅん》に徙《うつ》さしむ。後、帰隠するを得て、潁陽《えいよう》に居《す》む。上、馬嵬より北行し、使いを遣《つか》わしてこれを召し、霊武に謁見す。上、大いに喜び、出《い》ずれば則ち轡《ひ》を聯《つら》ね、寝《い》ぬれば則ち榻《とう》

対レ榻。如下為二太子一時上。事無二大小一皆咨レ之。言無レ不一従。至三於進二退将相一。亦与レ之議。上欲三以レ泌為二右相一。泌固辞曰。陛下待以二賓友一。則貴二於宰相一矣。何必屈二其志一。上乃止。

を対すること、太子たりし時の如し。事、大小と無く皆これに咨《はか》り、言、従わざる無し。将相《しよう》を進退せしむるに至りても、亦たこれと議す。上、泌を以って右相と為さんと欲す。泌、固く辞して曰わく、「陛下、待するに賓友を以ってすれば、則ち宰相より貴し。何ぞ必らずしも其の志を屈《ま》げしめんや」と。上、乃ち止む。

かつての日、首都長安のおひざもと京兆府のひと李泌は、幼年のころから有能利発な子として評判高かったので、玄宗は忠王すなわち後の粛宗の交友にあてがった。忠王が皇太子になったころ、すでに成人していた李泌は書面をさしあげて注意をあたえた。——単なる遊びあい手でなく、やがて天下に君臨する皇太子としてとるべき行動のアドバイザーの役わりを担ったというのである。だから、玄宗はかれに官職を与えようとしたが、承知しなかった。皇太子とは民間人としての交際をつづけさせ、皇太子はいつも先生呼ばわりしていた。「先生」は邦語に入って師匠でなければ皮肉な呼称と化しているが、がんらいは「後生」（わかもの）と対する語、文字どおり先輩を指すことば、強いて訳せば〝にいさん〟といったところ。ここでさりげなく〝これを先生という〟とのべているが、実は粛宗（七一一―七六二）のほうが李泌（七二二―七八九）より十一歳も年長だったのである。

皇太子に対する良きアドバイザー、これは楊国忠にとって憎むべき存在であり、かれは玄宗に進言して李泌を皇太子から引き離し、蘄春郡（湖北省）に転居させた。『旧唐書』巻一三〇・李泌伝によれば、楊国忠は、かつて李泌が作った〝感遇詩〟が時の政治を諷刺したものであると中傷した。その後、李泌は道士になる許可をえて、河南府の潁陽《えいよう》県に住んでいた。「帰隠」とは道教における出家をいう。潁陽はかの道教の霊場嵩《すう》山にほど近いところにあり、李泌は修験者としての生活を送っていたのである。――以上が回想的記述に属する。

天子すなわち粛宗は馬嵬から北方に旅立ったころ、李泌を呼び迎える使者を出し、それにこたえてかけつけた李泌が霊武でおめどおりした。天子は大喜びで、皇太子時代にいつもそうしたように、外出する際は馬をならべ、就寝の際はベッドを向かい合わせにした。なに事によらずすべて李泌に相談し、すべてかれの進言どおりにやり、大将や宰相すなわち文武両方面の最高指導者の人事、昇任罷免までも相談した。――となれば、李泌をいつまでも無官でおらせるわけにゆかない。天子はかれを右相すなわち宰相（四五〇ページ参照）に就任させようとした。李泌はきっぱり辞退していった、

「陛下から賓客・友人の待遇をいただいてるんですから、宰相より位がうえです。べつにわたくしの意志を屈《ま》げさせなくたっていいでしょう。」

天子はそこで思いとどまった。――かくて、霊武における粛宗の亡命政権は、政治体制の整備を進めるとともに、軍事体制の再編をも急ぎ、招きに応じて河西節度副使の李嗣業が将兵五千をひきい、安西府行軍司馬の李栖筠《いん》も精兵七千をひきいてかけつける。わけても意を強うしたのは、河北の戦線より郭子儀らが五万の将兵をつれて来たことで、〝霊武の軍威、始めて盛んにして、人びと、興復の望みを有《いだ》く〟という。

――ここにひとり、賊軍制圧下の河南地区にあって、けなげな抵抗をつづける英雄がある。けっして衰えていない唐朝の命運のあかしとして、この忠臣の壮快な行動を紹介する。

*

令狐潮囲二張巡於雍丘一。相守四十余日。朝廷声問不レ通。潮聞二玄宗已幸一レ蜀。復以レ書招レ巡。有二大将六人一。官皆開府・特進。白レ巡以下兵勢不レ敵。且上存亡不レ可レ知。不上如レ降レ賊。巡陽許諾。明日堂上設二天子画像一。帥二将士一朝レ之。人人皆泣。巡

令狐潮《れいこちょう》、張巡を雍丘《ようきゅう》に囲み、相守ること四十余日。朝廷の声問、通ぜず。潮、玄宗已《すで》に蜀に幸せりと聞き、復た書を以って巡を招く。大将六人あり、官、皆な開府・特進たり。巡に白《つ》ぐるに、兵勢敵せず、且つ上《しょう》の存亡知るべからざれば、賊に降るに如《し》かざるを以ってす。巡、陽《いつわ》りて許諾す。明日《めいじつ》、堂上に天子の画像を設け、将士を帥《ひき》いてこれに朝《ちょう》す。人人皆な泣く。巡、六将を前に引きて、責むるに大義を以

引二六将於前一。責以二大義一斬レ之。士心益勤。城中矢尽。巡縛レ藁為レ人千余。被以二黒衣一。夜縋二城下一。潮兵争射レ之。久乃知二其藁人一。得レ矢数十万。其後復夜縋レ人。賊笑不レ設レ備。乃以二死士五百一斫二潮営一。潮軍大乱。焚レ塁而遁。追奔十余里。潮慚。益レ兵囲レ之。巡使下郎将雷万春於二城上一与レ潮相聞上。賊弩射レ之。面中二六矢一而不レ動。潮疑二其木人一。使二諜問一レ之。乃大驚。遥謂レ巡曰。向見二雷将軍一。方知二足下軍令一矣。然其如二天道一何。巡謂レ之曰。君未レ識二人倫一。焉知二天道一。未レ幾出戦。擒二賊将十四人一。斬レ首百余級。賊乃夜

ってしてこれを斬る。士心、益《ま》すます勤《はげ》む。城中、矢尽《つ》く。巡、藁《わら》を縛《しば》りて人を為《つく》ること千余。被《こうむ》らすに黒衣を以ってし、夜、城下に縋《つる》す。潮の兵、争ってこれを射る。久しうして乃ちその藁人たるを知る。矢を得ること数十万。其の後復《ま》た、夜、人を縋《つる》す。賊笑って備えを設けず。乃ち死士五百を以って潮の営を斫《う》たしむ。潮の軍、大いに乱れ、塁《るい》を焚《や》きて遁《に》ぐ。追奔すること十余里。潮、慚《は》じ、兵を益《ま》してこれを囲む。

巡、郎将なる雷万春をして城上に於いて潮と相聞《そうぶん》せしむ。賊、弩《いしゆみ》もてこれを射る。面、六矢に中《あた》るも動かず。潮、その木人なるを疑い、諜をしてこれを問わしめ、乃ち大いに驚く。遥かに巡に謂いて曰わく、「向《さき》に雷将軍を見、方《はじ》めて足下の軍令を知れり。然れども其《そ》れ天道を如何《いかん》せん」と。巡、これに謂いて曰わく、「君、未だ人倫を識らず、焉《いずく》んぞ天道を知らん」と。未だ幾《いく》ばくならずして出《い》でて戦う。賊将

十四人を擒え、首を斬ること百余級。賊、乃ち夜に遁ぐ。

遁。

令狐潮《れいこちょう》とは、もと雍丘県《ようきゅう》(河南省杞県)の知事、安禄山に投降して部隊長に任命され、淮陽《わい》を救援する官軍を撃破して、少なからぬ戦果を収めたが、かれが捕虜の報告に出かけている留守中に、本拠の雍丘を賈賁《かほん》に奪還される。その後賈賁は戦死し、その部隊をひきうけて統率したのが張巡である。張巡はもと真源県(河南省鹿邑県の東、老子の生誕地)の知事、賊に投降した上司の郡知事楊万石に脅迫されて、賊軍出迎えに派遣されるが、真源県民をひきいて挙兵、雍丘奪回の賈賁軍と合流したのである。その後、かれは賊の大軍の攻撃をうけ、巨砲のために城壁のやぐらやひめ垣を全部破壊され、まさに陥落寸前の状況に追いこまれながら、智謀をつくして反撃、ついに賊軍を敗退させた。実は、令狐潮・張巡のふたりは県知事同士旧知の間がらなのである。上記の時点から二か月を経た五月の条に興味ある記事がみえる。令狐潮が雍丘攻撃にやって来て包囲した当初のこと――

潮、張巡と旧《なじ》みあり、城下に於いて相労苦すること平生の如し。潮、因りて巡に説きて曰わく、「天下の事は去れり。足下、危うき城を堅守して、誰が為めにせんと欲するか」と。巡曰わく、「足下、平生忠義を以って自ずから許す。今日の挙、忠義何《いず》くにか在らん」と。潮、慚じて退く。

〝城下に於いて相労苦すること平生の如し〟とは、城壁のあたり、おそらく上と下でふたりが顔を合わせつつ、かつての日のように互いに苦労をいたわる言葉を交わしたことを指す。血なま臭い戦争を忘れて、いまは敵味方に分かれた旧知が思わず真情を交流させる、のんきといえばまことにのんきな、つかの間の情景である。だが、ふたりはしょせん平行線を歩む。このあとにつづく会話は、たちまちふたりを永遠の訣別にひきもどす。

さて、そのときから一月半、両軍対峙の膠着状態がつづいて七月中旬に至る。「相守る」は双方が同じ態勢を維持すること。包囲されてる張巡のところまでは朝廷の消息がとどかない。一方、玄宗がすでに蜀に亡命したと聞いた包囲する側の令狐潮は、ふたたび書面で張巡に投降を呼びかけた。張巡軍の部隊長六人、いずれも開府・特進という唐朝から特別優遇をうけている将帥たちが、張巡に対して、兵力が比較にならぬうえ、天子の存亡もわからぬいま、賊軍の勧告どおり投降したほうがよいと忠告した。張巡はうわべだけ承諾をあたえた。「開府」とはもと勲功ある将軍にあたえる、事務官づきの役所をもつ特権をいうが、唐朝ではたとえば〝開府儀同三司〟のように、むしろ文官にあたえる名目だけの階級をしめす称号（文散官）となった。「特進」も事情は開府とほとんど変らない。

その翌日、張巡は県の正庁の堂上に天子の肖像画をしつらえ、将兵たちを統率して礼拝を行なった。だれもが泣いた。張巡は六人の部隊長を前につれ出し、大義名分によって詰責し、かれらを打ち首の刑に処した。士気はいよいよかき立てられた。

城内では矢がすっかりなくなった。張巡はわらをゆわえて千個あまりの人形を作り、黒い服を着せて、夜陰に乗じて城壁の下に吊りさげた。令狐軍の兵たちは争って矢を射かけ、よほど経ってからはじめてわら人形であることに気づいた。かくて数十万本の矢が手にはいった。「数十万」とは、おびただしい矢を回収したことをいうにしても誇張にすぎる。これがもとづく『新唐書』張巡伝も同じである。——張巡の智謀はそれだけでなかった。

その後、ふたたび夜陰に乗じて、こんどはわら人形ならぬほんものの人間を城壁の下に吊りさげた。賊軍は冷笑して防備態勢をとらなかった。そこで五百人の決死隊を令狐軍の陣営に斬りこませた。令狐軍は大混乱に陥り、とりでを焼いて逃げた。追撃すること十余里、およそ四、五キロ。令狐潮は不覚の敗戦を恥じ、兵力を増強して包囲した。「斫」(音シャク)を〝うつ〟と訓じたが、まさに斬りこむこと。現代語の砍(音カン)と同じ。

張巡は部隊長の雷万春に命じて、城壁の上から令狐潮にあいさつさせた。「相聞」とは、ふつう相互に音信を通じあうこと。ここの用法はやや特殊で、なにかの交渉を始めるつもりか。あるいは士気を鼓舞するために犠牲を覚悟で、雷万春にごきげん如何でござると挑戦させたかもしれない。

たびたびだまし討ちに遭った賊軍は、問答無用といし弓で射かけ、雷万春は顔面に六本の矢が命中したのに動かない。令狐潮は木ぼりの人形かと疑い、斥候に問わせて本物とわかると、びっくり仰天し、はるかに張巡にいった、「さきごろ雷将軍を拝見して、はじめて貴下の軍律がわかりましたぞ。だけど天道はどうしようもありますまい。」――「向」は過去の時点をいう副詞であるにしても、ここのように〝先刻・いましがた〟の意に用いた例はめずらしい。「天道」は天の理法・自然の法則、いわば造物主の恣意である。令狐潮にしてみれば、唐朝がくつがえり安禄山が政権を握ることを天道である、と信じこんでいたのである。

張巡はかれにいった、「人倫を心得ぬおぬしに、なんで天道がわかろう。」――「人倫」は君臣の別をはじめとする人間の秩序をさす。

それから間もなく、張巡は出撃して、部隊長十四人を捕虜にし、斬首百あまりという戦果をあげたので、賊軍は夜陰にまぎれて遁走した。

――このあと張巡は、十月はじめから三次にわたる令狐軍の大攻勢をうけるが、そのつど首級数千の戦果をあげ、そこで令狐潮はやむなく雍丘北方に築城して糧道の遮断をはかる。張巡はさらに東のかた寧陵に出撃し、睢陽《すいよう》郡知事の許遠と連携して楊朝宗の大軍を撃破し、年あけて至徳二年（七五七）一月末には睢陽に入城、ここに八か月間にわたり、包囲する尹子奇軍との間に智謀をつくしての攻防戦が展開される。だが、城内の食糧窮乏は十月に至って深刻をきわめる。

茶・紙すでに尽きたれば、遂に馬を食らう。馬尽くれば雀を羅《あみ》し鼠を掘り、雀・鼠また尽くれば、巡、愛妾を出《い》だし、殺して以って士に食らわす。遠もまたその奴《ど》を殺し、然る後城中の婦人を括《あ》げてこれに食らわし、継ぐに男子の老弱を以ってす。人、必ず死せんと知るも、叛く者ある莫《な》し。余す所、わずかに四百人なるのみ（巻二二〇）。

十月九日、ついに城が陥落して張巡ら中原死守の勇士たちは壮絶な死をとげる。

――さて、その後の安禄山はどうか。部下をやって長安を陥落させながら、かれ自身は洛陽の宮城に居坐ったまま、もはや動こうとしない。いまや帝王の座に坐ったかれは、かつて夢みた帝王生活の享受にけんめいである。かれが描く帝王のイメジは、かつて目睹したあけくれ饗宴にふける晩年の玄宗と完全にダブった。

*

初上皇毎㆓酺宴㆒。先設㆓太常雅楽坐部・立部㆒。継以㆓鼓吹・胡楽・教坊府県散楽・雑戯㆒。又以㆓山車・陸船㆒載㆑楽往来。又出㆓宮人㆒舞㆓霓裳羽衣㆒。又教㆓舞馬百匹銜㆑盃上㆑寿。又引㆓犀・象㆒入㆑場。或拝或舞。安禄山見而悦㆑之。既克㆓長安㆒。命捜㆓捕

初め、上皇、酺《ほ》宴《えん》する毎《ごと》に、先ず太常の雅《が》楽《がく》の坐部・立部を設け、継ぐに鼓吹・胡楽《がく》、教坊・府県の散楽《さんがく》・雑戯《ざつぎ》を以ってせり。又、山車・陸船を以って楽《がく》を載《の》せて往来せしめ、又、宮人を出《いだ》して霓裳羽衣《げいしょううい》を舞わしめ、又、舞馬百匹をして盃を銜《ふく》んで寿を上《たてま》つらしめ、又、犀《さい》・象を引きて場に入り、或るいは拝し或るいは舞わしむ。安禄山、見てこれを悦ぶ。既に長安に克《か》ちたれば、命じて楽工《がくこう》を捜捕《そうほ》し、楽

楽工。運㆓載楽器・舞衣㆒。駆㆓舞馬・犀・象㆒。皆詣㆓洛陽㆒。

器・舞衣を運載し、舞馬・犀・象を駆《か》りて、皆な洛陽に詣《いた》らしむ。

そのかみのこと、上皇は賜宴のたびに、まず皇室の祭祀をつかさどる太常寺すなわち宮内庁雅楽寮の坐部伎・立部伎を設けた。――風流天子として音曲・芸能の通である玄宗は、また宴会が大好きで、そのつど盛りたくさんなアトラクションを企画した。「酺宴」は天子が臣下や民間人を招待する宴会をいう。その際のアトラクションのまず第一は、「雅楽」すなわち中国伝統のオーソドックスな歌舞伎である。それらはわが奈良朝のころに伝来して、現在も宮廷や由緒ある神社に継承保存されており、本国ではむしろ早くに失なわれている。歌舞伎の起源は唐代よりはるかに遡り、六朝末六世紀の半ばすぎ、北朝国家――北斉・北周に簡単なストーリをもつ歌舞伎が生まれ、それが中国演劇の一つの近い先祖とされており、そのまま隋・唐二朝に継承された。玄宗のころ、この雅楽は坐部（六種）・立部（八種）の二部に分けられた。前者は殿上に坐して上演し、後者は殿下に立って上演するからこの称がある。がんらいは宗廟《みたまや》の祭祀に用いられ、それがひろく儀式のアトラクションに組み入れられたのである。

つづいては鼓吹楽、すなわち打楽器と管楽器による勇壮な軍楽であり、その伝承は後漢にまで遡る。

つづいては胡楽、すなわち異民族に起源をもつ音楽、実際にもそれの演奏・舞蹈は胡人自身がつとめたであろう。西紀前の漢代ごろから、いわゆる西域《さいいき》すなわち中央アジアとの交通がひらけるとともに、その地方の歌舞その他の芸能が中国に大量に将来披露された。それらは総括して〝百戯〟と称せられる。玄宗朝の胡楽とは、主としてクチャ（亀茲）・カシュガル（疏勒）・カラホジァ（高昌）およびインド（天竺）渡来のものが占めたという。

さらにつづいては、教坊すなわち官営歌舞練場の官妓・楽人や、州県、といってもおひざもと京兆府下の長安・万年両県の、民間人が提供する散楽・雑戯である。この二つの種目は並列されていても、実際には明確な一線を画することがむつかしい。要するに、いずれも民間の芸能であって、「雑戯」（既述の〝百戯〟も類似の呼称）の名が示すように、お神楽や盆踊り・茶番狂言からアクロバティックなものに至るまで、さまざまの芸能を総称する。教坊の俳優がつとめる〝参軍戯〟とよぶ「雑戯」の一つは、参軍・蒼鶻《そうこつ》という二種の役がらによって演ぜられ、それは玄宗の開元年間に始まり、わが能狂言に類似する宋・元期の諷刺劇〝雑劇・院本〟の祖とされている。

さらに、山車《だし》や陸船《おかぶね》に楽団をのせてねりまわる。「陸船」は竹や木で船形の屋台を作り、人をのせてかつぐという。本邦京都の祇園祭りにおける船鉾《ふなぼこ》の祖型である。――以上に羅列された芸能プログラムは、いうまでもなく、雅なるものから俗なるものへ、宮廷から民間への傾斜をもつ。雅俗を兼ねてひろく芸能に愛好を寄せた点に、玄宗皇帝の特徴がある。

さて、最後に列ぶのはともに異色のプログラムである。

さらに、宮女を登場させて霓裳羽衣《げいしょううい》の舞をやらせた。「出」は、公式の賜宴にふつうは教坊所属の妓女や楽人が歌舞を奉仕し、いわばしろうとの宮女が舞台をつとめることはなかったことを示す。大奥の宮女を提供するきもちであろう。「霓裳羽衣」は西涼伝来の婆羅門の舞曲、河西節度使の楊敬述が献上したものに、玄宗みずから歌詞を付したといわれる。一説に、玄宗が道士羅公遠に伴なわれて月宮殿にあそび、そこで聞いた妙なる音楽を復原したとあるように、この世のものと思われぬ幽玄霊妙なダンス曲だという。かの白楽天の「長恨歌」にもうたう、

　漁陽の鼙鼓《じんだいこ》　地を動《どよ》もして来たり
　驚破す　霓裳羽衣の曲

「漁陽」は安禄山の根拠地をさす雅名。

さらに、百頭の馬にダンスをさせ、杯をくわえて長命を祈る献杯のまねをさせたり、犀や象を登場させて、おじぎやダンスをさせた。――現在ならサーカス団で容易に見られるプログラムであるが、これらは安禄山ならずとも千二、三百年前の観衆を驚倒させたに違いない。豪勢華美を好む玄宗の、いわばスケールのでっかさは、ダンス馬の百頭によっても想像しうるであろう。――かつての日、玄宗の賜宴に侍して見物した安禄山は、それらが気に入っていた。――以上がやはり回想の記述である。さて――

長安を陥落させてしまうと、かれは命令を下して、楽師・楽人たちを捜索逮捕させ、楽器や舞衣裳を牛馬にのせて運ばせ、ダンス馬や犀・象を追いたてて、みなかれのいる洛陽につれて来させた。

——満足な文化をもたぬ異民族は概して歌舞音曲を愛好する。安禄山の偽政権こそ短命におわるが、後の征服王朝である金（女真）・元（モンゴル）二朝の支配者たちも、いずれもみな歌舞音曲を愛好し、その一世紀前後の統治期間に歌舞音曲や演劇などの無形文化財にはむしろ庇護育成の方針を採った形迹さえある。

安禄山はともかく、風流天子であった玄宗は、中国芸能史の上からすれば、まがいもなく功労者のひとりであった。しかし、通鑑の編者のかれに対する批判は辛辣をきわめる。以下はかれの論評——

*

臣光曰。聖人以㆓道徳㆒為㆑麗。仁義為㆑楽。故雖㆓茅茨土階・悪衣菲食㆒。不㆑恥㆓其陋㆒。惟恐㆓奉養之過以労㆑民費㆑財。明皇恃㆓其承平㆒。不㆑思㆓後患㆒。殫㆓耳目

臣光曰《い》わく、聖人は道徳を以って麗《うるわ》しと為し、仁義を楽しみと為す。故に茅茨《ぼうし》・土階《どかい》、悪衣・菲食《ひし》と雖も、その陋《ろう》を恥じず。惟《た》だ奉養の過ぎて以って民を労わし財を費さんことを恐るるのみ。明皇、その承平を恃《たの》み、後患《こうかん》を思わず、耳目の玩を殫《つく》し、声技の

之玩㆒。窮㆓声技之巧㆒。自謂㆔帝王富貴皆不㆓我如㆒。欲㆑使㆘前莫㆓能及㆒。後無㆗以踰㆖。非㆓徒娯㆑已。亦以誇㆑人。豈知大盗在㆑旁。已有㆓窺窬之心㆒。卒致㆓鑾輿播越㆒。生民塗炭㆒。乃知人君崇㆓華靡㆒以示㆑人。適足㆑為㆓大盗之招㆒也。

巧《こう》を窮《きわ》め、自《み》ずから帝王の富貴は皆な我に如《し》かずと謂《おも》い、前をして能《よ》く及ぶ莫《な》く、後《のち》をして以って踰《こ》ゆるなからしめんと欲す。徒《ただ》に已《おのれ》を娯《たの》しましむるのみに非ず、亦た以って人に誇る。豈に知《あ》らんや、大盗旁《かたわ》らに在りて、已《すで》に窺窬《きゆ》の心あり、卒《つい》に鑾輿《らんよ》播越《はえつ》して、生民塗炭《とたん》するを致すを。乃ち知る、人君、華靡を崇《たっと》んで以って人に示すは、適《まさ》に大盗の招たるに足るを。

司馬光《わたくし》の批評——

聖人、すなわち万人に範を垂れる最も完全な人格のもちぬしたるべき天子は、道徳をこそうるわしいものと考え、その中心徳目たる仁義、すなわち人の人たるべき道乃至その実践をこそ享楽の対象とする。たとえかやぶき屋根や土のきざはしという原始的な住生活を送ろうと、また粗悪な衣服や食事のまずしい衣食生活を送ろうと、みすぼらしさを恥とおもわず、ただわが身の奉養に度がすぎて、国民の労力や資財を消費することをのみ心配する。

明皇すなわち玄宗は太平の世によりかかり、将来の危惧を想いやらず、耳目の楽しみに存分にふけって、歌舞音曲の芸能に趣向をこらした。いかなる帝王の富貴も自分を凌ぐものはないとひとり合点し、先人の追随も許さなければ、後人も優越するによしないものでありたいと願い、わが身を楽しませるだけでなく、他人にも誇示したのである。ところが、はからずも側らにあった大泥棒が、すでにかれの富貴をねらう心をいだき、かくてお召し車ははるばる亡命の旅に出て、人民は塗炭の苦しみに遭うという結果をもたらした。いまや明白である、君主が華美をたっとんで他人に誇示したそのことが、大泥棒を招き寄せる原因となりえたことが。――「茅茨・土階」は質素な住居をいう、太古の聖天子堯・舜の故事として知られる（『史記』五帝本紀）。「菲食」は粗末な食事。「明皇」は玄宗のおくり名〝至道大聖大明孝皇帝〟にもとづく俗称。「鑾輿《らんよ》」は天子の乗り物、「播越」は既出（五〇五ページ参照）。

司馬光のこの玄宗批判はいささか単純である。玄宗という対象なら、焦点を合わせるべき欠陥にこと欠くことは決してなかったはずである。玄宗自身も告白する盲目的な人材登用、そして老年における女色への惑溺とそれに伴のう外戚の重用など。だが、長い歴史を綴り来たった司馬光は、そうした類型的な批判がむしろお座なりに堕することを嫌ったかもしれない。安禄山の叛逆は楊貴妃を奪うことにあったという俗説すら行なわれている。それが俗説だと認めつつ、一概に否定しえないのと同様に、招宴におけるアトラクションに象徴される玄宗の豪華な生活が、教養のない辺境の一胡人を魅了して、大乱の動機となりえたとする批判も、案外真相を得ているかもしれない。少なくとも、叛逆当初における安禄山の夢のプログラムのうちに組まれていたことは確かであろう。

＊

禄山宴二其群臣於凝碧池一。盛奏二衆楽一。梨園弟子往往歔欷泣下。賊皆露レ刃睨レ之。楽工雷海清不レ勝二悲憤一。擲二楽器於地一。西向慟哭。禄山怒。縛二於試馬殿前一。支二解之一。

禄山、その群臣を凝碧池《ぎょうへきち》に宴し、盛んに衆楽を奏せしむ。梨園の弟子、往往にして歔欷《きょき》し泣下《なみだくだ》る。賊、皆な刃《やいば》を露《あら》わしてこれを睨《にら》む。楽《がく》工なる雷海清、悲《ひ》憤《ふん》に勝《た》えず、楽器を地に擲《な》げ、西に向かいて慟哭す。禄山、怒り、試馬殿の前に縛《ばく》し、これを支解す。

安禄山は臣下のものを凝碧池《ぎょうへきち》に招いて酒宴を催し、長安からとどけて来た楽人たちに演奏させた。「凝碧池」は洛陽神都苑の最東部にある東西一・六キロ、南北一キロの大園池である（『唐両京城坊攷』巻五）。

梨園の若者たちはしばしばすすり泣き、涙をしたたらせた。賊側のものはみな抜き身を下げて睨みつけている。――なんとも異様な音楽鑑賞の光景である。

楽師の雷海清は悲憤やるかたなく、楽器をゆかに投げつけ西方を向いて慟哭した。立腹した安禄山は、試馬殿の前で捕縛し、八つざきの刑に処した。——「試馬殿」の所在は不明だが、字面よりすれば荒馬の性格を矯正する所か。「支解」は肢体をばらばらにする刑。四肢に縄をかけて四方から荒馬に引かせる、最も残酷なしおきであろう。

*

禄山聞嚮日百姓乗レ乱多盗ニ庫物一。既得ニ長安一。命大索三日。并ニ其私財一尽掠レ之。又令ニ府・県推按一。銖両之物。無レ不ニ窮治一。連引捜捕。支蔓無レ窮。民間騒然。益思ニ唐室一。自下上離ニ馬嵬一北行上。民間相伝太子北収レ兵来取ニ長安一。長安民日夜望レ之。或レ時相驚曰。太子大軍至矣。則皆走。市里為空。賊望ニ見北方塵起一。輒驚欲レ走。京畿豪傑往往殺ニ賊官吏一。遥応ニ官軍一。

禄山聞くならく、嚮日《さきごろ》、百姓《せい》、乱に乗じて多く庫物を盗めりと。既に長安を得たれば、命じて大いに索《もと》むること三日、その私財を并《あわ》せて尽《こと》ごとくこれを掠す。又、府・県をして推按《すいあん》せしめ、銖《しゅ》両の物も窮治せざる無し。連引捜捕して、支蔓窮《きわ》まり無し。民間騒然たりて、益《ま》すます唐室を思う。上が馬嵬《ばかい》を離れて北行せし自《よ》り、民間相伝う、太子は北のかた兵を収《おさ》め来たりて長安を取らんと。長安の民、日夜これを望む。時或《あ》りて相驚きて曰わく、「太子の大軍至れり」と。則ち皆な走り、市里為めに空《むな》し。賊、北方に塵起こるを望見すれば、輒《すなわ》ち驚きて走《に》げんと欲す。京畿の豪傑、往往にして賊の官吏を殺し、遥か

誅而復起。相継不レ絶。賊不レ能レ制。

に官軍に応ず。誅《ちゅう》すれども復《ま》た起こり、相継ぎて絶たず。賊も制する能わず。

安禄山の耳には、さきごろ人民たちがどさくさ紛れに倉庫の物品をたくさん盗んだことが入っていた。長安を占領すると、命令を出して三日間大がかりな捜索をさせ、盗品はもちろん、かれらの私財まですっかり召しあげた。さらに各府県の役所に命じて取調べさせ、ごく低額のものまでも糾問させ、つぎからつぎへと拘引検挙がいもづる式にはてしなくつづき、民間は物情騒然として、ますます唐朝に対する思慕をつのらせた。

「推按」は司法検察の処置、訊問・裁判をいう。「銖・両」は重量の単位、銖は約一・五グラム、二十四銖が一両、十六両が一斤であり、微量をいう。「支蔓」はいもづる式に相関連するさま。

天子が馬嵬陂から北方凰翔への旅に出発してから、民間では皇太子が北方の部隊を集めて長安奪還に来るといううわさが飛び、長安の人民たちはあけくれ待ち望んだ。時には「皇太子さまの官軍がやって来たぞ」とさわいだりして、するとみなが走り去って、街中はからっぽになった。――人心が不安定なときはしばしばデマがとぶ。

賊軍のほうも北方に砂塵が立つのを眺めるつど、驚いて逃げようとした。首都圏のつわものたちはしばしば賊側の官吏を殺害して、はるかに官軍に呼応した。処刑されてもまた蹶起するというぐあいに、絶えることなく継続し、賊軍も制圧しかねる始末である。

――さて、張巡らの強力な抵抗がつづけられていたさなか、そして官軍の反撃がようやく緒についたばかりのころ、すなわち至徳二年（七五七）の正月を迎えたばかりの安禄山に、突如として死がおそいかかる。

*

安禄山自レ起レ兵以来。目漸昏。至レ是不二復睹一レ物。又病レ疽。性益躁暴。左右使令。小不レ如レ意。動加二箠撻一。或時殺レ之。既称レ帝。深居二禁中一。大将希得レ見二其面一。皆因二厳荘一白レ事。荘雖二貴用一レ事。亦不レ免二箠撻一。閹官李豬児被レ撻尤多。左右人不二自保一。禄山嬖妾段氏。生二子慶恩一。欲下以代二慶緒一為上レ後。慶緒常懼

安禄山、兵を起こしてより以来、目、漸く昏《こん》し、是《ここ》に至りて復《ま》た物を睹《み》ず。又、疽《そ》を病《や》む。性、益《ま》すます躁暴《そうぼう》にして、左右の使令、小《すこ》しく意の如くならざれば、動《とか》く箠撻《すいたつ》を加え、或るいは時にこれを殺す。既に帝を称したれば、深く禁中に居り、大将も希《まれ》にその面を見るを得るのみ、皆な厳荘に因《よ》りて事を白《もう》す。荘、貴くして事を用うと雖も、亦た箠撻を免がれず。閹《えん》官李《り》豬児《ちょじ》、撻《むち》うたるること尤も多し。左右の人、自《み》ずから保《ほ》せず。禄山の嬖妾《へいしょう》段氏、子慶恩《おのこけいおん》を生み、以って慶緒に代りて後《のち》たらしめんと欲す。慶

レ死。不レ知レ所レ出。荘謂二慶緒一曰。事有二不レ得レ已者一。時不レ可レ失。慶緒曰。兄有レ所レ為。敢不二敬従一。又謂二豬児一曰。汝前後受レ撻。寧有レ数乎。不レ行二大事一。死無レ日矣。豬児亦許諾。

緒、常に死を懼《おそ》るるも、出《い》だす所を知らず。荘、慶緒に謂いて曰わく、「事、已《や》むを得ざる者あり。時は失うべからず」と。慶緒曰わく、「兄《けい》、為《な》す所あらば、敢《あ》えて敬《つつ》しみ従わざらんや」と。又、豬児に謂いて曰わく、「汝《なんじ》、前後、撻《むち》を受くること寧《なん》ぞ数あらんや。大事を行なわずんば、死すること日無からん」と。豬児も亦た許諾《きょだく》す。

安禄山は叛逆の軍事行動を起こして以来、視力が次第に衰えつつあった。このころ、すなわち至徳二年（七五七）正月前後になると、もう物が見えなくなり、しかも腫瘍をわずらい、いよいよ短気で強暴な性質になっていた。側近に仕えてかれの用をはたす連中にも、思いどおりにならぬと、とかく鞭をふるって打擲《ちょうちゃく》し、時には殺してしまうことさえあった。「躁暴」は精神のバランスを失い粗暴なこと。「動」はとかく……なりがちなこと。

皇帝の称号を名のってからは宮廷の奥深く閉じこもり、指揮官たちもめったに面会できず、すべて厳荘を通じて用件を告げた。厳荘は政務を担当する高貴の地位にありながら、やはりかれの打擲を免がれなかったし、宦官《かんがん》の李豬児《りちょじ》はとりわけ鞭をくらうことが多く、側近のものは生命の安全をも保障しかねた。「李豬児」は契丹族の出身で十三歳の時から安禄山に仕え、安禄山みずからの荒療治で去勢され、危うく一命を落としかけたのが助かり、そのためにかれから可愛がられて実直に奉仕していた。

安禄山の側室《そばめ》で慶恩という男の子の生みの母段氏は、わが子を嫡子の慶緒の代りに後嗣ぎに立てたがっていた。慶緒はいつも死の恐怖にさらされながら、打つべき手がわからない。

厳荘が慶緒にいった、「もの事にはやむにやまれぬ場合がある。時機は失ってはなりませんぞ。」

慶緒「兄上が何かおやりになるなら、つつしんで仰せに従いますとも。」――「敢不」は反辞である。

さらに、厳荘は李豬児にいった、「そちが前後打《ぶ》たれた回数は、とても数えられたものじゃない。一つ大仕事をやってのけないと、殺されるのは時間の問題だぞ。」

李豬児も承諾した。――この一段の会話はみごとである。ここには〝安禄山〟とか〝殺す〟とかの露わな言葉がまったく見えぬことに注意されたい。

*

荘与㆓慶緒㆒夜持㆑兵立㆓帳外㆒。豬児執㆑刀直入㆓帳中㆒。斫㆓禄山腹㆒。

荘《そう》、慶緒《けいしょ》と夜に兵を持《じ》して帳外に立つ。豬児、刀を執《と》りて直ちに帳中に入り、禄山の腹を斫《き》る。左右懼

左右懼。不二敢動一。禄山捫二枕旁刀一。不レ獲。撼二帳竿一曰。必家賊也。腸已流出数斗。遂死。掘二牀下一深数尺。以レ氈裹二其尸一埋レ之。誡二宮中一不レ得レ泄。乙卯旦。荘宣二言於外一。云二禄山疾亟一。立二晋王慶緒一為二太子一。尋即二帝位一。尊二禄山一為二太上皇一。然後発レ喪。慶緒性昏懦。言辞無レ序。荘恐二衆不一レ服。不レ令レ見レ人。慶緒日縦レ酒為レ楽。兄二事荘一。以為二御史大夫・馮翊王一。事無二大小一。皆取レ決焉。厚加二諸将官爵一。以悦二其心一。

れ、敢えて動かず。禄山、枕旁《ちんぼう》の刀を捫《と》らんとして、獲《え》ず。帳竿《ちょうかん》を撼《ゆる》がせて曰わく、「必らず家の賊なり」と。腸、已《すで》に流れ出《い》ずること数斗、遂に死す。牀下《しょうか》を掘ること深さ数尺、氈《せん》を以ってその尸《し》を裹《つつ》みてこれを埋め、宮中に誡《いまし》めて泄《も》らすを得ざらしむ。乙卯《きのとう》の旦《あした》、荘、外に宣言《せんげん》して、「禄山は疾亟《しつあらた》まれり」と云い、晋王慶緒を立てて太子と為す。尋《つ》いで帝位に即《つ》き、禄山を尊んで太上皇と為し、然る後喪《そう》を発す。慶緒は性昏懦《こんだ》にして、言辞、序なし。荘、衆の服せざらんことを恐れ、人に見《あ》わしめず。慶緒、日ごと酒を縦《ほ》しいままにして楽しみを為す。荘に兄事《けいじ》し、以って御史大夫・馮翊《ひょうよく》王と為し、事、大小となく、みな決を取らしむ。厚く諸将に官爵を加えて以ってその心を悦ばしむ。

厳荘は安慶緒とともに、夜中に武器をたずさえて、ベッドのとばりの外に立つ。刀を手にした李豬児はずかずかととばりの中に入って、安禄山の腹に切りつけた。側近たちは怖くて手出しができない。安禄山は枕頭の刀をつかもうとするがかなわず、とばりの竿を揺さぶっていった、「こりゃ内部《なか》の賊とにらんだ。」腹わたはすでに数斗分も流れ出し、そのままこと切れた。——下手人を買って出た李豬児は、安禄山の胸をめがけずあの太鼓腹に切りつけたのである。

ベッドの下を数尺、一メートル半ばかり掘り下げ、毛布で遺骸をくるんで埋め、宮廷内に厳重に申しわたして、外部に洩らさぬようにした。

一月六日朝、すなわち暗殺決行の一夜があけた翌朝である。厳荘は宮廷外のものに、「安禄山どのは危篤状態におちいられた」と発表し、晋王慶緒を皇太子に立てた。つづいてかれを皇帝の位につかせ、安禄山をうやまって太上皇とよび、そこではじめて死亡の公式発表を行なった。

安慶緒はうまれつき頭がわるく怠けもので、つじつまのあった物の言いかたができない。みなが言うことをきくまいと気づかった厳荘は、かれを人に会わせぬようにした。慶緒は日ごと酒に酔いしれて遊楽の生活を送り、厳荘を兄貴分としてつかえ、かれを御史大夫すなわち最高検長官、馮翊郡（陝西省大荔県を中心とする）王に任命して、なに事によらずかれの手で決裁させた。指揮官たちには十分な官爵を授けて、ごきげんにさせた。

——さて、中国史における大事件の一つ〝安禄山の乱〟は、フィナーレを迎えるまでになお多くの時間を必要とする。しかもその間には、錯雑継起する大小さまざまの事件がどっさり横たわっている。早い話が、唐朝を悩ませたもう一人の悪役、安禄山と一日違いで誕生した竹馬の友史思明の跳梁も、むしろこのころから顕著となる。しかし、それらの唐朝復興の歴史を紹介する余地はもはやここに残されていない。それに、人間を描く歴史は、崩壊してゆく姿のほうがより活きいきとして妖しい魅力をさえもつ。なぜなら、くずれゆく過程では想像を超絶する真の姿を露呈し、人間の一種の可能性をより率直・大胆に試みようとするからである。

訳者は、安禄山の登場で開幕したこの長い歴史の一くさりを、かれの横死——自滅の一段によって終る処置をとる以外に、収束の途を見いだしえなかった。

『資治通鑑』を進む表

この一文は、通鑑の主編者司馬光が神宗皇帝に提出した、編纂完成の報告書である。ここには、かれが生命を燃焼しつくした十九年に及ぶ編纂経過のあらましが、端正な古文のスタイルを借りて詳しく語られ、皇帝にささげる文章でありながら、心にもない浮飾やむなしい誇張はほとんど見あたらず、むしろかれの人がらをにじませた率直な発言が、ところどころ読者の胸にしずかに迫るであろう。末尾には「元豊七年十一月進呈」と提出のデートを付するが、宋・李燾《りとう》の『続資治通鑑長編』巻三五〇の同月の項には、司馬光上表の記事がみえず、翌十二月戊辰すなわち三日に至り、通鑑編纂の完了によって、かれを資政殿学士、范祖禹を秘書省正字に叙任する記事を掲げ、かつ簡単な編纂経過に言及したあとにいう――上、輔臣に諭して曰わく、「前代、未だ嘗て此の事あらず。荀悦《じゅんえつ》の『漢紀』を過《しの》ぐこと遠し」と。遂《か》くて命じて三省に付せしめ、仍《な》お速かに進め入らしむ。

原文は宋刊『資治通鑑』(四部叢刊収)の末尾に付録されたものに拠ったが、宋・呂祖謙の『皇朝文鑑』(いわゆる宋文鑑)巻六十五にも収められ、わずかに二、三字の異同がみとめられる。なお、司馬光の文集では宋刊本(四部叢刊収)にはかえって収録されていない。

臣光言。先奉レ勅編三集歴代君臣事迹一。又奉二聖旨一賜二名資治通鑑一。今已了畢者。伏念臣性識愚魯。学術荒疎。凡百事為。皆出二人下一。独於二前史一。粗嘗尽レ心。自レ幼至レ老。嗜レ之不レ厭。毎患遷・固以来。文字繁多。自二布衣之士一。読レ之不レ徧。況於二人主一。日有二万機一。何暇二周覧一。臣常不二自揆一。欲丙刪三削冗長一。挙三撮機要一。専取下関二国家興衰一。繫二生民休戚一。善可レ為レ法。悪可レ為レ戒者上。為二編年一書一。使乙先後有レ倫。精粗不甲雑。私家力薄。無レ由レ可レ成。

臣光、言えらく、先ごろ勅《みこと》のりを奉じて歴代君臣の事迹を編集し、又、聖旨を奉じて名を『資治通鑑』と賜わる。今、已《すで》に了畢《りょうひつ》せる者なり。伏して念《おも》うに、臣は性識愚魯《ぐろ》、学術荒疎《こうそ》にして、凡《ぼん》百の事《じ》為《い》、皆《み》な人の下《しも》に出《い》ずるも、独り前史に於いては、粗《ほ》ぼ嘗《つね》に心を尽くし、幼より老に至るまで、これを嗜《たしな》みて厭《あ》かず。毎《つね》に患《うれ》う、遷《せん》・固《こ》以来、文字繁多《はんた》にして、布衣《ふい》の士と自《いえど》もこれを読みて徧《あまね》からず、況《いわ》んや人主に於いては、日に万機あれば、何ぞ周《あまね》く覧《み》たもうに暇《いとま》あらんや、と。臣は常に自《み》ずから揆《はか》らず、冗長を刪削《さんさく》し、機要を挙撮《きょさつ》して、専ら国家の興衰に関《かか》わり、生民の休戚《せき》に繫《かか》り、善の法と為すべく、悪の戒《いまし》めと為すべき者を取りて、編年の一書を為《つく》り、先後倫あり、精粗雑《まじわ》らざらしめんと欲せしも、私家、力薄うして、成すべきに由なかりき。

臣なる司馬光が申しあげます。さきごろ、歴代君臣の事績を編集せよとの勅命を奉じ、さらに、かしこきご諚《じょう》により『資治通鑑』という書名を賜わりました。ただいま、すでに完成いたしましたものでございます。

——まず編纂完了が報告される。「先ごろ」とはあるが、すでに十五年の昔、治平三年(一〇六六)四月にさかのぼる。当時の司馬光の肩書きは龍図閣直学士兼侍講、すなわち学問所のご進講がかりである。編年史の企画がいつ着手されたかは明らかでない。かれはこの時、まず出来あがっていた戦国期の部分を英宗皇帝に献上した。かれ自身が題した書名は『通志』といい八巻より成る。『資治通鑑』の書名を賜わったのは翌四年十月のことである。

さて、かえりみまするに、わたくしは愚鈍の知能に生まれつき、学問は粗雑、やること為すことすべて他人に劣りますが、ただ一つ前代の歴史につきましては、いつも大体精根をうちこんで勉強し、幼少のころから老年に至りますまで、あきることなく愛好してまいりました。その節いつも憂慮されましたのは、司馬遷の『史記』・班固の『漢書』以来、歴史の著作が繁雑多様であり、宮仕えせぬ民間の士人でもなかなか隈なく眼を通せるものでなく、まして、日ごと国家の枢機をみそなわす天子《おかみ》におかれては、あまねく閲覧される余裕などとてもあるまい、ということでございました。

——「性識」はうまれつきの知性、梁・沈約《しんやく》の「神不滅論」に人品をのべて、「その愚かなる者は則ち菽《しゅく》・麦《ばく》を弁ぜず、悖《もと》れる者は則ち愛・敬を知らず。斯《これ》より以上は、性識漸く弘し」という。「愚魯」の魯もおろか。「学術」を学問と訳したが、実際政治の手段としての学問が、正しい訳語であろう。「荒疎」は精密を欠くこと。「事為」は行動・行為。「布衣」は庶民の着るそまつな衣服、転じて庶民そのものをさす。「士」は教養人・知識人。ただし、文武にかかわらずいう。「布衣の士」とはおそらく読書の余暇を十分もつ士人を意味するだろうが、理窟をいえば「布衣の士」に、正史といわれる公撰のものだけでも十七部（十七史）を数える歴史書が入手しうるわけはないから、いささか奇妙な例ではある。それはともかく、かくも尨大な量にのぼる歴史書の堆積は、ゆとりのありそうな「布衣の士」でも、という特殊な用法の助字が「自」である。しばしばここの用法のように「況」と対応して用いられ、楊樹達『詞詮』には「雖」と訓ぜられている。「自」は〝それ自体からして〟という、「已《すで》に」のニュアンスをもつから、「雖」への傾斜は容易に理解されよう。

わたくしはいつも自分の能力をも計算せず、まことに大それたことに、前代の歴史書の冗漫な部分をけずり、重要個処を採りあげて、事がらが国家の興亡盛衰に関係したり、人民の悲喜禍福にかかわるもので、範とするべき善き行為や、戒めとするべき悪しき行為のみを摘出して、編年体による一部の歴史書を作り、前後辻つまが合い、精粗まちまちにならぬものにしたいと考えました。しかし、個人の力は乏しく、完成するべくもありませんでした。

――「生民」は人民、「休」はよろこび乃至幸福、「戚」はかなしみ乃至不幸をいう。「私家」はむろん個人の家、このしごとが私的事業としては、財力やスタッフにおいて限界のあることを告白したのである。

*

伏遇英宗皇帝。資㆓睿智之性㆒。敷㆓文明之治㆒。思㆘歴㆓覧古事㆒。用恢㆗張大猷㆖。爰詔㆓下臣㆒。俾㆓之編集㆒。臣夙昔所㆑願。一朝獲㆑伸。踊躍奉承。惟懼㆑不㆑称。先帝仍命自選㆓辟官属㆒。於㆓崇文院㆒置㆑局。許㆑借㆓龍図・天章閣・三館・秘閣書籍㆒。賜以㆓御府筆墨・繒帛及御前銭㆒。以供㆓果餌㆒。以㆓内臣㆒為㆓承受㆒。眷遇之栄。近臣莫㆑及。不幸書未㆓進御㆒。先帝違㆓棄群臣㆒。陛下紹㆓膺

伏して遇う、英宗皇帝、睿智《えいち》の性を資《と》り、文明の治を敷《し》き、古事を歴覧して、用《も》って大猷《ゆう》を恢張《かいちょう》せんことを思い、爰《ここ》に下臣に詔《みこと》のりして、これに編集せしめたもう。臣が夙昔《しゅくせき》願う所、一朝にして伸ぶるを獲《え》、踊《よう》躍奉承して、惟《た》だ称《かな》わざらんことをのみ懼《おそ》る。先帝、仍《な》お命じて自《み》ずから官属を選辟《せんぺき》し、崇文《すうぶん》院に於いて局を置かしめ、龍図《りゅうと》（閣）・天章閣・三館・秘閣の書籍を借るを許し、賜うに御府《ぎょふ》の筆墨・繒帛《そうはく》及び御《ぎょ》前の銭を以ってし、以って果餌《かじ》に供し、内臣を以って承受と為《な》さしめたもう。眷遇《けんぐう》の栄、近臣も及ぶ莫《な》し。不幸にして書未《いま》だ進御せざるに、先帝、群臣を違棄し、陛下、大統を紹膺《しょうよう》し、先志を欽承《きんしょう》し、

大統一。欽二承先志一。寵以冠レ序。錫二之嘉名一。毎レ開二経筵一。常令二進読一。臣雖二頑愚一。荷二両朝知待一。如レ此其厚。隕レ身喪レ元。未レ足二報塞一。苟智力所レ及。豈敢有レ遺。

寵《ちょう》して以って序を冠し、これに嘉名を錫《たま》い、経筵を開かる毎《ごと》に、常に進読せしめたもう。臣、頑愚なりと雖も、両朝の知待を荷《に》のうこと、此《か》くの如く其《そ》れ厚し。身を隕《おと》し元を喪《うしの》うも、未《いま》だ報塞《そく》するに足らず。苟《いや》しくも智力の及ぶ所、豈《あ》に敢えて遺《い》あらんや。

かたじけなくもその時、聡明叡智の性をうけたまい、文徳ゆたかな輝かしい施政を実現されます英宗皇帝は、古代の事績を歴覧したもうことによって、大いなる政道を発揚せんとお考えになり、ここにわれわれ臣下に詔勅をたまわり、公けの事業としての編纂を命ぜられました。わたくしはかねての念願をたちまち実現できることになり、欣喜雀躍してお引受け申しあげ、ただただご意志に沿えまいことをのみ恐れました。

——「文明」は本叢書の題名の拠るところであり、『周易（易経）』や『尚書』など古典にみえる語、文彩に輝く公明な政治や人物などにいう。「恢張」の恢は盛大の意。「大猷」の猷は道、政治における大いなる道。

先帝すなわち英宗皇帝は、さらにご諚を下され、わたくし自身の一存で所属官員すなわち編纂委員を選定招聘し、崇文院に編纂部局を設置し、龍図閣・天章閣・三館・秘閣の書籍を借り出す許可を与えられ、宮内庁の筆墨や、間食代に供するようにと繒帛《きぬじ》やご内帑《ど》金を下賜され、大奥に仕える臣を雑用連絡がかりに当てていただきました。恩遇の栄を賜わりますことは、側近に仕える重臣も及ばぬものがありました。

――「崇文院」は太宗の太平興国の初め（九七六年）ごろに建てられた書院、すなわち学問所ないし図書館で、昇龍門の東北に在り、そこに下文にみえる「三館」すなわち史館・昭文館・集賢院があった。「龍図閣」「天章閣」はそれぞれ太宗・真宗の御文庫、ともに真宗の時代に会慶殿の西方に列んで建てられた。「秘閣」は太宗の端拱元年（九八八）に崇文院の中央に建てられた図書館で、三館所蔵の書籍・絵画のうちから最も貴重なものがここに別置されていた（『宋史』巻一六二および巻一六四、百官志）。「果餌」は果実や軽食の類、すなわちおやつをいう。「内臣」はすなわち宦官、「承受」は雑用連絡がかり、正式の官名ではなさそうである。

　まことに不幸にも、完成した書物を献上いたしませぬうちに、先帝はわれら群臣を見捨てられてご他界あそばされました。――勅命による編纂が始まった翌四年正月のことである。帝位を継承されました陛下は、先帝のご遺志を受けつがれ、ありがたき思召しをもって巻頭をかざるべき序文を賜わり、かつ『資治通鑑』というめでたき書名を頂戴いたし、御講筵を設けられますたびに、いつも本書の進講を申しつけられました。

――御製による序文の末尾には、司馬光自身のつぎの添えがきがみえる。

治平四年十月、初めて経筵を開き、聖旨を奉じて『資治通鑑』を読む。その月九日、臣光、初めて進読せしとき、面《ま》のあたり御製の序を賜わり、書成るの日を候《うかが》いて写《か》き入らしめらる。

わたくしは頑迷愚昧のものではありますが、両皇帝よりかくも手厚き知遇にあずかり、たとえ身命を失う努力をささげましても、恩顧に報いたてまつることはかないませぬ。かりそめにもわたくしの智力の能う限り、このしごとには遺漏を犯すわけに参りませぬ。

——「元」は生命の根元をいう。

*

会差二知永興軍一。以二衰疾不一レ任レ治レ劇。乞レ就二冗官一。陛下俯従レ所レ欲。曲賜二容養一。差二判西京留司御史台及提挙嵩山崇福宮一。前後六任。仍聴下以二書局一自随上。給二之禄秩一。不レ責二職業一。臣既無二它事一。得三以研レ精極レ慮。窮二竭所一レ有。日力不レ足。継レ之

会《たま》たま知永興《ちえいこう》軍に差《さ》せらるるも、衰疾《すいしつ》、劇を治むるに任《た》えざるを以って、冗官《じょうかん》に就《つ》かしめられんことを乞う。陛下、俯して欲する所に従い、曲《ま》げて容養を賜い、判西京《せいけい》留司御史台及び提挙嵩山崇福宮に差せらるること、前後六任《にん》、仍《な》お書局を以って自ずから随うことを聴《ゆる》され、これに禄秩《ろくちつ》を給して、職業を責めたまわず。臣、既に它事《たじ》なければ、以って精を研《みが》き慮を極め、有する所を窮竭《きゅうけつ》するを得《え》、日に力足《た》ら

以レ夜。偏閲二旧史一。旁采二小説一。
簡牘盈積。浩如二煙海一。抉二摘幽
隠一。校二計豪釐一。上起二戦国一。下
終二五代一。凡一千三百六十二年。
修二成二百九十四巻一。又略二挙事
目一。年経国緯。以備二検尋一。為二
目録三十巻一。又参二考群書一。評二
其同異一。俾レ帰二一塗一。為二考異
三十巻一。合三百五十四巻。自二
治平開レ局。迨レ今始成。歳月淹
久。其間抵捂。不二敢自保一。罪
負之重。固無レ所レ逃。臣光誠惶
誠懼。頓首頓首。

ずんば、これに継ぐに夜を以ってし、偏《あまね》く旧史を閲し、旁《かたわ》ら小説を采《と》る。簡牘盈積《かんとくえいせき》し、浩《こう》として煙海の如く、幽隠を抉摘《けってき》して、豪釐《ごうり》を校計す。上《かみ》は戦国より起《はじ》め、下《しも》は五代に終る、凡そ一千三百六十二年、二百九十四巻を修成す。又、事目を略挙し、年を経《けい》、国を緯として、以って検尋に備え、目録三十巻を為《つく》る。又、群書を参考し、その同異を評して、一塗に帰せしめ、考異三十巻を為《つく》る。合わせて三百五十四巻なり。治平に局を開きし自《よ》り、今に迨《およ》びて始めて成る。歳月淹《えん》久、其の間《かん》抵捂あること、敢えて自《み》ずから保《ほ》せず。罪負の重きこと、固《もと》より逃《の》がるる所なし。臣光、誠惶誠懼、頓首頓首。

あたかもそのころ、すなわち熙寧三年（一〇七〇）九月、知永興軍に転出を命ぜられました。

――「永興軍」は唐朝の首都長安、いまの陝西省西安市を中心とする大州、かつての京兆府である。そこの知事であり、正式の肩書きは端明殿学士兼翰林侍読学士、集賢殿修撰、知永興軍という。実はこの発令の前に、司馬光は王安石を弾劾する上奏文を提出している。神宗は新法党と絶対に相容れぬ司馬光を中央から一時隔離する手段を採ったのであろう。時に司馬光は数え年五十二歳。

しかし、老衰病弱のわたくしには重要行政区の統治が重荷でありますため、閑職に就任させていただくようお願いしましたところ、陛下はわたくしの希望をききいれて下さり、ご意志をまげて静養の機会をたまい、判西京留司御史台および提挙西京嵩山崇福宮に転出、前後六任に及びました。

――「劇」はこの場合は劇郡、事務が輻輳する重要行政区には劇字を伴ない、劇県・劇邑なども同じ用法である。永興軍は陝西路（路は現在の省にあたる）の中心で、ここの知事は安撫使をも兼ねていた。「冗官」は実職のない肩書きだけの官。宋代では奉祠の官すなわち各地の道観（道教寺院）の管理職などがそれにあたる。「容養」はこの場合、病気の保養を意味しようが、容はゆとりを与える意か。「西京」は河南省洛陽市、唐代の控えの都として東都と呼ばれたのに効《な》らい、宋代では首都汴京（河南省開封市）または東京に対して西京と呼び、形ばかりの役所が置かれたそれが「留司」であり、御史台すなわち最高検察庁というのも、実務を行なわぬ架空のものである。「判」とは官位の高いものが低い職を兼ねる術語。御史台の何職と指示がないのも、名義のみの官であるからだろう。「提挙」

は管理・主管の意。「嵩山崇福宮」は洛陽の東方、河南省登封県に在る五嶽の一で、中嶽とされる霊山にある道観、その道観の管長とは、すなわち既述の奉祠官である。奉祠官の場合はまさに〝冗官〟であって、現地に赴任する必要もなく、その代り俸給は規定の半分しか支給されない。「任」とは規定による同一職に就任する期間、すなわち任期、一任は通常三年。

清・顧棟高「司馬温公年譜」によれば、この洛陽における二つの閑職に任命されたのは、むろん別々の時である。劇郡の統治に耐えぬというのも、表向きの辞であって、熙寧四年(一〇七一)正月、やはり新法の非をならす上奏文を提出したのが認められず、みずから「判西京留台」を要請し、それも聴許されなかったので、ふたたび上奏文を提出した。司馬光の朴直をむき出しにした内容なので、一部を紹介しておこう。

> 臣の不才は最も群臣の下に出《い》づ。先見は呂誨に如《し》かず、公直は范純仁・程顥《こう》に如《し》かず、敢言は蘇軾・孔文仲に如《し》かず、勇決は范鎮に如《し》かず。今、陛下は唯だ安石のみを是れ信じたまい、これに付する者、これを忠良と謂《おも》い、これを攻むる者、これを讒慝《ざんとく》(奸悪中傷)と謂いたもう。臣が今日言う所は陛下の所謂《いわゆる》讒慝する者なり。若《も》し臣が罪、范鎮と同じければ、即ち乞う、鎮の例に依りて致仕せしめたまえ。若し罪、鎮より重ければ、或るいは竄《ざん》(流刑)し或るいは誅せられよ。敢えて逃げざる所なり。

なんと激越なことばであろうか。さすがに神宗もこの上奏の前に屈して、四月十八日判西京留司御史台の発令をみ、司馬光は洛陽に移り住む。もう一つの肩書き、奉祠官のほうは、右の年譜に拠れば一おう熙寧六年（一〇七三）に擬しているが、正確なデートは未詳。また、「六任」とあるが、実は前者の肩書き就任が「両任」、後者が「四任」であることに注意されたい。

陛下はなお、編纂部局がわたくしの転出について移動することをお許しになり、俸禄を支給されながら、本職の責任から解放されました。かくてわたくしは他の職務がない以上、精密な検討や徹底的な考察を行ない、もてる能力の限りを注入することができました。昼間の努力が足りませぬ時は、夜分にわたって続け、あまねく旧史を調べ、かたわら巷間の俗説をも採用、文献は山と積まれ、もやに煙る大海原のごとき浩大な資料から、かくされた事実をえぐり出し、微細な食い違いをも比較検討しました。かくて、上は戦国期に始まり、下は五代に至るまで、あわせて千三百六十二年間にわたり、二百九十四巻の編年史の編纂を完成いたしました。

——中国の古代でいう「小説」は、いわゆる小説ではなく、街談巷説というべき、民間発生の文字通りのささやかな説話をさし、元来は歴史としての意識のもとに書かれたもの。フィクションのおもしろさを発見し、その自覚のもとに創作された小説は、宋元期の講談・人情ばなしに発源する、口語による作品を俟たねばならない。「簡牘《かんとく》」は書物ないし文書の類をいう。「豪釐《ごうり》」は微細な数量、豪は毫に同じ。

さらに、事実の要約をあらまし挙げ、年次を縦に国を横にならべて検索の便にそなえ、目録三十巻を作りました。——上段に紀年、右段に国家（王国を含む）別の欄をつくり、紀年の下に、各国に発生した事件の要略を記してある。いわば現今の年表のようなもので、いわゆる目録とちがう。

さらに、多くの書物を参照して、一つの事件における異同を検討批判して、一つの事実にしぼる決定を下し、考異三十巻を作りました。合計三百五十四巻ございます。——同一史実の記載に食い違いがある場合、司馬光独自の鋭い眼によって、そのうちから最も真実らしきものを選別する、その経過・理由をのべたものである。

治平四年に編纂部局が開設されましてから、ただ今ようやく完成いたしますまで、久しい歳月を要しましたが、本書の内容における食い違いは、わたくし自身も保証いたしかねます。犯しました重大な罪責は、むろん回避するべくもございません。臣光、ただただ恐懼してお詫び申しあげるのみです。——「淹」も久の意。「其間」は空間的用法、通鑑のなかにはということ。「抵捂」は抵触、著作における矛盾個処についていわれる。『漢書』司馬遷伝（巻六十二）に、『史記』について「甚だ疏略多く、或るいは抵牾あり」という。

*

重念臣違二離闕庭一。十有五年。　重《かさ》ねて念《おも》えらく、臣、闕庭を違離すること、十有五

雖三身処二于外一。区区之心。朝夕寤寐。何嘗不レ在二陛下之左右一。顧以二駑蹇一。無二施而可一。是以専事二鉛槧一。用酬二大恩一。庶下竭二涓塵一。少裨中海嶽上。臣今筋骸癯瘁。目視昏レ近。歯牙無レ幾。神識衰耗。目前所レ為。旋レ踵遺忘。臣之精力。尽二於此書一。伏望陛下寛二其妄作之誅一。察二其願レ忠之意一。以二清間之燕一。時賜二省覧一。監二前世之興衰一。考二当今之得失一。嘉レ善矜レ悪。取レ是捨レ非。足下以懋二稽レ古之盛徳一。躋二無レ前之至治一。俾丙四海群生。咸蒙乙其福甲。則臣雖レ委二骨九泉一。志願永畢矣。

謹奉レ表陳進以聞。臣光誠惶誠懼。頓首頓首。謹言。

年。身は外に処《お》ると雖も、区区の心は、朝夕寤寐《ごび》に、何ぞ嘗《かつ》て陛下の左右に在らざらんや。顧《た》だ駑蹇《どけん》を以って、施《ほどこ》して可なる無し。是《ここ》を以って専ら鉛槧《えんざん》を事とし、用《も》って大恩に酬い、涓塵《けんじん》を竭《つ》くして、少しく海嶽に裨《ひ》せんと庶《ねご》う。臣、今、筋骸癯瘁《くすい》し、目視《もくし》、近きも昏《くら》く、歯牙《しが》、幾ばくも無く、神識衰耗《こう》し、目前の為す所、踵《くびす》を旋《めぐ》らせば遺忘す。臣の精力、此の書に尽くせり。伏して望むらく、陛下、その妄《もう》作の誅《ちゅう》を寛《ゆる》うし、その忠を願うの意を察し、清間の燕を以って、時に省覧《せいらん》を賜い、前世の興衰を監《かんが》み、当今の得失を考え、善を嘉《よみ》し悪を矜《あわれ》み、是《ぜ》を取り非を捨てたまわば、以って古を稽《かんが》うるの盛徳を懋《さか》んにし、前無きの至治に躋《いた》り、四海の群生をして、咸《み》なその福《さいわ》いを蒙らしむるに足らん。則ち、臣は骨を九泉に委《す》つと雖も、志願、永《とこし》えに畢《はた》されん。

謹《つつし》みて表を奉《たてま》つり陳進して以って聞《ぶん》す。臣光、誠惶誠懼、頓首頓首。謹みて言《もう》す。

懼。頓首頓首。謹言。

ふたたび思いを致しますことは、わたくしが宮廷から遠ざかりますこと十五年、体こそ外地にありますが、わたくしの心は、朝な夕な寝ても醒めても、いつとて陛下のお側にありますこと。ただ駄馬の歩みのたどたどしく、なに一つ満足な功績を献げるよしもございませぬ。――「区区」はちっぽけなさまから、忠誠をささげる臣下が君主に対して謙遜していう自称に転化する。「無施而可」の施は施為すなわち行為、行為の中心は政治にあるだろう。

それゆえ、君の大恩に報いたてまつるべく、ただひたすら文章のしごとに従事いたし、微力の限りを尽くして、いささかでも海山のごとく深く大きな大御心に裨益し奉ろうと願う次第です。――「鉛槧《えんざん》」は紙のなかった古代に用いた、文字を塗抹する鉛粉すなわち胡《ご》粉《ふん》と、紙代りの板。『西京雑記』巻三にいう、「揚子雲（『方言』の著者、揚雄）事を好み、常に鉛を懐《ふところ》にし槧を提《たずさ》え、諸計吏（調査員）に従いて殊方絶域（はるかな他国の地）四方の語を訪う。」「涓」は水滴、塵とともに微力をいう。「海嶽」は君主の大恩に喩える。海よりも深く山よりも高いというわけである。

わたくしはただ今、肉体は痩せさらばい、視力は近いところもぼやけ、歯はいくらも残っておりませず、頭脳はすりへり、たった今やりましたことが、つかの間に忘れるという次第、わたくしの精力はこの書物に使い果たしてしまいました。——率直な発言がかえって凄絶悲壮な感覚をよびおこす。「神識」は知性、判断力。哲学用語としても使用されるが、俗にいえば〝ものおぼえ〟である。「目前」は現在をいう時間的副詞、現代語にも生きている。「踵を旋らす」は方向転換をするわずかな行動ないしその時間、一瞬をさす（七一ページ参照）。

かしこくも陛下におかせられては、わたくしの杜撰《ずさん》な著作が負うべき死罪に寛大の処置を垂れたまい、わたくしの真心を捧げんとする気もちをお汲みとりいただき、お手すきの際の慰みとして、時おりご閲覧をたまわり、かっての世の興亡盛衰のあとに照らしあわせ、ただ今の政治の是非得失についてお考えいただき、善きものをたたえ悪しきものをも憐れみ、正しきを取り誤れるを捨てたまえば、いにしえの聖天子の道を考え給う大いなる徳の充実を実現され、前代にもためしなき最高の政治に高めたまい、かくて天下の民草どもはひとしくその幸いを享受することができましょう。かくあれば、わたくしは地下に骨をうち捨てられましょうとも、わたくしの念願はとこしえに果たされることになります。

ここに謹んで上表文をささげ、編纂の経過をお耳に入れる次第でございます。臣光、恐懼のかぎり、頓首々々、謹み申しあげます。

「燕」はやすらい・いこい。宴慰という語もある。「悪を矜む」の矜はめずらしい表現であるが、歴史事実に対していうのだから、〝遺憾におもう〟というほどの意であろう。「稽古」は『尚書（書経）』堯典に出る語。また、同書・大禹謨《うぼ》に「予《われ》、乃《なんじ》の徳を懋《さか》んにす」とあり、その毛伝に「禹に是の徳あり、而うして我以って盛大と為すなり」という。

解説

『資治通鑑』二百九十四巻は、中国の戦国期より五代に至る千三百六十二年間の歴史をつづる。この書物は、中国の知識人たちにはじめて〝自国の歴史の全貌をふりかえる〟機会をあたえ、それを〝知悉し記憶することが、以後の知識人の責務となり、資格となるに至〟らしめた、まさに画期的名著の一つである（吉川幸次郎「宋代の歴史意識——「資治通鑑」の意義」、『吉川幸次郎全集』第十三巻、五七三ページ）。

中国における〝歴史〟は、西欧のそれが近世まで学問としての独立を主張せず、文学の一部門に甘んじて来たのと、大いに事情を異にする。紀元前五世紀ごろ孔子の手に成った最初の中国史『春秋』は、儒学の経典の一として、古代の知識人たちに必須の教養書とされた。『春秋』は、孔子の祖国魯《ろ》の史官の記録を整理した簡単な年代記であるが、いわゆる〝微言〟に〝大義〟を託して、史実に厳正な批判を加え、はやくも人間の鑑《かがみ》たる〝歴史〟の使命を指し示した。だが、それはあまりにも簡潔にすぎ、史実そのもののディテールもほとんど無視されているため、まもなくそれぞれ異なる主張のもとに、『春秋』の意図を敷衍する左氏《さし》・公羊《くよう》・穀梁《こくりよう》の三伝が作られた。そのうち、孔子の弟子・左丘明の作といわれる『左氏伝』略して『左伝』は、事実主義の立場からもっとも詳細に史実を叙べ、この書は『春秋』と組み合わされて、後漢以後すなわち西洋紀元ごろから、ひろく行なわれるに至るが、事実を事実として伝える史学の立場はむしろ『左伝』によってはじめて樹立されたといってよい。

孔子から四世紀をへた漢の武帝朝に、あの画期的な歴史『史記』が生まれた。作者の司馬遷はもと、『春秋』につづく歴史の編纂を志して果たさなかった父の遺命を継承したはずなのに、完成のあかつきのそれは、太古から作者の現前の時代に至る二千年間を対象としており、かつ〝歴史〟の枠からも躍り出て、人間の類型ないし典型を描く〝人間探究の書〟に変容していた。司馬遷はその雄大な意図を実現するため、この歴史の形式にあっても、孔子したがって左丘明が用いた、むしろ安易な編年体（史官の原記録がそうだった）は、一部に活かすのみで、全体としてはかれの創意にかかる形式〝紀伝体〟を採用した。紀伝体は〝本紀〟〝世家〟〝列伝〟とよぶそれぞれ帝王・諸侯・一般臣民の、いちおう個人をたてまえとする伝記のほかに、経済・文化・技術などの史的展望ともいうべき〝書〟（のちの〝志〟）および王侯・重臣の就任年表にあたる〝表〟から構成される。この形式は司馬遷の意図をみごとに活かし、『史記』が永遠の生命をもつ上にも少なからず寄与している。

〝紀伝体〟はやがて後漢の班彪《はんぴょう》・班固父子による『漢書』に、ためらうことなく採用された。編年体の欠を補う立体的なすぐれた形式と考えられたに違いない。この前漢史は、当初の迫害に反して後には皇帝の支持をうけて完成し、儒学の理念を具現して、文章もすぐれた出来ばえを示した。そのため、〝紀伝体〟は以後の王朝別に編纂される最も権威ある歴史、のちに〝正史〟と銘うたれるそれに継承されていったし、『漢書』が端を開いた〝断代史〟の形式までも定着をみた。以後の中国が分裂期を迎えたこともそれを便としたのであろう。しかし、『春秋』から『左伝』へと継承された歴史記述の正統は、ここに絶たれたばかりでなく、中国史は時間的にも空間的にもなにがしかの断絶部分をふくむに至る。もっともその間には、現存する後漢・荀悦《じゅんえつ》の『前漢紀』や晋・袁宏《えんこう》の『後漢紀』ほか少なからぬ編年史も書かれはしたが、〝紀伝体〟でなければ〝正史〟の資格を欠くというのが普遍の認識であった。また、通史では唐初の李延寿《りえんじゅ》による『北史』『南史』が現われはしたが、それらにも〝紀伝体〟が採用されており、また通史とはいえ、南北対立の状況を一望に収めるには、ほど遠いものである。

このように、中国における歴史の編纂は〝紀伝体による断代史〟という旧態をくり返しつつ、統一国家・宋朝をむかえる。孔子の世をへだたることすでに十四世紀、宋朝に入ってから欧陽脩（一〇〇七—七二）らの改編分を加えた二部ずつの唐・五代史をふくめて、〝正史〟だけでも十七部、巻数にすれば千六百巻を超える。かくも圧倒的な数量にのぼる〝紀伝体の断代史〟が積みあげられ、しかも〝紀伝体〟は後来のものほど叙述が冗漫で有機性を欠き、形式も半ば形骸化しつつある。戦国期以後の中国史の全貌を見わたすことは、もはや困難というより絶望的である。その絶望をいよいよ確定的にした所以はむしろ現実的な面にあった。正史がいかに信頼すべき歴史として積みあげられようと、実は一般知識人にとっては無縁の存在だった。五代に起こる木版印刷術が普及しようと、あの闊字大本の豪華なテクストに接しうるものは、政府の秘閣に従事するか富豪と密接な関係をもつ、ほんの一にぎりの知識人に限られていた。若いころから歴史に愛好をよせた司馬光でさえ述懐している。

光、少《わか》き時、惟《た》だ高氏の小史（簡略な通史の一、すでに散佚）を得てこれを読む。宋（劉宋）より隋に訖《いた》る正史幷《なら》びに『南北史』は、或るいは未だ嘗て見るを得ず、或るいはこれを読めども熟せず。今、南北朝の通鑑を修するに因り、方《はじ》めて細かに観るを得たり。——「劉道原（恕）に与うる書」（文集・巻六十二）

ことに科挙には詩賦が課せられ、広汎な歴史の知識はさほど必要としない時代にあって、一般知識人はせいぜい『史記』『漢書』ほか二、三に接するだけで十分であったし、上記の現実的な条件がそれをば個人の限度とした。

しかし、実在の経験をたっとび、それのみが信ずべき真実であるとするこの民族が、いつまでもみずからの先祖の十世紀におよぶ足跡に無知であることに甘んずるはずはない。あらたな中国通史への待望、それは心ある知識人の胸底に潜在し、しだいにふくらみつつあったであろう。待望される中国通史、その形式にはただ編年体あるのみ、しかもそれは歴史記述の正統を継承する復古の意義をもつ。

唐末五代の戦乱を平定して誕生した統一国家・宋朝では、あらゆる方面で改革が進められていた。周知のように、中国において混迷のはてに企てられる改革は、つねに古《いにし》えに範を求めそこに復《かえ》る志向をもつ。思想界では儒学の復活が、実は新しい哲学体系の樹立をめざして、その第一歩を踏み出そうとしていた。欧陽脩らによる古文復活運動も着々成功しつつある。なによりも、印刷術の普及は新たな可能性を生んでいる。

かような機運に乗じて生まれたのが、司馬光の『資治通鑑』である。周の威烈王の二十三年（前四〇三）から後周の顕徳六年（九五九）に至る編年体の中国通史であり、まさに『左伝』の末尾をうけて幕をひらき、宋朝建国の直前に至って閉じる。戦国期といい三国六朝あるいは五代という、王朝の興亡・対立がとりわけ眼まぐるしい幾つかの時代をふくむ千三百六十二年間の、これは時間的・空間的に断絶のない中国史であり、吉川幸次郎博士が〝持続の史観〟、さらに〝持続の感覚〟といい直される司馬光の、あるいは中国人的感覚（「持続の感覚」、『吉川幸次郎全集』第二巻、三九三ページ）の所産である。〝持続の史観〟は永遠の歴史をつづる意識ともつらなる。

さて、『通鑑』そのものを語るまえに、編者司馬光の伝記を紹介しておこう。

司馬光、あざなは君実、迂叟《うそう》と号し、陝《せん》州夏県（山西省夏県）涑水《そくすい》郷のひと。宋・真宗の天禧三年（一〇一九）十月十八日、父司馬池の任地光山県（河南省光山県）の知事官舎に、その三男として生まれる。命名は誕生地にちなむ。司馬家は夏県の豪族だが、官僚を出すのは父にはじまる。司馬池は進士及第ののち、累進して天章閣待制を拝命、晩年に知州の再任をつとめるが、政治的手腕を欠いた実直な人であったらしい。

司馬光の幼時について、遊び友だちの一人が大きな水がめに落ちたのを、かれが石で破《わ》って救ったという有名なエピソードが伝えられている。古典との出会いは数え年の六歳に始まり、その翌年『左伝』の講義を傍聴して、家人に講釈して聞かせたのがみごと要旨を得ていたと、歴史に対する愛好の芽ばえも語られている。

宝元元年（一〇三八）、科挙に優秀な成績で及第する。満齢でいえば十八歳半の難関突破である。相次ぐ両親の死で本格的な官界生活はおくれるが、以後二十余年間は中央と地方を出入りする。仁宗の嘉祐《かゆう》六年（一〇六一）六月に起居舎人・同知諫院、翌七年六月に王安石と前後して知制誥を拝命する。そのころ二人は呂公著・韓維と親交を結び、〝嘉祐の四友〟とたたえられた。かくて光は英宗朝にかけて、天章閣待制・兼侍講、龍図閣直学士など文官の出世コースを歩む。治平三年（一〇六六）私撰の古代史『通志』八巻を英宗に献上したことから、政府の全面的な援助のもとに続成を委託される。翌年英宗は急逝、二十歳の神宗が即位すると、またも王安石と前後して翰林学士を拝命、『通志』の続作に『資治通鑑』の書名と序文を賜わる。しかし、翌熙寧《きねい》元年（一〇六八）あたかも光の五十歳ごろから、進取の気象にとむ青年皇帝のもとで、宋朝の財政危機を救わんとする王安石の新法が強行されると、祖法を固守する立場のかれはかつての親友とも決裂して、ここに強硬にして執拗な反対論を展開する。結局、かれの主張は容れられず、みずから退陣を願い出て、同三年（一〇七〇）九月、端明殿学士の資格で知永興軍（治所は陝西省西安市）に転出する。このポストは安撫使を兼ねる劇職であるため、かれはふたたび申請し、翌年四月に判西京留司御史台という名目のみの閑職をえて、編纂局もろとも洛陽（河南省洛陽市）に移り住む。そのとき以後、司馬光は〝口を絶ちて事を論ぜず〟といわれるように、熙寧六年（一〇七三）における神宗の「直言を求むる詔」に応じたのを唯一の例外として、『通鑑』の編纂に専念し、元豊七年（一〇八四）十一月ついにこれを完成する。この間、王安石一派による新法の各施策は、実際は着々成果を収めつつあったが、直接の被害者である地主・豪商らが官僚と結託して猛烈な反対運動をつづけ、熙寧九年（一〇七六）十月、王安石の引退が決定的段階を迎える。『通鑑』奏呈の四か月後に神宗が亡くなると、十歳の幼帝を輔《たす》ける宣仁太后が、司馬光の再起を要請し、ここにかれは中央に迎えられて門下侍郎すなわち宰相を拝命し、翌元祐元年（一〇八六）閏二月には尚書左僕射をも兼ねる。その前後から王安石が施行した新法は相次いで廃止されるが、同じ年の九月一日、かれ自身の生命の火も燃えつきる。時に六十八歳。温国公に封ぜられ、文正の諡号《しごう》を贈られる。『通鑑』編纂の副産物である『稽古録』ほか数点の史書、『易説』『疑孟』など経学関係の著作、および『温国文正司馬公文集』八十巻（伝家集とよぶものと収録内容に異同がある）がある。

司馬光自身は満足裡に瞑目したかもしれないが、実は北宋における新法・旧法両派の党争が熾烈化して泥沼状況を呈するのは、かれの死後においてである。成長した哲宗の親政期、つづいて徽《き》宗の世にかけて新法党が政権を回復すると、旧法党に対する弾圧が報復の形をとってエスカレートし、生存者だけでなく、死者にまでそれは及んだ。墓中に眠るかれの遺骸は、宣仁太后の懇請がなければ危うく凌辱されるところであったし、蔡京の指令で建立されたかの「元祐党籍碑」には、旧法党三〇九名の筆頭にかれの名が刻みこまれた。なお『通鑑』編纂の経過は、本冊に収めた司馬光の「『資治通鑑』を進むる表」に詳しいから、労苦のにじむ当人の切実な声を聞いてもらいたい。

画期的名著『通鑑』は、かく王安石の新法をめぐる宋朝内政の最大激動期に、しかも、強硬な反対のすえに退陣をよぎなくされた旧法党の領袖によって書かれた。

かつて正義の主張の代償として宮刑（去勢刑）の汚辱に遭うた司馬遷は、みずからの『史記』が〝憤りを発した書〟であることを間接に宣言した。いまそのことの連想から、『通鑑』も同じ性質を帯びた著作でないかという疑いが、まずわれわれの胸底にわく。三浦国雄氏の「資治通鑑考」（日本中国学会報・第二十三集）は終始慎重な態度をもって『通鑑』がもつ幾多の問題を解明したすぐれた論文だが、氏はこの問題をも採りあげて、やはり司馬光の憤りを秘めるものとして、巻五十六・党錮事件の論賛（一六二ページ参照）をあげる。司馬光がそれによって〝新法の悪とその禍を避けて洛陽に隠れた自己の正当性とを訴えた〟とする氏の指摘は、たしかに説得力をもつ。だが、この論賛にはたして〝憤り〟が秘められているだろうか。むろん、著作における〝憤り〟の発《あら》われは屈折した形をとることが多いし、〝憤〟ればこそいよいよその著作から偏向の影を払拭するべく戒める発われかたもあろう。

そもそも、司馬光はいわゆる激情の人ではなかった。かれの温厚の人がらを伝える二つの証言を挙げよう。

司馬君実、呂吉甫（恵卿）と講筵に在り、変法の事を論ずるに因り、上の前に紛拏《いさか》うに至る。上曰わく、「相与《あいとも》に是非を論ずるに、何ぞ乃ち爾《かか》るに至る」と。既に講を罷《おわ》れば、君実は気貌愈《いよ》いよ温粋《おだやか》なるに、吉甫は怒気膺《むね》を払い、時を移すも尚お言う能わず。――宋・王暐『道山清話』

君実ぐらいだね、人にいいたいだけいわせて聞いてくれる男は。いくら気の悪いことをしようと、ついぞ腹を立てん、それはいいところだよ（君実只為能受人尽言。儘人忤逆。終不怒。便是好処）。――『程氏遺書』巻十八・程伊川（頤《い》）の語

前者のエピソードにおける、天子さえ見るに見かねたあられもない沙汰（紛拏は擬態語）は、一見、司馬光も同罪のごとくにみえる。しかし実は、主として呂恵卿の興奮状況をさすであろうことは、下文の〝気貌愈いよ温粋〟によって察せられるし、程頤の人物評がそ

の傍証となりえよう。ことに程頤の発言は重要である。かれは司馬光と久しい交友関係にありながら、司馬光の学問・思想に対する評価はしんらつを極め（「宋人の歴史意識」五八八ページ参照）、かれは〝君実と語り、終日、一句の相合う無〟き仲であった。その人をして〝いくら気の悪いことをしようと、ついぞ腹を立てぬ〟と感心させた（？）美点は、よほど鈍感に生まれついた善人か、でなければ、はかりしれぬ日常的修養の結果、しかと身に獲得された、まさに〝徳〟というべきものである。

司馬光に「中和論」という論文がある（文集・巻七十一）。〝中和〟とはいうまでもなく、『礼記《らいき》』中庸にみえる、「喜怒哀楽の未だ発せざる、これを中と謂う。発してみな節に中《あ》たる、これを和と謂う」にもとづく。中と和は別物でなく、要するに調和・バランスを得た状態をさし、みぎの文章は、現象としての発現（気）が〝和〟であるためには、心に常に（〝中庸〟の庸は常の意）〝中〟が保たれていなければならぬことをいう。司馬光はこの論文で、経書や先賢の〝中和〟に関する言辞をくまなく拾って引用し、〝中和の心を守り、中和の気を養う〟ものが君子であり、〝中和〟の実現こそ〝道〟の完成である所以を論じている。該論文は元豊七年（一〇八四）十月三日、すなわち『通鑑』奏呈の一と月前に書かれ（清・顧棟高『司馬温公年譜』）、〝論〟体の文章では最後に位置する。

実は、このテーマは三十五年来かれが温めて来たものであった。仁宗の皇祐元年（一〇四九）八月、賢良方正と武挙の国家試験が実施され、「民受天地之中以生（『左伝』成公十三年、劉康公の語）論」が出題された。当時司馬光は試験委員として、親友の范鎮（一〇〇七—八七、景仁）と三日間かん詰めになって答案調べにあたった。范鎮はかれと同期の科挙における首席及第者で、ふたりは意気相投じ、たがいにあいての伝・墓銘を書く約束までかわす。のちに『通鑑』編纂の中心スタッフとなる范祖禹の従祖父でもある。それはともかく、このときの千人に及ぶ受験者の答案中に、司馬光を満足させるものがなかった。かれは「民は天地の中を受けて以って生く」とよんで、生を生存の意に解し、それが劉康公の主旨だと信じていたが、答案のすべては生育（生まる）の意に解していたからである。そのとき范鎮とも〝中和〟に関する論争があったらしく、以来司馬光の念頭には、日常的な生き方における〝中和〟を論ずる意図がめばえた（「景仁が生を養いて楽に及ぶに答うる書」文集・巻六十二）。それから一年あまりへた皇祐二年（一〇五〇）閏十一月、ふたりは勅命による胡瑗《こえん》（九九三—一〇五九）の雅楽考定に参画し、司馬光は〝先王の楽《がく》、大要は中和を主とする〟主張のもとにふたたび范鎮と論争する。より具体的な音楽論にあってふたりは意見が合わず、この論争はさらに三十年あまりをへた元豊三年（一〇八〇）にまで持ち越される。その年、やはり勅命により劉几《き》・楊傑とともに音楽の考定にあたった范鎮が、かれに相談をもちかけたのであろう、同六年（一〇八三）に至る間の数通の書簡にもしばしば〝中和〟の議論があらわれる。音楽論における〝中和〟説は、やがて〝生を養い楽しみを作《な》すの本〟（司馬光にあって、楽《がく》・楽《らく》は分離していなかったらしい）として、養生論にまで発展し、かくて翌七年の「中和論」の発表をみたのである。養生論における〝中和〟説は、その当時実際に病苦に悩んでいた王陶（一〇三一—九一）に対し、用薬における〝中和〟の尊重をかれが忠告していることと関係するだろうし（「王楽道に与える書」文集・巻六十二）、また、老年に至って時おりかれを悩ませた一種のノイローゼに対する療法と関係するかもしれない。『程氏遺書』巻二にいう、

君実、嘗《つね》に思慮紛乱を患《わずら》う。時ありて中夜にして作《おこ》り、旦《あした》に達《いた》るまで寐《い》ねず。良《まこと》に自《み》ずから苦しめると謂うべし。……その後、（君実）人に告げて曰わく、「近ごろ一術を得たり、常に中を以って念と為す」と。

『二程外書』巻十一にみえるおなじ記事（俗語体による）では、司馬光の語を〝中というのに限るよ、心を中に落着かせると、とても気がらくだ（只有一箇中字、著心於中、甚覚安楽）〟に作っている。かれにはまた、「不寐」と題する詩が三首もある（文集・巻五および巻十一）。

「中和論」はこのような経緯をへて書かれた。ただ、司馬光自身も〝此《こ》は皆な聖賢の言を纂述せるものにして、諸《これ》を胸臆より取りしに非ず〟と言明するように、そこにはかれの独創の見はなく、宋学でも不問に付される底の論文であるが、司馬光が儒学から学びとり、みずからの生活信条としてあけくれ実践につとめたのが、この〝中和〟の精神であったらしく、程頤が語る司馬光の美点は、まさにかれにおける〝中和〟の徳の完成を物語っている。

司馬光の人生論におけるこの〝中和主義〟は、たとえ宋学側の評価がどうあろうと、かれ自身の人間形成のために実践の努力を伴った点、やはり司馬光その人を考える際に重要な意味をもつだろうし、かれの行動や所産のいくつかの点を説明してくれそうにもおもう。政界における新法党との論争、退陣、そして再出馬は、たしかに〝祖宗の法の固守〟によるが、それらの行動はすべて〝中和主義〟の実践によっても説明しうる。「中和論」にも引く、

孔子曰わく、「狂者は進み取る」（『論語』子路篇）と。

又曰わく、「吾が党の小子、狂簡にして、斐《ひ》然として章を成す」（同・公冶長篇）と。

かれの眼には、王安石をはじめ新法党の連中は〝斐然として章を成す〟狂人として映ったであろう。かれにあっては進歩的とか保守的とかの観念はなく、〝中和〟の精神こそ永遠に新しいと感覚されていたのでないか。

話を元にもどそう。司馬光が退陣をよぎなくされたとき、〝温粋〟のかれにも〝憤り〟（おそらく公憤に似た）はあったであろう。また、洛陽の閑職に退いてから、かれが『通鑑』の完成に専念したことも事実であろう。だが、かれがひごろ生活信条として実践に努める〝中和主義〟は、いまこそかれの〝憤り〟を制して〝節に中《あ》たら〟しめる努力をかれに促したのでなかったか。それに、かれの〝憤り〟の対象はかれが〝狂人〟視する王安石一派であって、神宗ではなかった。神宗はかれに対し幾たび協力を求めて登用を考えてくれた

ことだろう、その好意をかれは痛いほど感じている。だからこそ、唯一の例外ではあったが――この例外を筆者は重視する――、沈黙を決意したはずのかれが「直言を求むる詔」に応じ、またしても新法の廃棄を進言した。

『通鑑』の編纂は、むろんかれにも栄光ある使命と自覚されていたであろう。しかし、かれにあってそれは政治と截然と分離されていた感がある。洛陽期のかれに、五律の連作「独楽園七題」（独楽園は司馬光が洛陽移住後二年めに築いた庭園、「独楽園記」参照）があり、その第一首「読書堂」にいう、

吾は愛す董《とう》仲舒の　経を窮《きわ》めて幽独を守るを
居る所に園ありと雖も　三年目を遊ばせず
邪説は遠く耳を去り　聖言は飽くまで腹に充《み》つ
策を発して漢庭に登せば　百家始めて消伏す

前漢の思想家・政治家である董仲舒（前一七六―前一〇四）を理想の人とするこの詩の、背後にある心理は、読む人により若干異なろうが、筆者はもっとも意地わるく解する――宋朝の董仲舒（本解説六〇九ページ参照）は、ふたたび政治の舞台に躍り出る日を期して、独楽を享受しつつあったと。そして、その日はたしかに訪れた。しかし、かれの現実に対する認識の欠如は、まさにみずからをいう〝迂〟（うかつ・おろか）そのものであり、政局は好転するどころか、司馬光は混迷を前にして立往生の状況に陥ったといわれている。

なお、元豊五年（一〇八二）秋、司馬光は言語障碍をおこし、みずから〝中風の候〟を予感した。その年正月の愛妻の死がこたえたかもしれない。かつて妻が進める妾を拒んだ司馬光である（画墁録および清波別志）。この時かれはひそかに「遺表」（文集・巻五十七）をしたため、なおも新法の廃止を勧める憂国の誠衷を披瀝した。「遺表」は常時身辺に置かれ、万一のおり范純仁・范祖禹のふたりに託して神宗に奉呈してもらうつもりだった。結局、健康の回復と神宗の急逝によって、奉呈されずに了った「遺表」は、かれの子孫に〝君に事うる区区の心を知らしめる〟ため保存された。いま「遺表」のうちには、神宗も大いに支持し期待してくれた『通鑑』の完成を見ずに死ぬことの言及は、どこにも見いだすことができない。

司馬光は思想家であるより歴史家であった。だから、大義名分を説くことを第一義とする『春秋』よりも、事実主義の『左伝』を直接継承し、まず史学の立場を堅持して、事実を事実として伝えることに忠誠をささげた。そのことを示す最も顕著な例として、王朝の正統か否かを論ずる〝正閏説《せいじゅん》〟に対するかれの不信をあげうる。

『通鑑』二百九十四巻は叙述の便宜上、中国世界の主導権をにぎる王朝を中心として、周紀（5）・秦紀（3）・漢紀（60）・魏紀（10）・晋紀（40）・宋紀（16）・斉紀（10）・梁紀（22）・陳紀（10）・隋紀（8）・唐紀（81）・後梁紀（6）・後唐紀（8）・後晋紀（6）・後漢紀

(4)・後周紀(5)から構成されている(括弧内は巻数を示す)。統一王朝の場合はよいが、三国期のような分裂時代に直面すると、いずれの王朝を中心に据えるかが問題になる。いわゆる〝正閏説〟にあっては、五行の循環説から蜀漢を正統とするし、晋・陳寿の『三国志』では、著者が仕えた晋室の出身であるというので、魏を正統とする。だが司馬光は、なによりも事実を尊重する史学の立場から、躊躇することなく魏紀十巻を立てた。そして、巻六十九(黄初二年の条)の論賛において、〝正閏説〟は五行説によって漢代以後に発生したことをのべたあと、事実こそ動かしがたい真実だとするみずからの態度を表明する。

> 臣は愚かにして、誠に前代の正閏を識らず。竊《ひそ》かに以為《おも》えらく、苟《いやし》くも九州をして合して一統たらしむ能わずんば、皆な天子の名あれどもその実なき者なり。……正閏の際《けじめ》は敢えて知る所に非ず。但だその功業の実に拠りてこれを言うのみ。

司馬光のみぎの処置は、南宋の道学者朱熹によってたちまち非難を浴び、その『通鑑綱目』において蜀漢を正統にすえ、かつ司馬光が〝もし三国時代に生まれあわせていたら、魏に仕えに行ったろうな〟と皮肉る(『朱子語類』巻一三四)。司馬光とてもみずからの処置に対する非難を予想し、だからこそ論賛を設け、敢然として歴史家の立場を表明したのであるが。

筆者はさらに、その歴史家としての、あるいは歴史記述者としての司馬光の意識を、かれ自身の発言に探ってみる。『通鑑』巻六十六(漢紀・献帝の建安十七年)に、荀彧《じゅんいく》に関する司馬光自身の論賛がある。

臣、以為《おも》えらく、孔子は称《い》えらく、「文、質に勝てば則ち史」と。凡そ史たる者、人の言を記すに、必らず以ってこれを文《かざ》るあり。然らば則ち、魏武を高・光、楚・漢に比するは、史氏の文なり、豈《あ》に皆な彧《いく》が口に言いし所ならんや。是《これ》を用《も》って彧を貶《おと》すも、その罪には非ず。

これは、詩人として著名な唐・杜牧（八〇三—八五三）が、魏の武帝・曹操を漢の高祖・光武帝、あるいは楚の項羽に比する荀彧を非難したこと（「荀文若伝の後に題す」『樊川文集』巻六）に対する、司馬光の反論である。

この論賛が引く孔子のことば（『論語』雍也篇）の上文には、「質、文に勝てば則ち野《や》」とあるから、ここの〝史〟は、一般に、史官ないしその記述をさす本義から転化した意に解せられている（たとえば吉川博士は〝あまりにも言語的・文化的な生活〟と説明される。中国古典選本『論語』上、一六九ページ参照）。司馬光の理解はそうでなく、この〝史〟をもやはり本来の意に解するらしい。

しかし、もしもこの〝史たるものは以ってこれを文《かざ》るあり〟という発言によって、歴史をつづる司馬光もその〝史〟の中にみずからを置いたとみるなら、それは誤りであろう。孔子のことばは、あくまで文・質が調和して彬々たることを理想としつつ、文・質の調和を失う二つのケースをあげたのである。〝文、質に勝てば則ち史〟は、逆にいえば、真実を伝えるべき〝史官〟ないし〝史官の記述〟が、文飾のためにとかく真実を失う弊に陥りがちだという経験的認識であり、少なくとも司馬光の理解はそうであったろう。だとすれば、司馬光にはいわゆる〝史〟とみずからを厳別する意識があったとみてよい。かれはいま、〝正史〟と銘うつ〝紀伝体の断代史〟を中心として、〝編年体の通史〟を編む機会に、それらの編者が利用した史料をも吟味しうる立場、第一次史料から第二次以下の史料に至るまでの記録者をすべて睥睨する位置にある、いわばあらゆる〝史〟の批判者たる使命を負うと、みずからを意識したに相違ない。

司馬光のそうした意識は、史料の選択や史実の信憑性に対する吟味に指摘される。かれは正史のほか、歴史の範疇に属する典籍はもちろん、小説（説話ないし随筆の類）に至るまで、およそ二百二十二種を史料圏に入れた。第二次史料の拡充ないし再検討のためである。そして、史実の信憑性に対する厳正な吟味の経過を、『通鑑』と同時に献上した『資治通鑑考異』三十巻のうちに逐一披露した。一般典籍の校定本作成に伴なう校勘記にも類する、歴史学における科学的態度の顕示である。この点における司馬光の労苦は、文献資料が漸増する唐代以降の部分にあってとりわけ顕著に看取され、それらの部分は三十巻の七三パーセントにあたる二十二巻を占めている。ここには唐の太宗・李世民に関する史料の吟味に示した、かれの慎重な態度を紹介する。

唐の太宗といえば、唐朝初期にいわゆる〝貞観の治〟の太平を実現した名君として著名だが、かれには即位以前に長兄の太子建成と次兄の元吉を誅殺したという、拭いがたい事実がある。草創期における李世民の功を嫉妬する兄たちは、すでにかれの毒殺を図って失敗するが、たとえ理由がどうあろうと、誅殺に至るまでの肉身相剋の忌まわしい事実は、名君たる太宗の声価を減殺せずにはおかぬ。司馬光は重要な第一次史料、房玄齢の『高祖実録』と許敬宗の『太宗実録』の記載を異文と照合した結果、それらに太宗を称揚するあまり、建成・元吉の功を無視しただけでなく、父の高祖をも貶しめた痕跡を発見する。実録の撰者たちが太宗に近侍したこと、ことに後者はのちに則天武后の腹心をつとめた佞臣であることが、疑念をもたせたのであろう。みぎの事実を確認した司馬光は、躊躇することなく、両実録の記載の一部を無視し、『考異』巻八・巻九において、不採用の根拠をあげて、たとえば次のごとく記すのである。

『太宗実録』は尽《こと》ごとく(建成の策を)以って太宗の策と為し、建成の名なきは、蓋《けだ》しこれを没せしのみ。……今、『創業注』に従う。(巻八)

按ずるに、高祖は不仁なりと雖も、亦た山東を空にせんと欲するの理あるには至らじ。史臣、専ら美を太宗に帰せんと欲し、その高祖に於《あ》りても、亦た大いに誣《し》う。今、『革命記』及び『新書』を采《と》る。(巻九)

なお、三浦国雄氏は『考異』の公開の意義を重視していう(「資治通鑑考」)、

〈通鑑考異〉こそは予想される誹謗から〈通鑑〉を救うための堅固な武装であった。いわゆる〝誹謗〟とは、かつて司馬遷の『史記』がうけた一部の声のごとく、党争の渦中に書かれたこの『通鑑』も、私憤の余りになった偏向の書と評せられる可能性をさす。司馬光の底意はおそらく三浦氏が指摘するとおりであったろう。みぎの誹謗とはおよそ性質を異にするが、司馬光がみずからの客観主義を公開したことは、反ってかれの弱点をさらすことを免がれなかったケースもある。ここに筆者が気づいた一例をあげる。

すでにのべた唐の太宗・李世民が二兄による毒殺から危うく命拾いをした直後、腹心とたのむ長孫無忌たちは二兄の誅殺を急ぐよう勧告するが、かれにはなかなか決心がつかず、思いあまって二人の重臣の意見を徴する。『通鑑』巻一九一（武徳九年の条）にいう、

霊州大都督なる李靖《りせい》に問う。靖、辞す。行軍総管なる李世勣《せき》に問う。世勣、辞す。世民、是《これ》に由りて二人を重んず。

これは司馬光が唐・劉餗《りゅうそく》の『小説』に従ったものだが、実は唐・陳嶽の『唐統紀』には同じ事実がつぎのごとく記されていた。

秦王（李世民）懼るるも為す所を知らず。李靖・李世勣、数《しば》しば言う、「大王は功の高きを以って疑わる。靖ら請う、犬馬の力を申《の》べんことを」と。

『考異』巻九には二つの史料を挙げて検討し、結論を下している。

二説、未だ知らず誰かその実を得たるを。然れども劉説は厚き（誠実）に近く、風化

に益あり。故にこれに従う。

司馬光によれば、『小説』に描く人物のほうが倫理の世界に生きる人間としてより真実におもわれる、あるいは、劉餗の執筆態度のほうが倫理的に高次で真実を伝えているとおもわれる。だから〝小説〟の記事をあえて採用したという。すなわち司馬光は、真実性の測定に倫理的尺度を持ちこんだのである。もっとも、かような例は稀であり、あるいはこれもかれの〝中和主義〟の致すところであるかもしれない。

史実の信憑性の吟味といえば、怪異の記事は『通鑑』でいかに扱われたであろうか。司馬光は「范夢得（祖禹）に答うる書」（『司馬文正公伝家集』巻六十三）の一節で、詩賦・詔誥・詼諧とともに〝妖異〟の記事について、採録の原則を指示している。この一節は重要なので、全文を引用する。

> 詩賦等の若《も》し文章に止《とど》まり、詔誥の若《も》し除官に止まるもの、及び妖異の怪誕に止まり、詼諧の取笑に止まるの類は、便《すなわ》ち請う直ちに刪《けず》りて妨げず。或《も》し詩賦に譏諷する所あり、詔誥に戒諭する所あり、妖異に警戒する所あり、詼諧に補益する所あれば、並びに告げてこれを存せしめよ。

さらに後半の採録すべき注意事項の下には、四項とも双行注を付し、そのうち〝妖異〟についていう、凡そ国家の災異は、本紀に書する所の者は並びにこれを存し、その本志（当該正史の〝志〟）が強《し》いて時事に附する者は、須《もち》いざるなり。讖記は如《たと》えば李淳風が武氏（の禍）を言《つ》げし類、及び因りて殺戮叛乱を致せし者は、並びにこれを存せよ。その妄《みだ》りに牽合するある、如《たと》えば木の斗に入るを朱字と為すの類は、須《もち》いざるなり。相貌・符瑞は、或るいは此《こ》は人に忌《にく》まる、或るいは人に附《した》わると曰う、或るいは人主がこれを好みて諂《へつら》う者の偽造せる、或るいは実有にして信ずべき者は、並びにこれを存し、その余は須《もち》いざるなり。妖怪は或《も》し儆戒《いま》しむるある、如《たと》えば鬼が武三思の門に書《しる》せる、或るいは因りて事を生ずること、如《たと》えば楊慎矜の墓に血が流るるの類は、並びにこれを存し、その余は須《もち》いざるなり。

これに拠れば、まったく無意味な怪異現象はすべて排除し、ただ事件に関係するものと鑑戒（政治批判）の意をもつものを残すという。ここにも事実を尊重する司馬光の態度が看取される。

みぎはあくまで史料の採否に関する原則を示したものだが、『通鑑』の実際について、筆者の経験を報告しておこう。怪異現象の一つに、すでにみぎの注記にもみえる、後漢から六朝にかけて盛行した讖緯《しんい》思想の史書への投影がある。『後漢書』以下〝正史〟で五行志を具えるものには、通常の災異のほかに讖緯思想が生んだそれが跳梁し、むろん伝記部分にも随処にそれの影響が指摘される。本冊に関していえば、第三篇の原拠は『梁書』

『北斉書』などより、李延寿の『北史』『南史』に多く拠っているが、実は、讖緯思想の投影は後者のほうが多い。たとえば『南史』侯景伝には、予兆的な怪現象や怪事件および童謡（中国古代における〝童謡〟はすべて予言的歌謡をさす）の記事が、十指にあまるほど語られている。司馬光はそのほとんどすべてを無視して採用しなかった。ただし、その際のミスもないではなく、筆者が気づいた一例をあげておこう。

それは侯景の要請による簡文帝の西州城行幸の事件（二六八ページ参照）に関するが、この屈辱事件は『梁書』では簡文帝紀に「丙午、侯景、太宗に逼《せま》りて西州に幸《みゆき》せしむ」とあるだけで、乗輿・警護兵の対比や行幸さきでのエピソードはまったく語られておらず、司馬光はこの部分をすべて『南史』侯景伝に拠っている。この一段はとりわけ読者の胸をうつシーンに富むのだが、侯景側の警護兵がよろう〝浴鉄〟と対比する簡文帝の〝素輦〟すなわち白木のお召し車は、その条の解説に引用したように『南史』では〝下屋の白紗帽〟や〝白布の裙襦《くんじゅ》〟とワン・セットになった不吉の象徴であり、これらはまがいもなく讖緯思想が生んだ伝説か、あるいは編者自身の創作か、そのいずれかである。どうかすると、侯景の示威行為そのものの真偽にさえ疑惑がもたれる。しかも、司馬光は原拠のワン・セットから〝素輦〟のみを切り離して採用した。これはあきらかに、あとに続く簡文帝の感傷のシーンを盛りあげる効果を期待した、かれの客観主義の一ときの放棄であった。文学的真実の歴史的真実に対する勝利が、かれをも降伏させたケースだといえるかもしれない。

さらに、史実の信憑性の吟味といえば、既往の歴史における〝小説的ふくらみ〟を排除することも、司馬光の計算にあったとおもわれる。かの人間の類型ないし典型を描く意図のもとに成った『史記』は、そうした部分がとりわけ多い。かつて筆者は、三人のすぐれた人間とその一族の生命を奪った恐るべき〝怒り〟をテーマとする「魏其武安侯列伝」の事件が、『通鑑』ではわずか二五〇字で処理されていることを指摘した（中国古典選本『史記』漢武篇、九四ページ参照）。このたび必要あって、戦国期の終焉を告げる断末魔の叫びにも似た、燕の太子丹の復仇事件を、『史記』中の傑作・荊軻《けいか》伝（刺客列伝）と比較してみた。『通鑑』はあくまで『史記』の文章を節略する形で圧縮しながら、副次的人物——ただしテーマに沿う類型的人物、たとえば、太子にテロリスト荊軻を紹介し、太子から他言せぬよう口止めされてみずから首をはねる田光、荊軻の暗殺行に随伴しながらいざ皇帝の前に出ると戦慄が止まらぬ少年勇者・秦舞陽、あるいは荊軻の知遇に感じ、後日始皇帝に鉛入りの琵琶で打ちかかる高漸離など、〝小説的ふくらみ〟を感ぜしめるシーンの主人公は、『通鑑』にあってみな抹殺されている。むろん、『史記』が〝己を知る者のために死する士〟の類型を描くのに対し、『通鑑』は〝国際舞台における殺し屋とその雇い主の盗賊事件〟として扱う、両書の意図の差違にも因るだろうし、簡略化という単なる物理的要求をも無視できまいから、一概にいえないが、三人の行為には、信憑性を疑えば疑えるふしもないではないようにおもわれる。

さらに、〝持続の感覚〟が生んだこの通史の特徴として、錯雑継起する事件の過程に対するすぐれた透視をあげねばなるまい。事件の原因・結果に対する周到な配慮が、この尨大な歴史の読者を、襲いがちな倦怠感からかろうじて救う一因をなしている。この点については、本冊に収めた諸篇からその大体を察してもらいたい。細部についていえば、当該年の事件――それがさらに後来の事件の原因になることも稀ではない――が突如として発生したのでないことを知らせるために、その直前に「初」(そのかみ)の書きだしで、その事件の原因となる過去の事件が回想される。むろん『通鑑』に始まる手法でないが、ここではそれが頻繁に利用されている。さらに細かな配慮を指摘すれば、『通鑑』ではきわめてさりげない記事が、後来の事件の伏線であることを、のちにふれる元・胡三省の〝……の為めに本を張る〟という注記で教えられることも、しばしばである。われわれは司馬光の周到さとともに、読史における胡氏の緻密さに、あらためて敬意をおぼえる。

つぎに『通鑑』の文章のことにふれるなら、これも本書を知識人の必読書たらしめる上で、重要な役割りをつとめているといえよう。『通鑑』の文章についても、すでに吉川博士の〝その人格にふさわしい温順で、秩序ある文章〟という適確な評がある(「宋人の歴史意識」)。〝温順〟とは要するに、人を驚かす奇異なる表現を回避する、要するに激するところがないことの謂いであり、〝秩序ある〟とは、それとも無縁でない、節度を失わず調和をえた表現の謂いである。したがって『通鑑』の文章はまた、適度の平明さ——とは、知識人のなべてが読解に甚だしくは困難を覚えぬことだが——と、適度の格調をそなえている。たとえ事態が激しても、叙述者は冷静に語るべき、あるいは真実こそ静かに語られるべきものとする、司馬光の歴史編纂における客観主義ともつらなる文体であるといえようし、これこそかれの〝中和主義〟のあらわれであろう。

がんらい言語の自然の流れに沿う〝古文〟に始まる中国の散文は、六朝期ことに南朝にあって、異常といえばまことに異常な、だが、中国語ないし中国文字が必然的に、あるいは宿命的にたどりつくべき、四六言を基調として対句構成をもち、かつリズムの調和を配慮した極度に装飾的・音楽的な文体——〝四六駢儷《べんれい》体〟を完成した。この文体はやがて文学以外の領域を浸蝕して、歴史記述にまで採用されるに至った。官撰正史である梁・沈約《しんやく》（四四一—五一三）の『宋書』、梁・蕭子顕《しょうしけん》（四八九—五三七）の『南斉書』がそれである。事の非はまもなく歴史家自身によって反省され、隋末から唐初に至るころ、姚察《ようさつ》（五三三—六〇六）・姚思廉《ようしれん》（五五七—六三七）父子による『梁書』『陳書』、つづいて李延寿《りえんじゅ》による『北史』『南史』が、それぞれ明快な古文によって書かれた。文学の分野においては韓愈（七六八—八二四）・柳宗元（七七三—八一九）を俟たねば燃えあがらなかった古文復活運動の、はるかな先駆をかれら歴史家がつとめた（内藤虎次郎『中国史学史』一八〇ページ、『内藤湖南全集』第十一巻）。韓・柳による古文復活運動は宋代に至り、欧陽脩（一〇〇七―七二）らの努力によって結実する。かの『唐宋八家文』によって本邦にも知られる代表的古文家の宋代に属する六人は、いずれも司馬光と相前後して生き、司馬光自身も古文派の、しかも最も素朴なそれの一人であった。かれはいう、

　今のいわゆる〝文〟なる者は、古の〝辞〟なり。孔子は「辞は達するのみ（『論語』衛霊公篇）」と曰い、その以って意を通じて斯《ここ》に止《とど》まるに足り、華藻宏弁（過度の装飾や誇張雄弁）を事とするなきを明らかにせり。――「孔文仲司戸に答うる書」（文集・巻六十）

　すなわちかれは、文学を含む一般文章にあって、孔子のいう〝意志を伝達しうればそれでよい〟とする主張なのである。かれが翰林学士に任命されて幾たびか辞退したときの、神宗と交わした問答が、蘇軾の「司馬温公行状」（『蘇東坡集』巻三十六）にみえる。

帝、面《ま》のあたり公を諭して曰わく、「古《いにし》えの君子、或るいは学べども文ならず、或るいは文なれども学ばず、唯だ董仲舒・楊雄のみこれを兼ぬ。卿は文・学あり、何ぞ辞するを為すや」と。公曰わく、「臣、四六を為《つく》る能わず」と。上曰わく、「西漢の制詔の如くんば可なり」と。公曰わく、「本朝の故事《しきたり》、不可とせん」と。上曰わく、「卿、能《よ》く進士に挙げられて、高等を取りしに、四六を能《よ》くせずと曰うは何ぞ」と。公、趨《はし》

り出《い》ず。

この時だけでない、かつて知制誥を命ぜられた時も、司馬光は九次にわたり辞退の上表を提出して、みずからの文章（四六文をさす）が後世に嗤笑を残すであろう恐れをくり返しのべている。かれに四六文を作る能力がまったくなかったわけでない、それを作ることをいさぎよしとしなかったのである。むろん、四六文の鍛錬を欠き、したがって不得手ではあったろう。そのかわりかれの〝西漢ばり〟の古文は、かの政敵で代表的古文家である王安石も認めるところであった（『三朝名臣言行録』巻五）。

なお、みぎのエピソードは、唐朝以来の詔勅・辞令に騈文体を用いる伝統的不文律（故事）をも破棄してよいとする神宗の進歩性を物語っているし、さらに皇帝にもかく思わせるほどに、古文復活の怒濤が押し寄せていたことをも示すであろう。

『通鑑』の文章といえば、文体の統一も問題にされねばなるまい。「『資治通鑑』を進むる表」に〝先後倫あり、精粗雑《まじ》わらざらし〟むというのは、必らずしも文章のみについていうのでなかろうが、つぎにのべる〝長編〟作成段階における異なる記録者による史料の雑居は、必然的にこの点の努力を迫ったはずである。この問題は『通鑑』編纂に課せられたであろう〝文章の簡潔化〟とも密接に関係するはずだが、遺憾ながら、筆者にはいまそれを詳説する用意がない。ただ筆者の経験に拠れば、本冊の第二篇と第四篇とでは、前者が『後漢書』の文章をあまり添削せずに襲用するのに対し、後者は『旧唐書』などの文章をより多く刪削しているような印象をうけた。時代が降るにしたがい、紀伝体の歴史は饒舌になっていたことと、関係するかもしれない。

ところで、この厖大な歴史の編纂は、実際上いかなる手続きをへて行なわれたろうか。宋・李燾《りとう》の「続資治通鑑長編を進むる表」にいう、

臣、窃《ひそ》かに見るに、司馬光の『資治通鑑』を作るや、先《ま》ず僚属をして異聞を採摭《さいせき》し、年月を以って叢目を為《つく》らしめ、叢目既に成れば、乃ち長編を修む。

みぎにより、最終稿が完成するまでに、史料の採集―叢目―長編という三段階の過程をへたことがわかる。〝叢目〟とは事件ないし事項別の説明つき見出しである。それらを年月順に排列する際には、崇文殿検討・劉羲叟《りゅうぎそう》の長暦（固有名詞でなく、一王朝に限らぬ通し暦か）が採用された（『資治通鑑目録』序）。劉羲叟は欧陽脩らの『新唐書』編纂にも参与した天文暦法家である（『宋史』巻四三二）。〝叢目〟作成の段階でも、事実の重複や異同についての調整が加えられ、それを整理したのが〝長編〟であって、そのサンプルは前記李燾の宋代前半史『続資治通鑑長編』に見ることができる。〝長編〟の作成について司馬光は、〝寧ろ繁に失《す》ぐるとも、略に失《す》ぐる勿れ〟と戒めている。かくて最後に長編に検討を加え、必要にしてかつ信憑性のある事実の選択とか文章の添削・圧縮とかの操作をかさね、はじめて定稿が完成する。上記の三段階の細部に関する注意は、司馬光の「宋次道に答える」

書翰（『司馬文正公伝家集』巻六十三）に一部みえるが、ここには割愛して、唐代部分の編纂に関する具体的な報告を伝えておこう。

長編作成に至る段階で司馬光に協力した分担責任者として、戦国ならびに秦・漢は劉攽《りゅうふん》（一〇二三―八九、貢父）、三国より隋までは劉恕《じょ》（一〇三二―七八、道原）、唐・五代は范祖《はんそ》禹《う》（一〇四一―九八、淳父・夢得）が当たったことがわかっている。いまそのうち、范祖禹が担当した〝唐紀〟の完成過程が前記書翰にみえる。

唐は文字尤も多く、范夢得に託し、諸書将《を》ば年月に依りて編次して、草巻を為《つく》らしむ。四丈ごとに截《くぎ》りて一巻と為し、自《み》ずから三日に一巻を刪《けず》るを課し、事故の妨廃するあれば則ち追補す。前秋より始め刪りて今に到る、已《すで》に二百余巻、大暦末年に至れるのみ。向後の巻数はまた須《かな》らず此《これ》に倍し、共計《あわ》せて六、七百巻を減《くだ》らざるべし。更に三年を須《ま》ち方《はじ》めて粗《ほ》ぼ編を成すべく、また細かに存する所を刪《けず》れば、数十巻に過ぎざらんのみ。

この書翰が書かれた時点は、上文に拠れば洛陽移住後八年めすなわち元豊元年（一〇七八）の、おそらく秋冬の間であろう。三日に一巻のきびしいノルマのもとに刪訂し、唐初（六一八）から代宗の大暦末年（七七九）に至る一六〇年間の長編が二百余巻だといえば、満二年以上を要したはずである。あと一三〇年をあます唐末（九〇七）までに三年を要し、合計六、七百巻になるという司馬光の予想は、中唐以後、時代が降り編者の世にも接近すると、いかに文献が急増するかを物語る。

『通鑑』の完成はみぎの書翰の時点から満七年後である。この間には五代関係の二十四巻をも仕上げているから、唐代以後の部分はかなりピッチをあげたことがわかる。新法党の一人が〝温公は食い扶持(餐銭)をいいことにぐずついてる〟といったので司馬光が終結を急いだと伝えられるのは、事実であるらしい。

『通鑑』の出現は、編纂スタッフによる副産物、たとえば劉恕の『通鑑外紀』や范祖禹の『唐鑑』などとともに、中国の学界に大きな影響をあたえた。なによりも歴史への関心を高揚させ、それに呼応する史学関係の著作の活潑化をもたらした。既述の李燾『続資治通鑑長編』をはじめとする編年史の続作、および朱熹『資治通鑑綱目』・袁枢『資治通鑑紀事本末』などの、『通鑑』の再編成がそれである。朱熹のは道学の立場から、『春秋』の意を承けて大義名分を正すための刪改であり、一時は『通鑑』そのものを凌いで行なわれたし、袁枢のは個々の事件を中心とする改編であり、既有の歴史記述法の二体のほかに〝紀事本末体〟を加え、やがて王朝ごとの続作も現われる。『通鑑』の影響としては、ほかに史論の盛況とか古史研究の流行なども指摘されるが、詳しくは内藤博士の『中国史学史』(『内藤湖南全集』第十一巻「宋代に於ける史学の進展」二一三ページ)を参照されたい。

最後にテクストと注釈についてのべる。『通鑑』の刊行は、神宗に献上されてからおよそ二年後、元祐元年(一〇八六)十月、勅命により杭州において着手されたことが知られているが、原本は伝存せず、現在では南宋・紹興二年(一一三二)の刊本が最古のテクストとされる(四部叢刊収)。その後出版はくり返されるが、のちにふれる胡三省の注釈が出現してからは、このいわゆる胡注と『考異』を挿入する刊本が普遍となり、読者にとっては甚だ便利である。いま、入手の可能性を考慮すれば、およそつぎの諸テクストに限定される。

評点本『資治通鑑』一〇冊　一九五六年・古籍出版社刊　仮綴本の二〇冊もある。事件・事項ごとに改行してあり最も便利である。各巻ごとに評点者と覆校者の名を明記し、責任の所在をあきらかにしているが、句読上の若干のミスは免がれないようである。筆者も主としてこのテクストに拠った。

『資治通鑑今註』一五冊　李宗侗・夏徳儀等注　一九五六年・台湾商務印書館刊

山名本『資治通鑑』四冊　一九七三年・汲古書院影印　『通鑑』の刊行は本邦においても、嘉永二年(一八四九)津藩・有造館のそれに始まり、明治年間に至るまで数回くり返されている。またいかにこの書が愛読されたかがわかる。山名本とは、みぎの津藩で刊行されたいわゆる伊勢版を底本として、山名留三郎が訓点を施したもの、明治十五年(一八八二)東京・鳳文館刊。つぎにふれる『資治通鑑索引』が準拠しているため、参照の便をもはかって影印されたもの。

『通鑑』の注釈としては、南宋の遺民である元・胡三省（一二三〇―一三〇二）のそれが、古来、最も信頼しうる注としての権威をたもち、特に地理に関する考証が高く評価されている。南宋末の戦火にいったん成稿を失いながら、再起完成した胡氏の執念のごときものが、好評を博する内容に成長させたのであろう。既述のとおり、胡氏の注釈は『通鑑』の通行本に挿入され、それは単なる語彙の注解にとどまらず、ことがらの解説や批評にも及んでいるから、ほとんど本文と不可離の関係にある。今日、胡注に関する索引につぎの二種があり、『通鑑』の研究者に多大の便益をあたえている。

『資治通鑑索引』佐伯富編　一九六一年・東洋史研究会刊（地名を除く）

『資治通鑑胡注地名索引』荒木敏一・米田賢次郎共編　一九六七年・人文学会刊

特に後者の末尾に付録された荒木敏一氏の「胡三省音注資治通鑑について」は、胡氏の生涯と注釈完成に至る経過を語って余すところがない。なお、今人李宗侗・夏徳儀両氏による今註は、それと明記せずに胡注を吸収したもので、開拓された部分は僅少にとどまるようである。胡注をそのまま保存し、みずからの発明部分は補注として提供する体裁を採ってほしかった。

さらに、本邦における『通鑑』の訳注を紹介しておこう。

『国訳資治通鑑』一八冊（縮印本は二巨冊）加藤繁・公田連太郎訳注　一九二八年お

よび一九四〇年（縮印本）・国民文庫刊行会刊（国訳漢文大成・続経子史部第一輯）
ただし訳文は訓読法による読み下し文。
『資治通鑑』竹内照夫訳　一九七一年・明徳出版社刊（中国古典新書）　瞿蛻園『通鑑選注』（一九六六年・香港太平書局刊）に収める二十篇より、〝党錮・劉裕の北伐・天宝の乱・契丹後晋を滅ぼす〟の四篇を採り、やはり訓読法による読み下し文を原文と対照させたもの。
『資治通鑑選』頼維勤・石川忠久ほか訳　一九七一年・平凡社刊（中国古典文学大系・第十四巻）全論賛とそれに関連する部分の抄訳で、全書の二十分の一を収めるという。

なお、『通鑑』については、本文中に挿入された〝論賛〟に言及すべきであったろうが、それの全面的な検討は到底筆者の任の堪える所でない。〝論賛〟は一行から二、三十行におよぶ長短さまざまの二百十余条あり、そのうち先人の論説に代弁させたものも少なくない。そのうちの半数以上を占める司馬光自身の発言については、三浦国雄氏の「資治通鑑考」にふれてあるから、心あるかたは参看されたい。

あとがき

なにしろ対象があまりにも巨大すぎた、という実感がいつまでも拭いきれない。このしごとを担当するには想像以上の大きな覚悟が必要であったのに、わたくしは性懲りもなく、みずからの能力と許容されるであろう時間に対して誤算を犯し、かくも遅延をもたらした。少しでも期待をよせていただいた読者に対し、まずつつしんでお詫び申しあげる。

この巨大な対象をどのようにして一冊の本にたたみこむか、わたくしは内容の選択について容易に見当もつけかね、いつまでも立ちすくんでばかりいた。分かっていたことといえば、この巨大な歴史では複数の人間が錯雑して継起する事件が主題であること、選択すべき事件はなるべく時代的に偏しないこと、そして、なによりも過去の中国知識人の知識となりえたとともに、現代のわれわれの知識とするに足るもの、端的にいえば、現代のわれわれの胸をもうつ普遍の要素をもつものであること、などであった。

すべてを放擲してこの書の耽読に専念してもたっぷり一年はかかるであろう。とても読みきるに至らぬうちに、歳月は容赦なく流れ去り、わたくしはやむなく長篇一つと短篇の幾つかによる構成を考えてみた。短篇なら各時代にわたって拾える。とともに、その時点では本書の要処要処に挿入された司馬光自身の〝論賛〟にあまりにも執着しすぎ、かれの君臣論を素描することも不可能でないと考えて、本冊に収めた第一篇のように、恰好の論賛を帯びしかも興味ある、適当量の事件の幾つかを前半に置くつもりだった。そして後半に置く長篇には、いちおう〝侯景の乱〟と〝安禄山の乱〟のいずれかを予定したが、そのころはまだ前者の複雑に移りゆく時局が把握できていなかったことと、後者は古来楊貴妃の情事で本邦にもおなじみだという安易な発想——もっとも、乱後の連鎖反応にも興味があったし、なによりも多彩だった——から、後者をえらぶことに決めた。

このしごとが要求する選択は、二段構えで迫る。一連の事件を選ぶことができても、ではその過程のいずれの部分を選ぶかが問題である。複雑にもつれる事件のすべてのディテールを提供できればよいが、現実に起こる事件は必らずしも緊迫感の連続でないし、許された紙幅にも限りがある。まずえらんだ長篇すなわち本冊の第四篇は、かなり思い切って切り捨てたのに、ごらんのとおり本冊の半ばを超過することが、組版の結果わかった。

一方、短篇のほうも、いくらか予想していたがたちまち選択に窮した。〝論賛〟はわたくしの目的にとってはきわめて気まぐれに挿入された感があり、ことに今日的意義をもつものには、先行する事件に適当なものが少ない。かりに論賛をあきらめるとしても、からみあう事件から要領よく部分を切り取って短篇を構成することは、意外にやっかいだし、それらのバラエテイをも配慮せねばならぬとなると、たいへんである。

かくてわたくしは当初の予定を変更し、短篇は一つだけにとどめ（実は既成の不本意な一篇を廃棄した）、代りに二つの中篇——本冊の第二・三篇を収めることにした。それにしても時間に追われての第三篇における第二段の選択は苦しかった。この侯景の乱では三国いり乱れる複雑な政局についてもあらためて勉強した。だが、このたびのしごとの過程でいちばん手ごたえがあり、楽しさが苦しさを相殺したのがこの一篇である。それだけにやはりえらぶべきであったやや重要な数段を無視したことが悔まれる。

この書物は上記にもなお書きもらした幾多の曲折を経て成った。まったく偶然の結果として、本文の四篇がそろってみれば、その是非はともかく、期せずして一つの王朝を根本的に動揺させ、その命脈を断つに至らしめた事件（あるいは人物）という共通テーマがつらぬいていた。

歴史の書物である『通鑑』は、また文学としての幾多の問題をはらむ。それらを含めてわたくしの『通鑑』研究は、いまスタート台に立ったばかりだというのが、偽りのない告白である。

いささか私事をうちあけることを許してもらえれば、わたくしと『通鑑』との因縁はかなりふるい。受験時代の一時期、わたくしの住む市の近くに退居して、貧しい余生を送るある江戸漢学の老先生について、ほとんど素読に近い『通鑑』の講義をうけた。生まれてはじめて静坐したせいもあり、最初の講義がすんで起ちあがったとたん、ばったり倒れて赤面した記憶がよみがえる。その時の選本は旧制高校用の教科書で、わたくしが教わった部分はその巻頭を占める、本冊に収めた智伯の滅亡の一段と、それに続くたしか霍光《かくこう》に関する一段であった。なお因縁の浅からぬことに、年あけて受験した旧制高校の問題の一つが、なんと智伯に関する論賛の一部分であった。もしもそのころ『通鑑』の魅力にとりつかれ、原書を入手して読みふけっていたら、わたくしはあるいは中国史の道をえらんでいたかもしれない、といまへんな感慨にくすぐられている。

最後に、本冊のため貴重な時間を割いて援助を惜しまれなかった師友同僚、ならびに終始めいわくをかけた大阪本社の出版編集部に対して、衷心より感謝の意をささげる。

本書は一九七四年八月二十五日、朝日新聞社から刊行された。

西洋文学事典
桑原武夫監修 黒田憲治／多田道太郎編
この一冊で西洋文学の大きな山を通読できる！20世紀の主要な作品とあらすじ、作者の情報や社会的トピックスをコンパクトに網羅。（沼野充義）

西洋古典学入門
久保正彰
古代ギリシア・ローマの作品を原本に近い形で復原すること。それが西洋古典学の使命である。ホメーロスなど、諸作品を紹介しつつ学問の営みを解説。

貞観政要
呉兢 守屋洋訳
大唐帝国の礎を築いた太宗が名臣たちと交わした政治問答集。編纂されて以来、帝王学の古典として屹立する。本書では、七十篇を精選・訳出。

シェイクスピア・カーニヴァル
ヤン・コット 高山宏訳
既存の研究に画期をもたらしたコットが、バフチーンのカーニヴァル理論を援用しシェイクスピア作品に流れる「歴史のメカニズム」を大胆に読み解く。

初学者のための中国古典文献入門
坂出祥伸
文学、哲学、歴史等「中国学」を学ぶ時、必須となる古典の基礎知識。文献の体裁、版本の知識、図書分類他を丁寧に解説する。反切とは？ 偽書とは？

シュメール神話集成
杉勇 尾崎亨訳
「洪水伝説」「イナンナの冥界下り」など世界最古の神話・文学十六篇を収録。ほかでは読むことのできない貴重な原典資料。豊富な訳注・解説付き。

エジプト神話集成
杉勇 屋形禎亮訳
不死・永生を希求した古代エジプト人の遺した、ピラミッド壁面の銘文ほか、神への讃歌、予言、人生訓など重要文書約三十篇を収録。

宋名臣言行録
朱熹編 梅原郁編訳
北宋時代、総勢九十六名に及ぶ名臣たちの言動を大儒・朱熹が編纂。唐代の『貞観政要』と並ぶ帝王学の書であり、処世の範例集として今も示唆に富む。

十八史略
曾先之 今西凱夫訳 三上英司編
『史記』『漢書』『三国志』等、中国の十八の歴史書をまとめた『十八史略』から、故事成語、人物にまつわる名場面を各時代よりセレクト。（三上英司）

ちくま学芸文庫

資《し》治《じ》通《つ》鑑《がん》

二〇一九年二月十日　第一刷発行
二〇二四年十月十五日　第四刷発行

著　者　司馬光（しばこう）
編訳者　田中謙二（たなか・けんじ）
発行者　増田健史
発行所　株式会社　筑摩書房
東京都台東区蔵前二―五―三　〒一一一―八七五五
電話番号　〇三―五六八七―二六〇一（代表）
装幀者　安野光雅
印刷所　株式会社精興社
製本所　加藤製本株式会社

ISBN978-4-480-09905-1 C0122